L'écologisme retrouvé

3 3 99-03-3

02

COLLECTION « SCIENCES SOCIALES »

La collection « Sciences sociales » regroupe des ouvrages portant sur l'analyse et les théories sociales de la société canadienne, sur la justice et les problèmes sociaux et sur l'économie politique. La collection, conforme à la philosophie de la maison d'édition, accueille des manuscrits de langues française et anglaise.

Michel F. Girard

L'écologisme retrouvé

Essor et déclin de la Commission de la conservation du Canada

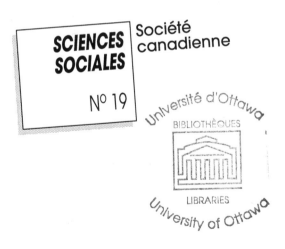

SCIENCES SOCIALES

Société canadienne

N° 19

Université d'Ottawa

BIBLIOTHÈQUES

LIBRARIES

University of Ottawa

LES PRESSES
DE L'UNIVERSITÉ
D'OTTAWA

DBN : 12 03 135

Cet ouvrage a été publié grâce à une subvention de la Fédération canadienne des sciences sociales, dont les fonds proviennent du Conseil de recherches en sciences humaines du Canada.

Données de catalogage avant publication (Canada)

Girard, Michel F., 1961–

L'écologisme retrouvé : essor et déclin de la Commission de la conservation du Canada : 1909–1921

(Sciences sociales, Société canadienne; 19)
Comprend des références bibliographiques et un index.

ISBN 2-7603-0379-9

1. Canada. Commission de la conservation – Histoire. 2. Conservation des ressources naturelles – Canada – Histoire. 3. Environnement – Protection – Canada – Histoire. 4. Écologie – Canada – Histoire.
I. Titre. II. Collection.

JL103.C65G47 1994   354.710082 321   C94-900456-1

Maquette de la couverture : Robert Dolbec

Photocomposition et montage : Typo Litho composition inc.

© Les Presses de l'Université d'Ottawa, 1994
Imprimé et relié au Canada

ISBN 2-7603-0379-9

REMERCIEMENTS

J'aimerais tout d'abord remercier les membres de ma famille, nucléaire et étendue, en particulier mon épouse Michèle, pour leur appui constant durant ces années de recherche. J'ai grandement apprécié l'aide du professeur Pierre Savard, mon directeur de thèse de doctorat, qui m'a prêté une oreille attentive, m'a prodigué de judicieux conseils et m'a encouragé tout au long de ce travail. J'aimerais également remercier les professeurs Chad Gaffield, Cornelius Jaenen et Donald Davis; mes confrères étudiants Lorne Hammond, Barry Cottam, Marian Brown, John Lutz et Jean Manore de l'Université d'Ottawa, de même que Jean Sébastien de l'Université de Montréal pour leurs suggestions et commentaires.

Je remercie les archivistes des institutions suivantes pour leur collaboration : Archives nationales du Canada, Archives provinciales de la Colombie-Britannique, Archives de l'Île-du-Prince-Édouard, Archives de la Nouvelle-Écosse et Archives de l'Église Unie du Canada. Je remercie également le personnel des archives des universités du Nouveau-Brunswick, de l'Alberta, de la Saskatchewan, du Manitoba, de l'Université McGill, de l'Université de Toronto, de l'Université d'Ottawa ainsi que celui des archives du Séminaire de Saint-Hyacinthe.

Cette recherche a été rendue possible grâce à des bourses de l'École des études supérieures et de la recherche de l'Université d'Ottawa, du Service des bourses de l'Ontario (OGS) et du Conseil de recherches en sciences humaines du Canada. Cet ouvrage a été publié grâce à une subvention de la Fédération canadienne des sciences sociales, dont les fonds proviennent du Conseil de recherches en sciences humaines du Canada.

TABLE DES MATIÈRES

Chapitre 4
La conservation des ressources renouvelables

LISTE DES TABLEAUX

LISTE DES ILLUSTRATIONS

LISTE DES SIGLES ET ABRÉVIATIONS

AFC	Association forestière canadienne
ANC	Archives nationales du Canada
AUT	Archives, Université de Toronto
CC	Commission de la conservation
CEL	Commission des eaux limitrophes
CCAR	Commission of Conservation, Annual Report
CCI	Commission conjointe internationale
CCRA	Commission de la conservation, Rapport annuel
CNRC	Conseil national de reherches du Canada
kW	Kilowatt
MG	« Manuscript Group » (Division des manuscrits)
MW	Mégawatt
n.d.	non disponible
n.t.	notre traduction
s.d.	sans date
s.é.s.d.	sans éditeur, sans date
s.l.s.d.	sans lieu, sans date

INTRODUCTION

C'est lors d'une réunion du conseil d'administration des Amis de la Terre du Canada en 1986 que j'ai pris conscience pour la première fois du malaise qui afflige les écologistes de notre époque. L'ordre du jour de la rencontre était composé d'une longue liste des problèmes environnementaux urgents à résoudre, au Canada et ailleurs dans le monde : pluies acides, plomb dans l'essence, raréfaction des bélugas dans le fleuve Saint-Laurent, défense des forêts humides sur les îles de la Reine-Charlotte de la Colombie-Britannique et en Amazonie, effet de serre, pollution chimique des eaux des Grands Lacs, érosion des sols des provinces des Prairies, etc. Tout au cours de la réunion, les intervenants ont fait part de leurs frustrations devant l'ampleur des problèmes, l'inaction apparente des gouvernements et des industries et le mépris de plusieurs groupes sociaux et politiques à leur égard.

Alors que la réunion tirait à sa fin, je demandai aux vétérans de l'organisation si les problèmes auxquels nous étions confrontés, véritable scénario de l'Apocalypse, étaient connus et combattus depuis longtemps. L'un d'eux me répondit en ces termes : « L'histoire de l'écologisme n'est pas bien longue. Avant les années 1960, personne ne se préoccupait des questions d'environnement[1] ». Depuis cette réunion, j'ai posé cette même question à des centaines de personnes, spécialistes et néophytes. Partout, la réponse est demeurée à peu près la même. L'écologisme, prise de conscience individuelle ou collective du fait que certaines activités humaines peuvent détériorer le milieu naturel, est perçu comme un phénomène essentiellement moderne, sans racines historiques. Si les générations précédentes avaient compris cela, me déclarait récemment un fonctionnaire, l'humanité ne serait pas confrontée à tous ces problèmes aujourd'hui.

Les écologistes occidentaux, tout comme l'ensemble de la population, ne croient pas que leurs aînés aient compris la dynamique qui existe entre les activités humaines et la Nature. En fait, ils ressentent une certaine honte face à l'histoire de leur civilisation et aux réalisations de leurs ancêtres. Après tout, l'Occident a amorcé la colonisation du Nouveau Monde et la révolution industrielle. L'Occident a également maîtrisé l'atome, la pétrochimie et a développé l'automobile ainsi que le chlorofluorocarbone, responsable de la destruction de la couche d'ozone. Dans un numéro de la revue écologiste *Earthkeeper* consacré aux autochtones du Canada, un tableau illustre clairement le sentiment d'aliénation des écologistes occidentaux face à l'histoire de leur civilisation. Les autochtones y sont décrits comme de nobles sauvages : ils valorisent le partage équitable de la richesse, la famille étendue, la communauté, la patience, la sagesse et la générosité. Ils s'opposent à l'accumulation de biens matériels, source de pollution, et aspirent à vivre en harmonie parfaite avec la Nature. Les Occidentaux, par contre, valorisent l'action, le développement économique accéléré, l'individualisme, la jeunesse et l'accumulation de biens matériels. Selon le tableau présenté, l'Occident applaudit à la domination de la Nature, conformément à l'enseignement du judéo-christianisme[2].

La présente étude devrait intéresser ceux et celles qui se préoccupent des questions environnementales, car elle permet de nuancer les déclarations des vétérans écologistes. Le mouvement écologiste moderne en Occident n'est pas né durant les années 1960; il a des racines qui remontent loin dans l'histoire des pratiques et des cultures. C'est ainsi que la mission et les réalisations de la Commission de la conservation du Canada (1909–1921), sujet d'étude de cet ouvrage, témoignent des préoccupations environnementales des décideurs et de la vitalité du sentiment écologiste au tournant du XXᵉ siècle, alors que le pays était en pleine industrialisation. Créée à Ottawa par le gouvernement Laurier, la Commission était présidée par l'influent politicien Clifford Sifton et dirigée par le géographe James White. Entre 1909 et 1921, elle a produit près de 200 rapports de recherche, un véritable plaidoyer écologiste. Ses sept comités permanents (forêts; eaux et pouvoirs d'eau; terres; minerais; santé publique; faune et service de presse) ont proposé trois objectifs afin d'assurer le développement durable de l'économie canadienne : *1)* élimination du gaspillage dans l'extraction et l'utilisation des ressources non renouvelables; *2)* conservation des ressources renouvelables; et *3)* préservation des espèces menacées. Les commissaires ont formulé trois stratégies pour atteindre ces objectifs : *1)* recherche et lobbying en faveur de politiques progressistes; *2)* sensibilisation des publics par le biais de publications et de périodiques; et *3)* recherche scientifique et industrielle afin de découvrir de nouvelles techniques et de nouveaux moyens de production moins dommageables pour l'environnement.

La popularité de la Commission a atteint son apogée vers 1914. Mais la Première Guerre mondiale et la participation active du Canada à l'effort de guerre ont sérieusement affecté l'organisme. En effet, les commissaires ont été appelés à encourager la production plutôt que la conservation; le développement accéléré du potentiel industriel canadien plutôt que le développement durable. Beaucoup d'entre eux ont été incapables de mettre de côté leurs principes et leurs idéaux d'avant-guerre. Or, leur manque d'enthousiasme a profité à ceux qui préconisaient l'expansion rapide du potentiel industriel canadien, notamment les membres du Conseil national de recherches du Canada (CNRC). Vers la fin de la guerre, les ennemis de la Commission se sont multipliés. Le gouvernement d'Arthur Meighen, aux prises avec un déficit budgétaire sans précédent, abolit l'organisme en mai 1921, alors que le Canada traversait une grave récession économique. Cependant, l'intérêt pour la conservation du milieu naturel ne s'est pas évanoui : une pléiade d'organisations, comme l'Association forestière canadienne, ont repris le flambeau et ont joui d'un appui remarquable auprès de la population durant les années 1920.

L'histoire de la Commission de la conservation n'a jamais fait l'objet d'une analyse détaillée. Il faut dire qu'après son abolition, ses archives ont été détruites et ses rapports relégués aux oubliettes. Certes, dans les biographies des politiciens de l'époque, on note un intérêt certain pour la question de la conservation des ressources naturelles. *The Life of Sir Wilfrid Laurier* d'Oscar D. Skelton, par exemple, réserve une page élogieuse sur la Commission de la conservation[3]. Mais à partir des années 1940, l'image de la Commission de la conservation s'est effacée de notre mémoire collective. Le *Laurier* de Joseph Schull, par exemple, n'offre qu'un paragraphe à ce sujet[4]. Robert Laird Borden, le premier ministre qui succéda à Laurier en 1911, consacre trois pages au sujet de la conservation de la Nature dans ses imposants *Memoirs*. Pourtant, ses archives personnelles contiennent des volumes entiers de correspondance à ce sujet entre 1906 et 1937. Les décisions du neveu de Borden, responsable du travail de rédaction des *Memoirs* durant les années 1930, sont peut-être à l'origine de cet oubli[5].

La biographie de Clifford Sifton rédigée par John W. Dafoe du *Winnipeg Free Press* offre plusieurs informations intéressantes sur la Commission[6]. Ces informations seront reprises par l'historien D. J. Hall dans le deuxième volume de sa biographie de Clifford Sifton. Selon Hall, qui consacre un chapitre entier à la Commission de la conservation, l'œuvre la plus durable de l'énigmatique politicien libéral aura sans doute été son travail au sein de l'organisme, qui a contribué à « des douzaines, sinon des centaines de lois fédérales et provinciales régissant l'exploitation des ressources, encourageant les agriculteurs et les pêcheurs à des pratiques conservationnistes [...] ». En fait, écrit Hall, « la Commission pourrait bien être une des plus grandes réalisations de la carrière de Sifton[7] ».

Généralement, les travaux de synthèse sur l'histoire du Canada mentionnent l'existence de la Commission mais sans plus. *A Nation Transformed* est une exception, car le lecteur a droit à deux pages fort bien présentées sur les objectifs et les réalisations de la Commission. Mais les auteurs mettent l'accent sur la dimension économique de son mandat et sous-évaluent la portée écologiste des travaux et des recommandations de l'organisme[8]. Les manuels plus récents comme *Origins: Canadian History Since Confederation* et *Canada: 1900–1945* mentionnent l'existence de l'organisme et sa contribution dans le domaine de la santé publique, mais la portée écologiste de ses recommandations n'a pas été retenue. Les manuels généraux en langue française ne font pas mention de la Commission[9].

Le mouvement progressiste de la conservation de la Nature, qui a animé les réformistes occidentaux au tournant du XXe siècle, a fait l'objet de plusieurs études spécialisées au Canada. Quelques-unes d'entre elles mentionnent l'existence de la Commission de la conservation. Dans *The Politics of Development*, un ouvrage détaillé sur le mouvement progressiste ontarien au tournant du XXe siècle, H. V. Nelles consacre plusieurs pages aux réalisations de la Commission. L'interprétation de Nelles s'inspire de celle proposée par l'historien américain Samuel Hays dans *Conservation and the Gospel of Efficiency*. Le mouvement de la conservation aurait été introduit par les élites professionnelles et son programme politique a séduit plusieurs membres de la communauté des gens d'affaires, particulièrement les marchands de bois.

Selon cette interprétation, ni les politiciens ni la population de l'époque ne s'intéressaient aux questions environnementales. En fait, le mouvement de la conservation de la Nature n'aurait constitué qu'un discours visant à empêcher les colons et les agriculteurs de s'installer sur des terres forestières convoitées par les grands marchands de bois. Le mouvement progressiste de la conservation, mascarade capitaliste, n'aurait provoqué aucune amélioration notable dans le cadre général des relations entre l'humain et son milieu[10].

Lost Initiatives de Peter Gillis, publié en 1984, reflète une attitude plus conciliante envers les différents groupes et intérêts qui se sont préoccupés de la Nature au Canada au tournant du XXe siècle. À ce jour, c'est sans doute l'ouvrage qui illustre le mieux les tensions ressenties par les Canadiens devant les besoins d'une économie et d'une population en croissance accélérée d'une part, et les impératifs de protection et de conservation du milieu naturel d'autre part. Contrairement à Nelles, Gillis est prêt à admettre que le public s'est inquiété de la détérioration du milieu naturel et que de grands pas ont été accomplis au Canada et aux États-Unis en matière législative à cette époque[11]. L'ouvrage de Gillis a été fréquemment utilisé lors de notre recherche, car il contient plusieurs informations pertinentes sur les recherches forestières en cours au sein du gouvernement fédéral durant cette même période.

Dans *Working for Wildlife*, un livre fascinant sur la protection de la faune au Canada au tournant du XXe siècle, Janet Foster réserve une quinzaine de pages à la Commission de la conservation, plus particulièrement aux travaux du comité sur les poissons, les animaux à fourrure et la faune. Tout comme Peter Gillis, elle démontre que plusieurs fonctionnaires fédéraux étaient préoccupés par la dégradation de l'environnement. Pour Foster, la Commission de la conservation « constituait un forum public essentiel pour faciliter la discussion entre les membres du gouvernement, les autorités internationales et les citoyens préoccupés [par les questions environnementales], et a été à l'origine de beaucoup de programmes qui ont par la suite été repris par les gouvernements[12] ».

Deux thèses de maîtrise ont examiné certains aspects précis de l'œuvre de la Commission de la conservation, sans pour autant établir les liens essentiels avec l'écologisme moderne. D. L. Calnan, auteur de *Businessmen, Forestry and the Gospel of Efficiency: The Canadian Commission of Conservation, 1909–1921* (University of Western Ontario, 1976), décrit les activités du comité de la forêt de la Commission et s'inspire de l'interprétation de Samuel Hays quant à l'origine et au déclin du mouvement progressiste de la conservation. La thèse de James Allum, *Science, Government and Politics in the Abolition of the Commission of Conservation, 1909–1921* (Trent University, 1988), examine en détail les raisons qui ont motivé Arthur Meighen à abolir la Commission et conclut que les politiciens et les fonctionnaires fédéraux ne savaient trop que faire d'un organisme à vocation quasi scientifique responsable de formuler des recommandations politiques[13]. Par ailleurs, plusieurs articles décrivant les activités des différents comités de la Commission ont été publiés depuis une quinzaine d'années[14].

Une véritable synthèse de l'ensemble des activités de la Commission restait donc à faire. Le travail de reconstruction de l'histoire de cet organisme a été fastidieux. Une liste des ouvrages publiés par la Commission a été compilée en utilisant les volumes du *Canada Year Book* de 1909 à 1923, le système de classement informatisé des publications canadiennes DOBIS et les rapports annuels de la Commission de la conservation. Les principaux rapports ont été localisés à la bibliothèque de l'Université d'Ottawa, à la Bibliothèque nationale et à la bibliothèque du ministère fédéral de l'Agriculture.

Les noms des membres et des collaborateurs de la Commission ont été tirés des rapports annuels et des arrêtés ministériels de 1909 à 1921. Un fichier a été mis sur pied afin de rassembler les noms, les compétences et les publications des commissaires, des principaux collaborateurs et des employés de la Commission. Sur 196 noms, environ la moitié étaient catalogués dans l'*Union List of Manuscripts* canadien. Les principales archives du pays ont été contactées afin de localiser les fonds d'archives de ces collaborateurs. Une quarantaine d'entre eux ont conservé de la correspondance ou des dossiers concernant la Commission de la conservation, ce qui représente plus de 4 000 pages de correspondance. La plus grande partie de la documentation a été retrouvée dans les archives de Sir Wilfrid Laurier, Robert Laird Borden, Clifford Sifton et Arthur Meighen. Mais la chance a voulu que de la correspondance provenant des autres membres et collaborateurs ait été découverte dans les archives de toutes les grandes régions du pays, ce qui a grandement facilité la tâche d'interprétation.

Dans les deux premiers chapitres, il est question du contexte historique entourant l'essor de l'écologisme en Amérique du Nord et des débats et tractations entourant la création de la Commission de la conservation. Les chapitres subséquents présentent les trois objectifs de la Commission selon un ordre thématique afin de faciliter le repérage de l'information. Les études, stratégies et recommandations de la Commission pour le développement efficace des ressources inertes comme le charbon, les minéraux et le potentiel hydroélectrique sont présentés dans le chapitre 3. Les idées et pratiques visant la conservation des ressources dites renouvelables, comme le sol, la forêt et la santé publique des populations, font l'objet du chapitre 4. Dans le chapitre 5, il est question des initiatives de préservation et de restauration des ressources menacées et en voie de disparition. Le dernier chapitre résume les principales raisons qui ont motivé le gouvernement Meighen à abolir la Commission de la conservation.

Lorsqu'ils sont examinés dans le contexte plus large de l'histoire de l'écologisme en Occident, les travaux de la Commission de la conservation du Canada ne peuvent être perçus comme une parenthèse dans l'histoire. La Commission n'était pas « des décennies en avance sur son temps » comme l'ont écrit certains historiens[15]. Depuis le début de ce siècle, de nombreux chercheurs se sont intéressés à l'histoire de l'écologisme en Occident et ont relevé des témoignages qui confirment l'existence d'une conscience écologiste en Occident depuis la Grèce antique. En effet, la conscience écologiste serait bien antérieure à la naissance de la science de l'écologie ou à la révolution scientifique, bien que son influence sur les cultures et les pratiques ait été limitée. Mais peut-on vraiment être écologiste avant la naissance de la science de l'écologie ? La réponse à cette question tient dans les deux propositions suivantes. Premièrement, il existe une confusion dans la terminologie de notre époque en ce qui a trait aux idées sur l'environnement. Deuxièmement, la connaissance de la science exacte, qu'elle soit empirique ou expérimentale, n'est pas la condition essentielle à l'éclosion d'une conscience écologiste.

Ces deux propositions doivent être précisées. La première proposition, liée à la confusion dans la terminologie, le langage et le vocabulaire reliés à l'environnement, s'appuie sur la lecture des écrits récents. Les termes « écologiste », « environnementaliste », « spécialiste de l'environnement » sont utilisés de façon à peu près interchangeable. Le terme écologiste sert à identifier à la fois les scientifiques et professionnels de l'étude de l'environnement et les militants des organisations écologistes, les citoyens affligés du syndrome « pas dans ma cour » ou les amoureux des bois qui désirent protéger un coin de forêt dans leur voisinage. Les auteurs américains ont partiellement résolu ce problème il y a une vingtaine d'années, en réservant le mot *ecologists* aux scientifiques et en qualifiant d'*environmentalists* ceux et celles qui aspirent à une plus grande harmonie entre l'homme et son milieu naturel. Les militants de Greenpeace, qui n'ont pas nécessairement de formation en écologie par exemple, sont qualifiés d'*environmentalists,* tandis que les biologistes et autres spécialistes ayant une formation universitaire dans les sciences naturelles sont nommés *ecologists.* Dans les médias de langue française, la confusion règne. On y utilise de temps à autre le terme « environnementaliste » afin d'identifier les écolos. Or, en français, ce terme réfère aussi bien à une théorie de psychologie comportementale, le béhaviorisme, qu'à l'écologie[16].

L'historien français Pascal Acot a réglé ce problème de terminologie en nommant « écologues » les spécialistes de la science de l'écologie et en réservant les termes « écologiste » et « écologisme » à ceux et celles qui valorisent des relations harmonieuses entre l'humain et son milieu naturel[17]. Cette distinction se prête parfaitement à notre interprétation et nous la faisons nôtre, car elle permet une analyse en parallèle de l'histoire de la conscience écologiste d'une part et de l'écologie, la science des écologues, d'autre part, tout en évitant les malentendus d'ordre sémantique.

En ce qui a trait à la deuxième proposition, rappelons tout d'abord une évidence : pour le commun des mortels, la perception des dommages créés par les activités humaines sur le milieu naturel est bien plus facile dans les sociétés préindustrielles que dans un monde où des dizaines de milliers de produits chimiques toxiques différents sont produits et rejetés dans l'environnement. En fait, cette perception relève plutôt de quelques qualités simples : un sens aigu d'observation du milieu qui nous entoure; une sensibilité qui va au-delà d'une vision réaliste du monde (c'est-à-dire capable d'accepter ce qui ne tombe pas immédiatement sous le sens et qui peut déceler des modifications dans le milieu s'étendant sur des décennies); la conviction que toutes les parcelles de la Création ont un rôle à jouer dans le milieu naturel et enfin un certain recul par rapport aux tâches humaines dans les régions étudiées, qui rend apte à percevoir les relations hommes-milieu avec un minimum d'objectivité.

Évidemment, les personnes qui rassembleront de telles caractéristiques auront souvent tendance à faire partie d'une élite instruite disposant des moyens financiers et du temps nécessaires pour se permettre de philosopher sur l'action de l'homme sur le milieu. Mais un fait demeure : des gens jouissant de ces attributs peuvent percevoir, sans instrumentation scientifique, les modifications dans l'environnement conséquentes à l'action humaine comme le déboisement, l'érosion des sols, l'extermination d'espèces animales et végétales, certains changements climatiques régionaux de même que certaines formes de pollution. Or, comme de tels problèmes sont aussi bien le lot des civilisations préindustrielles que modernes, il est tout à fait possible que certains observateurs se soient inquiétés de la détérioration des écosystèmes dès l'apparition des premières civilisations agricoles.

La recherche historiographique à ce sujet identifie trois courants écologistes distincts qui se sont développés à partir du XVIIIᵉ siècle en réaction aux dommages résultant du progrès. Il y a évidemment les Gestionnaires de la Nature, ces spécialistes des techniques et des sciences naturelles à qui l'État et les entreprises ont confié l'aménagement rationnel des ressources naturelles. D'autre part, les Protecteurs de la Nature, souvent des amateurs d'histoire naturelle, ont lancé des cris d'alarme devant les abus les plus visibles causés par l'homme. Ils ont exigé des mesures pour la protection des animaux ainsi que la préservation des espèces en voie de disparition et des dernières parcelles de Nature sauvage. Enfin, les Adversaires du progrès se sont tout simplement opposés au système de pensée cartésien, au rationalisme, au matérialisme scientifique et à l'utilitarisme, populaires au XVIIIᵉ siècle. Considérant l'industrialisation comme une abomination, ils ont proposé le mode de vie pastoral comme solution de rechange politique économique et social. Ces trois courants, qui ont utilisé l'histoire naturelle pour faire valoir leurs points de vue respectifs, sont toujours à l'œuvre aujourd'hui[18].

Notes

1.   Dans son livre *Le Défi écologiste*, Michel Jurdant est encore plus précis: l'écologisme est né de la contestation populaire en mai 1968 à Paris, « le premier événement d'envergure qui remette en cause les valeurs et les résultats des sociétés industrielles ». Voir Michel Jurdant, *Le Défi écologiste*, 1984, p. 69.

2.   « A Comparison of Indian and Non-Indian Values », *Earthkeeper: Canada's Environmental Magazine*, janv.-fév. 1992, pp. 5, 19.

3.   O. D. Skelton, *The Day of Sir Wilfrid Laurier: A Chronicle of Our Own Times*, 1916, pp. 234–235.

4.   Joseph Schull, *Laurier: The First Canadian*, 1965, p. 484.

5.   Robert Laird Borden, *Memoirs*, 1938, pp. 240–243.

6.   John W. Dafoe, *Cliford Sifton in Relation to His Times*, 1937.

7.   D. J. Hall, *Clifford Sifton: A Lonely Eminence: 1901–1929*, 1985, p. 263 [n.t.].

8.   Ramsay Cook, Robert C. Brown, *A Nation Transformed: Canada 1896–1921*, pp. 97–99.

9.   Douglas Francis et al., *Destinies: Canadian History Since Confederation*, 1988, p. 209; Robert Bothwell et al., *Canada: 1900–1945*, 1987, p. 103.

10.   « [...] the lumbermen attempted to use conservation as a justification for their own business drives. Politicians, hardly less callous, had to weight the desirable against the possible, count the costs, then dress up the resulting policy in an appropriate conservationnist disguise ». Nelles, *The Politics of Development*, 1967, p. 203.

11.   Peter Gillis et Roach, *Lost Initiatives*, 1986, chapitres 3 et 8.

12.   Janet Foster, *Working for Wildlife: The Beginning of Preservation in Canada*, 1977, p. 215 [n.t.].

13.   D. L. Calnan, *Businessmen, Forestry and the Gospel of Efficiency: The Canadian Commission of Conservation, 1909–1921* (University of Western Ontario, 1976); James Allum, *Science, Government and Politics in the Abolition of the Commission of Conservation, 1909–1921* (Trent University, 1988).

14.   Ces articles ont été utilisés lors de la rédaction des chapitres 3, 4 et 5. Voir Alan H. Armstrong, « Thomas Adams and the Commission of Conservation », dans L. O. Gertler, *Planning the Canadian Environment*, 1968; Alan F. Artibise et G. A. Stetler, « Conservation, Planning and Urban Planning: The Canadian Commission of Conservation in Historical Perspective », *Planning for Conservation*, 1981, pp. 17–36; Jennifer Hubbard, « The Commission of Conservation and the Canadian Atlantic Fisheries », *Scientia Canadensis*, 34, printemps-été 1988, pp. 22–52; Michael Simpson, « Thomas Adams in Canada, 1914–1930 », *Urban History Review*, 11, 2, oct. 1982, pp. 1–16; C. Ray Smith et David R. Witty, « Conservation, Resources and the Environment: An Exposition and Critical Evaluation of the Commission of Conservation of Canada », *Plan Canada*, 11: 1 (70) et 11: 3 (72), pp. 55–71 et pp. 199–216.

15.   Janet Foster, *Working for Wildlife*, 1977, p. 215; Stewart Renfrew, « Commission of Conservation », dans *Douglas Library Notes*, printemps 1971, p. 26.

16. Selon le *Petit Robert,* édition 1985, un environnementaliste est « un spécialiste de l'étude de l'environnement. Voir aussi Écologiste. » Or, dans le dictionnaire français-anglais Robert/Collins, édition de 1987, on traduit « environmentalist » par écologiste !

17. Pascal Acot, *Histoire de l'écologie,* 1988, p. 10. Voir aussi Jean-Guy Vaillancourt, « Quelques éléments pour une sociologie historique du mouvement écologiste québécois », Colloque « L'histoire nouvelle de l'environnement », 8 mars 1990, Université d'Ottawa.

18. Le lecteur pourra retrouver un chapitre résumant l'historiographie de l'écologisme dans notre thèse de doctorat : *La Guerre contre l'écologisme : essor et déclin de la Commission de la conservation du Canada, 1909–1921,* Université d'Ottawa, 1992.

1

L'éveil de l'écologisme en Amérique

La fin de la frontière (1850–1900)

Peu de lois et règlements protégeant l'environnement semblent avoir été promulgués au Canada avant la Confédération. Évidemment, la densité de la population était faible et les ressources naturelles abondantes. Au XVIIIᵉ siècle, les autorités françaises avaient instauré des codes de gestion de la Nature en réservant à la Couronne le chêne de Nouvelle-France, mais ces mesures ne visaient qu'à protéger l'approvisionnement des matériaux pour le bois de construction navale[1]. Un code semblable réservant le pin blanc à la couronne britannique (le *broad arrow*) a été promulgué en Amérique en 1721[2].

La législation concernant la protection de la Nature s'articulait autour d'une réglementation des saisons de chasse au gibier et aux oiseaux. En 1762 par exemple, le général Thomas Gage, gouverneur militaire, décrétait une saison fermée pour la chasse à la perdrix. Une mesure semblable sera adoptée en Nouvelle-Écosse en 1794 pour mieux protéger la grouse et le canard noir. En 1839, l'Assemblée du Canada imposait une saison de chasse pour plusieurs espèces d'oiseaux prisées par les chasseurs. Elle ajouta certaines espèces d'animaux à fourrure à sa législation en 1856. Huit ans plus tard, une loi protégeant les oiseaux utiles aux agriculteurs fut adoptée[3]. Dans le domaine des pêches, la première loi pour la protection d'une espèce de poisson au Canada daterait de 1807, alors que le Haut-Canada passait une loi pour la protection du saumon dans les Grands Lacs. Trois ans plus tard, l'Assemblée interdira la pêche au saumon entre le 25 octobre et le 1ᵉʳ janvier. Déjà, les trois grands principes de contrôle de la pêche par l'État étaient établis au Canada : contrôle des types d'embarcations et outils utilisés pour la pêche, réglementation des endroits où la pêche pouvait être pratiquée et réglementation des périodes de pêche. En 1828, une autre loi fut promulguée afin de faire installer des tabliers ou glissoires là où les moulins et barrages empêchaient la libre circulation du poisson dans les cours d'eau. Durant les années 1840, une première loi interdisant la pollution des eaux par les déchets des moulins à scie fut adoptée en Ontario afin de protéger les poissons[4]. La recherche au sujet des politiques environnementales au Canada avant la Confédération reste impressionniste et ne permet pas pour le moment d'établir avec précision l'éventail des réactions écologistes face à la conquête du territoire canadien. Ces éléments confirment toutefois que des législateurs étaient conscients de l'impact néfaste de certaines activités humaines sur le milieu naturel[5].

La deuxième moitié du XIXe siècle marque la fin de la frontière aux États-Unis et un renversement des attitudes d'un nombre croissant de Nord-Américains par rapport au milieu naturel. Selon les historiens qui s'intéressent à l'environnement, les principaux intervenants de l'époque ont réévalué leurs idées quant à la surabondance des ressources naturelles et à la capacité de l'écosystème de se régénérer à l'infini après le passage de l'homme[6]. Inquiets du nombre croissant de pénuries et de la gravité des catastrophes environnementales locales, les Gestionnaires de la Nature (les naturalistes amateurs et les professionnels de l'étude du milieu naturel) ont convaincu les gens d'affaires, les politiciens et les fonctionnaires américains qu'il était essentiel de procéder à des inventaires précis des ressources naturelles disponibles, de créer une législation nationale favorisant leur utilisation parcimonieuse et de former des spécialistes dans l'aménagement et la gestion de chaque ressource naturelle. S'inspirant des leçons de l'histoire et des nouvelles méthodes mises sur pied dans les universités européennes, les Gestionnaires de la Nature ont formé un mouvement cohérent de la conservation.

Les Protecteurs de la Nature ont également été actifs. Ces défenseurs des droits des animaux se sont alliés à leurs collègues de la Grande-Bretagne et ont formé un mouvement militant en faveur de la protection des animaux contre la cruauté, de l'interdiction de la chasse aux oiseaux pour leur plumage, de l'établissement de lois et règlements régissant la chasse et la pêche et de la préservation des espèces menacées. Enfin, des milliers d'Adversaires du progrès ont valorisé la fuite dans les sanctuaires et parcs nationaux.

Même si de façon générale ces trois courants ont évolué en parallèle, ne joignant que rarement leurs efforts pour faire avancer leurs causes respectives, ils ont tout de même marqué de nombreux points importants au tournant du XXe siècle. Il faut dire que le milieu naturel américain était en bien mauvais état après la guerre de Sécession : le Sud était dévasté, les habitants de l'Ouest nouvellement colonisé manquaient d'eau car le climat y était sec et l'Est, dépourvu plus que jamais de bois, voyait ses terres s'épuiser et ses populations rurales fuir. En 1864, George Perkins Marsh, un avocat du Vermont qui fut ambassadeur en Italie, publia *Man and Nature: Or Physical Geography as Modified by Human Action.* Cet ouvrage le consacra comme le père du mouvement de la conservation aux États-Unis. En décrivant de façon saisissante le processus de dégradation de l'environnement en Europe, il réussit à sensibiliser des milliers d'Américains à l'importance de la gestion rationnelle du milieu naturel en Amérique[7]. Durant le dernier tiers du XIXe siècle, d'autres conservationnistes comme les forestiers d'origine allemande Bernhard E. Fernow (1851–1923) et Carl A. Schenck (1868–1955) ont élaboré un programme national de conservation des ressources naturelles basé sur l'intervention de l'État central, la seule institution susceptible de protéger les intérêts des générations futures de citoyens[8]. Plusieurs associations conservationnistes ont vu le jour à cette époque, dont l'American Forestry Association et l'American Forestry Congress, toutes deux en faveur d'une stricte réglementation en matière de foresterie[9].

Durant les années 1890 et 1900, les conservationnistes américains ont connu leur heure de gloire en unissant leurs efforts au candidat républicain à la présidence, Theodore Roosevelt (1858–1919). Passionné par la Nature depuis sa jeunesse, Roosevelt obtint de l'Université Harvard un diplôme en histoire naturelle avant d'entreprendre des études de droit. Une partie de son impressionnante collection de spécimens de mammifères et d'oiseaux est toujours exposée au musée de la Smithsonian à New York. Féru de chasse au gros gibier et de vie au grand air, fondateur du *Boone and Crockett Club*, rédacteur de livres et d'articles sur la chasse et les beautés de la Nature, propriétaire d'un ranch dans les Badlands du Dakota, Theodore Roosevelt possédait tous les attributs requis pour développer une politique nationale de conservation des ressources naturelles. L'historien Paul Cutright, qui a étudié la vie de Roosevelt, suggère qu'il s'est intéressé à la conservation à partir des années 1880; il aurait même devancé l'historien Frederick Jackson Turner d'une décennie en affirmant: « la frontière américaine est une chose du passé[10] ».

Lorsque Roosevelt devint président en 1901, il fut grandement aidé dans la formulation d'une politique conservationniste par Gifford Pinchot (1865–1946), un jeune forestier américain formé à l'école de Nancy en France. Pinchot mena de main de maître le Département des forêts du ministère de l'Agriculture entre 1898 et 1910. Le programme développé par les deux hommes visait à encourager la conservation des ressources naturelles renouvelables comme la forêt et le réseau hydrographique, ainsi que l'utilisation rationnelle et la diminution du gaspillage dans l'exploitation des ressources non renouvelables comme le charbon et le pétrole. Pour ce faire, le gouvernement à Washington établit des réserves fédérales sur les territoires publics où un système de droits et de permis fut institué. En 1901, Washington contrôlait 41 réserves couvrant 46 millions d'acres, mais sept ans plus tard, sous la gouverne de Roosevelt, ce nombre fut porté à 159 réserves, couvrant 150 millions d'acres. Une commission de classification des territoires publics fut instaurée et le gouvernement retira du marché ceux sur lesquels se trouvaient des ressources naturelles abondantes, pour y contrôler la vente et l'exploitation. Pinchot porta une attention particulière à la gestion rationnelle des forêts dans l'Ouest américain qui abritaient les sources des rivières, afin d'assurer qu'elles ne se tarissent pas. Comme on le verra dans les pages qui viennent, plusieurs lois et règlements à caractère conservationniste promulgués à cette époque ont eu un impact marqué sur les initiatives canadiennes.

Il faut dire que les militants progressistes américains à l'époque étaient ambitieux et optimistes quant à leurs chances de succès. Ils connaissaient bien l'étendue des déboires écologiques des vieux pays et étaient convaincus que l'histoire pouvait se répéter en Amérique. Grâce à l'expertise des professionnels et à la recherche scientifique, ils croyaient qu'il était possible d'aménager l'exploitation des ressources naturelles. Mais il fallait convaincre le grand public et les législateurs récalcitrants. Dans cette optique, les réserves forestières fédérales représentaient les premiers champs de bataille des spécialistes comme les ingénieurs forestiers, les entomologistes et les ingénieurs en hydroélectricité dans leur lutte pour la conservation des ressources, l'élimination du gaspillage et l'efficience économique pour le bénéfice de la nation et des générations futures.

Parallèlement à l'essor du mouvement de la conservation des ressources naturelles, celui de la protection de la Nature contre les abus des hommes a marqué des points durant cette deuxième moitié du XIXe siècle. La Société royale pour la protection des oiseaux en Grande-Bretagne et la Société Audubon des États-Unis, par exemple, qui comptait près de 50 000 membres en 1888, ont levé le voile sur les abus commis par les chasseurs d'oiseaux. Chaque année aux États-Unis, des millions d'oiseaux étaient tués pour leur plumage, alors recherché dans la confection de chapeaux et de parures féminines. Le débat public provoqué par la campagne de ces deux groupes, composés principalement d'amateurs d'histoire naturelle, força les législateurs américains à interdire cette chasse et découragea les modistes d'utiliser les plumages d'oiseaux sauvages[11].

L'extermination du bison des plaines et l'augmentation constante du nombre d'espèces menacées de disparition favorisèrent l'émergence de groupes et d'individus adonnés à leur protection. Le docteur William Hornaday (1854–1938) par exemple, président de l'American Bison Society puis de la New York Zoological Society, joua un grand rôle dans l'établissement d'une loi protégeant les espèces menacées[12]. La cause de la protection des animaux pour des motifs humanitaires avança elle aussi durant cette période. Inspirés par leurs collègues britanniques, les défenseurs des droits des animaux américains fondèrent la Société de prévention de la cruauté envers les animaux en 1866. Ils exigèrent des lois sévères punissant ceux qui maltraitaient ou faisaient souffrir indûment les animaux domestiques ou sauvages. Au début du XXe siècle, des centaines de milliers de membres vont se joindre à plus de 500 organisations régionales vouées à la protection des animaux et établir des mécanismes de surveillance dans les quatre coins du pays[13].

Les chasseurs et pêcheurs, inquiets de voir le gibier et le poisson disparaître et sans doute influencés par les campagnes des naturalistes et des protecteurs des droits des animaux, encouragèrent eux aussi l'établissement de lois pour assurer la conservation du gibier et du poisson et la préservation du milieu naturel là où ils évoluent et se reproduisent. Certains historiens américains comme Thomas Dunlap ont même affirmé que le cadre institutionnel et juridique de protection de la faune aux États-Unis, créé entre les années 1880 et 1920, est le legs des efforts de ces chasseurs et pêcheurs. L'introduction d'un code d'éthique de la chasse et de la pêche encourageant une attitude responsable envers la nature et les autres intervenants dans les forêts et sur les cours d'eau, aurait été le legs des chasseurs britanniques en visite aux États-Unis[14].

Les Adversaires du progrès, soucieux de protéger des écoumènes entiers des interventions humaines, se sont quant à eux ralliés autour de John Muir, un Américain d'origine écossaise à qui l'on doit la formation des premiers parcs nationaux durant les années 1870. Le Sierra Club, fondé par Muir, rassembla un nombre croissant d'individus soucieux de préserver des parcelles de milieu naturel sous forme de parcs[15]. Des trois groupes cherchant à protéger le milieu naturel des effets néfastes du progrès, le Sierra Club était sans doute le moins bien organisé et le moins répandu, réservé aux individualistes et généralement aux membres des classes les plus aisées de la société américaine qui ne s'inquiétaient pas tant de leur survie ou de leurs profits matériels que de leurs besoins spirituels et existentiels.

Ottawa et la conservation au tournant du XXe siècle

« La vue des immenses masses de bois qui passent tous les matins devant ma fenêtre me donne à penser qu'il est absolument nécessaire de se pencher sur l'avenir de ce commerce. Nous détruisons sans pitié les arbres du Canada et il n'est guère possible de les remplacer[16]. » John A. Macdonald, premier ministre du Canada, écrivit ces mots en 1872. Il était sans doute assis près d'une fenêtre de sa maison bordant la rivière des Outaouais, lorsqu'il confia son inquiétude à un proche sur l'avenir des grandes forêts de pin blanc de la région. Principal architecte de l'État fédéral canadien, Macdonald comprenait que les ressources forestières n'étaient pas infinies. Pourtant, le menu législatif et politique de son gouvernement ne reflète aucune action concrète à ce sujet entre 1867 et 1873. Plusieurs raisons peuvent expliquer ce manque de leadership. Il faut tout d'abord dire que le rêve, ou plutôt l'obsession du premier ministre durant ces premières années, était de créer un État d'un océan à l'autre dans les plus brefs délais afin d'établir, puis de consolider, les liens économiques entre les provinces. Une telle entreprise ne pouvait être réalisée qu'en développant le plus rapidement possible le potentiel de toutes les régions.

À cette époque, l'économie canadienne était axée essentiellement sur l'exploitation des ressources naturelles : l'agriculture, la forêt, les pêches, les mines, etc.[17]. L'industrie forestière occupait déjà une grande place dans l'économie canadienne : durant les années 1860, un homme adulte sur deux travaillait dans les bois ou dans une industrie connexe. Rivalisant avec l'agriculture, la forêt a fourni des produits à l'exportation pour une valeur de 29 millions de dollars dans la seule année 1871, une somme énorme pour l'époque, selon l'historien de la forêt Peter Gillis[18]. Le développement du nord de l'Ontario et du Québec, de même que l'essor de la Colombie-Britannique, de l'ouest de l'Alberta et du Nouveau-Brunswick dépendaient également de l'exploitation forestière[19].

Au début des années 1870, John A. Macdonald commençait probablement à mieux évaluer quelles étaient les faiblesses de la constitution canadienne. Dans le domaine du partage des pouvoirs pour la gestion des ressources naturelles du Dominion, l'Acte de l'Amérique du Nord britannique, qu'il avait contribué à rédiger, n'était certes pas un document reflétant une sensibilité écologiste. Les pères de la Confédération ont dessiné une grille rigide et artificielle séparant la responsabilité de la gestion des ressources entre deux niveaux de gouvernement. L'article 92.5 de l'Acte par exemple stipule que les provinces étaient responsables de la gestion et de la vente des terres publiques leur appartenant ainsi que du bois qui s'y trouvait. Ottawa par contre était responsable des ressources du sous-sol, du réseau hydrographique et de la pêche sur les côtes et dans les eaux intérieures[20].

Une telle dispersion des responsabilités étonne. Car les grands principes régissant une gestion rationnelle de l'environnement étaient compris depuis fort longtemps en Occident. Les amateurs d'histoire naturelle de l'époque connaissaient les liens d'interdépendance entre les différents éléments des écoumènes, comme l'impact de la pollution des eaux sur la santé humaine et la vitalité des poissons, ou les effets néfastes du déboisement excessif sur le réseau hydrographique. Or, dans ces deux cas les responsabilités étaient partagées entre les deux niveaux de gouvernement, rendant difficile toute coordination dans l'exercice de formulation de législation et dans l'application des règlements. Sir Alexander Campbell, un des pères de la Confédération, aurait proposé que les provinces partagent leurs responsabilités avec le fédéral dans le domaine de la gestion des forêts mais sans succès[21].

Durant son premier mandat entre 1867 et 1873, le gouvernement de John A. Macdonald passa tout de même une loi importante à caractère conservationniste pour un des domaines de compétence fédérale. La loi fédérale sur les pêches, conséquence de la formation d'un département des pêcheries et de la marine en juillet 1868, réglementa la taille des filets et des embarcations, établit des saisons de pêche pour certaines espèces, délimita des seuils «acceptables» de pollution des cours d'eau par les moulins à scie sur les rivières où le poisson était abondant et entérina le principe de l'inspection sur le terrain par des fonctionnaires fédéraux. Mais la loi sera rapidement contestée devant les tribunaux par la province de l'Ontario et les autorités fédérales auront de la difficulté à faire respecter la réglementation[22].

Les Libéraux d'Alexander Mackenzie, au pouvoir entre 1873 et 1878, ont entrepris les premiers pas vers la gestion rationnelle des ressources forestières tout en respectant les limites de pouvoirs que leur conférait l'AANB. En 1875, le gouvernement demanda à Henri Joly de Lotbinière (1829–1908) de procéder au premier inventaire sommaire des ressources forestières disponibles dans l'ensemble du Dominion. Dans son rapport, ce passionné d'histoire naturelle et de sylviculture, qui avait émigré de France sur la seigneurie de ses ancêtres à Lotbinière au Québec, affirma que les informations concrètes quant aux quantités de ressources disponibles sur le Dominion étaient à peu près inexistantes. Il se déclara très inquiet de cette situation[23]. L'année suivante, un premier programme fédéral d'encouragement au reboisement fut mis sur pied mais n'a jamais eu de suite[24].

Heureusement, les choses allaient changer à partir des années 1880. En 1882, Joly de Lotbinière collabora, avec les frères Little, d'importants marchands de bois de Montréal, à l'organisation dans cette ville d'un grand congrès sur la foresterie qui rassembla les membres de l'American Forestry Association et de l'American Forestry Congress. Parmi les 65 allocutions, plus d'une vingtaine traitaient des problèmes reliés au déboisement et aux avantages du reboisement. Cette conférence connut un grand succès et fit la première page des journaux de l'époque, faisant apparaître au grand jour le problème de la conservation de la forêt canadienne[25].

Comme le tableau 1 l'indique, c'est à partir de 1882 que le gouvernement fédéral, dirigé par John A. Macdonald depuis 1878, prit une part active dans la conservation des ressources forestières, notamment sur les territoires de l'Ouest, alors sous juridiction fédérale. Le gouvernement conservateur de Macdonald a établi le premier parc national pour des raisons économiques : le parc des eaux sulfureuses de Banff, en Alberta, a en effet été créé pour encourager l'utilisation des chemins de fer par les touristes de l'Est et rapporta d'importantes sommes au trésor public. Mais on se doit de souligner que les parcs nationaux et réserves forestières créés après 1885 ont été établis pour assurer la gestion rationnelle de la forêt et de la faune. Les réserves fauniques, les sanctuaires d'oiseaux et le Parc des bisons des bois devaient pour leur part protéger les espèces en voie de disparition. Le cas des bisons était alarmant : de 30 millions de bisons sur les plaines et dans les bois au milieu du XIXe siècle, il n'en subsistait que quelques milliers durant les années 1880 au Canada, et encore moins aux États-Unis[26].

Il faut dire que durant ces années, les critiques des Gestionnaires et des Protecteurs de la Nature au Canada se sont faites de plus en plus acerbes. Il est intéressant de noter que l'intérêt pour l'histoire naturelle au Canada avait justement atteint son paroxysme durant le dernier tiers du XIXe siècle. Au Québec, une recherche récente de Raymond Duchesne et Paul Carle sur les cabinets et musées d'histoire naturelle à la fin du XIXe siècle a recensé quatre sociétés savantes, dix-huit musées dans les institutions d'enseignement (surtout les séminaires et collèges classiques), quatre musées publics et une douzaine de collections particulières dignes de mention. Réservée à l'élite durant la première moitié du XIXe siècle, l'étude de l'histoire naturelle s'est répandue de plus en plus dans la classe moyenne urbaine à partir des années 1860[27].

Tableau 1
**Principales initiatives fédérales en matière de conservation,
1867–1895**

1868	Loi fédérale sur les pêches
1873	Loi visant à une plus grande protection des cours d'eau et rivières navigables
1875	Premier inventaire des forêts du Dominion par Henri Joly de Lotbinière
1876	Premier programme fédéral d'encouragement au reboisement
1877	Le conseil des Territoires du Nord-Ouest passe la première loi pour protéger le bison des plaines
1882	Création de la Division du bois et du pacage, ministère de l'Intérieur
1884	Création des premières réserves forestières dans les montagnes Rocheuses de l'Alberta
1885	Création du Parc des eaux sulfureuses de Banff (Alberta)
1886	Création du Parc Glacier-Yoho (Alberta)
1887	Création du Parc national des montagnes Rocheuses (Alberta, 260 milles carrés), protégeant et préservant les animaux, poissons et oiseaux sauvages
1887	Création d'un poste de commissaire des forêts au ministère de l'Intérieur
1887	Création du Sanctuaire d'oiseaux de Last Mountain Lake (Sask.)
1890	Amendement à la Loi du Dominion sur les terres, autorisant la préservation des arbres forestiers sur les pentes et falaises des montagnes Rocheuses
1894	Création de la réserve Moose Mountain (Sask.)
1894	Loi sur le gibier des territoires non organisés, interdisant la chasse au bison des bois
1895	Création de la réserve forestière de Waterton Lakes (Alberta)

Les recherches de l'historien Carl Berger confirment la popularité grandissante de l'histoire naturelle auprès de la classe moyenne au Canada anglais à la même époque. À partir des années 1870, des sociétés d'histoire naturelle sont en opération dans toutes les grandes agglomérations du Canada. Selon les données parcellaires recueillies, des dizaines de milliers de personnes ont participé aux activités de ce mouvement au Canada à la fin du XIXe siècle. Durant son âge d'or, l'histoire naturelle était devenue une science carrément populaire, accessible à tous les segments de la population qui pouvaient lire, écrire et apprécier le milieu naturel[28].

Les naturalistes amateurs canadiens s'intéressaient à l'étude de l'environnement pour différentes raisons. Le désir d'accumuler des spécimens et de monter une collection impressionnante a certainement motivé plusieurs individus. Duchesne et Carle écrivent : « Les historiens des mentalités et des cultures ont fait remarquer que la raison d'être et le fonctionnement d'un musée, avec ses opérations d'acquisition, d'inventaire, d'échange, de thésaurisation, etc., mimant les échanges économiques et l'accumulation capitaliste, épousaient tout à fait les goûts et les aspirations d'un public de possédants[29]. »

D'autres ont vu dans l'étude de l'histoire naturelle un outil pour mieux comptabiliser les ressources naturelles disponibles dans leur voisinage, attirer des investisseurs et contribuer au développement économique. La création et l'essor d'associations vouées à l'étude exhaustive des ressources naturelles comme la Société de géographie de Québec, de même que d'organismes professionnels de recherche comme la Commission géologique du Canada, ont permis, durant le dernier tiers du XIXe siècle, la compilation de données et d'inventaires des ressources naturelles disponibles au pays[30].

Beaucoup d'amateurs voyaient dans l'étude de la Nature une occasion de contribuer à l'avancement de la science. Depuis Linné, les naturalistes occidentaux se sont acharnés à identifier, inventorier et cataloguer les espèces vivantes selon leur genre et leur espèce dans le but de monter un catalogue complet de la Création. Par le biais des sociétés savantes et des grands périodiques, la découverte d'une nouvelle espèce pouvait être communiquée aux naturalistes du monde entier, faire avancer la recherche et immortaliser en quelque sorte son découvreur.

Le milieu naturel était aussi l'objet de contemplation et d'émerveillement de la part des naturalistes qui y voyaient une manifestation du pouvoir de Dieu. En tournant au hasard les pages de ce grand livre ouvert, les naturalistes romantiques pouvaient entrer en contact avec le Divin. Mais la parution de *L'Origine des espèces* (1859) puis de *La Descendance de l'homme* (1871) du naturaliste britannique Charles Darwin, ébranla les fondements de la théologie naturelle de l'ère victorienne et choqua toute une génération d'amateurs au Canada[31].

Paradoxalement, la nouvelle vision du milieu naturel proposée par les darwinistes a grandement contribué à l'essor de l'histoire naturelle. Beaucoup, comme l'abbé Léon Provancher, fondateur et éditeur du *Naturaliste canadien,* et Sir William Dawson de l'Université McGill, vont consacrer leur vie à tenter de réfuter les théories de Darwin. D'autres, comme le physiologiste Wesley Mills et la vaste majorité des spécialistes issus des universités à partir des années 1880, vont intégrer les théories de Darwin au corpus scientifique déjà existant. L'idée d'une Nature immuable dont les mécanismes étaient contrôlés par Dieu sera lentement discréditée. De plus en plus, la Nature allait être perçue comme un champ de bataille où toutes les espèces sont en compétition féroce pour assurer leur survie et où l'homme doit intervenir s'il veut en soutirer les fruits nécessaires à son épanouissement personnel; d'où l'intérêt soudain pour les sciences et techniques spécialisées dans la gestion du milieu naturel telles la foresterie, l'agronomie, l'entomologie, l'ingénierie hydroélectrique, etc.[32].

À la fin du XIXe siècle, les Canadiens, tout comme les Occidentaux à travers le monde, s'intéressaient donc à l'histoire naturelle pour une foule de raisons. Cependant, tous avaient quelque chose en commun : que ce soit pour collectionner des spécimens, chercher des ressources, découvrir de nouvelles espèces, communier avec la Nature ou en comprendre le fonctionnement, les naturalistes devaient partir régulièrement en excursion dans les champs et les bois. Selon Carl Berger, de toutes les activités visant à populariser les sciences naturelles, la plus attirante et la plus populaire a sans doute été l'excursion en groupe sur le terrain[33]. Chaque année, les campagnes et les bois autour des grands centres canadiens et dans les régions éloignées étaient ratissés par des milliers d'amateurs. Ces individus ont été touchés et choqués de constater *de visu* comment le progrès économique pouvait défigurer la Nature[34].

Or, au tournant du XXe siècle, au Canada comme aux États-Unis, les catastrophes écologiques et les pénuries de ressources s'intensifiaient. Le pin blanc disparaissait de la région de l'Outaouais et du Saint-Laurent, inquiétant même les marchands de bois. La nouvelle industrie des pâtes et papiers développait un appétit féroce pour le sapin et l'épinette. La croissance de la demande pour le bois de pâte était telle que personne ne savait quand elle se stabiliserait, ce qui faisait craindre de nouvelles pénuries encore plus graves pour l'avenir[35]. Des dizaines de milliers de kilomètres carrés de terres marginales déboisées puis abandonnées par des colons déçus des trop faibles rendements agricoles, subirent les effets néfastes de l'érosion hydrique et éolienne et se transformèrent en véritables déserts. Au Québec, Oka, Lachute, Saint-Jérôme et Berthierville ont été gravement affectées par ce processus de désertification. En Ontario, selon certaines études de l'époque, « cinquante comtés du sud de la province ne possédaient que cinq pour cent de leur couvert forestier. Dans les comtés de Bruce, Simcoe, Lambton, Northumberland et Durham, 150 000 acres n'étaient plus que sables à la dérive, troncs à demi enfouis et désolation générale[36]». Les rapports des naturalistes de l'époque reflètent un profond sentiment de découragement devant la magnitude de la destruction. Lors d'une conférence sur le déboisement présentée devant les membres de la Société royale du Canada en 1894, John Macoun dresse un tableau peu reluisant de la dégradation des forêts dans toutes les régions du Canada qu'il a eu l'occasion de visiter lors de ses excursions :

> Les forêts sont un des plus grands atouts du Dominion et pourtant les gouvernements et les individus semblent s'être donné comme but de l'anéantir le plus rapidement possible. Plutôt que de tenter de conserver le couvert forestier naturel, tous les moyens, légaux et illégaux sont bons pour le détruire. Dans toutes les vieilles provinces, cette destruction a été telle que de grandes superficies couvertes de forêts vierges il y a cinquante ans sont à peu près dénudées aujourd'hui[37].

La faune n'était pas épargnée par le carnage. Durant les années 1890, les rapports sur les déprédations dans les populations d'animaux à fourrure, de poissons et d'oiseaux, provenant des naturalistes mais aussi de chasseurs et pêcheurs et des membres de la Société canadienne pour la prévention de la cruauté envers les animaux, se sont aussi multipliés[38].

Au fur et à mesure que l'information accumulée par les naturalistes était rendue publique par le biais des journaux, des revues, des conférences et des commissions, les fonctionnaires, les dirigeants politiques et les gens d'affaires se sont rendus à l'évidence que l'ère de la surabondance de ressources avait bel et bien pris fin. Selon les recherches récentes, beaucoup de naturalistes qui s'inquiétaient des conséquences néfastes du progrès sur la Nature travaillaient dans la fonction publique. Plusieurs historiens affirment en effet que ce sont ces fonctionnaires qui auraient été sensibilisés les premiers aux problèmes environnementaux confrontés par la nation[39].

Comme l'ont démontré Janet Foster et Peter Gillis, les fonctionnaires à l'emploi des gouvernements provinciaux et fédéral ont identifié les problèmes les plus pressants et proposé des solutions. Mais il est inexact d'affirmer que les politiciens de l'époque étaient insensibles aux questions environnementales. Car parmi les Canadiens qui s'intéressaient au milieu naturel, on retrouve des hommes et des femmes issus de toutes classes et œuvrant dans tous les milieux dont deux premiers ministres et plusieurs ministres fédéraux influents.

Wilfrid Laurier, les Libéraux et la conservation

Wilfrid Laurier (1841–1919) faisait partie des Occidentaux de l'ère victorienne qui aimaient l'histoire naturelle. Né et élevé dans la région rurale de Saint-Lin au Québec, Laurier s'est familiarisé avec les grands principes de l'ornithologie dès son jeune âge. Il a sans doute été influencé par son grand-père paternel Charles Laurier, qui se décrivait comme un arpenteur, un géographe et un astronome amateur. Arrivé à l'âge de la retraite, Charles Laurier avait trouvé le temps « d'étudier la Nature, la moralité et la raison », s'intéressant, entre autres, à la pensée de Jean-Jacques Rousseau[40]. Cet intérêt pour la Nature a sans doute été partagé avec le jeune Wilfrid qui a pu approfondir ses connaissances en histoire naturelle au Collège de l'Assomption, où une journée par semaine était réservée à l'étude de la Nature dans les bois des environs[41].

L'intérêt de Laurier pour le milieu naturel ne s'est pas effacé lorsqu'il est entré en politique. Selon les témoignages d'époque, Laurier et son épouse Zoë auraient été des jardiniers accomplis aussi bien à Arthabaskaville qu'à Ottawa[42]. Sa correspondance personnelle est parsemée d'allusions romantiques aux beautés du milieu naturel[43]. Arthur V. Ford, éditeur en chef du *London Free Press* au début des années 1900, affirme dans son livre *As the World Wags On*, que la grande joie du chef libéral était la contemplation des bois, des champs et des oiseaux, dont les habitudes et les migrations lui étaient familières. Dans une lettre adressée à Ford, l'honorable Charles Murphy, qui fut le premier secrétaire d'État aux Affaires extérieures de 1909 à 1911, raconte une anecdote digne de mention. Un jour, Laurier, Murphy et d'autres politiciens discutaient sur la pelouse de la résidence du sénateur William Cameron Edwards à Rockland, lorsqu'un passereau se mit à chanter tout près. Laurier identifia immédiatement le chant de l'oiseau et se mit à décrire les habitudes des oiseaux d'Arthabaskaville. Il décrivit leurs plumages, leurs chants, le genre de nids qu'ils bâtissaient de même que le nombre et la couleur des œufs qu'ils couvaient. Il expliqua aussi un phénomène de succession d'espèces et le remplacement des passereaux par d'autres espèces, si bien que les auditeurs auraient pu confondre Laurier avec un professeur d'ornithologie.

Selon Murphy, Laurier détestait la chasse et la pêche. Lors d'excursions de pêche avec ses collègues parlementaires, il préférait s'installer sur la véranda du chalet et observer les oiseaux. Sensible à la condition des arbres d'Ottawa, il aurait fréquemment contacté Murphy lorsque des ouvriers mutilaient des arbres pour installer des fils électri-

Sir Wilfrid Laurier, premier ministre et ornithologue invétéré.
Photographie prise après le premier congrès national de foresterie qu'il présida
en janvier 1906. (Archives nationales du Canada, PA 27977)

ques, afin que ce dernier fasse pression auprès du maire d'Ottawa pour que cesse le «vandalisme[44]».

Murphy n'a pas été le seul à commenter cet amour de Laurier pour la Nature. Le révérend George Bryce de Winnipeg, naturaliste amateur et historien à ses heures, qui a souvent accompagné Laurier lors de visites amicales chez le gouverneur général Lord Grey, écrivit à sa femme quelques jours après le décès du chef libéral et confia : « Nous partagions un grand intérêt pour les animaux sauvages du Canada et leur préservation[45]. » Bryce sera d'ailleurs un des premiers membres choisis lors de la formation de la Commission de la conservation et participera à ses activités durant les treize années d'existence de l'organisme. L'entomologue du Dominion Gordon Hewitt, un des pionniers de la préservation des espèces en voie de disparition au Canada, estimait lui aussi que Laurier s'intéressait beaucoup au milieu naturel, particulièrement aux oiseaux et aux arbres :

> Sir Wilfrid cultivait un grand amour pour la Nature, particulièrement les oiseaux et les arbres. À chacune de nos rencontres, la conversation tournait toujours vers le sujet des oiseaux, ou le travail qui se faisait dans les différentes provinces et le Dominion dans le domaine de la protection des oiseaux. Il s'intéressait vivement à notre travail ici à Ottawa. La dernière communication que j'ai eu avec Sir Wilfrid fut une lettre dans laquelle il m'informa qu'il avait écrit à Sir Lomer Gouin, lui demandant de s'intéresser au travail de la Commission et du Bureau aviseur afin de réserver le rocher [Percé] et l'île Bonaventure dans le golfe du Saint-Laurent comme sanctuaires d'oiseaux. Durant les dix années où j'ai eu le privilège de le connaître, Sir Wilfrid a démontré un véritable intérêt à la conservation de la faune, ce fait doit être souligné [...][46].

La correspondance politique de Laurier reflète cet intérêt pour la protection de la Nature. Dans une lettre trouvée par hasard dans la correspondance officielle du premier ministre, Laurier accusa en 1909 l'éditeur de la revue *Rod and Gun* de glorifier la cruauté des chasseurs et des pêcheurs envers les animaux sauvages :

> J'ai peur que vos articles et vos gravures en particulier soient créés afin d'encourager la tuerie et la destruction plutôt que le vrai sport. Lorsque vous présentez une gravure illustrant un homme, « pas un sportif », exhibant des lignes et des lignes de poisson et que vous l'intitulez « Une journée de pêche », j'avoue que vous créez dans mon esprit une idée du sport qui est de tuer et de détruire. Je préférerais que *Rod and Gun* propose au lecteur l'idée que les sportifs doivent se restreindre et qu'ils ne doivent tuer qu'avec modération[47].

Se défendant tant bien que mal, Taylor rétorqua que sa revue avait été fondée dans le but d'encourager la conservation et publiait à chaque mois des articles sensibilisant le lecteur à l'importance de préserver la faune et de respecter les lois sur la chasse et la pêche[48]. Durant les années 1900 à 1910, *Rod and Gun* a en effet publié des centaines d'articles sur la disparition du gibier et du poisson, sur leur conservation et celle des forêts. En 1908–1909, près de 16 % du contenu total de la revue se rapportait à la protection de l'environnement[49].

L'intérêt que portait Laurier au milieu naturel a-t-il eu une influence significative sur la législation libérale ? Comme l'indique le tableau 2, les Libéraux de l'époque ont entériné de nombreuses initiatives en matière de conservation de l'environnement. Le premier ministre n'était pas seul à s'intéresser aux questions environnementales au sein de son parti. Parmi les députés élus en 1896, trois se démarquaient pour leurs prises de position conservationnistes et Laurier les assigna à des ministères importants : Henri Joly de Lotbinière au ministère du Revenu, Sydney Fisher à l'Agriculture et Clifford Sifton au ministère de l'Intérieur.

Joly de Lotbinière, qui avait contribué à l'essor du mouvement de la conservation au Québec, possédait une grande expérience politique, un atout important pour les Libéraux qui n'avaient pas goûté au pouvoir depuis 1878. Lotbinière avait fait ses premières armes en politique en 1861 à la législature du Canada-Uni. De 1867 à 1874, il occupa un siège à Ottawa et un à Québec, jusqu'à l'abolition de la double représentation. Il garda son siège à Québec jusqu'en 1885.

En mars 1878, le lieutenant-gouverneur du Québec força le gouvernement conservateur de C.-E.-B. de Boucherville à laisser sa place aux Libéraux menés par Joly de Lotbinière, qui devint premier ministre pour un peu plus d'un an. Lorsque les Conservateurs de J. A. Chapleau gagnèrent les élections en octobre 1879, Joly dirigea l'opposition libérale. Durant les années 1880 et 1890, il continua d'encourager les initiatives conservationnistes. Il fut élu président ou vice-président d'organisations de recherche agricole, de foresterie, de recherche industrielle et même président de la Société royale de l'Amérique du Nord britannique pour la protection des animaux, fondée en 1868 et menant un combat vigoureux contre la cruauté envers les animaux au Canada[50]. Laurier nomma Joly de Lotbinière ministre du Revenu intérieur en 1897, poste qu'il occupera jusqu'en 1900. Par la suite, il deviendra lieutenant-gouverneur de la province de la Colombie-Britannique et il s'affairera à y encourager la conservation des ressources naturelles jusqu'en 1906[51].

Tableau 2
**Principales initiatives fédérales en matière de conservation,
1896-1911**

1898	Établissement du Conseil biologique du Canada, amorçant la recherche systématique sur les poissons
1899	Création de la Commission d'aménagement de la capitale (Commission de la capitale nationale)
1899	Création d'un poste d'inspecteur en chef du bois et de la foresterie, au ministère de l'Intérieur et resserrement de la réglementation forestière
1900	Création de l'Association forestière canadienne
1902	Création de la Section de la foresterie, ministère de l'Intérieur
1906	Premier congrès national de l'AFC
1906	Adoption de la loi du Dominion sur les réserves forestières, transfert des réserves à la Section de la foresterie du ministère de l'Intérieur
1906	Création du bois et pacage du ministère de l'Intérieur
1906	Création de la Division de la foresterie du ministère de l'Intérieur
1906	Loi sur les réserves forestières et les parcs (Northwest Game Act)
1907	Création du Parc national de Jasper
1908	Création du Parc national Buffalo
1909	Création de la Commission de la conservation
1911	Nouvelle loi sur les réserves forestières et les parcs nationaux, création de la division des parcs, ministère de l'Intérieur
1911	Création de la Réserve forestière des montagnes Rocheuses (16 millions d'acres); réglementation de la chasse et de la pêche

Sydney Fisher (1850–1921) avait également fait ses preuves dans le domaine de la gestion rationnelle des ressources naturelles avant d'être nommé ministre de l'Agriculture par Laurier. Ce naturaliste amateur a été un des fondateurs de l'Association québécoise des arboriculteurs, qui encouragea le reboisement des terres érodées et la plantation d'arbres fruitiers durant les années 1870 et 1880. Il utilisa ses connaissances à bon compte sur la ferme Alva à Knowlton au Québec, dont il est demeuré le propriétaire jusqu'à sa mort. Cette ferme modèle était reconnue comme une des meilleures et des plus productives de la province à l'époque. Fisher, qui a sans doute rencontré Joly de Lotbinière durant les congrès forestiers ou agricoles, déclarera à plusieurs reprises durant sa carrière comme ministre de l'Agriculture que les ressources naturelles du Canada devaient demeurer propriété publique et ne devaient pas être contrôlées ou cédées aux corporations privées afin d'en assurer la pérennité[52]. Durant les dernières années du gouvernement Laurier, Fisher jouera un rôle capital dans la formulation des politiques fédérales en matière d'environnement, notamment en participant activement à la création de la Commission de la conservation.

Clifford Sifton (1861–1929) était sans doute le plus controversé mais aussi le plus respecté des conservationnistes au sein du cabinet Laurier. Qualifié de politicien énigmatique par son biographe J. D. Hall, considéré comme un politicien dur et sans scrupules par beaucoup d'historiens, Sifton était admiré par les Canadiens dans l'Ouest et l'Ontario et détesté par bon nombre de Canadiens français lorsqu'il fit son entrée en politique fédérale. Né dans une région rurale du sud de l'Ontario, Sifton fit ses études à Cobourg. En 1875 il déménagea à Brandon au Manitoba et ne tarda pas à s'engager dans l'arène politique. Élu à l'Assemblée législative manitobaine une première fois en 1888, il devint procureur général de la jeune province en 1891. Sifton défendit brillamment le principe d'un réseau scolaire national en anglais, qui limitait le droit des Canadiens français à une éducation dans leur langue. Son flair pour les bonnes affaires était tout aussi développé que son habileté à se faire remarquer en politique : une série de judicieux investissements durant les années 1890 et 1900, notamment l'achat du *Winnipeg Free Press*, firent de Sifton un multimillionnaire[53].

Il est difficile de déterminer si Clifford Sifton s'est intéressé à l'histoire naturelle. Les documents légués par sa famille aux Archives nationales du Canada sont avares d'informations quant à sa vie personnelle. Les biographies de Hall et Dafoe ne contiennent aucune information pertinente à ce sujet. Cependant, il ne fait pas de doute que Sifton était préoccupé par les questions d'environnement et de gestion rationnelle des ressources, naturelles et humaines. Cela reflète l'idéologie progressiste alors immensément populaire auprès des professionnels, des spécialistes, des réformistes et des gens d'affaires un peu partout en Occident. Définie en quelques mots, l'idéologie progressiste préconisait l'action individuelle et collective en vue d'établir l'efficacité économique, politique et sociale. Les progressistes abhorraient le gaspillage des ressources, favorisaient la standardisation dans les modes de production et désapprouvaient la formation de trusts et de monopoles privés dont les objectifs leur semblaient contraires à l'intérêt public. Par contre, ils n'étaient pas opposés aux principes de l'intervention gouvernementale et de la centralisation des pouvoirs publics. Ils étaient d'accord avec la création de monopoles d'État et de toutes mesures visant à favoriser l'efficacité, réduire le dédoublement des efforts et éliminer le gaspillage.

L'historien américain Robert Wiebe a identifié deux groupes de progressistes qui ont coexisté en Amérique au tournant du XXᵉ siècle : certains favorisaient l'efficacité pour des raisons économiques et financières, tandis que les autres promulgaient l'efficacité pour mieux servir les besoins des individus et de la société[54]. Nul doute qu'au début de sa carrière politique Sifton est associé aux idéaux véhiculés par le premier groupe. Les progressistes de droite tels Sifton voyaient dans l'application assidue de la science et de la technologie industrielles un moyen idéal pour contrôler les « imprévus » de toutes sortes et planifier le développement économique à long terme. La dimension du service public occupera toutefois une place de plus en plus grande dans ses préoccupations entre les années 1905 et la fin de la Première Guerre mondiale[55].

Sifton et bon nombre de conservationnistes progressistes de son époque réalisaient que la destruction du milieu naturel pouvait avoir des conséquences graves sur la vitalité de la nation. Ils préconisaient un développement économique qui tienne compte des limites imposées par l'environnement. Mais à la différence de beaucoup de Protecteurs de la Nature ou d'Adversaires du progrès, ils ne considéraient pas la Nature comme une entité vivante, sacrée et contrôlée par Dieu, mais comme un équipement public contrôlé par l'État. Cette vision quelque peu dénaturée n'a pas empêché les Gestionnaires de la Nature de saisir avec acuité l'importance des liens d'interdépendance entre différents éléments des écoumènes. Habitués à prendre des décisions selon des critères strictement financiers, les progressistes des classes d'affaires pouvaient facilement s'identifier au concept de la conservation, véritable synonyme du mot épargne. Le banquier canadien B. E. Walker a bien résumé cette attitude lorsqu'il déclara :

> Il ne fait pas de doute que si nous affectons le bel équilibre que la nature nous a donné dans nos ressources naturelles, l'ensemble de l'ordre des choses au Canada pourrait tomber en pièces. [...] Si nous détruisons l'équilibre de la nature, nous sommes de véritables criminels, des criminels envers nos descendants et les générations futures[56].

Les progressistes ont été parmi les premiers à visualiser le monde en une série de systèmes (économique, social, politique, démographique et écologique)[57]. En fait, l'étude du discours et des recommandations des conservationnistes de l'ère progressiste révèle des similitudes frappantes, à bien des égards, avec le concept du développement durable mis de l'avant par la Commission des Nations Unies sur l'environnement et l'économie en 1986 et axé sur une saine gestion de la Nature[58].

L'attitude de Sifton et des progressistes canadiens quant aux rôles que devait jouer Ottawa entrait en conflit direct avec celle de Laurier, qui a souvent été qualifié de partisan du laisser-faire. Janet Foster et Peter Gillis ont sévèrement critiqué le premier ministre pour ce qu'ils considèrent comme un manque probant de leadership[59]. Il est vrai que Laurier était peu enclin à favoriser l'intervention gouvernementale pour faire respecter l'environnement. Selon l'historien J. D. Hall, « Laurier n'était pas du tout en faveur d'un gouvernement interventionniste[60] ». Il encourageait plutôt les campagnes de sensibilisation du grand public, l'implication des fonctionnaires dans des organismes sans but lucratif et de petites subventions annuelles de fonctionnement pour les groupes écologistes. En agissant ainsi, il espérait qu'Ottawa encouragerait le leadership sans pour autant faire preuve « d'irresponsabilité fiscale » ou empiéter dans les domaines de juridiction provinciale.

Plusieurs organisations reflétant les préoccupations du premier ministre ont été créées entre 1896 et 1911. La Commission d'aménagement de la capitale par exemple, l'ancêtre de la Commission de la capitale nationale, a été fondée en 1899. Laurier en aurait été le principal instigateur. Cette commission avait comme mandat l'embellissement de la capitale, le nettoyage du centre-ville, la création de parcs et la plantation d'arbres sur les grandes artères. Selon Arthur V. Ford, Laurier était fier du travail de cette commission et a souvent affirmé à ses amis qu'il aimerait en devenir membre à la fin de sa carrière politique[61]. Mais les budgets de la commission étaient limités (60 000 $ par année), le poste de secrétaire n'était pas rémunéré et était comblé à temps partiel par un haut fonctionnaire. En outre, les membres de la Commission, recrutés parmi l'élite d'Ottawa, travaillaient à titre bénévole[62]. L'Association forestière canadienne, créée l'année suivante, de même que la Commission de la conservation, établie en 1909, sont autant d'organisations vouées à la protection de l'environnement qui reflètent la philosophie politique de Laurier en matière d'intervention gouvernementale.

Sifton semble s'être accommodé de cette divergence d'opinion avec le premier ministre durant les premières années de son mandat. Dès son entrée en fonction comme ministre de l'Intérieur, il adopta une approche résolument interventionniste dans l'administration de l'Ouest canadien, alors sous la gouverne du fédéral, ce qui ne plaisait pas particulièrement au premier ministre. Dans le dossier de la colonisation de l'Ouest, les actions de Sifton sont le résultat d'un plan clair et sans équivoque. Il favorisa tout d'abord l'immigration sur les territoires les plus humides et les mieux nantis en matière ligneuse, au centre du Manitoba, de la Saskatchewan et de l'Alberta. Il encouragea l'immigration des peuples slaves sur les grandes plaines canadiennes parce qu'il les considérait physiquement et culturellement mieux adaptés à cet environnement que les populations urbaines britanniques. Ces initiatives connurent un grand succès[63].

Dans les régions semi-désertiques du sud de la Saskatchewan et de l'Alberta par contre, Sifton autorisa des *ranchers* à louer de grandes superficies de terres pour leur bétail, un remplacement logique du bison qui avait pratiquement disparu des Plaines. Les avantages de l'élevage extensif par rapport à la colonisation dans un écosystème semi-désertique étaient évidents. Selon David Jones de l'Université de l'Alberta, les Prairies étaient idéales pour le bétail parce que l'herbe y était riche en matières nutritives, le chinook faisait fondre la neige en hiver et les coulées aux abords de la rivière Saskatchewan pouvaient abriter les bêtes durant la nuit ou les tempêtes[64]. Durant son mandat, Sifton fit exclure le célèbre Triangle de Palliser de la colonisation. Cette vaste étendue semi-désertique est composée de sols de type brun pâle, ce qui indique l'absence historique de végétation ligneuse. L'expédition de recherche du capitaine Palliser avait identifié cette extension du grand désert américain grâce à l'étude du couvert végétal et de la pluviosité. Dans le rapport déposé aux autorités britanniques en 1862, la région avait été jugée inapte à toute colonisation[65].

Bien au fait des difficultés que rencontreraient des colons en s'établissant sur de telles terres, Sifton encouragea les gestionnaires de la station de recherche expérimentale d'Indian Head en Saskatchewan à trouver des végétaux de type ligneux qui pourraient résister aux conditions climatiques difficiles rencontrées dans le Triangle. Il fit aussi pression auprès du Cabinet pour que le gouvernement fédéral subventionne la construction de grands réseaux d'irrigation. Mais les coûts de ces projets étaient jugés trop élevés et ces propositions n'ont pas été retenues[66].

Par le biais de plusieurs arrêtés ministériels, Sifton établit un contrôle sévère sur l'utilisation des forêts sur les pentes des montagnes Rocheuses de l'Alberta. Près de 90 % des eaux qui alimentent le réseau fluvial de la rivière Saskatchewan, principale source d'eau potable pour les agriculteurs et *ranchers* des Prairies, proviennent des montagnes Rocheuses. À ce sujet Sifton écrivit :

> Si l'on devait détruire les peuplements qui couvrent le versant est des montagnes Rocheuses, l'avenir de nos fertiles Prairies comme celles de

l'Alberta méridionale et de la Saskatchewan nous apporterait de fortes déceptions. De nombreux affluents de la Saskatchewan-Sud ne reçoivent d'autre eau que celle des précipitations de ce bassin versant et ne peuvent compter que sur les forêts dont il est couvert pour éviter le ruissellement tumultueux des eaux de surface au printemps et au début de l'été. Aussi catastrophiques qu'aient été certaines crues le long de ces cours d'eau dans les dernières années, elles seront dix fois plus destructrices et fréquentes si la forêt des contreforts est détruite[67].

En 1899 Sifton créa un poste d'inspecteur en chef du bois et de la foresterie pour l'ensemble du Dominion et y nomma Elidhu Stewart. Dès le début de son mandat, Stewart aurait voulu sensibiliser la population à l'importance de la gestion rationnelle du couvert forestier en formant une association nationale. Les premières années d'existence de l'Association forestière canadienne (AFC) méritent une attention particulière, car ses succès et échecs vont inspirer le Cabinet libéral lorsque la Commission de la conservation sera créée.

Stewart achemina une lettre d'invitation à une vingtaine d'individus. Lors de la première réunion, tenue le 15 janvier 1900 dans les bureaux de Stewart à Ottawa, on retrouve Sydney Fisher, Henri Joly de Lotbinière, qui fut nommé président de l'Association, James Smart, John Macoun du ministère de l'Intérieur, William Saunders, du ministère de l'Agriculture, et W. T. Macoun de la ferme expérimentale du Dominion. D'autres intéressés aux problèmes de la conservation de la forêt dans l'est du pays ont aussi participé à la rencontre : William Little, le président et organisateur du Congrès forestier de Montréal de 1882, J. R. Booth, un marchand de bois influent de la région d'Ottawa, Thomas Southwood, le commis de la foresterie de la province de l'Ontario, ainsi que les frères Keefer, ingénieurs à Ottawa[68]. Les membres de ce deuxième groupe ont sans doute convaincu Stewart et Sifton de l'importance de la conservation de l'ensemble des forêts du Dominion et ont réussi à élargir considérablement le mandat de l'Association, ainsi décrit dans son premier rapport annuel :

1) Proposer et encourager des méthodes judicieuses dans le traitement de nos forêts et boisés;

2) Éveiller l'intérêt public aux tristes résultats de la destruction massive de nos forêts;

3) Considérer et recommander l'exploration de notre domaine public aussi loin que possible, diviser les terres en usages agricoles, forestiers et minéraux et convertir les territoires peu appropriés (à la colonisation) en réserves forestières permanentes;

4) Encourager, dans la mesure du possible, le boisement et promouvoir le reboisement, tout particulièrement dans les Prairies, près des fermes où la proportion de boisés est trop basse, près des routes et dans les parcs de nos villages, municipalités et villes;

5) Accumuler et disséminer, pour le bénéfice du grand public, l'information et les publications touchant aux problèmes de la foresterie en général et enseigner à la jeune génération la valeur de notre forêt dans l'espoir qu'elle s'efforcera de la préserver[69].

Entre 1900 et la fin des années 1950, les membres de l'AFC ont fait de grands efforts pour boiser les Prairies. Des millions d'arbres ont été transportés dans l'Ouest et distribués aux colons, qui ont été admis sur le Triangle de Palliser à partir de 1907. Un *tree planting train* prêté par le Canadian Pacific, a fait des tournées annuelles sur les Prairies afin « d'enseigner » aux colons l'art de planter des arbres. Malheureusement, le sol alcalin et les conditions climatiques sont incompatibles avec la croissance des arbres et presque tous les efforts de reboisement ont échoué[70].

L'AFC a été beaucoup plus efficace dans son rôle de coordonnateur en matière de conservation des forêts durant les années 1900–1910. Ses membres ont été actifs dans les domaines de la recherche, la coopération entre le monde des affaires et celui de la science et la diffusion de l'information relative à la foresterie. Entre 1900 et 1907, l'AFC utilisa la revue *Rod and Gun*, dédiée à la chasse, la pêche et la conservation de la faune au Canada, pour rejoindre ses membres. Par la suite, elle publia son propre mensuel, le *Canadian Forestry Journal*[71].

À titre de forum d'échange d'idées et d'informations sur la conservation des forêts, l'AFC a contribué à former une élite politique avertie à la cause de la conservation. La correspondance entre William Cameron Edwards (1844–1922) et Laurier en est un témoignage éloquent. Edwards, député libéral à la Chambre des communes de 1887 à 1903, puis sénateur de 1903 jusqu'à sa mort, était, selon l'historien H. V. Nelles, un des plus riches et l'un des plus arrogants des grands marchands de bois de la région d'Ottawa[72]. Grâce à sa fortune, il érigea l'une des plus belles demeures d'Ottawa au 24, rue Sussex, désormais utilisée comme la résidence officielle du premier ministre. Durant les années 1890, les lettres d'Edwards ne portent que sur deux choses : le patronage et le libre-échange. La majorité des lettres adressées à Laurier portent sur le patronage d'amis pour des dizaines de postes allant de commis à juge de la Cour suprême[73]. Mais les lettres les plus détaillées et les plus véhémentes concernent les différentes rumeurs de projets de loi sur les tarifs sur le bois à l'exportation. Farouchement libre-échangiste, Edwards a signalé son désaccord à chaque fois que le gouvernement libéral s'apprêtait à établir de nouveaux tarifs sur les produits à l'exportation[74]. Selon Edwards, de telles initiatives auraient menacé la bonne santé de l'industrie forestière et de toute l'économie canadienne.

En 1899 par exemple, il soumit un long mémorandum sur le projet d'un tarif de deux dollars sur chaque mille pieds linéaires de bois canadien exporté aux États-Unis, en réplique à la loi Dingley à caractère protectionniste. À cette époque, Edwards se méfiait beaucoup des conservationnistes. Ces derniers utilisaient le débat sur le tarif Dingley pour faire connaître leurs craintes que le bois pourrait bientôt manquer aux États-Unis et qu'il était nécessaire d'imposer un tarif pour diminuer la demande en bois canadien. Edwards croyait que, mis à part l'épinette, les stocks de bois disponibles aux États-Unis étaient sans doute équivalents à ceux que possédait le Dominion. Il demanda à Laurier de ne pas se laisser influencer par les arguments alarmistes des conservationnistes[75].

Cela ne signifie pas pour autant que le marchand de bois était réfractaire à la conservation des ressources et du milieu naturel. Durant les années 1890, Edwards fut l'un des premiers à recycler la sciure de bois de ses moulins à scie plutôt que de la rejeter dans les cours d'eau[76]. À partir de 1901, le sujet de la conservation des forêts du Canada s'ajoute à la correspondance entre les deux hommes[77]. Edwards s'est intéressé aux délibérations de l'Association forestière canadienne dès 1900 et il en a été un collaborateur régulier jusqu'à sa mort. Comme on le verra plus loin, il sera amené à jouer un rôle de plus en plus important dans le domaine de la conservation des ressources naturelles et agira plus d'une fois comme médiateur entre Laurier et Sifton.

Au début des années 1900, Clifford Sifton aussi s'intéressait à la conservation. En 1901, il commença même à envisager la possibilité d'aménager le milieu naturel de l'Ouest comme un tout cohérent. Afin de mieux évaluer les stratégies disponibles, il commanda à C. A. Schenck une étude visant à faire le point sur l'aménagement des ressources naturelles de l'Ouest canadien et le boisement des Prairies. Schenck, un forestier d'origine allemande devenu l'un des chefs de file de la conservation aux États-Unis, travaillait à l'aménagement du domaine forestier de Biltmore en Caroline du Nord. Son rapport explique comment le gouvernement fédéral pourrait assurer la conservation des ressources naturelles du Dominion en appliquant les principes de la gestion intégrée de l'environnement.

Schenck proposa que le ministère de l'Intérieur établisse des districts de grandes superficies sous le contrôle de gestionnaires de la forêt. Chaque gestionnaire devrait tout d'abord procéder à des inventaires des ressources disponibles sur le territoire. Ensuite, il aurait à départager les sols arables des terrains à garder boisés afin d'encourager la colonisation sur les bonnes terres et de préserver la forêt sur les sols jugés pauvres. Puis, il aurait la responsabilité d'administrer la vente des permis, de superviser les opérations de coupe, d'initier le reboisement au besoin et de protéger la forêt contre les incendies. Selon le plan proposé, les gestionnaires seraient également responsables de la conservation des berges des rivières et du réseau hydrographique sous leur juridiction. En outre, ils auraient à administrer les activités de chasse et de pêche, de même que la protection des espèces menacées sur le territoire. Évidemment, le gestionnaire aurait à sa disposition une équipe de spécialistes, d'administrateurs et de gardes-chasse et forestiers qui éxécuteraient ces tâches. Selon Schenck, les revenus découlant de la vente des permis de coupe, de chasse et de pêche sous une telle administration seraient sans doute suffisants pour produire des profits tout en préservant l'intégrité des territoires pour les générations à venir[78].

Sifton achemina une copie annotée du rapport au premier ministre en février 1902. Nul doute que les deux hommes ont discuté des recommandations sans parvenir à une entente formelle sur les mesures à prendre.

Mais le plan de Schenck était ambitieux et difficile à mettre en pratique sur une grande échelle, sans d'importantes mises de fonds initiales. Car en plus de la législation à adopter, le fédéral aurait eu à constituer des équipes et subventionner leurs opérations sur le terrain durant des décennies avant d'espérer qu'elles engendrent un quelconque profit. De plus, le Canada n'avait pas d'école de foresterie à l'époque, encore moins une institution capable de former à brève échéance des milliers de Gestionnaires de la Nature. Au début de 1902, le pays était tout à fait dépourvu de moyens pour réaliser un tel programme. Mais durant les années qui vont suivre, le gouvernement libéral fera les premiers pas dans la direction tracée par Schenck et les conservationnistes progressistes américains, peut-être dans l'espoir d'établir un jour des districts de conservation[79].

À la suite de la réception du rapport de Schenck, Sifton prendra les mesures nécessaires afin de former une division de la foresterie au sein du ministère de l'Intérieur. Il détacha cette fonction de la division du bois et du pacage, dont le mandat était de maximiser les revenus pour le gouvernement provenant de la coupe et de la location des terres. Grâce à cette décision, Elidhu Stewart, puis R. H. Campbell ont pu mettre sur pied des programmes cohérents de foresterie[80]. Entre 1902 et 1915, Sifton, Smart et les hauts fonctionnaires de l'Intérieur tracèrent les grandes lignes d'une loi sur les forêts et les réserves de gibier qui aurait donné à Stewart des pouvoirs accrus sur l'aménagement de la forêt, de la flore et de la faune sur les terres fédérales de l'Ouest, conformément au plan suggéré par Schenck.

Mais le 27 février 1905, Sifton prit tout le monde par surprise et démissionna de son poste. Les raisons qui l'ont motivé à quitter le Cabinet sont nébuleuses. Certes, Laurier et Sifton ne s'entendaient pas quant aux dispositions relatives à l'éducation du projet de loi sur la création des provinces de la Saskatchewan et de l'Alberta. Ce désaccord concernant le droit des minorités francophones à des écoles catholiques servit de motif officiel à la démission de Sifton et provoqua une crise politique d'envergure nationale. D'autre part, dans les jours qui suivirent, plusieurs articles de journaux ont fait état d'une affaire de mœurs entre Sifton et l'épouse d'un marchand de bois d'Ottawa, qui aurait pu tourner au scandale[81].

Quoi qu'il en soit, les années 1905 et 1906 seront relativement fastes en initiatives fédérales en matière de conservation. Ministre de l'Intérieur par intérim du 27 février au 8 avril 1905, Laurier décida de s'impliquer plus activement dans la promotion de la conservation afin de pallier le vide créé par le départ de Sifton. Selon la correspondance entre son bureau et celui de R. H. Campbell, le secrétaire de l'AFC qui travaillait au bureau des forêts du ministère de l'Intérieur, Laurier aurait suggéré à Elidhu Stewart d'organiser un congrès de la foresterie pour le début de 1906 et offert d'y participer à titre de conférencier invité. Des dizaines de lettres furent échangées entre le mois d'avril 1905 et janvier 1906 afin de préparer cette importante conférence qui devait rassembler pour une première fois des représentants de toutes les provinces et territoires du Dominion, des spécialistes canadiens et américains, des marchands de bois, des hauts fonctionnaires du gouvernement et des représentants des sociétés de chasse et de pêche[82]. Au mois d'octobre, une invitation signée par Laurier paraissait dans tous les grands journaux du pays[83].

Le 10 janvier 1906, lors de la séance d'ouverture du congrès, plusieurs centaines de personnes s'entassaient dans la grande salle afin d'écouter une série de politiciens, de spécialistes et d'autres intervenants intéressés aux questions forestières. Laurier désirait à la fois sensibiliser les participants à l'acuité des problèmes forestiers du Dominion sans pour autant promettre d'actions spécifiques de la part d'Ottawa. Durant son allocution, le premier ministre répéta tout de même qu'à son avis, les forêts du Dominion devraient rester propriété publique et être aménagées par l'État, seul garant du bien-être des générations futures :

> [...] Je désire attirer votre attention sur un point [...] si nous voulons que des portions appréciables de notre pays soient couvertes par la forêt, il est essentiel, à mon humble avis, qu'elles soient intégrées au domaine national et qu'elles appartiennent à l'État. [...] Il n'est pas juste pour ce pays — il n'est pas juste pour nous et encore moins pour les générations qui viendront après nous, de fermer les yeux sur la destruction des forêts année après année et de ne faire aucun effort pour remplacer les arbres qui sont ainsi enlevés[84].

La plupart des conférenciers qui prirent la parole critiquèrent sévèrement les gouvernements. Sir Henri Joly de Lotbinière, le doyen de la conservation au Canada (il avait alors 77 ans), terminait son mandat comme lieutenant-gouverneur de la Colombie-Britannique et comme président de l'AFC. Il profita du congrès pour lancer un vibrant plaidoyer afin d'encourager les législateurs à faire de plus grands efforts :

> Nos législatures savent que depuis des générations nous nous livrons à une guerre sans merci contre la forêt. Cette guerre doit cesser. De sages méthodes de conservation doivent être introduites. Il faut réglementer la colonisation de nos terres forestières et encourager l'exploitation rationnelle de nos richesses forestières. Des associations comme la nôtre existent afin d'aider les législatures et sensibiliser le public à l'importance de protéger nos grandes forêts, notre héritage national[85].

R. L. Borden, le chef de l'opposition conservatrice à Ottawa, critiqua lui aussi l'inaction des gouvernements. Il proposa qu'Ottawa s'implique activement dans la gestion des forêts canadiennes et établisse des programmes nationaux. Sydney Fisher, seul ministre à promouvoir la cause de la conservation au Cabinet depuis le départ de Joly de Lotbinière et de Sifton, défendit les actions du gouvernement sur les territoires administrés par Ottawa :

> Je suis heureux de dire qu'en ce moment nous avons fait de grands progrès vers la protection du versant est des montagnes Rocheuses. Jusqu'à présent, aucun dommage sérieux n'a été fait, mais à moins de prendre les mesures préventives appropriées, ces forêts seront grande-

ment endommagées. Ces dommages pourraient être irréparables et sérieusement entraver le développement de la région des Prairies[86].

C. A. Schenck, le forestier de Biltmore invité à prononcer un discours, répéta les arguments qu'il avait soumis à Sifton quatre ans plus tôt et demanda au gouvernement fédéral de systématiser ses interventions :

> Ici et là, on assiste à quelques tentatives en vue de protéger la forêt. Mais lorsque la propriété des forêts sera clairement assumée par le gouvernement et que cette politique deviendra immuable, il devra faire de la protection des forêts sa première priorité[87].

Son collègue Bernard Eduard Fernow pourfendit l'inaction des législateurs :

> Votre plus grand coupable est nul autre que votre gouvernement. Le gouvernement du Dominion, de l'aveu même du premier ministre, a admis qu'il a négligé trop longtemps de faire son devoir et a démontré sa volonté de changer. Les gouvernements provinciaux pour leur part n'ont pas fait grand-chose[88].

Gifford Pinchot, le conseiller du président Roosevelt et désormais le leader incontesté de la foresterie aux États-Unis, établit un lien direct entre la protection des forêts et la croissance économique de la nation :

> Votre grand pays et le mien ne peuvent croître si nos forêts ne sont pas préservées. Nous ne pourrons construire de chemins de fer ou les maintenir sans la forêt. Le citoyen moyen utilise quotidiennement les produits de la forêt. Si nous désirons préserver notre prospérité, si nous voulons nous développer — et tous les citoyens du Canada et des États-Unis sont en faveur du développement — nous devons préserver nos forêts. Voilà une priorité absolue[89].

Le sénateur Edwards, une voix dissidente durant le congrès, proposa que les principes de la conservation pourraient être appliqués efficacement par l'industrie si l'État démontrait plus de flexibilité dans l'administration des terres à bois en mettant en place une réglementation qui favorise le principe du rendement soutenu :

> Si j'étais responsable de l'administration des forêts, j'affermerais le territoire le plus rapidement possible et j'adopterais les règlements les plus stricts visant à la préservation du bois. J'obligerais les concessionnaires à

ne pas scier ou couper plus de bois que la forêt peut en générer annuellement. J'éliminerais les causes des incendies et je préserverais la forêt pour toujours[90].

Plusieurs autres intervenants dont J. F. Mackay, éditeur financier du *Globe*, Frank Oliver, le ministre de l'Intérieur, et Mgr J.-C.-K. Laflamme, recteur de l'Université Laval, vont également intervenir durant le congrès. Tous ces conférenciers, sauf Joly de Lotbinière (décédé en 1908), Schenck et Pinchot (deux Américains), deviendront membres de la Commission de la conservation en 1909[91].

À l'issue du congrès, Laurier fut félicité par le sénateur Edwards, qui apparaît dès lors comme converti à la cause. Il proposa en outre qu'Ottawa donne l'exemple et établisse des centres de recherche sylvicoles dans toutes les régions du pays[92]. Laurier avait déjà décidé de remettre le projet d'une loi sur les réserves forestières et fauniques à l'ordre du jour[93]. Cette loi, passée quelques mois plus tard, accrut les pouvoirs réels de la division de la foresterie[94]. Le premier ministre espérait que le congrès forestier crée suffisamment d'intérêt public pour forcer les provinces à prendre des initiatives concrètes. Les délibérations du congrès furent imprimées en 7 000 copies : 5 000 copies en anglais et 2 000 en français. Elles furent distribuées à la fin du mois de janvier aux participants et aux grands journaux, qui n'ont pas manqué de répéter les grandes lignes du congrès dans leurs éditoriaux[95]. Les provinces réagirent, mais timidement : elles établirent trois écoles de foresterie, des divisions de foresterie au sein de leurs bureaucraties, des réserves forestières et des pépinières pour démarrer des programmes de reboisement[96]. En 1907 et 1908, le premier ministre se désintéressa quelque peu des questions de conservation, à la grande déception des promoteurs du mouvement au Canada. Le conseil de direction de l'AFC invita Laurier à présider les congrès de novembre 1906, mars 1907 et mars 1908 à l'occasion duquel il fut même nommé président honoraire, mais ce dernier déclina poliment à chaque occasion[97].

Il faut dire que la conservation forestière, lorsque mise en pratique, suscitait de l'opposition dans plusieurs groupes sociaux. En 1907 par exemple, les fermiers et colons de l'Ouest canadien accusèrent la division de la foresterie du ministère de l'Intérieur de vouloir faire monter le prix du bois en imposant une réglementation plus sévère sur la coupe pour les marchands de bois de la région. Les récriminations des colons et du clergé au Québec face aux conservationnistes étaient tout aussi grandes[98].

D'autre part, le congrès forestier avait créé des attentes chez les conservationnistes. En 1908 par exemple, le sénateur Edwards, sans doute déçu de voir Laurier refuser de participer aux activités de l'AFC, adressa plusieurs lettres au premier ministre au sujet des règlements fédéraux en matière de conservation des forêts. Comment Ottawa pouvait-il prétendre être sensibilisé à la cause de la protection des forêts lorsque le ministère de l'Intérieur autorisait la coupe des arbres de neuf pouces à la souche sur les territoires fédéraux et annonçait ces conditions de vente dans les grands journaux, demanda Edwards[99]? Laurier fut surpris et demanda des explications à Frank Oliver, le ministre de l'Intérieur[100]. Dans une lettre subséquente, Edwards précisa ses critiques :

> À mon avis, la coupe du pin doit être restreinte à un diamètre minimum de 12 pouces. Ce système de vente et d'opération encouragerait les marchands de bois à apporter des améliorations à leurs pratiques forestières. Ils deviendraient partenaires avec le gouvernement en matière de préservation des forêts. [...] Les règlements au Québec limitent la coupe du pin à 12 pouces de diamètre à la souche et à 11 pouces pour le sapin. Notre pratique depuis des années a été de ne couper que le pin qui dépasse 14 pouces à la souche et le sapin à 11 pouces. Nous considérons sérieusement élever le diamètre limite à 16 pouces pour le pin. Les règlements que vous proposez sont conformes à ceux de l'Ontario, une pratique qui est tout à fait suicidaire. Depuis plusieurs années j'ai encouragé la préservation des forêts; mais je reçois peu d'encouragement et je commence à me fatiguer. Les gens se réveilleront un jour mais ce réveil viendra trop tard, je le crains[101].

La plupart des historiens qui ont étudié cette période s'accordent pour dire que les initiatives fédérales en matière de conservation durant les années 1896 à 1909 étaient calquées sur les actions des conservationnistes américains au pouvoir à Washington. En 1907 et durant les premiers mois de 1908, la conservation ne faisait pas la première page des journaux à Washington. Mais à partir du mois de mai, le président Roosevelt activa les choses. Lors d'une conférence nationale sur la conservation, le président, les gouverneurs d'une quarantaine d'États, des membres de la Cour suprême, des membres du cabinet politique de Roosevelt et des représentants des grandes associations de citoyens préoccupés d'environnement décidèrent d'un plan d'action dynamique afin d'encourager la conservation des ressources naturelles. Une quarantaine d'États acceptèrent en principe de créer des commissions de la conservation et de procéder le plus rapidement possible à des inventaires précis des ressources naturelles disponibles sur leurs territoires. Quelques semaines plus tard, Roosevelt annonça la création de la Commission nationale de la conservation. Établie à

Washington, cette commission publique et non partisane avait comme mission de coordonner les opérations d'inventaire à travers les États-Unis et de présenter un rapport d'ici la fin de l'année en cours. Dirigée par F. H. Newell dans cette tâche, la Commission réussit à accumuler suffisamment d'informations sur les ressources naturelles du pays pour remplir deux grands volumes de tableaux et de statistiques. Les conservationnistes espéraient que cette nouvelle commission provoque suffisamment d'intérêt auprès du public et des politiciens pour que son statut d'organisation permanente soit accepté et que des subsides lui soient accordés[102].

Cette initiative américaine inspira les conservationnistes canadiens, notamment des Libéraux du sud de l'Ontario inquiets de la croissance stupéfiante de l'industrie des pâtes et papiers. Ces derniers ont fait pression auprès de leurs députés pour qu'Ottawa crée une commission semblable à celle en opération à Washington, qui aurait comme mandat d'examiner les moyens disponibles pour assurer la conservation des forêts au Canada. J. F. Mackay écrivit à Laurier à ce sujet. D'accord avec l'idée de créer une commission, Mackay s'opposait toutefois fermement à la création d'une commission composée de membres de la Chambre des communes :

> Je désire vous dire que j'appuie cordialement la proposition d'organiser une commission afin de déterminer comment protéger nos forêts, mais je suis tout à fait en désaccord avec la proposition que cette commission soit formée de membres de la Chambre des communes. Il serait impossible de séparer cette question de la partisanerie politique si la commission était formée de députés[103].

Le lendemain, Laurier, fidèle à sa ligne de conduite à ce sujet, rejeta du revers de la main cette idée : « En ce qui me concerne, je n'ai jamais été impressionné par cette idée d'une façon ou d'une autre[104]. » La session parlementaire prit fin le 20 juillet sans qu'aucune autre mesure concrète ne soit promulguée par Ottawa. Laurier annonça une élection générale pour le 26 octobre 1908. Durant la campagne électorale, Conservateurs et Libéraux ajoutèrent le thème de la conservation des ressources naturelles à leurs programmes électoraux et firent campagne en faveur d'une intervention plus musclée d'Ottawa dans ce domaine, au grand plaisir des Gestionnaires de la Nature.

Notes

1. Arthur Lower, «The Forests of New France: A Sketch of Lumbering in Canada Before the English Conquest», *Canadian Historical Association Annual Report*, 1928, pp. 78–90.

2. Peter Gillis, *Lost Initiatives*, 1984, chapitre 1.

3. Janet Foster, *Working for Wildlife*, 1978, p. 10.

4. A. B. McCullough, *La Pêche commerciale dans le secteur canadien des Grands Lacs*, pp. 19–22.

5. En ce qui concerne la législation au Québec avant la Confédération, voir par exemple Paul-Louis Martin, *Histoire de la Chasse au Québec*, 1990 et Donald Mackay, *Un patrimoine en péril: la crise des forêts canadiennes*, 1985.

6. Voir Roderick Nash, *Wilderness and the American Mind*, 1982, chapitres 1 à 4.

7. Michel F. Girard, «Conservation and the Gospel of Efficiency: un modèle de gestion de l'environnement venu d'Europe ?», *Histoire sociale — Social History*, XXIII, 45 (mai 1990), pp. 63–79.

8. On retrouvera Fernow au Canada au début du XXe siècle comme doyen de la faculté de foresterie de l'Université de Toronto puis comme membre actif de la Commission de la conservation. Schenck pour sa part répandra ses idées sur la gestion du milieu naturel par le biais du ministère de l'Intérieur et de l'Association forestière canadienne.

9. Peter Gillis, *Lost Initiatives*, 1984, chapitre 2; Donald Worster, *American Environmentalism: The Formative Period: 1860–1915*, 1974, chapitre 4.

10. Paul Russel Cutright, *Theorore Roosevelt: The Making of a Conservationist*, 1985, p. 161.

11. Robin Doughty, *Feather Fashions and Bird Preservation: A Study in Nature Preservation*, 1975.

12. Janet Foster, *Working for Wildlife*, 1977, pp. 11, 14, 63, 64, 87, 88, 103–105, 144–145; Thomas Dunlap, «Sport Hunting and Conservation: 1880–1920», *Environmental Review*, 12, 1 (1988), pp. 51–60.

13. Lisa Mihetto, «Wildlife Protection and the New Humanitarianism», *Environmental Review*, 12, 1 (1988), pp. 37–50.

14. Dunlap, *Ibid.*, p. 52.

15. Voir Stephen Fox, *John Muir and His Legacy*, 1981.

16. ANC, Fonds J. A. Macdonald, J. A. Macdonald à Stanfield Macdonald, 1871-06-23.

17. Les historiens Harold Innis et Arthur Lower ont développé une interprétation de l'histoire canadienne liant l'essor du Dominion à l'exploitation de *staples*. Voir par exemple Harold Innis, *The Fur Trade in Canada*, 1929 et *The Cod Fisheries*, 1940; Arthur Lower, *The North American Assault on the Canadian Forest: A History of the Lumber Trade Between Canada and the United States*, 1938.

18. Peter Gillis, *Lost Initiatives*, 1984, chapitre 1.

19. Voir Graeme Wynn, *Timber Colony: A Historical Geography of Early Nineteenth Century New Brunswick*, 1981; Ralph S. Johnson, *Forests of Nova Scotia: A History*, 1986; René Hardy et Normand Séguin, *Forêt et Société en Mauricie: la formation de la région de Trois-Rivières, 1830–1930*, 1984; H. V. Nelles, *The Politics of Development: Forests, Mines and Hydro-Electric Power in Ontario: 1849–1941*, 1974; Susan L. Flader, *The Great Lakes Forest: An Environmental and Social History*, 1983; Patricia Marchak, *Green Gold: The Forest Industry in British Columbia*.

20. Canada, documents de la session, 1867, AANB.

21. Sénat, *Débats*, 1909-05-15, p. 658; Donald Mackay, *Un patrimoine en péril*, 1985, p. 29.

22. Voir Peter Gillis, « Rivers of Sawdust: The Battle Over Industrial Pollution in Canada, 1865–1903 », *Revue d'études canadiennes*, XXI, 1 (printemps 1986), pp. 84–103; A. B. McCullough, « Lois et règlements postérieurs à la Confédération, gestion et conservation », dans *La Pêche commerciale dans le secteur canadien des Grands Lacs*, 1989, pp. 93–102; Peter Gossage, *Water in Canadian History: An Overview*, 1985, pp. 86–131.

23. Tiré de Donald Mackay, *Un patrimoine en péril*, 1985, p. 39.

24. Pour un résumé du rôle de Lotbinière dans l'essor du mouvement de la conservation, voir Peter Gillis, *Lost Initiatives*, 1984, chapitre 2.

25. *Appendix to Report of Fruit Growers' Association, Forestry Report of Delegation Appointed to Attend the American Forestry Congress Held at Cincinnati [...] and Montreal [...] August 21, to 23, 1882*, Toronto, 1882.

26. Janet Foster, *Working for Wildlife*, 1977, chapitre 2.

27. Raymond Duchesne et Paul Carle, « L'ordre des choses: cabinets et musées d'histoire naturelle au Québec (1824–1900) », *Revue d'histoire de l'Amérique française*, 44, 1 (1990), pp. 34–30.

28. Carl Berger, *Science, God and Nature in Victorian Canada*, 1982.

29. Duchesne et Carle, *Ibid.*, p. 5.

30. Pour un historique de la Société de géographie de Québec, voir Christian Morissonneau, *La Société de géographie de Québec*, 1971; pour la Commission géologique du Canada, voir Morris Zaslow, *Reading the Rocks, The Story of the Geological Survey of Canada, 1842–1972*, 1975.

31. Carl Berger, *Ibid.*, p. 54.

32. Voir Suzanne Zeller, *Inventing Canada: Early Victorian Science and the Idea of a Transcontinental Nation*, 1987.

33. Berger affirme: « Of all the tactics devised to broaden the appeal of natural science, the most attractive was the field excursion, a more organized form of the individual naturalists' ramble through the countryside. » *Ibid.*, p. 54.

34. Peter Gillis, *Lost Initiatives*, 1984, p. 49.

35. Jean-Pierre Charland, *Technologies, travail et travailleurs: les pâtes et papiers au Québec, 1880–1982*, 1990.

36. Donald Mackay, *Un patrimoine en péril*, 1985, p. 38.

37. John Macoun, extrait d'une conférence présentée devant la Société royale du Canada, vol. XII, sec. IV, pp. 3–10 [n.t.]. L'année suivante, Macoun publia un ouvrage à ce sujet intitulé *The Forests of Canada and Their Distribution*, 1895.

38. En Ontario, une commission d'enquête formée en 1894 afin de faire la lumière sur ce problème lança ce cri d'alarme: « On all sides, from every quarter, has been heard the same sickening tale of merciless, ruthless, and remorseless slaughter. Where but a few years ago game was plentiful, it is hardly now to be found; and there is a great danger that, as in the case of the buffalo, even those animals which have become so numerous as to be looked upon with contempt will soon become extinct... The clearing of land, the cutting down of the forests, the introduction of railways, the ravages of wolves and the indiscriminate hunting of the human assassin and the use of dynamite and nets have all contributed to the general decrease of game and fish of this land. This is indeed a deplorable state of affairs. » Tiré de Janet Foster, *Working for Wildlife*, 1977, p. 10.

39.   Dans le domaine de la gestion de la faune, Janet Foster écrit (p.13) : « One searches through voluminous ministerial records and manuscripts collections of both Conservative and Liberal administrations in the hope of finding evidence that prime ministers or cabinet ministers initiated programs for wildlife conservation. But one searches in vain. The concept of wildlife conservation neither originated nor evolved at this high level of government. [...] Civil servants, members and heads of those departments most concerned with wildlife matters, made and carried out day-to-day decisions and gave recommendations that greatly influenced the course of government policy. It is through their work that the evolution of a growing sense of responsibility within government towards wildlife conservation is revealed. »

40.   Joseph Schull, *Laurier*, 1965, pp. 18–19 [n.t.]. Tiré de ANC, Fonds W. Laurier, C 737, pp. 38–44, 121–137, 807–809.

41.   *Ibid.*, p. 21.

42.   *Ibid.*, p. 22.

43.   Charles Fisher, *Dearest Emilie: The Love Letters of Sir Wilfrid Laurier to Madame Émilie Lavergne*, 1989, p, 117.

44.   Arthur V. Ford, *As the World Wags On*, 1950, p. 134.

45.   Archives de l'Église Unie du Canada, Conférence du Manitoba, Fonds George Bryce, MG14C15, chemise n° 116–138, George Bryce à Mme Bryce, 1919-02-19 [n.t.].

46.   Commission of Conservation, Annual Report (CCRA), 1919, pp. 6–7 [n.t.].

47.   ANC, Fonds W. Laurier, Laurier à W. J. Taylor, 1909-06-03 [n.t.].

48.   *Ibid.*

49.   Michel F. Girard, *La Forêt dénaturée*, 1988, p. 51.

50.   Peter Gillis, *Lost Initiatives*, 1984, p. 57; Donald Mackay, *Un patrimoine en péril*, 1985, pp. 38–42.

51.   Peter Gillis, *Lost Initiatives*, 1984, chap. 6.

52.   *Who's Who in Canada*, 1911.

53.   J. D. Hall, *Clifford Sifton*. vol. I : *The Young Napoleon*, 1977, introduction; Pierre Berton, *The Promised Land : Settling the West, 1896–1914*, 1982; John W. Dafoe, *Clifford Sifton in Relation to His Times*, 1937.

54.   Voir Robert Wiebe, *The Search for Order*, 1967.

55.   J. D. Hall, *Clifford Sifton*. vol. II : *A Lonely Eminence*, 1984, chapitre 11.

56.   Tiré de Nelles, *The Politics of Development*, 1974, p. 190 [n.t.].

57.   Voir Gabriel Kolko, *The Triumph of Conservatism*, 1967, introduction, chapitres 1 et 2; James Weinstein, *The Corporate Ideal in the Liberal State*, 1968, introduction et chapitre 1; Robert Wiebe, *The Search for Order*, 1967.

58.   Voir Gro Brundtland, *Our Common Future : The United Nations Commission on Environment and the Economy*, 1987.

59.   Peter Gillis, *Lost Initiatives*, 1984, p. 59; Janet Foster, *Working for Wildlife*, 1977, p. 16.

60.   J. D. Hall, *Clifford Sifton*. vol. I: 1977, p. 239 [n.t.].

61.   Arthur V. Ford, 1950, p. 133.

62.   Voir Wilfrid Eggleston, *Le Choix de la Reine: Étude sur la capitale du Canada.* 1961, pp. 164–182.

63.   En 1891, la population de l'Ouest canadien se chiffrait à environ 350 000 habitants. En 1901, six ans après l'introduction de la politique d'immigration de Sifton, l'Ouest canadien en comptait 646 000 personnes. À la fin du régime Laurier en 1911, 1 245 000 individus habitaient à l'ouest de l'Ontario. Durant les années 1910, le gouvernement conservateur continua d'encourager l'immigration de l'Ouest selon le plan de Sifton si bien qu'en 1921, l'Ouest canadien abritait près de 2 493 000 personnes, multipliant en trente ans la densité de population par un facteur de sept. Rapports des recensements de 1891, 1901, 1911 et 1921.

64.   David Jones, *Empire of Dust*, 1986, pp. 10–11. C'est un livre fascinant sur le processus de colonisation puis d'abandon d'une portion du Triangle de Palliser.

65.   En fait, ce sont le naturaliste-géologue écossais James Hector et le naturaliste français M.-E. Bourgeau, deux membres de l'expédition, qui avaient porté ce jugement et avaient convaincu Palliser. Voir Irene Spry, *The Palliser Expedition: An Account of John Palliser's British North American Expedition, 1857–1860*, 1963; *The Papers of the Palliser Expedition, 1857–1860*, 1968, introduction et pp. 589–628.

66.   William Reiss, *New and Naked Lands*, 1988.

67.   Robert Huth, *Horses to Helicopters: The Alberta Forest Service*, 1980. Traduction tirée de Donald Mackay, *Un patrimoine en péril*, 1985, p. 144.

68.   Canadian Forestry Association, *Annual Report*, 1900, p. 5.

69.   *Ibid.*, p. 10 [n.t.].

70.   À la fin des années 1950, l'exécutif de l'Association mit finalement un terme à ses opérations de boisement des Prairies, considérant alors qu'il était impossible d'y faire survivre des arbres sans que soient entrepris des projets massifs d'irrigation des plaines.

71.   Voir *Illustrated Forests and Outdoors*, mai 1921, p. 291.

72.   Nelles, voir *The Politics of Development*, 1974, chapitre 5, pp. 193–199. Pour un aperçu sur l'importance des entreprises de W. C. Edwards dans la région d'Ottawa, voir Guy Gaudreau, « Les concessionnaires forestiers québécois de la seconde moitié du XIXᵉ siècle : essai de typologie », *Histoire sociale — Social History*, XXI, 41 (mai 1988), pp. 97–112. Entre 1890 et 1907, Edwards est passé de 11ᵉ à 2ᵉ plus important marchand de bois du Québec au chapitre de l'étendue des concessions forestières. Cette année-là, environ 4 512 milles carrés étaient sous le contrôle de son entreprise.

73.   Voir par exemple ANC, Fonds W. Laurier, correspondance avec W. C. Edwards, 1896-07-01, 1900-05-12, 1901-06-27, 1902-06-10, 1902-10-20, 1903-12-01.

74.   ANC, Fonds W. Laurier, correspondance avec W. C. Edwards, 1899-04-14, 1905-02-21, 1908-06-27.

75.   « The fear that the timber will disappear in the United States is false. [...] excepting the one article of spruce [...] the lumber supply in the U.S. will last as long, if not longer than the supply of Canada. » ANC, Fonds W. Laurier, correspondance avec W. C. Edwards, 1897-11-04, 1899-01-30.

76.   Au début des années 1900, les politiciens et conservationnistes à Ottawa réussirent à imposer une réglementation plus stricte quant au rejet de sciures de bois dans les rivières de l'Outaouais en exigeant que tous les moulins à scie adoptent le système mis sur pied par la W. C. Edwards Company et la E. B. Eddy Company. Voir Peter Gillis, « Rivers of Sawdust... », p. 96.

77. La première lettre à ce sujet est une demande d'informations sur la protection des forêts de la part d'un ingénieur montréalais, Maurice Perrault. Voir ANC, Fonds W. Laurier, W. C. Edwards à W. Laurier, 1901-09-07.

78. ANC, Fonds W. Laurier, C. Sifton à W. Laurier, 1902-02. Document de C. A. Schenck, forestier du domaine de Biltmore, estimateur au grand-duché de Hesse-Darmstadt, daté du 21 janvier 1902.

79. Il est à noter que de nos jours, cette approche devient de plus en plus populaire auprès des gestionnaires de forêts privées aux États-Unis. Le modèle d'aménagement polyvalent s'inspire des pratiques dans les cantons suisses datant du XVIIIe siècle. Voir Ray Raphael, *Tree Talk: The People and the Politics of Timber*, 1981, pp. 211–255.

80. Voir Peter Gillis, *Lost Initiatives*, 1984, pp. 54–57

81. Pierre Berton, *The Promised Land*, 1984, pp. 200–210. Peter Gillis pour sa part écrit: « Sifton became increasingly frustrated with Laurier's lack of decisive leadership and his failure to give greater western representation in the federal cabinet.» Peter Gillis, *Lost Initiatives*, 1984, p. 59.

82. « Mr. Stewart, the Dom. Sup. of Forestry, submitted the matter of the Forestry Convention which you were kind enough to propose should be held at Ottawa during the present year, and stated the suggestions as to the time and the form of the Convention which he had submitted to you. [...] The Board of Directors [...] will be pleased to undertake the arrangements for such a convention to be held at such time as will suit your convenience.» ANC, Fonds W. Laurier, R. H. Campbell à W. Laurier, 1905-04-29, 1905-07-12, 1905-07-20, 1905-07-24, 1905-07-28.

83. ANC, Fonds W. Laurier, R. H. Campbell à W. Laurier, 1905-10-05.

84. Canadian Forestry Association, « Some quotes from the 1906 Annual Meeting », s.d. p. 1 [n.t.].

85. *Ibid.*, p. 2 [n.t.].

86. *Ibid.*, p. 2 [n.t.].

87. *Ibid.*, p. 3 [n.t.].

88. *Ibid.*, p. 3 [n.t.].

89. *Ibid.*, p. 4 [n.t.].

90. *Ibid.*, p. 5 [n.t.]

91. Pour un résumé de la carrière de J.-C.-K. Laflamme, voir Raymond Duchesne, « Science et société coloniale: les naturalistes du Canada français et leurs correspondants scientifiques (1860–1900) », *HSTC Bulletin*, V, 2 (mai 1981), pp. 114–122.

92. « Kindly pardon me if I trouble you with a few lines to give my impressions of the most highly successful forestry congress you were the direct means of having convened. In the first place, I did not think it possible to bring together from all parts of the Dominion such a splendid gathering of scientific and practical men interested in Forestry... I personally regard the convention an unqualified success and feel sure it will do much to educate the public mind of Canada on the all important subject of the preservation and perpetuation of our forest wealth [...] To my mind a national scheme of forestry is as justifiable as a Dominion Experimental Farm.» ANC, Fonds W. Laurier, W. C. Edwards à W. Laurier, 1906-01-13.

93. « We have already, as you know, a branch of Forestry, but I think it would be susceptible of a considerable extension.» ANC, Fonds W. Laurier, W. Laurier à W. C. Edwards,

1906-01-23. Le même jour, il reçut de E. Stewart la copie du projet de loi dont il avait fait demande la semaine précédente.

94. Peter Gillis, *Lost Initiatives*, 1984, p. 63.

95. ANC, Fonds W. Laurier, R. H. Campbell à W. Laurier, 1905-12-21, R. H. Campbell à W. Laurier, 1907-01-24.

96. Voir Donald Mackay, *Un patrimoine en péril*, 1985, pp. 55–64; Stewart Renfrew, « The Commission of Conservation », *Douglas Library Notes*, Queen's University, Spring 1971, pp. 18–19; F. J. Thorpe, *Historical Perspective on the Resources for Tomorrow Conference*, Vol. I, 1961, p. 3.

97. ANC, Fonds W. Laurier, R. H. Campbell à W. Laurier, 1906-06-18; J. Hendry à W. Laurier, 1906-11-07; R. H. Campbell à W. Laurier, 1907-03-06; AFC à W. Laurier, 1908-03-26.

98. Peter Gillis, *Lost Initiatives*, 1984, p. 63.

99. ANC, Fonds W. Laurier, W. C. Edwards à W. Laurier, 1908-04-18.

100. Dans sa lettre de réponse à Edwards, le premier ministre demanda des conseils généraux à ce sujet : « [...] your letter would be more satisfactory if you were to incline in what the conditions of sale can be improved and what should be done to preserve the forests from destruction. » ANC, Fonds W. Laurier, W. Laurier à W. C. Edwards, 1908-04-22.

101. ANC, Fonds W. Laurier, W. C. Edwards à W. Laurier, 1908-04-27 [n.t.].

102. Samuel Hays, *Conservation and the Gospel of Efficiency*, 1957, chapitre 5; Peter Gillis, *Lost Initiatives*, 1984, p. 73; D. J. Hall, *Clifford Sifton : A Lonely Eminence*, 1984, pp. 236–237; ANC, Fonds W. Laurier, Theodore Roosevelt à W. Laurier, 1908-12-24. Selon Peter Gillis, « The speed with which this considerable task was done speaks for volumes for the organizational abilities of the protagonists, and also for their understanding of the need for almost frantic haste to create a permanent body before Roosevelt's departure », p. 73.

103. ANC, Fonds W. Laurier, J. F. MacKay à W. Laurier, 1908-06-24.

104. ANC, Fonds W. Laurier, W. Laurier à J. F. Mackay, 1908-06-25.

2

Une commission canadienne
de la conservation

> *Avec la croissance constante de la population et l'augmentation encore plus rapide de la consommation, notre peuple aura besoin de plus grandes quantités de ressources naturelles [...]. Si nous, de cette génération, détruisons les ressources qui seront nécessaires à nos enfants, si nous réduisons la capacité de notre Terre à soutenir une population, nous diminuons le niveau de vie, nous enlevons même le droit à la vie des générations futures sur ce continent.*
>
> Theodore Roosevelt[1]

L'apogée de l'écologisme progressiste

L'élection du 26 octobre 1908 reporta Laurier au pouvoir avec une majorité réduite de vingt sièges. Quelques semaines plus tard, Gifford Pinchot, le bras droit de Roosevelt dans le domaine de la conservation, invita le Canada à participer à une conférence américaine sur la conservation des rivières et des ports nationaux. Le 18 novembre, Laurier demanda au sénateur Edwards de représenter le Canada[2].

En fait, deux conférences sur la conservation des ressources naturelles étaient prévues durant la même semaine : une sur les rivières et les ports nationaux et une autre sur la conservation des ressources naturelles, durant laquelle furent dévoilés les résultats préliminaires des recherches de la Commission américaine. Les conservationnistes américains étaient sur le qui-vive, car ils craignaient que Howard Taft, qui devait remplacer Roosevelt à la présidence en mars 1909, s'oppose à la création d'une commission permanente de la conservation des ressources naturelles. En multipliant les conférences et en recrutant le Canada au nombre de leurs alliés, ils espéraient consolider leur position.

Edwards et R. H. Campbell ont assisté aux deux congrès. Le sénateur fut impressionné par le travail des Américains. C'est du moins ce qu'il affirma à la tribune lors du congrès sur la conservation des ressources naturelles[3]. Il discuta avec Laurier des faits présentés par les conférenciers avant de rédiger son rapport final le 31 décembre 1908, rapport qui fut par la suite publié et distribué aux intéressés[4]. Dans ce rapport, Edwards renversa complètement la position qu'il avait tenue dix ans plus tôt concernant la quantité de ressources naturelles disponibles aux États-Unis. Il insista pour qu'une commission de la conservation soit instaurée au Canada afin de faire toute la lumière sur cette question :

> Je dois dire qu'il serait difficile pour moi de penser à quelque chose de plus important et intéressant que les séances de cette convention. [...] Un vaste programme d'inventaires a été effectué et un rapport complet et intéressant a été présenté pour chaque ressource. [...] Si ma mémoire m'est fidèle, les rapports sur les minéraux révèlent qu'au rythme actuel de consommation, le fer des États-Unis, de la qualité présentement utilisée, sera épuisé d'ici le milieu du siècle, tandis que le fer de qualité inférieure, qui sera utilisé par la suite, de même que le charbon présentement utilisé dans le pays, seront épuisés au milieu du siècle prochain. L'économie et des méthodes plus prudentes de production augmenteraient la durée de vie de chaque ressource. [...] Nos ressources naturelles en minerai, forêts et poisson doivent être préservées par tous les moyens, et les actions communes par les gouvernements du Dominion et des provinces ne doivent pas être reportées à plus tard[5].

Edwards proposa que les gouvernements du Dominion se mettent immédiatement à l'œuvre et prennent, dans un premier temps, des inventaires précis de toutes les ressources forestières du Dominion[6]. De tels inventaires devraient aussi être effectués pour les principaux minerais, le charbon et le poisson. Laurier prit bonne note de ces propositions, mais durant la dernière semaine de décembre, les conservationnistes américains augmentèrent la pression d'un cran. Le premier ministre reçut une visite impromptue de Gifford Pinchot, porteur d'une invitation à une conférence nord-américaine sur la conservation signée par Theodore Roosevelt. Selon l'article du *Ottawa Citizen*, son arrivée causa un certain embarras, car il n'avait pas de statut diplomatique et il court-circuitait en quelque sorte le réseau existant[7]. Cette difficulté fut contournée avec l'aide du gouverneur général en poste, Lord Grey, lui-même sympathique à la cause de la conservation. Le 30 décembre, le Club canadien recevait le président du Honduras qui devait rencontrer une série de dignitaires canadiens. Après cette rencontre, Pinchot fut invité à prononcer un discours, au cours duquel il présenta officiellement son invitation[8]. Pour les besoins de la cause, Pinchot prit soin de mettre en garde son auditoire. Selon les résultats préliminaires des recherches de la Commission américaine de conservation, l'Amérique perdait à chaque année 800 millions de tonnes de sol arable à cause de l'érosion. Le gaspillage dans le traitement du minerai provoquait des pertes de 500 millions de dollars par année, etc.[9].

La lettre de Roosevelt, datée du 24 décembre 1908, avait été diffusée par les médias avant même le départ de Pinchot pour Ottawa. Le texte témoigne de l'approche systémique des progressistes et d'une intelligence des liens d'interdépendance entre les différentes composantes des écosystèmes. « Il est évident, écrivit Roosevelt, que les ressources naturelles ne sont pas limitées par les lignes frontalières qui séparent les nations, et que le besoin de les conserver sur l'ensemble du continent est aussi vaste que la superficie sur laquelle elles se retrouvent. » L'objectif de la conférence était de préparer un plan directeur afin de promouvoir le bien-être des nations concernées. Roosevelt espérait qu'une telle conférence constituerait un premier pas vers une meilleure évaluation des ressources disponibles dans chaque pays et une plus grande collaboration dans le domaine de leur conservation[10]. Pour sauvegarder le protocole, l'invitation fut tout d'abord acceptée par Lord Grey, puis ensuite par Laurier, qui remit à Pinchot une lettre confirmant la présence du Canada[11].

Une conférence nord-américaine sur la conservation

La nouvelle de la participation du Canada à la Conférence nord-américaine sur la conservation fut accueillie poliment par les médias et le grand public, sans plus. Un éditorial du *Globe*, pourtant d'allégeance libérale et supportant les politiques de Laurier, résume ce sentiment d'impuissance que partageaient beaucoup d'intellectuels de l'époque au sujet de la conservation de la Nature sur un continent en pleine industrialisation : « La suggestion du président Roosevelt sur l'importance de prendre soin des ressources porte à réfléchir. Mais il ne faudrait pas s'attendre à ce qu'elle mette un terme à la fièvre de notre époque qui est d'arracher à notre mère la Terre toutes les bonnes choses qu'elle recèle[12]. »

Mais durant l'ère progressiste du début du XXe siècle, beaucoup de conservationnistes canadiens étaient prêts à passer à l'action et à relever le défi lancé par Roosevelt. Après la visite de Pinchot, des dizaines de fonctionnaires fédéraux et de sympathisants libéraux se sont adressés à Laurier dans l'espoir d'être choisis comme délégués pour cette prestigieuse conférence. Le 5 janvier par exemple, l'actif naturaliste John Macoun, du ministère de l'Intérieur, rappela au premier ministre son travail constant pour la conservation et la propagation des forêts dans l'ouest du Dominion :

> Lors de ma conférence à Rideau Hall la semaine dernière, on m'a demandé d'exprimer mon opinion concernant la préservation de nos forêts, plus particulièrement leur protection contre le feu. [...] Nous qui sommes intéressés à la protection de ce qui reste de nos forêts, nous vous exprimons notre gratitude [...]. Ce que vous faites facilite notre travail qui est si important pour l'avenir de notre pays[13].

Un peu plus tard, le député J. G. Turriff suggéra au premier ministre que son ami Elidhu Stewart, le premier commissaire forestier du Dominion, à la retraite depuis mars 1907, était qualifié pour représenter le Dominion à la conférence de Washington[14]. R. H. Campbell, qui avait accompagné Edwards aux conférences sur la conservation de décembre 1908 et travaillait fort à promouvoir la cause de la foresterie au sein de l'AFC, espérait lui aussi être choisi. Certains élus comme Lomer Gouin, le premier ministre du Québec, étaient soucieux de protéger les intérêts de leur province dans le dossier de l'aménagement des ressources naturelles. Le 12 janvier, Gouin suggéra le nom de J.-C.-K. Laflamme, recteur de l'Université Laval, comme délégué au congrès[15].

Les réponses de Laurier, toutes plus évasives les unes que les autres, témoignent d'une certaine indécision. Vers la mi-janvier toutefois, Clifford Sifton avait pris les choses en main. Durant l'élection fédérale d'octobre 1908, Sifton s'était rangé du côté des Libéraux. Toujours populaire à l'ouest du Québec, il avait contribué à faire élire une douzaine de députés dans les nouvelles provinces de la Saskatchewan et de l'Alberta. Plus d'un a suggéré que Laurier avait acquis une dette politique importante envers Sifton, mais ce dernier n'obtint aucun poste ministériel. Selon D. G. Hall, il est possible que Sifton, déçu de la politique partisane, ait refusé de s'impliquer dans le nouveau Cabinet libéral[16]. À partir de 1908, sa présence en Chambre s'est faite de plus en plus rare, ce qui ne veut pas dire qu'il s'était désintéressé de la vie publique. Le 19 janvier 1909, Sifton demanda à Laurier de lui faire parvenir les ébauches du traité canado-américain sur les eaux entre le Montana et l'Alberta, ainsi que le statut de 1907 réglementant l'exportation d'électricité aux États-Unis[17]. La semaine suivante, après avoir rencontré Laurier, il demanda une copie de la lettre d'invitation de Roosevelt et suggéra qu'il annonce publiquement sa nomination comme chef de la délégation à la conférence de Washington[18].

À la fin du mois de janvier, d'autres proches de Laurier, comme le sénateur Edwards, lui écrivirent dans l'espoir d'être nommés[19]. Mais le premier ministre avait alors arrêté son choix sur trois délégués : Sifton, Sydney Fisher, le ministre de l'Agriculture, qui correspondait régulièrement avec le premier ministre sur les questions de conservation, et le docteur Henri-Séverin Béland (1869–1935), député libéral de Beauce, au Québec. Béland, qui avait été président de l'Association médicale canadienne, semblait intéressé aux questions de conservation, notamment les liens entre la qualité de l'eau et les maladies infectieuses et les possibilités de développer l'industrie des pâtes et papiers dans sa province[20]. Laurier nomma en outre Robert E. Young, un haut fonctionnaire du ministère de l'Intérieur, comme secrétaire de la délégation canadienne. Le 5 février, la premier ministre annonça les noms des délégués et communiqua sa décision à Gifford Pinchot[21].

Avant même que Laurier ne rende publique sa liste des délégués canadiens, l'opposition conservatrice exigea qu'un comité parlementaire soit formé afin de faire la lumière sur la meilleure façon de conserver les ressources halieutiques (tels le poisson), les forêts, les mines et minéraux ainsi que le réseau hydraulique. Le premier février, R. L. Borden, le chef de l'opposition, proposa à la Chambre des communes une résolution visant à établir un comité permanent de la Chambre sur les ressources naturelles, qui aurait comme mission d'examiner toutes les questions reliées à la conservation des ressources naturelles incluant les pêcheries, les forêts, les mines, les minéraux et les forces hydrauliques[22]. L'intérêt de Borden pour la conservation des ressources naturelles n'est pas étranger à sa passion pour le naturalisme. Ses connaissances en botanique étaient en effet hors du commun. Il entretenait un jardin composé de centaines de plantes retrouvées uniquement en Amérique du Nord et connaissait leur nom par cœur, alors qu'il était incapable de se souvenir du nom de la moitié de son caucus unioniste de 1917[23]. Selon ses *Memoirs*, Borden aurait commencé à faire des études approfondies sur les ressources naturelles du Canada en 1907 et aurait été surpris de constater la rareté de l'information disponible sur leur variété et leur quantité[24]. Au mois de janvier 1908, il proposa une première fois qu'un comité permanent de la Chambre se penche sur les questions de conservation des ressources naturelles comme le poisson, la forêt et les mines et minéraux. Il fit cette proposition durant un débat sur l'état de l'industrie de la pêche où il se dit découragé par des rapports faisant état de la disparition rapide du homard et des huîtres dans les provinces maritimes. Le gouvernement n'a pas tenu compte de sa suggestion, mais il continua sur sa lancée et

Robert L. Borden, premier ministre et botaniste amateur.
Photographie prise en 1912 dans le jardin de sa résidence d'Ottawa.
(Archives nationales du Canada, C18634)

fit de la conservation un des thèmes de la campagne électorale de l'été de 1908[25].

Au début de 1909, plusieurs raisons ont motivé Borden et les Conservateurs à suggérer à nouveau, mais cette fois avec insistance, la création d'un comité permanent de la Chambre sur la conservation des ressources naturelles. Nul doute qu'à la fin du mois de janvier, l'opposition a eu vent de la nomination de Sifton à la tête de la délégation canadienne. Les débats en Chambre durant la session de 1909 témoignent de leur crainte de voir s'édifier un appareil bureaucratique responsable de la gestion de toutes les ressources naturelles du Dominion, selon le modèle de la Division de la foresterie du ministère de l'Intérieur[26]. Le dossier de la conservation était politiquement rentable dans l'est du pays mais généralement controversé dans l'Ouest. De plus, les Conservateurs voulaient absolument participer à la formulation des politiques, plutôt que de laisser un redoutable adversaire comme Sifton bâtir une nouvelle institution sur laquelle ils n'auraient que bien peu d'influence. Enfin, les Conservateurs étaient convaincus que le gouvernement libéral pratiquait une politique visant à diminuer le pouvoir des parlementaires au profit de l'appareil bureaucratique fédéral.

Au cours des semaines qui ont suivi l'annonce des nominations, Borden réussit à convaincre le premier ministre de créer non pas un, mais plusieurs comités permanents de la Chambre. Durant les débats, Laurier affirma qu'il serait préférable de créer trois ou quatre comités permanents : pêches, mines et forêts et eaux. Il ajouta qu'il serait plus logique de créer plusieurs comités composés de quelques députés plutôt qu'un seul avec des dizaines de membres. Cette proposition fut adoptée en Chambre la semaine suivante. Le 23 février 1909, Laurier demanda à Borden de suggérer des noms pour remplir les postes vacants[27].

Borden a facilement convaincu le premier ministre qu'il était essentiel d'impliquer les parlementaires dans le domaine de la conservation. Les comités sensibiliseraient les politiciens aux différentes problématiques environnementales et les encourageraient à proposer des lois non partisanes à caractère conservationniste[28]. Cependant, ni Borden, ni les Conservateurs, ni la plupart des Libéraux n'avaient sérieusement analysé les difficultés relatives à l'établissement de politiques nationales cohérentes dans une myriade de domaines différents. C'était là une tâche gigantesque, qui ne pouvait être assumée ni même coordonnée efficacement par trois comités parlementaires. Avant la conférence de Washington par exemple, les politiciens n'étaient pas disposés à examiner les problèmes de la conservation et de la préservation de la faune et de la flore ou de l'impact de la pollution sur la santé publique. La complexité des problèmes et l'absence de données fiables à ce sujet découragèrent rapidement les députés qui s'étaient portés volontaires pour les nouveaux comités. Au mois de mai, Laurier, visiblement déçu, rappela en Chambre que les comités fonctionnaient mal car il était à peu près impossible d'atteindre le quorum[29]. La plupart des députés ne partageaient pas l'intérêt du premier ministre et du chef de l'opposition pour l'environnement.

Clifford Sifton, pour sa part, était carrément opposé à l'idée de déléguer l'important dossier de la conservation exclusivement à des politiciens. Dépourvus de moyens techniques adéquats ou de personnel spécialisé pour remplir leur mandat, soumis à des pressions politiques constantes et remplacés au caprice des élections, les membres de ces comités ne pourraient pas faire grand-chose de concret à moyen terme ou à long terme. À ce titre, l'opinion de Sifton correspondait à celle de Pinchot et des organisateurs de la conférence de Washington, qui faisaient face à l'opposition des congressistes et des sénateurs[30].

À leur arrivée au congrès le 18 février, les délégués canadiens ont sans doute discuté de la question avec F. H. Outerbridge, représentant la colonie de Terre-Neuve et avec les membres de la délégation mexicaine dirigée par Rómulo Escobar, qui avaient également été invités à la conférence. La délégation américaine était composée de Theodore Roosevelt, Gifford Pinchot et James R. Garfield, ce dernier ayant coordonné la rédaction de l'imposant rapport de la Commission de la conservation des États-Unis[31]. Roosevelt, inquiet de voir les initiatives de son administration démantelées par son successeur, rappela aux participants l'importance de la conservation pour la nation américaine. Concernant le rapport final de la Commission, il affirma :

> Ce rapport est un des plus importants documents jamais présentés au peuple américain [...] il est une preuve irréfutable que la conservation de nos ressources naturelles est la question fondamentale devant cette nation. Notre première et plus importante tâche est de mettre de l'ordre dans notre maison et de commencer à vivre selon nos moyens[32].

Roosevelt ne faisait pas que de la propagande. Les chiffres sur la croissance démographique probable aux États-Unis, compilés par Henry Gannett, de la Commission géologique américaine, avaient troublé le président. Il pouvait difficilement s'imaginer comment le pays pourrait assurer le bien-être de 249 millions de personnes en l'an 2000, sans pour autant diminuer leur niveau de vie ou dépendre indûment des ressources des autres nations[33].

Les artisans de la Déclaration nord-américaine sur la conservation des ressources naturelles photographiés en février 1909 à Washington.

(premier rang, de gauche à droite) Henri S. Béland, Clifford Sifton, Sydney Fisher, Theodore Roosevelt, Romulo Escobar, Carlo Sellerier, Miguel A. de Quevedo, (deuxième rang) Robert E. Young, R.L. Bacon, Gifford Pinchot, Senateur Cullum, J.R. Garfield, James Bryce, T.R. Shipp, P.C. Knox. (Archives nationales du Canada, C16966)

La délégation canadienne, soucieuse de la protection des ressources du Dominion, a certainement été enchantée des propos du président sortant. Sifton, qui désirait jouer un rôle de premier plan aux délibérations du congrès, a cependant eu des difficultés à suivre les débats et discussions. Ses problèmes d'ouïe, causés par une maladie infectieuse durant sa jeunesse, s'étaient considérablement aggravés durant les années 1900. En 1909, il était pratiquement sourd. Sa santé était fragile et à son retour, il a été forcé de garder le lit pendant un mois. Fisher et Béland accomplirent la plus grande partie du travail tandis que R. E. Young, surintendant des terres ferroviaires du ministère de l'Intérieur, prit note des délibérations pour le compte du gouvernement fédéral. Les journalistes canadiens présents affirmèrent que de tous les participants, Fisher se démarqua comme celui qui fit les meilleures suggestions. Le président Roosevelt, impressionné par son travail, déclara qu'il espérait revoir Fisher représenter à nouveau le Canada à La Haye en septembre, lors d'une conférence internationale sur la conservation des ressources naturelles organisée de concert par les États-Unis et les pays de la Baltique.

Malheureusement, cette conférence n'eut jamais lieu. Deux semaines après la conférence de Washington, Roosevelt céda la présidence à Taft, le Congrès refusa d'autoriser les dépenses budgétaires prévues pour instaurer la nouvelle Commission américaine de la conservation et le nouveau président choisit de ne pas intervenir dans ce dossier. La Commission américaine fut alors forcée de s'incorporer comme organisme public sans but lucratif. La déclaration de principes ne fut entérinée que par le Département de foresterie, dirigé par Pinchot[34]. En juillet 1910, James Bryce, l'ambassadeur britannique à Washington, écrivit à Fisher au sujet du Congrès mondial : « Suite à mes demandes au sujet du Congrès mondial, un des projets favoris de Roosevelt, je n'ai reçu que cette réponse : il est peu probable qu'un congrès mondial soit organisé dans l'avenir immédiat, mais l'idée n'a pas été encore abandonnée. [Les Républicains] pourraient difficilement l'abandonner aujourd'hui, car ils insistaient sur l'importance de ce projet pour le monde il y a 18 mois à peine[35]. »

Après cet échec, il faudra attendre 1913 pour que des naturalistes européens organisent la première conférence internationale sur la protection de la Nature en Suisse. Mais la Première Guerre mondiale viendra saper pour des décennies leurs efforts visant à organiser un mouvement international de protection de l'environnement[36].

La déclaration de principes issue de la conférence de Washington mérite un examen particulier, car elle résume au mot près la mission qui sera confiée à la Commission de la conservation du Canada. Dans le préambule, les délégués reconnaissent les intérêts mutuels des nations qui occupent le continent et leur dépendance de l'exploitation des ressources naturelles. De plus, ils affirment comprendre que « des avantages réciproques découleront de la protection, par une action commune, des intérêts mutuels se rapportant aux ressources naturelles [...] ». Car ces ressources « ne s'arrêtent pas aux frontières qui séparent les nations » et « aucune nation agissant isolément ne peut les conserver suffisamment [...] ». Convenant que les ressources essentielles à la vie devraient être considérées comme étant d'utilité publique, les délégués affirment que leur possession « entraîne des devoirs spécifiques à l'égard du public[37] ».

Selon la déclaration, six « ressources » doivent être protégées, la première étant la vie humaine, définie sous le chapitre « santé publique ». Les délégués y recommandent de préserver la santé publique, notamment en milieu urbain, et d'agir immédiatement « si l'on veut arrêter la pollution, [causée] en grande partie par les égouts, des lacs, rivières et cours d'eau de l'Amérique du Nord ». La forêt est la première ressource naturelle identifiée dans la déclaration. Afin de la protéger, les délégués considèrent essentielle « la création de nombreuses et considérables réserves forestières, et le maintien de ces réserves sous le contrôle de l'État », et recommandent « que l'inventaire des ressources forestières fût terminé prochainement, afin de connaître l'étendue disponible de ces richesses et d'être fixés sur les chiffres de la consommation et du reboisement ». D'autre part, « il serait sage et juste d'établir une distinction entre les impôts sur les terres forestières et ceux sur le bois croissant sur ces terres, et d'ajuster ces deux impôts de façon à encourager la conservation des forêts et la sylviculture ». La préservation des forêts situées près des cours d'eaux est fortement encouragée : « Les forêts sont nécessaires pour protéger les sources des cours d'eau, modérer les inondations, égaliser les cours d'eau, tempérer le climat et protéger le sol. » De plus, les lois réglementant la coupe doivent être resserrées. « À part les incendies, la principale cause de la destruction des forêts est le peu de discernement et de prudence apporté à la coupe du bois, d'où sont résultés des dommages très étendus pour le climat et les cours d'eau. »

L'eau est la deuxième ressource naturelle qui doit être aménagée par l'État. Il faut protéger les cours d'eau de la pollution et considérer « le monopole des pouvoirs hydrauliques comme étant une chose particulièrement menaçante ». À ce titre, ils formulent des recommandations précises afin de préserver l'intérêt public. Pour ce qui est des terres, la déclaration de principes reconnaît l'importance de cette « ressource fondamentale, donnant les substances nécessaires à la vie de la population, et formant la base de l'organisation sociale ». Selon les délégués, l'État a la responsabilité d'informer les agriculteurs des techniques agricoles modernes comme « la rotation des récoltes, les engrais naturels et artificiels et l'amélioration des méthodes pour l'exploitation des fermes ».

Les minéraux et les sources d'énergie populaires de l'époque, comme le charbon, sont des ressources non renouvelables disponibles en quantités limitées, ce qui inquiète les délégués. Reconnaissant que ces ressources « forment la base principale du progrès industriel », ils notent l'importance de leur conservation. Dans le cas des combustibles, « [nous] recommandons à chaque gouvernement d'agir, en vue de réduire les pertes énormes dans l'exploitation de ces combustibles et nous attirons l'attention sur la nécessité d'en dresser l'inventaire ». Les délégués encouragent aussi l'innovation technologique dans le but de réduire le gaspillage durant l'extraction. Ils proposent l'abandon du charbon au profit de l'énergie hydroélectrique là où cela est possible et applaudissent la recherche dans le domaine de l'efficacité énergétique afin de « réduire les pertes dans la consommation de combustible ».

La protection du gibier, du poisson et des oiseaux est le dernier article présenté dans la déclaration de principes. À ce chapitre, les délégués reconnaissent que « la conservation du gibier et la protection des oiseaux sont choses qui se rattachent intimement à la conservation des ressources naturelles ». Ils proposent la création de grandes réserves et des mesures concrètes pour protéger les oiseaux.

Afin de mettre en branle cet ambitieux programme, les délégués suggèrent dans un premier temps la création d'une commission de la conservation dans chaque pays ou colonie d'Amérique du Nord. En deuxième lieu, ils affirment que le mouvement de la conservation « est d'une telle nature et d'une telle importance qu'il devrait comprendre le monde entier dans sa sphère d'action », d'où l'importance d'organiser une conférence mondiale dans les plus brefs délais[38].

La déclaration de principes de la Convention nord-américaine pour la conservation n'a pas eu d'impact au Mexique ou à Terre-Neuve; aucune mesure concrète n'y a été adoptée par ces gouvernements. Le Canada fut le seul pays à suivre le chemin tracé par les délégués et à considérer la création d'une commission nationale de conservation. Nul doute que l'intérêt que portaient Laurier et Borden au milieu naturel ait été un facteur déterminant lorsque Sydney Fisher, Clifford

Sifton et Henri-Séverin Béland proposèrent la création d'une commission canadienne de la conservation.

Tractations politiques et création de la Commission

Même s'il devait demeurer en convalescence jusqu'à la fin du mois de mars, Sifton ne pouvait s'empêcher de planifier la création de la Commission canadienne de la conservation. Il discuta de ce sujet à plusieurs reprises avec Fisher[39]. Le 4 mars, dans une lettre à Laurier, Sifton s'opposa à la formation de plusieurs comités parlementaires sur la conservation de différentes ressources. Il proposa plutôt qu'un seul comité, formé de parlementaires et de sénateurs, soit tenu responsable de l'ensemble du dossier de la conservation. «Les avantages d'un tel plan sont évidents, écrivit Sifton. Plutôt que de voir plusieurs comités faire un travail passable et incommoder les ministres et les départements avec leurs demandes, vous auriez un seul comité qui agirait de concert avec le bureau officiel qui devrait être créé[40].» Or, le 23 février, Laurier avait déjà promis à Borden que deux comités seraient établis dans les plus brefs délais. Le choix des membres était complété lorsque le premier ministre reçut la lettre de Sifton. Ce dernier n'insista plus.

Quelques semaines plus tard, Sifton avait fait imprimer des copies de la déclaration de principes de Washington qu'il avait fait distribuer dans les cercles politiques d'Ottawa. Il est intéressant de noter que cette déclaration était accompagnée d'une lettre arborant en en-tête «Conférence nord-américaine sur la conservation, Commission canadienne» et le nom des délégués canadiens ! Le 31 mars, Laurier eut la surprise de recevoir une copie de la Déclaration de principes de la conférence de Washington imprimée sur ce papier à lettres[41]. Sifton espérait sans doute ainsi forcer le premier ministre à prendre position officiellement quant aux intentions de son gouvernement.

Au mois d'avril, le projet de loi n° 158, proposant la création d'une commission de la conservation était rédigé. À titre de ministre de l'Agriculture, Sydney Fisher eut la responsabilité de déposer et de défendre le projet de loi. Sifton, qui a contribué à définir la mission qui devait être confiée à cette nouvelle commission, n'a pas participé directement à la rédaction du projet de loi[42]. La première lecture eut lieu en Chambre le 27 avril et Sifton reçut copie du projet de loi au même moment que les autres députés[43]. Le lendemain, il écrivit à Fisher pour lui faire part de son désaccord quant aux budgets prévus. «Dix mille dollars me semble être une petite somme pour le travail de la nouvelle commission, elle devrait être [augmentée à] quinze mille dollars, à part les dépenses pour les employés. J'ai parlé à Sir Wilfrid à ce sujet et je crois que si vous proposez quinze mille dollars, il vous appuiera[44].» Les députés conservateurs n'étaient pas tous favorables à de telles dépenses. Cela devint apparent en deuxième lecture, lorsque plusieurs s'opposè-rent au passage de la loi. Les problèmes qu'ils ont identifiés vont effecti-vement créer des ennuis à la Commission durant ses douze années d'existence.

Lors des débats, trois arguments furent présentés par les parle-mentaires. Une douzaine de députés conservateurs se sont opposés à la création de la Commission parce qu'il existait déjà des comités parle-mentaires chargés d'étudier la problématique de la conservation des ressources naturelles dans différents secteurs. À ce titre, c'est le député conservateur Frederick D. Monk de LaSalle (Montréal) qui mena l'attaque :

> Je ne crois pas qu'un seul homme siégeant d'un côté ou de l'autre de cette Chambre ait le moindre doute sur le fait que nous gaspillons nos grandes ressources naturelles. Nous n'avons pas besoin de sermons sous ce rapport. [...] Nous avons des comités sur chacun des grands sujets qui ont été traités à cette conférence [de Washington] et ces comités [...] sans dépense additionnelle pour le pays, feront leur travail en découvrant quelles sont les ressources du pays, quelle est leur étendue et quels sont les moyens les plus pratiques de les conserver. Les membres de ce Parlement, les hommes mêmes qui ont besoin d'être renseignés sur le sujet se sont constitués afin de recueillir ces renseignements. Nous pouvons assigner les témoins devant nous, les interroger et les contre-interroger et faire imprimer, déposer devant la Chambre et distribuer parmi le peuple les renseignements que nous auront obtenus. Au bout de quelques années nous serons devenus en quelque sorte experts en ce qui concerne nos ressources naturelles, et serons à même d'adopter les mesures adéquates[45].

H. Lennox (Conservateur, Cardwell, Ontario) ajouta : « Si nous sommons [convoquons] une commission externe, les membres seuls de cette commission auront les connaissances à ce sujet et les membres de cette Chambre ne pourront se mettre au courant comme ils peuvent le faire avec le système actuel.» Selon Lennox, il fallait favoriser les comités parlementaires « plutôt que de nommer des étrangers pour recueillir des renseignements dont nous ne nous servirons jamais[46]». C. Boyce (Conservateur, Algoma-Ouest, Ontario) dit préférer de loin le travail et les réalisations des commissions d'enquête formées en comités de la Chambre, sous la juridiction de la Chambre et lui faisant rapport à peu de frais[47]. Selon George Foster (Conservateur, Toronto-Est, Ontario), le premier ministre devrait utiliser cette occasion pour réorganiser les comités et les rendre plus efficaces plutôt que de créer une autre bureaucratie[48].

Par contre, L.-P. Brodeur (Libéral, Rouville, au Québec) souligna que ces comités auraient de la difficulté à rassembler toutes les informations nécessaires pour que les députés prennent des décisions éclairées en matière de conservation des ressources naturelles. Une telle commission était donc justifiée et pourrait en fait faciliter la tâche des parlementaires[49].

La question de la responsabilité des provinces dans la gestion des ressources naturelles a aussi été débattue. H. B. Ames (Conservateur, Saint-Antoine, au Québec) suggéra que la seule route logique à suivre était de consulter les provinces avant d'établir une commission de la conservation. « Il me semble que la première démarche à faire serait de prier les provinces du Canada de choisir des représentants [...] et discuter ensemble leurs projets. Lorsque nous saurons comment les provinces et l'État pourront [faire] coïncider et harmoniser leurs lois, nous connaîtrons quelles sont les meilleures mesures que le parlement fédéral peut prendre[50]. » Ames proposa qu'Ottawa organise une conférence fédérale-provinciale afin que toutes les parties discutent des problèmes et élaborent une stratégie commune[51]. Les députés Monk et James Arthur (Conservateur, Parry Sound, Ontario) appuyèrent cette suggestion. Le docteur T. S. Sproule (Conservateur, Grey East, Ontario) prédit que sans une collaboration préalable entre le fédéral et les provinces, une telle commission était destinée à devenir un éléphant blanc, un bureau national accumulant des statistiques sur des ressources échappant au contrôle du gouvernement fédéral[52].

D'autres députés se sont inquiétés des coûts d'une telle commission et des possibilités de double emploi avec différents départements et agences gouvernementales. Le député Lennox, par exemple, s'en prit aux budgets proposés par Fisher et affirma : « D'après mon expérience de nos dépenses croissantes, j'ose prédire qu'en moins de deux ans cette commission coûtera 50 000 $ par année[53]. » George Foster rappela que d'autres ministères avaient déjà comme mandat de conserver les ressources naturelles sous juridiction fédérale : « N'avons-nous pas maintenant une division des forêts pour laquelle nous payons une somme considérable ? Se propose-t-on de la mettre de côté ? [...] Il me semble que vous ajoutez une cinquième roue au char, et ce, sans réflexion. Je suis aussi favorable que vous à la conservation de nos ressources naturelles, mais je voudrais que nous adoptions les meilleurs moyens de les conserver[54]. »

W. Wright (Conservateur, Muskoka, Ontario), dans une envolée oratoire des plus dramatiques, affirma que le temps des études était révolu. Il fallait maintenant passer à l'action :

> [...] le Gouvernement doit immédiatement prendre des mesures, sans attendre qu'une commission recueille des renseignements pendant quatre ou cinq ans avant d'agir. [...] Pas une seule concession forestière ne saurait être mise en vente avant que de bons règlements soient établis pour conserver les bois. [...] Nous ne devrions pas aliéner une seule chute d'eau qui relève du gouvernement fédéral avant d'élaborer un système convenable. Si nous avons l'intention de préserver nos ressources nationales, nous ne saurions commencer trop tôt [...] le gouvernement possède assez de renseignements pour lui permettre d'agir immédiatement[55].

Fisher et Laurier répondirent patiemment aux questions de leurs opposants. Premièrement, la Commission, de nature non partisane, aurait comme rôle de faciliter le travail des parlementaires en leur fournissant des informations qu'ils ne pourraient facilement commander aux ministères ou compiler eux-mêmes. Deuxièmement, les comités de la Chambre seraient réorganisés; la Commission serait appelée à collaborer avec les parlementaires et à leur fournir les informations dont ils ont besoin. Troisièmement, les provinces seraient consultées durant l'été et elles étaient assurées de neuf des vingt-quatre sièges à la Commission. Trois sièges seraient occupés par les ministres fédéraux des Mines, de l'Agriculture et de l'Intérieur, et neuf par des membres d'office de chaque province. Quatrièmement, l'établissement de la Commission fédérale représentait un prototype visant à encourager les provinces à établir leurs propres commissions respectives. Cinquièmement, les coûts d'opération de cette commission seraient limités à environ 12 000 $ par année pour défrayer les dépenses de bureau et de voyage des commissaires et du président, qui ne recevraient aucune rémunération pour leurs services. En outre, environ 10 000 $ seraient alloués pour les salaires d'une équipe de huit personnes à Ottawa, composée d'un secrétaire, de cinq commis et de deux sténographes. Ces employés seraient engagés selon les critères de mérite en vigueur dans la fonction publique et non selon le système de patronage. Enfin, les informations recueillies par les commissaires seraient diffusées à travers le Dominion tout entier afin que les Canadiens de toutes les régions soient tenus au courant des développements dans la recherche à ce sujet[56].

Borden, pour sa part, fut relativement avare de commentaires durant ce débat. Il se déclara favorable à des entretiens préalables avec les provinces, mais il ne s'opposa pas au passage de la loi[57]. Il faut dire que lors de la visite de Pinchot à Ottawa, Borden avait promis que son parti ne s'opposerait pas à la création d'une commission de la conservation. Entre-temps, il avait obtenu du gouvernement la formation de comités parlementaires. Il était probablement satisfait de l'évolution de la situation. Lorsque vint le temps de voter, ses députés se rangèrent derrière lui et le projet de loi reçut l'assentiment unanime de la Chambre[58].

Quel a été l'impact de la création de la Commission sur les activités des comités parlementaires nouvellement créés? Les tableaux 3, 4 et 5 résument les activités des trois comités permanents formés en 1909 et révèlent qu'après les années 1909 et 1910, le sujet de la conservation des ressources naturelles n'a suscité à peu près aucun intérêt parmi les parlementaires, si on les compare aux comités plus populaires comme celui des chemins de fer ou celui de l'agriculture, qui produisaient de volumineux rapports à chaque session.

Tableau 3

Délibérations du comité des mines et minéraux,
1909–1924

Année	Sujet	Nombre de pages
1909	Développement minier	67
1910	Développement minier, nickel et fer	76
1923	Réserves énergétiques du Canada	372

Source : Journaux de la Chambre des communes, 1909–1924.

Tableau 4

Délibérations du comité des forêts et des eaux,
1909–1924

Année	Sujet	Nombre de pages
1909	Voies navigables, travail de la Division forestière, feu le long des chemins de fer, ressources forestières	99
1914	Développement et conservation des forêts en Colombie-Britannique	30

Source : Journaux de la Chambre des communes, 1909–1924.

Tableau 5

**Délibérations du comité des pêches et de la marine,
1909–1924**

Année	Sujet	Nombre de pages
1909	Disparition du homard	310
1911	Transport des marchandises par voies navigables	63
1912	Radiotélégraphie	non publié
1916	Écarts dans le prix du poisson	324
1920	Loi amendant la Loi sur l'inspection du poisson	non publié
1922	Commission de la Colombie-Britannique sur l'inspection du poisson	non publié

Source : Journaux de la Chambre des communes, 1909–1924.

Les membres des comités parlementaires ont rarement fait appel aux experts de la Commission. En 1910, le comité des pêches et de la marine invita deux membres de la Commission à témoigner au sujet de la diminution rapide des prises de homard. Trois ans plus tard, un comité spécial sur la pollution des eaux navigables invita James White et le docteur Charles Hodgetts, l'expert-conseil de la Commission en matière de santé publique, à présenter leurs vues sur ce problème. Les comités permanents sur les mines et la forêt et les eaux étaient si peu en demande, qu'ils furent combinés en un seul comité en 1925[59].

La Commission ne semble donc pas avoir damé le pion aux parlementaires au sujet de la conservation des ressources naturelles. Dans les cas des délibérations sur la disparition du homard et la pollution des eaux, les recommandations des comités complètent en effet celles présentées par les experts de la Commission[60]. Durant les années 1910, le désintéressement des parlementaires à l'endroit de la conservation s'explique peut-être par le fait que la Commission faisait assez bien son travail et qu'il aurait été illogique pour eux de répéter ses activités. Mais l'abolition de la Commission en 1921 a créé un vide que les politiciens ont choisi de ne pas combler.

Une fois la loi créant la Commission adoptée, le gouvernement devait en choisir les membres. Durant ce processus, Fisher, Sifton et Laurier se gardèrent d'offusquer les provinces qui ont généralement désigné leurs représentants en toute liberté. Ils encouragèrent la nomination de Gestionnaires de la Nature mais étaient également prêts à accepter quelques Protecteurs de la Nature dans les rangs de la Commission. En juillet 1909, Laurier envoya aux premiers ministres provinciaux une lettre rédigée par le personnel politique du ministre Fisher. On y explique le mandat de la Commission et suggère que les provinces forment leurs propres commissions de la conservation, conformément à la déclaration de principes de la conférence de Washington. Dans une lettre adressée à Lomer Gouin, le premier ministre du Québec, Laurier expliqua: « Si dans un avenir rapproché une commission provinciale d'un statut similaire était créée, je crois que le Canada en sortirait gagnant. En attendant, afin de rendre la Commission du Dominion plus utile et plus efficace, nous avons ajouté à la loi une clause invitant des représentants des provinces à titre de membres d'office de la Commission[61]. » Que les provinces décident ou non de former leurs commissions, Ottawa invitait un membre de chaque conseil des ministres à participer aux délibérations de la Commission canadienne. « Tant de ressources naturelles sont sous l'administration des autorités provinciales qu'il serait impossible pour une commission générale de ce genre d'avoir un effet en pratique sans la sympathie et la coopération des gouvernements provinciaux[62]. »

Sifton est néanmoins intervenu à plusieurs reprises dans le choix des autres membres de la Commission. Le président de la Commission avait une bonne idée du type de personne qui serait en mesure de mener à bien ce vaste programme. Car pour Sifton, seules les personnes qui ont vécu à la campagne et qui ont touché à la terre durant leur jeunesse pouvaient saisir la complexité de la Nature et l'importance d'une gestion intelligente des ressources naturelles. « [...] ces hommes qui, grâce à leur force de caractère, à leur supériorité intellectuelle, occupent les premières places dans les affaires publiques, les professions et les sciences sont, en règle générale, à une ou deux exceptions près, les fils de ceux qui ont cultivé le sol », affirmait-il dans son discours inaugural[63].

Deux semaines après la fin de la session parlementaire, Sifton proposa à Laurier le nom des Ontariens qu'il désirait voir nommés à la Commission. Il suggéra Sanford Fleming, un scientifique de renommée internationale, à l'époque chancelier de l'Université Queen's; le professeur Bernard E. Fernow, doyen de la nouvelle Faculté de foresterie de l'Université de Toronto; A. P. Coleman, professeur à l'École des techniques de l'Université de Toronto; le sénateur William Cameron Edwards; le lieutenant-colonel John S. Hendrie de Hamilton, ministre sans portefeuille dans le gouvernement Whitney à Toronto; George T. Blackstock, un avocat conservateur et un important capitaliste ontarien, ou Edmund Walker, le président de la Banque de Commerce à Toronto, qui s'intéressait activement au dossier de la conservation depuis plusieurs années[64].

Des négociations entre Sifton, Laurier et le Libéral ontarien George P. Graham, ministre fédéral des Chemins de fer, ont provoqué quelques changements à la liste de Sifton. Les noms de Coleman, Hendrie, Blackstock et Walker furent remplacés par ceux de E. B. Osler, un homme d'affaires conservateur qui était député au Parlement depuis 1896 et qui habitait à Ottawa, du Libéral Charles McCool, un manufacturier avec des intérêts dans l'industrie forestière habitant lui aussi à Ottawa, et de John F. Mackay, le rédacteur des pages financières du *Globe* de Toronto, sympathisant des Libéraux, fréquemment appelé à se rendre dans la capitale pour son travail et qui s'intéressait beaucoup aux questions de conservation[65]. En prenant en considération l'esprit d'économie bien connu de Laurier en ce qui concerne les dépenses publiques, il est probable que ces membres ont été choisis en grande partie parce qu'ils évoluaient déjà dans la région d'Ottawa et que leurs dépenses de voyages seraient négligeables.

Sifton imposa également son choix dans le cas du membre représentant la province du Manitoba. Il proposa le révérend George Bryce, un Libéral, bon ami de Sifton et Laurier[66]. Les Libéraux devaient sans doute une faveur politique au premier pasteur presbytérien de la ville de Winnipeg, puisque ce dernier avait demandé en 1908 d'être nommé sénateur[67]. L'intérêt qu'il portait à la botanique (il fut chef du Département des sciences à l'Université du Manitoba et enseignait la biologie et la géologie de 1891 à 1904) à été un facteur décisif de son choix. Bryce œuvra dans plusieurs comités au sein de la Commission jusqu'à son abolition[68].

Les provinces applaudirent la création de la Commission. Le premier ministre du Manitoba par exemple répondit : « Mes collègues et moi-même sommes tout à fait conscients de l'importance de conserver les ressources naturelles du pays, et nous reconnaissons les avantages de la coopération entre les différentes provinces aussi bien que le Dominion; nous serons heureux d'aider autant que possible à cette fin[69]. » Lomer Gouin aurait même désiré nommer deux membres de son cabinet à la Commission : « Je suis avec vous de tout cœur au sujet de la conservation de nos ressources naturelles et je n'ai qu'un regret, c'est que nous ne puissions nous faire représenter dans votre commission et par notre ministre des Terres et Forêts et par notre ministre des Mines. Ainsi, je vous informe par lettre officielle, nous avons nommé l'honorable M. Allard notre représentant [...][70]. » Toutefois, aucun premier ministre ne se déclara favorable à la mise sur pied de commissions provinciales de conservation. À ce chapitre, les provinces décidèrent de s'en remettre aux initiatives du fédéral, marquant ainsi un précédent dans le partage des pouvoirs au sujet de la gestion de l'environnement[71]. Aux États-Unis, le phénomène inverse s'est produit. Le président Taft n'avait pas entériné la création d'une commission nationale de conservation, mais la grande majorité des États de l'Union avaient déjà créé leurs propres départements ou commissions à cet effet.

Sifton était heureux de l'inertie des provinces en la matière. Grâce au forum que constituait la Commission, il devenait alors possible de les encourager à uniformiser leurs lois selon des normes nationales que tous trouveraient acceptables. Durant les premiers mois à la tête de la Commission, Sifton s'efforça donc d'édifier une institution nationale, non partisane, indépendante du pouvoir parlementaire, du conseil des ministres ou de la fonction publique en place, qui aurait comme mission de coordonner la recherche sur la conservation, la préservation et le développement rationnel du milieu naturel. Pour mener à bien cette gigantesque tâche, il avait besoin d'un secrétaire dynamique et respecté. Il pensa tout d'abord offrir le poste à Robert E. Young, le surintendant des terres ferroviaires et des revenus des terres du Dominion. Ce dernier avait accompagné la délégation canadienne à la conférence de Washington. En 1909, l'équipe de Young au ministère de l'Intérieur comptait environ 35 employés[72]. La correspondance entre Sifton et Young en mars et avril 1909 révèle que ce dernier s'intéressait beaucoup à la conservation au niveau fédéral[73]. Mais le projet de loi déposé par Fisher lui a déplu. Il espérait que le gouvernement crée un véritable ministère de la Conservation. À la mi-octobre, Sifton offrit le poste à Young, qui était alors en affectation en Colombie-Britannique. Dans le télégramme annonçant son refus, Young explique : « [Je] pense que les dispositions dans la Loi pour le poste sont tout à fait inadéquates comme je l'ai fait remarquer avant que la Loi ne soit adoptée. [...] J'ai depuis abandonné l'idée mais avec regret[74]. » La carrière de Young au sein du ministère de l'Intérieur fut écourtée par son décès en octobre 1911. Il fut remplacé par le jeune ingénieur John B. Challies. Ce dernier sera promu l'année suivante à la nouvelle division des pouvoirs d'eau du ministère de l'Intérieur[75].

Le refus de Young força Sifton à chercher d'autres candidats. R. H. Campbell, de la division de la foresterie, qui avait accompagné Edwards au congrès sur les eaux et rivières en décembre 1908, était intéressé par le poste, mais sa candidature ne fut pas retenue[76]. W. C. Edwards proposa le nom d'un jeune Libéral de 28 ans, F. W. Anderson, comme secrétaire de la Commission[77]. Sifton se tourna plutôt vers James White (1863–1928), le géographe en chef du Dominion au ministère de l'Intérieur. White, qui avait obtenu un diplôme en génie du Collège militaire de Kingston en 1883, avait travaillé au sein du Geological Survey de 1884 à 1899. Durant ces années, il collabora à des travaux d'arpentage au Québec, en Ontario et dans les montagnes Rocheuses. En 1899, Sifton l'embaucha comme géographe en chef du ministère de l'Intérieur. Sous la gouverne de White, la Division de géographie dessina les premières cartes standardisées pour l'ensemble du Dominion, publia le premier atlas géographique du Canada et coordonna la recherche en vue de la publication du premier atlas sur le réseau hydrographique du pays[78]. White collabora aussi à des dossiers contentieux comme la Commission sur la frontière de l'Alaska. En 1909, sa division comptait 28 employés dont une vingtaine de cartographes[79].

Le départ de Sifton du ministère de l'Intérieur en 1905 n'empêcha pas les deux hommes de continuer à correspondre. En 1908 par exemple, White adressait des lettres à Sifton presque à toutes les semaines sur une foule de sujets : registre des phares, navires, statistiques sur le brouillard dans le golfe du Saint-Laurent, cartes géographiques, atlas, etc.[80]. En avril 1908, Sifton, qui avait reçu une demande de renseignements de l'un de ses commettants sur les inventaires disponibles des ressources naturelles du Dominion, achemina la requête à White, qui répondit la semaine suivante[81]. Lorsque Sifton fut choisi comme délégué à la conférence de Washington, White lui achemina sa plus récente édition de l'*Atlas géographique du Canada,* contenant les informations les plus précises accumulées par le gouvernement fédéral sur l'étendue et la quantité des ressources naturelles du Dominion[82].

Malgré ces bonnes relations entre les deux hommes, Sifton eut beaucoup de difficulté à convaincre White de laisser son poste et de joindre la Commission. En fait, leur correspondance reflète l'ambiguïté qui entourait le rôle et les moyens que le gouvernement était disposé à donner à la Commission. Entre le 16 et le 20 octobre, Sifton dévoila ses plans à White. Le 21 octobre, il le rencontra et le persuada d'accepter le poste[83]. Sentant que White pourrait changer d'avis à tout moment, Sifton lança un avertissement à Laurier durant l'après-midi : « M. Fisher m'a informé que le gouvernement a l'intention d'allouer, en plus des salaires, un montant de 10 000 $ pour les dépenses, et qu'il serait sans doute possible de mettre de côté 10 000 $ de plus. Je vous ai signalé que cette somme est insuffisante. Elle couvrirait à peine les frais de déplacement des commissaires et les dépenses de bureau, ne laissant rien pour le travail de recherche. » Sifton ajouta qu'un budget de 25 000 $ était un minimum absolu pour la première année, sans lequel le travail de la

Commission ne vaudrait pas grand-chose. «Sans cette somme, il sera impossible d'attirer un bon candidat comme secrétaire.» Il affirma en fin de lettre: «M. White a consenti à accepter le poste mais son consentement est conditionnel à ce que le gouvernement lui donne les moyens de faire un travail efficace [...][84]». Or, le lendemain, James White, pris de panique devant l'immense tâche qui l'attendait dans ses nouvelles fonctions et l'incertitude entourant le mandat de la Commission, écrivit à Sifton pour retirer sa candidature en ces termes:

> Le succès du mouvement de la conservation dépend de vous, et si j'avais l'assurance que votre intention est de demeurer en poste — une garantie qu'aucun mortel ne pourrait donner —, je n'hésiterais pas un moment. Or, d'un autre côté, personne ne sait ce qui l'attend d'un jour à l'autre et les qualités de votre successeur pourraient assurer l'échec du mouvement. Il pourrait céder par exemple devant les multiples pressions du monde des affaires qui se considérerait affecté par les actions du gouvernement[85].

White conclut que la seule solution était d'élever le niveau du poste de secrétaire de la Commission à un rang qui imposerait le respect des hauts fonctionnaires, des politiciens et du monde des affaires. Après plusieurs jours de négociations, Sifton réussit à embaucher White et obtint les budgets réclamés[86]. White commença à la barre de la nouvelle commission deux jours plus tard avec un budget d'opérations de 25 000 $ et une augmentation salariale de 17 %, rivalisant avec le traitement des fonctionnaires les mieux payés d'Ottawa[87].

Les premiers mois à la tête de la Commission n'ont pas été faciles pour James White, mais il s'est attaqué à la tâche avec enthousiasme. À la mi-novembre, il proposa un plan ambitieux qui, s'il avait été accepté par Laurier, aurait considérablement accru la visibilité de la Commission auprès du public durant les années subséquentes et aurait contribué à en faire un intervenant majeur dans le processus décisionnel fédéral[88]. White suggéra que la Commission s'installe dans l'édifice commémoratif Victoria, situé à l'extrémité sud de la rue Metcalfe, et y établisse un musée national de la conservation. L'édifice Victoria devait abriter les collections de la Commission géologique du Canada, mais il n'était pas occupé à l'automne 1909 car sa construction n'était pas complétée. Cet emplacement aurait été idéal pour rassembler et véhiculer efficacement l'information produite par les comités de la Commission. Dans un mémorandum adressé à Sifton, White affirme que les musées nationaux aux États-Unis et en Europe ne sont pas administrés par les commissions géologiques de chaque nation, mais par des entités admi-

L'édifice Victoria, à Ottawa, peu après son achèvement.
En 1909, la Commission voulait s'y établir et instaurer un musée national de la conservation de la Nature mais perdit la bataille au profit de la Commission géologique du Canada. L'édifice abrite aujourd'hui le Musée canadien de la Nature.
(Archives nationales du Canada, PA48179)

nistratives différentes. White aurait aimé mettre sur pied des expositions sur les ressources agricoles, la forêt, les eaux et l'hydroélectricité, les minéraux, le milieu urbain, le milieu sauvage et l'ethnologie. Le comité responsable des publications et de la publicité de la Commission aurait engagé un directeur pour le musée et aurait été chargé d'en coordonner les activités[89].

Il ne fut pas difficile pour White de convaincre Sifton de la logique de sa proposition. Le 3 décembre, Sifton soumit le projet à Laurier et lui achemina même une ébauche d'un projet de loi sur l'établissement d'un musée national. « L'état actuel de développement du Canada l'appelle à se doter d'un vrai musée national qui devra être administré afin de diffuser l'information complète qui existe sur les ressources du pays », écrivit-il. « Le travail de la Commission devra être orienté vers l'accumulation d'information détaillée pour ce musée.» Selon Sifton, la nouvelle commission était l'organisme le plus approprié pour administrer efficacement le musée[90].

Le ministre des Mines de l'époque, William Templeman, s'est évidemment opposé à une telle initiative, puisque le musée devait abriter l'immense collection de spécimens et de minéraux accumulée par la Commission géologique du ministère des Mines, alors nouvellement créé. Selon le projet de loi proposé par Sifton, toutes les collections de spécimens d'histoire naturelle, de géologie, de minéralogie et de plantes appartenant au gouvernement du Canada dans la région d'Ottawa auraient été confiées à la Commission de la conservation[91]. Soucieux de ne pas s'opposer ouvertement à Sifton durant la réunion inaugurale prévue à la mi-janvier, Templeman, qui était membre d'office de la Commission, attendit six semaines avant de répondre à Laurier. Selon Templeman, le projet n'était pas acceptable pour trois raisons : premièrement, il avait comme effet de créer un quasi-ministère du gouvernement qui dépenserait de grandes sommes d'argent annuellement sans être responsable devant les élus; deuxièmement, le musée proposé serait une répétition du travail du ministère des Mines, qui est obligé par la loi qui le constitue, de maintenir un département de géologie et un département d'histoire naturelle; troisièmement, le projet donnerait à la Commission des pouvoirs décisionnels, en contravention avec le mandat que lui confère la loi. Templeman conclut : « Le musée atteindra ses buts [...] en laissant son contrôle et sa gestion [au ministère des Mines][92].» La correspondance ministérielle ne révèle pas pourquoi Laurier décida de se ranger du coté de Templeman. L'adoption d'un tel projet de loi aurait fait de la Commission un organisme très influent auprès du grand public et du gouvernement. Cela aurait augmenté sa visibilité et ses chances de succès.

James White aurait donc à se passer d'un édifice prestigieux pour asseoir son nouvel empire. En novembre 1909, le ministère des Travaux publics avait octroyé à la Commission un bureau dans l'édifice Molson Bank, situé au 14, rue Metcalfe, à quelques pas du Parlement[93]. Mais selon les dires du secrétaire et des commissaires, cet édifice était vieux, sombre et insalubre. White devra attendre jusqu'en 1913 pour occuper le nouvel édifice des Maçons d'Ottawa aux 111, 113 et 115, rue Metcalfe.

Le nouveau secrétaire de la Commission a attendu longtemps l'autorisation d'embaucher des employés. Après Noël 1909, le Conseil privé confirma l'embauche de ses premiers agents[94]. Le 31 décembre, Thomas Grindlay, un cartographe que White avait recruté de sa division de géographie, s'est joint à la Commission. Il dessina les centaines de cartes qui ornent les pages des rapports de la Commission et travailla avec White jusqu'à ce que l'organisme soit aboli en 1921. Le 7 janvier, M. J. Patton fut engagé à titre de secrétaire adjoint de la Commission. Cette petite équipe avait deux semaines devant elle pour organiser la réunion inaugurale de la Commission qui, selon la loi, devait avoir lieu durant la troisième semaine du mois de janvier.

Dès les premières semaines de leur collaboration, White et Sifton sont tombés d'accord pour ignorer les déclarations de Fisher en Chambre concernant le nombre maximal d'employés que la Commission pouvait engager. Ce dernier avait promis qu'au plus cinq commis seraient engagés pour effectuer le travail. Pour assurer le bon fonctionnement des sept comités de la Commission, ils décidèrent d'embaucher au moins un spécialiste à temps plein pour chaque comité. Ces personnes devaient agir comme secrétaires lors des réunions, se charger de la coordination des projets proposés par les commissaires, engager les chercheurs à contrat dans toutes les régions du Dominion, vérifier les rapports de recherche produits et superviser la publication des documents. Patton fut le premier employé de la Commission à prendre un comité en charge, celui sur le poisson, le gibier et les animaux à fourrure, ce qui témoigne de l'importance que White apportait à cette dimension du travail de la Commission. Les autres spécialistes n'ont joint les rangs de la Commission qu'après la réunion inaugurale[95]. Six comités de recherche furent formés : poisson, gibier et animaux à fourrure, qui allait aussi couvrir les questions de préservation de la faune, forêts, eaux et hydroélectricité, sols, mines et minéraux et santé publique. Un septième comité chargé de publier les rapports de recherche et de coordonner les relations publiques de la Commission fut aussi formé. La mission de ce comité s'inspirait du *press bureau* de la Division de la foresterie aux États-Unis, considéré comme le premier organe dédié aux relations avec les médias en Amérique[96].

Trois objectifs pour six comités

Lorsque les nouveaux commissaires se rassemblèrent à Ottawa le 17 janvier 1910, ils ne se doutaient sans doute pas que les principaux objectifs et recommandations que la Commission allait formuler pour les douze années à venir étaient déjà déterminés. Leur rôle se limiterait à appuyer les positions idéologiques de la Commission par leurs recherches et leurs travaux. À ce titre, l'orientation de la Commission de la conservation était différente de celle des commissions royales ou des commissions d'enquêtes traditionnelles, dont le mandat officiel est de recueillir de l'information et d'interroger des témoins avant de porter un jugement et de formuler des recommandations. Entre les mois de février 1909 et janvier 1910, Sifton avait déjà décidé des politiques que la Commission allait promouvoir.

Il ne faudrait pas nécessairement conclure que les collaborateurs de la Commission ont été embarrassés par cette approche. Durant toute l'histoire de la Commission, aucun membre n'a démissionné de son poste ni exprimé ouvertement de dissension quant aux politiques proposées par l'organisme. Au contraire, la plupart ont appuyé le leadership de Sifton. Son plan d'action était résolument progressiste et applaudi par les élites réformistes au Canada, aussi bien dans les milieux financiers et gouvernementaux que dans les cercles intellectuels, journalistiques et dans la population en général. En fait, on pourrait dire que les positions de Sifton en matière de conservation ont joui d'un soutien quasi unanime parmi ceux qui gravitaient autour de la Commission durant la première moitié des années 1910. Lors de la réunion annuelle de 1913 par exemple, le sénateur Edwards, qui remplaçait Sifton à la présidence de l'assemblée, déclarait : « Dès la fondation de cette commission, M. Sifton a défini d'une manière très claire et très complète le travail qui lui incombe [...] c'est pourquoi je ne vois aujourd'hui rien à y ajouter, eussé-je même le pouvoir de le faire[97]. »

Lorsque Sifton s'adressa aux membres et invités, il leur expliqua point par point la mission de la Commission. En tout premier lieu, il souligna le caractère apolitique de l'organisme et affirma que la Commission serait complètement autonome du gouvernement. « J'ai tellement senti l'importance de cette étude que j'ai résolu, en acceptant la position de président, de rompre avec la politique active; je suis convaincu que le travail de la Commission occupera une grande partie de mon temps et de mon attention[98]. »

Sifton invita les représentants provinciaux à s'engager activement dans les activités de la Commission. Désirant les rassurer que l'organisme n'avait pas l'intention de se mêler des affaires des provinces, il déclara: «Nous devons nous borner à l'étude, aux recherches et au conseil. Le gouvernement intéressé devra assumer la responsabilité d'accepter ou de rejeter ce que nous recommanderons[99]. » Sifton désirait néanmoins voir les provinces adopter une réglementation uniforme. Pour ce faire, il suggéra que les représentants provinciaux collaborent avec le personnel de la Commission pour «faire un inventaire étendu et exact des ressources naturelles autant que nous le permettent les renseignements que nous avons à leur sujet». En deuxième lieu, la Commission se chargerait de coordonner la tenue des inventaires jugés essentiels pour compléter le travail déjà effectué[100]. Une fois ces données rassemblées, il serait alors possible de formuler des politiques cohérentes.

Chaque type de ressource avait ses particularités et Sifton proposa trois grands objectifs à viser pour assurer leur conservation. Pour les ressources non renouvelables comme les minerais et le charbon, il était évident que la croissance économique du Canada dépendait de leur développement. Ces ressources devaient toutefois être exploitées le plus efficacement possible, de façon à réduire au maximum le gaspillage aussi bien dans les activités d'extraction et de transformation que dans la consommation. Dans le secteur des mines, Sifton évaluait qu'entre 1905 et 1908, la production minérale au Canada était passée de 20,5 millions de dollars à 87 millions de dollars, alors que le prix du minerai baissait à chaque année. Le taux d'expansion annuel de l'industrie dépassait donc les 62 % !

Personne ne savait quand ces taux de croissance allaient se stabiliser, car «les recherches préliminaires indiquent que de grandes richesses sont disponibles dans le nord du pays». Pour Sifton il était «nécessaire que de sages précautions soient prises en vue d'en arriver à plus d'économie dans l'usage et la production de ces minéraux». Il proposa un programme de recherche pour les spécialistes intéressés: 1) développer des techniques pour améliorer les méthodes de production, de séparation et d'économie des minéraux extraits au Canada; 2) perfectionner les hauts fourneaux électriques pour exploiter économiquement le minerai de fer dans les régions éloignées du Dominion; 3) tester et adapter des techniques pour faire cesser «le gaspillage éhonté de cobalt, causé par l'exploitation par des firmes américaines peu consciencieuses»; *4)* trouver des moyens de diminuer le gaspillage de la houille (le charbon) durant la préparation du coke; et *5)* diminuer les pertes de vies inacceptables dans les mines canadiennes, où les taux de mortalité étaient parmi les plus élevés dans le monde[101].

Pour Sifton, aucune ressource naturelle n'était illimitée ou automatiquement renouvelable. Certes, des sols biens aménagés pouvaient produire de la nourriture à perpétuité, mais la quantité de terres arables au pays était incontestablement limitée. Même raisonnement pour ce qui est des superficies forestières et des réserves en eau potable. Pour ces ressources théoriquement renouvelables, Sifton prônait la conservation selon ce qu'il serait approprié d'appeler le principe du rendement soutenu. Dans le cas des forêts, tout était à faire. Car à part la Colombie-Britannique, Sifton constatait que les statistiques sur le bois marchand récolté étaient peu précises. D'autre part, les chiffres rassemblés par les divers spécialistes provinciaux et fédéraux suggéraient que les stocks de bois debout disponibles étaient « bien moindres qu'on ne le pensait communément il y a quelques années[102]». Les méthodes de coupe étaient inacceptables, le nombre et l'intensité des feux de forêt augmentaient à chaque année et aucune mesure concrète n'avait été mise en place dans les provinces pour protéger adéquatement les forêts situées près des cours d'eau[103]. Au sujet de la législation forestière, il suggéra que les membres du comité des forêts proposent des amendements à la loi fédérale dans le domaine ferroviaire afin de sévir contre les compagnies de chemin de fer. Les locomotives à vapeur qui crachaient un feu d'étincelles sur leur passage étaient responsables de la majorité des incendies[104].

La conservation de la fertilité des sols faisait également partie du programme de la Commission. Or, « l'idée qu'une pareille fertilité puisse durer, sans les soins les plus jaloux et les plus attentifs, est démentie par les faits bien connus dans l'histoire », notamment en Perse, à Babylone, en Palestine, en Égypte et dans certaines régions de l'Amérique du Sud[105].

D'autre part, Sifton était sérieusement préoccupé par les problèmes relevant des utilisations de l'eau.

> L'eau est [une] universelle et essentielle ressource naturelle. Elle n'est pas moins nécessaire à la vie que la chaleur et le soleil. [...] Avec nos systèmes modernes d'hygiène, nous faisons usage d'eau pour activer l'écoulement des égouts, pour emporter et détruire le plus précieux des engrais, qui ne servira qu'à corrompre l'eau dans laquelle il est poussé.

On peut qualifier ce procédé d'abus grossier plutôt que d'usage intelligent de l'eau[106].

Il encouragea les membres du comité des eaux à se pencher sur une série de solutions possibles à ces problèmes : *1)* des méthodes économiques et pratiques de traitement des eaux usées; *2)* des suggestions quant aux meilleurs moyens de contrôler les inondations causant des dommages matériels et l'érosion; *3)* des expériences pour déterminer quelles sont les meilleures méthodes de drainage et d'irrigation des terres agricoles dans les principales régions du pays; *4)* des propositions pour assurer la conservation des jeunes forêts qui retiennent l'eau près des cours d'eau[107].

Sifton considérait les ressources hydrauliques comme le moteur du développement industriel canadien. Cette source d'énergie était abondante, renouvelable si bien gérée et bien plus propre à utiliser que le charbon. D'autre part, l'évolution spectaculaire des techniques de construction de barrages, de transformation et de transmission de l'énergie électrique au début du XXe siècle faisait de l'hydroélectricité une source d'énergie à l'avenir prometteur qui permettrait aux industries canadiennes de faire face à la concurrence internationale. « Pour l'Ontario par exemple, l'importation du charbon des États-Unis n'est pas logique, puisqu'elle paie cher pour une énergie non renouvelable alors qu'elle pourrait réinvestir cet argent dans les pouvoirs d'eau et obtenir de l'énergie renouvelable[108]. »

Le problème le plus important à résoudre était de concilier le développement hydroélectrique avec la navigation, l'exploitation des ressources halieutiques, la conservation des berges et les besoins domestiques et récréatifs. « Au Canada, le temps est venu de mettre le sujet à l'étude et de définir les droits du public d'avoir de l'eau et de s'en servir », affirma Sifton. S'inspirant du succès d'Adam Beck qui avait mis sur pied le programme d'étatisation de l'équipement hydroélectrique en Ontario, Sifton affirma que l'État avait le devoir de coordonner la construction et l'opération des nouvelles centrales. Les gouvernements étaient selon lui les mieux placés pour assurer le développement durable sans pénaliser outre mesure les autres intervenants[109]. Il suggéra que les membres du comité des eaux de la Commission fassent une étude approfondie de la législation en la matière, notamment des lois en vigueur en Suisse, « pays le plus avancé dans ce domaine [où] tous les développements dans le domaine des pouvoirs d'eau doivent être réglementés, comme il en convient, dans l'intérêt du peuple ». Sifton proposa en outre que les représentants des divers paliers gouvernementaux se réunissent afin d'harmoniser leurs droits et devoirs respectifs[110].

Au chapitre des «ressources renouvelables,» Sifton considérait que la plus importante et la plus précieuse était la vie humaine. Les problèmes de santé publique relevaient donc du domaine de la Commission de la conservation. À ce titre, il s'est inspiré du mouvement américain de la conservation et de la déclaration de principes de la conférence de Washington. Parmi les problèmes les plus importants à résoudre au Canada, Sifton identifia tout d'abord la tuberculose et suggéra fortement que les commissaires se mettent à l'ouvrage immédiatement. «Un sous-comité de cette commission représentant tous les gouvernements pourrait tracer un plan acceptable et utile qui recevrait l'assentiment général[111].» Il faut dire qu'à cette époque, les épidémies de tuberculose faisaient à chaque année des milliers de victimes au Canada. Sifton estimait que d'autres questions importantes comme la pollution des eaux et le traitement des eaux usées exigaient l'attention des spécialistes.

Dans son allocution inaugurale, Sifton ne s'est pas penché longuement sur les problèmes reliés à l'exploitation des ressources fauniques. Le troisième objectif de la Commission, sans doute l'œuvre de James White, de J. M. Patton et des membres du comité, fut développé plus tard durant l'année. Essentiellement, la Commission décida d'encourager la conservation du gibier et du poisson, la préservation des espèces menacées et le repeuplement des espèces en voie de disparition là où cela était possible[112].

Le président de la Commission était conscient que la gestion rationnelle des ressources naturelles ne dépendait pas seulement d'une bonne connaissance des «stocks» disponibles et de l'élaboration de lois et de règlements qui tiennent compte des limites du milieu naturel. Il savait bien que les procédés industriels employés au Canada gaspillaient les ressources. Il comprenait sans doute mieux que quiconque que le Dominion avait un besoin urgent de coordonner la recherche, pour développer des techniques et des procédés plus efficaces d'extraction et de transformation des ressources naturelles. Comme le gouvernement fédéral ne possédait aucune institution capable d'entreprendre de telles recherches, Sifton proposa que la Commission serve de catalyseur et de coordonnateur : les différents comités auraient comme tâche d'identifier les problèmes techniques les plus pressants à résoudre. Sifton enjoignit les universitaires présents d'orienter les programmes de recherche de leurs institutions respectives afin de répondre rapidement et adéquatement aux demandes formulées par les commissaires[113]. Lord Grey, invité à prendre la parole, répéta ces arguments : « La richesse future du Canada se base sur des recherches scientifiques et sur l'application efficace de leurs résultats à la vie industrielle et physique de ses habitants[114]. »

L'allocution inaugurale de Clifford Sifton témoigne de l'approche systémique qu'allait prendre la Commission. Au niveau social et politique, les recommandations de la Commission devaient favoriser le bien public plutôt que les intérêts individuels, corporatifs ou partisans. Au niveau économique, la Commission devait encourager l'efficacité, le rendement soutenu et la planification à long terme. Au niveau scientifique, la Commission devait utiliser une approche écologiste : examiner toutes les sphères de l'activité humaine ayant un rapport avec l'environnement naturel et le milieu de vie des hommes et tenir compte des liens d'interdépendance entre ces éléments avant de formuler des recommandations sur la gestion des ressources naturelles dans chaque région.

Pour ce faire, les membres de la Commission étaient invités à participer aux activités de plus d'un comité afin de mieux saisir les liens d'interdépendance entre les différentes ressources naturelles et ajuster la teneur de leurs recommandations en conséquence. Il serait illogique par exemple, pour les membres du comité des mines, d'encourager le développement du potentiel minier sur les montagnes Rocheuses sans consulter préalablement les membres du comité des forêts, car les forêts assises sur les montagnes étaient la source des cours d'eau qui alimentaient les régions semi-arides de l'Alberta et de la Saskatchewan. En encourageant le dialogue entre les divers spécialistes, il serait possible pour la Commission de formuler des recommandations éclairées qui favoriseraient le développement durable.

Après l'allocution du président, une douzaine de membres de la Commission présentèrent leur point de vue sur la conservation d'une grande variété de ressources naturelles. Le lendemain, les membres se rencontrèrent en comités afin de décider de la marche à suivre et des travaux prioritaires à entreprendre. La correspondance qui subsiste suggère que les comités se sont inspirés du discours de Sifton dans le choix de leurs priorités. Les membres du comité sur le poisson, le gibier et les animaux à fourrure par contre, ont eu beaucoup de difficulté à développer un plan d'action.

Sifton créa un comité exécutif responsable de coordonner les différentes activités de la Commission et de formuler des recommandations au gouvernement en temps de crise. Le comité était formé de Sifton et des présidents de chaque comité : William Cameron Edwards,

Edmund Osler, Henri-Séverin Béland, Frederick Monk, James W. Robertson, Francis Haszard et John F. Mackay. James White agissait à titre de secrétaire durant les rencontres[115]. Lors de la première réunion le 2 février 1910, les membres du comité ont accepté d'organiser au moins deux réunions générales de la Commission par année afin d'assurer la participation de tous ses membres à au moins une réunion, et de faire avancer les dossiers le plus rapidement possible. Mais les autres membres de la Commission se sont opposés à cette proposition. Lors d'une réunion spéciale du comité des forêts le 2 mai 1910, les membres présents ont plutôt suggéré des rencontres plus fréquentes pour les comités. La réunion générale prévue par le comité exécutif pour le mois de juin à Québec fut donc annulée, limitant ainsi l'échange d'idées et de données entre les membres des différents comités, un des principaux objectifs visés par la création de la Commission de la conservation[116].

Durant les mois qui ont suivi la réunion inaugurale, Sifton a été un des conférenciers les plus en demande à travers le Dominion. Selon D. J. Hall, il a présenté son programme de conservation à au moins 16 reprises en 1910[117]. L'équipe de White pour sa part fit publier des centaines de reportages dans les journaux et les revues. Un article de J. M. Patton paru dans *Queen's Quarterly*, la revue de l'Université Queen's à Kingston en Ontario, témoigne de l'approche de la Commission. Intitulé « Organized Conservation in Canada », il en décrit la structure, l'organisation et la mission :

> La principale justification motivant la création de la Commission a trait à sa fonction éducationnelle. On a dit qu'elle pourrait dédoubler le travail d'autres départements du gouvernement [...]. Mais cette observation ne tient pas compte de l'urgente nécessité de consolider l'information amassée par les nombreuses organisations gouvernementales et les autres organismes publics et semi-publics intéressés à conserver les ressources naturelles du Canada. Les législateurs ne pourront posséder une perspective adéquate et formuler des politiques cohérentes et équilibrées visant à la conservation tant que ce travail ne sera pas complété[118].

Dans la sphère politique, la Commission s'est fait entendre à Ottawa dès 1910, Sifton tenant Laurier au courant des travaux et des recommandations de l'organisme à raison d'une lettre ou plus par semaine lorsque la Chambre siégeait. Grâce au travail de Sydney Fisher, la Commission a également été en mesure d'inspirer la politique des membres du Conseil des ministres. Le registre du Conseil privé fait état d'une dizaine d'arrêtés ministériels en 1910 découlant de renseignements ou de recommandations de la Commission de la conservation[119].

Le libre-échange et la conservation

La proposition américaine d'établir un nouveau traité de libre-échange entre les deux pays est venu bouleverser l'échiquier politique canadien et a fait éclater l'alliance fragile chez les Libéraux. Durant l'été de 1910, des négociateurs américains se sont rendus à Ottawa afin de conclure une nouvelle entente commerciale semblable au traité commercial de 1854. Les négociateurs ont admis ouvertement que le complexe industriel américain, alors en pleine expansion, avait besoin de bien plus grandes quantités de matières premières que celles disponibles aux États-Unis et devait se tourner vers les marchés étrangers pour son approvisionnement[120]. À la fin du mois de janvier 1911, un accord de principe était signé entre les deux nations et devait être approuvé par les deux gouvernements. L'accord permettait l'entrée de ressources naturelles aux États-Unis sans droits de douane et abaissait les tarifs sur les produits manufacturés américains au Canada. Les producteurs agricoles de l'Ouest et la plupart des entrepreneurs engagés dans l'exploitation des ressources naturelles favorisaient cet accord, tandis que les industriels et les nationalistes canadiens y étaient opposés.

Laurier était favorable à la réduction des tarifs douaniers entre les deux nations. Son ministre des Finances, W. S. Fielding, était du même avis. Le sénateur W. C. Edwards réussit facilement à convaincre Laurier que la libre circulation des ressources naturelles entre les deux nations n'aurait pas de conséquence néfaste sur l'environnement naturel[121]. Clifford Sifton n'était pas du même avis. Il était absurde, selon lui, d'ouvrir toutes grandes les portes aux entreprises américaines alors que la législation visant à restreindre les abus dans l'exploitation des ressources naturelles n'était pas encore en place dans les provinces. Au début du mois de février 1911, Sifton s'associa à dix-huit importants manufacturiers canadiens menés par Zebulon Lash et Sir Edmund Walker pour fonder la Canadian National League. Sifton, Walker et plusieurs autres signataires d'un manifeste condamnant l'accord étaient sensibles aux répercussions possibles du libre-échange sur l'environnement[122]. En mai 1910 par exemple, on retrouve Walker avec Sifton à titre de conférencier invité lors d'une grande assemblée dédiée à la protection du gibier et du poisson en Ontario. Selon James White, cette rencontre promettait d'être la plus importante en son genre au Canada[123].

Puisque la question de l'impact de l'accord sur l'exploitation des ressources naturelles du Dominion faisait partie des préoccupations des opposants à l'entente, W. C. Edwards, probablement à la demande de Laurier, écrivit une longue lettre à Sir Edmund Walker le 20 février 1911. Il expliqua que selon lui, et ce point de vue était partagé par les Libéraux, le libre-échange n'aurait aucun impact significatif sur la préservation des forêts canadiennes. Certes, explique Edwards, beaucoup de Canadiens croient que les États-Unis sont à court de bois d'œuvre. Mais selon les chiffres avancés par la Commission américaine de la conservation, au rythme de consommation de 1909 (40 milliards de pieds linéaires par année), les réserves américaines seraient épuisées d'ici trente ou quarante ans. À ce rythme, affirme Edwards, les réserves de bois d'œuvre du Canada ne pourraient suffire à la demande que pour une décennie ou deux. Pourtant, l'élimination du tarif (1,25 $ / mille pieds linéaires) n'augmenterait pas la demande pour le bois canadien de façon significative à court terme, car sa valeur est minimale comparée aux coûts de transport. Sans les tarifs, affirmait Edwards, le bois canadien ne serait vraiment compétitif que quelques dizaines de milles de plus vers le sud. C'est pourquoi les autorités américaines, qui connaissaient la gravité de la situation, étaient à la recherche de matériaux de construction de rechange, comme la brique, l'acier et le béton. Selon Edwards, cette question devait être étudiée de par le monde, car toutes les nations seront éventuellement confrontées à une disette de bois d'œuvre.

En ce qui a trait au bois de pulpe, le sénateur admit que les stocks canadiens étaient imposants et pourraient sans doute suffire à la demande américaine pour un siècle environ. Mais l'élimination des tarifs à l'exportation du bois à pâte ou de la pulpe ne changerait en rien la situation, car la demande pour le papier était très forte. Le vrai problème n'était pas l'existence ou non d'un tarif, mais une réglementation forestière trop permissive et mal appliquée. Dans le domaine du bois à pâte par exemple, la plupart des usines du Nord-Est américain s'approvisionnaient au Canada grâce à la production d'opérateurs sur des terres privées ou des squatters illégaux qui ne se préoccupaient aucunement de la réglementation forestière en vigueur et contribuaient plus que quiconque à la déprédation des forêts canadiennes. Évidemment, ce bois n'était pas sujet au tarif.

Edwards aurait aimé convaincre Walker que «le dossier de la conservation des forêts doit être séparé des questions tarifaires [...] car la réglementation de la coupe sur les territoires forestiers est le seul et unique moyen d'assurer la préservation de la forêt». «À mon avis, conclut le sénateur, un contrôle sévère de la coupe, la préservation [de toutes] les forêts contre le feu et le reboisement sont notre seul salut [...] La conservation n'a [donc] rien à voir avec la façon, la forme ou l'endroit où le produit sera vendu[124].»

Ces arguments, Sifton les connaissait pour avoir côtoyé Edwards pendant des années. Dans son discours inaugural devant les membres de la Commission en janvier 1910, il ne mâcha pas ses mots pour défendre une vision protectionniste de gestion de l'environnement :

> Il n'est pas nécessaire d'être très clairvoyant pour comprendre que dans dix ans, le capital des États-Unis sera chez nous, prêt à acquérir presque toutes nos sources naturelles de richesse, à l'exception de nos champs et de nos pêcheries. [...] Il est de toute nécessité que nous unissions tous nos efforts pour promouvoir des améliorations dans les lois organiques du pays, [pour] qu'elles empêchent la monopolisation des sources de richesse. [La Commission de la conservation] peut assurer une puissante influence dans la bonne voie, elle peut prêter son concours à tous ceux qui désirent suivre une politique de progrès[125].

Un peu plus d'un an plus tard, s'adressant aux membres de l'Association forestière canadienne à Fredericton (N.-B.), il précisa son propos. Les experts étaient d'accord pour dire que les réserves américaines en bois d'œuvre au rythme de consommation de 1908 étaient d'environ trente ans. «Pouvez-vous imaginer le sort de 120 millions de personnes sans bois d'œuvre ! demanda t-il. Que feront-ils ? Ils viendront au Canada si aucune mesure appropriée n'est passée pour protéger nos forêts.» Tout comme Edwards, il était convaincu que les gouvernements devaient resserrer leur législation forestière le plus rapidement possible. Mais il s'opposait à la mainmise sur les ressources forestières canadiennes par des compagnies américaines de même qu'à l'exportation du bois à pâte et de la pulpe. Pour Sifton, le gouvernement devait plutôt encourager la diversification de l'économie et la transformation des produits forestiers au Canada grâce à des tarifs protecteurs sur toutes les exportations de bois de pâte ou de pulpe[126].

Le 20 février, Sifton écrivit à Laurier pour lui annoncer qu'il quittait les rangs du Parti libéral[127]. La semaine suivante, dans un des plus importants discours de sa carrière, c'est à titre de président de la Commission de la conservation qu'il annonça publiquement sa décision à la Chambre des communes. S'adressant à ses électeurs dans l'Ouest, chiffres à l'appui, il tenta de démontrer que le système de tarifs en place pouvait avantager autant les agriculteurs que les manufacturiers. Il se dit inquiet des conséquences d'un tel accord commercial sur l'autonomie du Canada et de voir le Dominion annexé par les États-Unis. En fin de discours, il souligna l'impact possiblement désastreux du libre-échange sur l'environnement[128]. Sifton l'avait souvent répété en 1910 et en 1911 : ce n'est pas de la seule forêt dont il est question, mais de toutes les ressources naturelles, renouvelables et non renouvelables. Or, la législation pour les protéger n'est pas encore établie et les moyens techniques permettant leur utilisation rationnelle ne sont pas encore en place. Il serait donc prématuré d'ouvrir toutes grandes les portes aux Américains. À ce titre, il avait sans doute raison[129].

Le discours de Sifton en Chambre lui valut des centaines de lettres de félicitations de la part des nationalistes canadiens et des conservationnistes du Dominion[130]. En s'alliant à l'opposition, Sifton contribua à la bonne fortune des Unionistes qui raflèrent 132 sièges lors de l'élection de septembre 1911; les Conservateurs reprirent le pouvoir pour la première fois depuis 1896. Ce faisant, Sifton assura l'échec de l'accord signé par les Libéraux et garantit la survie de sa Commission de la conservation sous le régime de Robert L. Borden.

Notes

1. Sénat des États-Unis, *Report of the National Conservation Commission...* volume I, 1909, pp. 2–3 [n.t.].

2. « There is to sit in Washington on the 9th of December a congress known as the National Rivers and Harbours Congress, which is chiefly concerned with the preservation of forests, and the government is asked to send a representative. Mr. Pinchot, whom you remember, has sent us a very pressing letter to that effect. I discussed the matter with Lord Grey and we both agreed that no one could so ably represent Canada as yourself. We would send you with Campbell, the Secretary of the Forestry Branch. » ANC, Fonds W. Laurier, W. Laurier à W. C. Edwards, 1908-11-18. Voir aussi Conseil privé, arrêté ministériel, n° 2561, 1908-11-21.

3. Sénat des États-Unis, *Report of the National Conservation Commission, 60th Congress, 2nd session*, volume I, 1909, pp. 199–201.

4. Les grandes lignes de ce rapport furent présentées aux membres du conseil des ministres le 9 décembre 1908. Voir ANC, Registre des arrêtés ministériels, n° 2693, 1908-12- 09.

5. ANC, Fonds W. Laurier, W. C. Edwards à W. Laurier, 1909-01-23 [n.t.].

6. *Ibid.*

7. À l'époque, les rapports diplomatiques entre le Dominion et les États-Unis se faisaient via l'ambassade américaine à Londres ou l'ambassade de Grande-Bretagne à Washington.

8.   *Ottawa Citizen*, 1908-12-28, 30, 31; «Canada's Invitation – Mr. Geofford *[sic]* Pinchot's Mission to Ottawa», *The Globe*, 1908-12-30, p. 9.

9.   Voir par exemple «Waste of Natural Resources: Mr. Pinchot's Striking Address at Ottawa», *The Globe*, 1908-12-31, p. 4.

10.   ANC, Fonds W. Laurier, T. Roosevelt à W. Laurier, 1908-12-24.

11.   «I received through the hands of Mr. Pinchot, whom I consider an old friend, your invitation that the Canadian Government should be represented at the Conference which you have called, to consider the most effective means of preserving the natural resources of the United States. We feel there that, as you say, this is a subject as to which the two countries are equally interested, and we readily accept the invitation.» ANC, Fonds W. Laurier, W. Laurier à T. Roosevelt, 1908-12-30.

12.   *The Globe*, 1908-12-31, p. 4 [n.t.].

13.   ANC, Fonds W. Laurier, J. Macoun à W. Laurier, 1909-01-05 [n.t.].

14.   ANC, Fonds W. Laurier, J. G. Turriff à W. Laurier, 1909-01-27.

15.   «Si vous jugez à propos de faire inviter la province de Québec au congrès forestier de Washington, écrivit-il, nous déléguerons Mᵍʳ Laflamme. Le recteur de l'Université Laval ferait, je crois, bonne figure là-bas.» ANC, Fonds W. Laurier, L. Gouin à W. Laurier, 1909-01-12. Laurier répondit: «Mᵍʳ Laflamme ferait en effet très bonne figure à Washington, mais je ne puis pas vous promettre que les provinces y soient représentées.»

16.   D. G. Hall, *Clifford Sifton, A Lonely Eminence*, 1985, p. 240.

17.   Voir ANC, Fonds W. Laurier, W. Laurier à C. Sifton, 1909-01-19.

18.   «I would be glad te receive a copy of the letter of invitation to the Conference at Washington, or a memo of its content, so that I may know what is expected and what the scope of the conference is to be. Perhaps you will instruct your Secretary to send this tomorrow morning, also the official appointment when it is made.» ANC, Fonds W. Laurier, C. Sifton à W. Laurier, 1909-01-26.

19.   ANC, Fonds W. Laurier, W. C. Edwards à W. Laurier, 1909-01-30.

20.   Voir *Who's Who in Canada*, 1911; Chambre des communes, Débats, 1907–1908, pp. 4815–4818.

21.   ANC, Fonds W. Laurier, W. Laurier à G. Pinchot, 1909-02-05.

22.   Robert Laird Borden, *Memoirs*, 1938, p. 240.

23.   Arthur V. Ford, *As the World Wags On*, 1950, p. 141.

24.   Une erreur s'est sans doute glissée durant la rédaction de ses mémoires si l'on se fie à la vigueur de son discours présenté aux membres de l'AFC lors du congrès de janvier 1906. Ses interventions en Chambre lors des débats sur le projet de loi établissant des réserves forestières sur le versant est des montagnes Rocheuses en mai 1906 témoignent également de sa sensibilité aux questions d'environnement. Voir Chambre des communes, Débats, 1906-05-06, pp. 2834–2854; 1906-05-08, p. 2870.

25.   Chambre des communes, Débats, 1909-01-22, pp. 1718–1719.

26.   Chambre des communes, Débats, 1909-05-12, pp. 6680–6700.

27.   Chambre des communes, Débats, 1909-02-01, p. 374. «As the idea is yours, I will be obliged if you will give me your suggestions with regards to these committees, their proportions and names.» ANC, Fonds W. Laurier, W. Laurier à R. L. Borden, 1909-02-23, R. L. Borden à W. Laurier, 1909-03-05.

28. Dans ses *Memoirs*, Borden affirme : « the initiative as to conservation and development should come from Parliament, without regard to party », p. 242.

29. Chambre des communes, Débats, 1909-05-12, pp. 6367–6368.

30. Voir Samuel Hays, *Conservation and the Gospel of Efficiency*, 1957, chapitre 3.

31. ANC, Fonds W. Laurier, Robert E. Young à W. Laurier, 1910-03-31.

32. Sénat des États-Unis, *Report of the National Conservation Commission...* volume I, 1909, pp. 1–2 [n.t.].

33. « Estimates of Future Populations », dans Sénat des États-Unis, *Report of the National Conservation Commission...* volume II, 1909, pp. 7–12. Ses prédictions étaient conservatrices : en 1987, la population totale des États-Unis s'élevait à 244 millions d'habitants.

34. Voir *The Globe*, 1909-02-23, p. 3.

35. ANC, Fonds C. Sifton, James Bryce à S. Fisher, 1910-07-20 [n.t.].

36. Voir D. Wiener, *Models of Nature : Ecology, Conservation and Cultural Revolution in Soviet Russia*, 1988, p. 18; François Walter, « Attitudes Towards the Environment in Switzerland, 1880–1914 », *Journal of Historical Geography*, 15, 3 (1989), pp. 287–299.

37. Chambre des communes, Documents de la session, 1909, vol. 17, doc. n° 90, pp. 1–5.

38. *Ibid.*, pp. 2–5.

39. ANC, Fonds C. Sifton, C. Sifton à Dr P. H. Bryce, 1909-03-06. Le 2 mars, Sifton écrit à Fisher : « Je crois qu'il se fait des préparatifs pour établir des comités sur la conservation des ressources. J'aimerais beaucoup vous voir pour quelques minutes avant que des actions définitives ne soient entreprises. » ANC, Fonds C. Sifton, 1909-03-02 [n.t.].

40. ANC, Fonds W. Laurier, C. Sifton à W. Laurier, 1909-03-04 [n.t.].

41. ANC, Fonds W. Laurier, « North American Conservation Conference, Canadian Commission. Sydney Fisher, Chairman; Clifford Sifton, MP, Henri S. Béland, MP, Members; R. E. Young, D.L.S., Secretary. Declaration of Principles, Washington Conference ». 1909-03-31.

42. CCAR, 1919, p. 12.

43. Chambre des communes, Débats, 1909-04-27, pp. 4988–4989.

44. ANC, Fonds C. Sifton, C. Sifton à S. Fisher, 1909-04-28 [n.t.].

45. Chambre des communes, Débats, 1909-05-12, p. 6681.

46. *Ibid.*, pp. 6683, 6689.

47. *Ibid.*, p. 6689.

48. *Ibid.*, p. 6690.

49. *Ibid.*, p. 6683.

50. *Ibid.*, p. 6691.

51. *Ibid.*, p. 6693.

52. *Ibid.*, p. 6687.

53. *Ibid.*, p. 6689.

54. *Ibid.*, p. 6690.

55. *Ibid.*, pp. 6694–6695.

56. *Ibid.*, pp. 6680–6700.

57.   *Ibid.*, pp. 6695–6696.

58.   Journaux de la Chambre des communes, 1909-05-12, 1909-05-19.

59.   Appendices, Journaux de la Chambre des communes, 1925.

60.   Voir Appendices, Journaux de la Chambre des communes, 1910, rapport numéro 4; 1913, rapport numéro 3.

61.   ANC, Fonds W. Laurier, W. Laurier à L. Gouin, 1909-06-09.

62.   ANC, Fonds W. Laurier, S. Fisher à W. Laurier, 1909-06-01.

63.   CCRA, 1910, p. 8.

64.   ANC, Fonds W. Laurier, C. Sifton à W. Laurier, 1909-05-31.

65.   ANC, Registre des arrêtés ministériels n° 1831, 1909-09-03.

66.   En 1919, Bryce se rappelait encore l'arrivée des Sifton à Winnipeg et affirma que peu de temps après il développa une amitié profonde avec le jeune homme. CCAR, 1919, pp. 8–9.

67.   ANC, Fonds C. Sifton, G. Bryce à C. Sifton, 1908-01-11, C. Sifton à G. Bryce, 1909-05-31.

68.   Bryce était membre de plusieurs associations écologistes dont la Société Audubon de Winnipeg. Voir CCRA, 1916; Janet Foster, *Working for Wildlife*, 1977, p. 174.

69.   ANC, Fonds W. Laurier, 1909-07-27 [n.t.].

70.   ANC, Fonds W. Laurier, L. Gouin à W. Laurier, 1909-07-31.

71.   ANC, Fonds W. Laurier, L. Gouin à W. Laurier, 1909-07-21, premier ministre de la Nouvelle-Écosse à W. Laurier, 1909-07-31.

72.   Rapports du Vérificateur général, 1909, p. K 16; 1911; 1913, p. J 7.

73.   Voir ANC, Fonds C. Sifton, 1909-03-17, 1909-04-22, 1909-04-23.

74.   ANC, Fonds C. Sifton, R. Young à C. Sifton, 1909-10-14 [n.t.].

75.   Rapport du Vérificateur général, 1913, p. J 7.

76.   ANC, Fonds C. Sifton, R. H. Campbell à C. Sifton, 1909-05-10, 1909-05-19.

77.   ANC, Fonds C. Sifton, W. C. Edwards à C. Sifton, 1909-09-24.

78.   Hugh S. Spence, « James White, 1863–1928 : A Biographical Sketch », *Ontario History*, 1931, p. 543; Daniel Mackay, « James White : Canada's Chief Geographer, 1899–1908 », *Cartographica*, 19, 1 (1982), pp. 51–61; James White, *Dictionary of Altitudes in Canada*, Ottawa, 1904.

79.   Rapport du Vérificateur général, 1910, p. K 30.

80.   Voir ANC, Fonds C. Sifton, 1908, pp. 149951–983.

81.   *Ibid.*, pp. 149975–76.

82.   ANC, Fonds C. Sifton, J. White à C. Sifton, 1909-01-25.

83.   ANC, Fonds C. Sifton, C. Sifton à S. Fisher, 1909-10-21.

84.   ANC, Fonds W. Laurier, C. Sifton à W. Laurier, 1909-10-21 [n.t.].

85.   ANC Fonds C. Sifton, J. White à C. Sifton, 1909-10-22 [n.t.].

86.   ANC, Fonds C. Sifton, C. Sifton à J. White, 1909-10-23, J. White à C. Sifton, 1909-10-25; ANC, Fonds W. Laurier, C. Sifton à W. Laurier, 1909-10-27, W. Laurier à F. Oliver, 1909-10-30.

87.   Rapport du Vérificateur général, 1910, section A.

88. ANC, Fonds C. Sifton, J. White à C. Sifton, 1909-11-12.

89. *Ibid.*, pp. 153949–50 [n.t.].

90. ANC, Fonds W. Laurier, C. Sifton à W. Laurier, 1909-12-03.

91. *Ibid.*, pp. 165797–99.

92. ANC, Fonds W. Laurier, C. Sifton à W. Laurier, 1909-12-03, W. Templeman à W. Laurier, 1910-01-25 [n.t.].

93. ANC, Registre des arrêtés ministériels, n° 2391, Location de bureaux à la Banque Molson, 14 Metcalfe, 1909-11-30.

94. ANC, Registre des arrêtés ministériels, n° 2601, Nomination officielle de Patton, Grindley et McDonald à la Commission de la conservation, 1909-12-27.

95. Rapport du Vérificateur général, 1911, p. D 63. Conseil privé, Arrêté en conseil, n° 659, 1910-04-10.

96. Selon Stephen Ponder, professeur de journalisme à l'Université de l'Oregon, Pinchot était des années en avance sur son temps dans sa façon «d'apprivoiser» les médias américains. Durant le règne de Roosevelt, son bureau émettait à chaque jour des communiqués de presse sur la conservation des forêts et les distribuait aux grands journaux grâce à une imposante liste de presse. Stephen Ponder, «Engineering the News: Gifford Pinchot and the Origins of Government Press Bureaus», présenté lors de la «American Society for Environmental History annual Conference», mars 1991.

97. CCRA, 1913, p. 1.

98. CCRA, 1910, pp. 5–6.

99. *Ibid.*, p. 3.

100. *Ibid.*, p. 4.

101. *Ibid.*, p. 9.

102. *Ibid.*, p. 20.

103. *Ibid.*

104. *Ibid.*, p. 24.

105. *Ibid.*, p. 26.

106. *Ibid.*, p. 13.

107. *Ibid.*, pp. 15–16.

108. *Ibid.*, pp. 18–19.

109. *Ibid.*, pp. 18–19.

110. *Ibid.*, pp. 20–21.

111. *Ibid.*, p. 13.

112. Le chapitre 5 explique en détail comment cette stratégie a été développée.

113. CCRA, 1910, pp. 1–2.

114. *Ibid.*, p. 39.

115. CCRA, 1911, p. 92.

116. Archives de l'Université de l'Alberta, Fonds H. M. Tory, dossier «Commission of Conservation», James White à H. M. Tory, 1910-05-14; «Résumé of Work of the Commission of Conservation Since Annual Meeting, January 18–21, 1910», p. 4; «Meeting of the Executive Committee of the Commission of Conservation», 23 mai 1910.

117.   D. G. Hall, *Clifford Sifton: A Lonely Eminence*, 1985, p. 244.

118.   J. M. Patton, «Organized Conservation in Canada», *Queen's Quarterly*, 28, 1 (été 1910), pp. 26–33 [n.t.].

119.   ANC, Registre des arrêtés ministériels, 1910, n°s 2612, 2613, 2614, 2615, 2616, 2617; 1911, n°s 245, 600, 601, 604.

120.   Voir par exemple Douglas Francis *et al.*, *Destinies: Canadian History Since Confederation*, 1988, pp. 140–144.

121.   «Il n'y a guère de question plus importante pour nous à cette période de notre développement national que la préservation de nos ressources forestières.» ANC, Fonds W. Laurier, W. Laurier à W. C. Edwards, 1911-01-17 [n.t.].

122.   ANC, Fonds W. Laurier, C. Sifton à W. Laurier, 1911-02-01.

123.   Archives de l'Université de l'Alberta, Fonds H. M. Tory, «Résumé of the Work of the Commission of Conservation Since Annual Meeting, January 18–21, 1910».

124.   ANC, Fonds W. Laurier, W. C. Edwards à Sir Edmund Walker, 1911-02-22 [n.t.].

125.   CCRA, 1910, p. 28.

126.   Clifford Sifton, «The Conservation of Natural Resources», 20 octobre 1910, présenté au Empire Club de Toronto, tiré de J. Castell Hopkins, éd., *Empire Club Speeches, 1910–1911*, 1911, pp. 61–62; *Morning Chronicle* (Halifax), 1910-02-22; *The Gazette* (Montréal), 1910-02-24.

127.   ANC, Fonds W. Laurier, C. Sifton à W. Laurier, 1911-02-20.

128.   Chambre des communes, Débats, 1911-02-28, pp. 4590–4616.

129.   Clifford Sifton, *The Conservation of Canada's Resources*, 1911, pp. 58–63.

130.   ANC, Fonds C. Sifton, voir C591, année 1911, chemises A à Z.

3
Le développement durable des ressources inertes

Le comité des mines et les ressources du sous-sol

> *Il faut toujours se rappeler que prévenir le gaspillage de nos ressources minérales c'est faire acte de véritable conservation.*
>
> Frank D. Adams, président, comité des mines[1]

Un démarrage difficile

Entre 1909 et 1913, le docteur Eugene Haanel (1841–1927), directeur au ministère des Mines du Dominion, a été l'âme dirigeante du comité des mines de la Commission de la conservation. Haanel entretenait des liens privilégiés avec Sifton auquel il avait enseigné les sciences alors qu'il fréquentait le Collège de Cobourg en Ontario. Sifton, selon son biographe D. J. Hall, admirait l'esprit analytique et l'enthousiasme de Haanel[2]. En 1901, Sifton, alors ministre de l'Intérieur, embaucha Haanel à titre de surintendant des mines du Dominion. Au cours des années, les deux hommes se sont intéressés à plusieurs questions relevant du développement minier. À l'examen de leur correspondance, on constate qu'ils partageaient la même vision quant à l'importance de conserver les ressources minières du Canada[3].

À titre de haut fonctionnaire, Haanel ne pouvait être nommé commissaire ou même consultant, comme l'ont été de nombreux autres spécialistes. Son rôle s'est limité au conseil bénévole et personne ne s'est offusqué de sa présence aux réunions du comité. Car entre 1909 et janvier 1913, aucun commissaire n'avait les connaissances suffisantes dans ce domaine pour en diriger les destinées. John Hendry (1843–1916), par exemple, représenta les intérêts de la Colombie-Britannique au comité des mines entre 1909 et 1916. Nationaliste, Hendry croyait que «les grandes ressources naturelles du Canada doivent être conservées et utilisées pour le bénéfice des personnes qui contribuent au développement et à la croissance du Canada[4]». Mais ce marchand de bois ne connaissait pas grand-chose au développement minier. Howard Murray (1859–1930), professeur puis recteur de l'Université Dalhousie en

Nouvelle-Écosse, était dans une situation semblable. Il participa aux activités du comité durant toute l'existence de la Commission. Mais ce professeur de littérature et d'histoire connaissait sans doute mieux les activités minières des Romains que celles en cours dans le Dominion. En 1913, Mgr Charles-Philippe Choquette (1856–1947), professeur de sciences au Séminaire de Saint-Hyacinthe et à l'Université Laval, vint se joindre à l'équipe. Mais il ne participa qu'occasionnellement à ses activités, car il était membre du comité de la santé publique et du comité de l'agriculture et s'intéressait également aux délibérations du comité des eaux et forces hydrauliques[5].

Certes, les membres d'office de la Commission, c'est-à-dire les ministres de l'Intérieur, de l'Agriculture et des Mines à Ottawa ainsi que des ministres provinciaux responsables de l'administration des ressources naturelles, auraient pu s'imposer. Mais comme la plupart des réunions se tenaient dans la capitale nationale, il était difficile pour les ministres provinciaux de se libérer de leurs tâches et d'y assister, encore plus d'en présider un comité. On s'étonne toutefois de constater que les membres d'office des provinces n'ont jamais daigné nommer de remplaçants lorsqu'il leur était impossible de se rendre aux réunions.

Du côté fédéral, le portefeuille des mines a fréquemment changé de main durant les années 1910. William Templeman, le premier à occuper ce poste, ne participa qu'à la réunion inaugurale de la Commission. W.-B. Nantel, le ministre des Mines en 1911, assista à la réunion suivante. Son successeur, Louis Coderre, ministre de 1912 à 1915, n'a participé qu'à la réunion de 1914. En 1916 et 1917, c'est le ministre du revenu E.-L. Patenaude (1875–1963) qui représenta le gouvernement. Il se présenta aux membres du comité comme un « observateur ». Il fut remplacé par le ministre de l'Intérieur Arthur Meighen (1874–1960). Ce dernier, par contre, assista assidûment aux réunions des comités des mines, des forêts et des terres en 1917, 1918 et 1919. Comme on le verra dans le chapitre 6, c'est sans doute à la suite de ces réunions qu'il décida, de concert avec le ministre fédéral de l'Agriculture Martin Burrell, un autre membre d'office du comité des mines, que la Commission devrait être abolie. Tous deux étaient fermement opposés au concept de la conservation tel que défini lors de la conférence de Washington de février 1909.

Craintes de pénuries

Durant ces premières années, le comité devait donc compter presque exclusivement sur les services de son expert minier, W. J. Dick. Mais ce dernier n'a été engagé qu'en février 1910[6]. Il n'est donc pas surprenant que Haanel ait présenté la première allocution sur les questions minières lors de la réunion inaugurale de la Commission. En 1910, ses préoccupations en matière de conservation étaient manifestes : encourager le développement du secteur de la transformation du minerai afin d'en contrôler le développement; favoriser la recherche en vue d'éliminer les sources de gaspillage dans l'extraction, le transport, la transformation et la consommation des produits miniers; trouver des moyens de diminuer la consommation du charbon américain dans le centre du pays et encourager l'utilisation d'autres sources d'énergie renouvelables ou non polluantes. Selon Haanel, la Commission pouvait jouer un rôle vital dans le développement durable du potentiel industriel canadien en se chargeant de la recherche de solutions légales, administratives, politiques et techniques à ces problèmes.

Il faut dire qu'à cette époque la communauté scientifique internationale était inquiète devant la croissance effrénée de la demande pour les ressources non renouvelables. Beaucoup craignaient même le jour où les stocks existants ne seraient plus suffisants pour répondre à l'appétit grandissant de l'industrie. En 1909 par exemple, le Congrès géologique international avait demandé aux représentants de 26 nations de compiler un inventaire des dépôts en minerai de fer dans chaque pays et de présenter leurs rapports lors de la réunion de Stockholm de 1910. « Il existe un malaise général et une certaine anxiété créés par la demande gigantesque de ce métal que l'on ne saurait remplacer » expliqua Haanel[7].

Dans le cas du Canada, la majeure partie du minerai de fer était exporté aux États-Unis pour y être affiné et transformé. Il aurait donc été pratiquement impossible pour l'État de contrôler les excès dans le développement de cette industrie et d'éliminer les sources de gaspillage. La mainmise américaine a également été constatée dans l'exploitation de plusieurs autres minerais. Pour Sifton, Haanel et de nombreux progressistes de l'époque, il était du domaine du possible que le Canada fût vidé de ses ressources naturelles par des intérêts étrangers dont le seul objectif était de maximiser le profit, tandis que la conservation était le moindre de leurs soucis. Après tout, le président Roosevelt n'avait-il pas déclaré en février 1909 que le gaspillage des ressources minérales au États-Unis se chiffrait à plus de 300 millions de dollars par année ? Si le Canada désirait conserver ses ressources naturelles, il devait absolument en contrôler l'exploitation, le développement et la transformation[8].

Les problèmes à surmonter pour établir les industries de transformation du minerai au Canada étaient complexes. Car le centre du pays, bien pourvu en minerais de toutes sortes, ne possédait pas de charbon, ingrédient essentiel à l'époque pour opérer des hauts fourneaux. Les industries canadiennes devaient l'importer à grands frais des bassins houillers des États-Unis, ce qui les rendait peu compétitives. Dès le début des années 1900, Sifton et Haanel étaient conscients que le Canada possédait une carte maîtresse qui pourrait pallier le déficit en charbon : l'hydroélectricité. Ils n'étaient pas les seuls à s'y intéresser[9]. Mais il fallait trouver des moyens de l'utiliser pour opérer les hauts fourneaux. En 1904, Haanel avait participé aux travaux d'une commission qui avait examiné les différents procédés électrothermiques en usage en Europe. Il avait depuis publié quelques ouvrages à ce sujet, mais durant les années 1900, Ottawa ne considérait pas le procédé suffisamment perfectionné pour être économiquement viable[10].

Lorsque Sifton devint président de la Commission de la conservation, il insista auprès de Laurier pour que le ministère des Mines soit à nouveau autorisé à étudier en détail les récents développements dans ce domaine en Europe. « Il serait très dommage si le Canada venait à tirer de l'arrière à ce sujet et je crois qu'il est plus que désirable que le docteur Haanel [...] soit autorisé à envoyer un expert pour examiner en détail et faire un rapport sur ce qui se fait en Suède et en Norvège [...][11]. » Laurier répondit favorablement à la requête[12]. Beaucoup de progrès avaient été accomplis en cinq ans et Haanel fut enchanté des résultats obtenus en Europe, non seulement pour le fer mais aussi pour l'acier et le zinc; au début de 1910, ces fours étaient désormais utilisés dans 77 usines de transformation du minerai et les coûts de production se comparaient avantageusement à ceux des fours traditionnels[13]. Si le Canada pouvait encourager la construction de tels hauts fourneaux, pensaient Sifton et Haanel, il serait possible d'y établir des usines de transformation pour une multitude de minéraux et d'en encourager l'utilisation rationnelle tout en conservant les stocks mondiaux de charbon, préoccupation majeure à l'époque[14].

Les membres de la Commission étaient conscients que l'établissement d'usines de transformation du minerai au Canada ne signifiait pas automatiquement que les ressources naturelles seraient préservées. Plusieurs autres étapes devaient être franchies avant d'éliminer toutes les sources de gaspillage. Il fallait tout d'abord faire l'inventaire des ressources minières disponibles, déterminer précisément les quantités de ressources exportées à l'étranger à l'état brut, faire le bilan de l'infrastructure industrielle en place et étudier les lois en vigueur en matière d'exploitation et de conservation minière. Dès son entrée en fonction, W. J. Dick s'est affairé à rassembler ces données. Ce travail s'est échelonné sur plusieurs années et pendant ce temps, les membres du comité des mines ont hésité à formuler des recommandations aux différents gouvernements. Au début de 1911, Sifton expliqua que « la Commission n'a pris aucune décision touchant les recommandations à faire aux administrations dont relèvent les travaux miniers ». Le comité et son ingénieur minier s'étaient limités à recueillir des données[15].

La première étape — sans doute à cause de la disponibilité de la documentation — avait consisté à rassembler les lois et règlements miniers en vigueur dans les provinces ainsi que dans les pays jugés progressistes en la matière, afin « de donner une idée juste du mode de concession des terres minières du Canada, et de mentionner les règlements en vigueur ayant trait à la sûreté de leur exploitation ». Les points saillants de cette étude ont été résumés dans le livre *Terres, Pêcheries, Gibier et Minéraux*, publié en français en 1912[16].

Une connaissance détaillée de la législation ne pouvait suffire à faire des recommandations éclairées en matière de conservation des ressources minières. Les commissaires se sont rapidement rendu compte qu'ils faisaient face à quatre variables pour lesquelles de l'information précise était difficile à trouver : les fluctuations de la demande pour chaque minerai, le manque de précision des inventaires des ressources, l'utilisation croissante des minerais complexes par l'industrie et le recyclage des produits et sous-produits. Soucieux de combler ces vides, l'ingénieur minier de la Commission s'est inspiré de la méthodologie utilisée par la Commission américaine de la conservation en 1908 pour rassembler les statistiques disponibles sur la production minière. Le tableau 6 résume les augmentations de production pour les principaux minéraux et métaux et pour le charbon au Canada entre 1900 et 1910. Notez que contrairement à la plupart des statistiques présentées à ce sujet, tous les comités de la Commission préféraient présenter des chiffres sur la production en volume ou en poids, plutôt que sur les revenus engendrés par la vente des matières premières. Les commissaires étaient plus préoccupés par les quantités croissantes de ressources extraites du milieu naturel que par les revenus découlant de ces activités.

Les chiffres rassemblés par l'ingénieur minier de la Commission avaient de quoi faire réfléchir les membres du comité. En dix ans, la production canadienne de différents minerais a en effet été multipliée par des facteurs variant de 2,15 à 8,08. Mais ces données étaient d'autant plus inquiétantes pour les conservationnistes lorsqu'on considère qu'il leur était impossible de déterminer quelle était l'ampleur des « réserves » disponibles! Car contrairement aux ressources naturelles visibles comme la forêt, le sol ou le réseau hydrographique, pour lesquelles il est théoriquement possible de faire des inventaires précis, les ressources inertes sont bien souvent cachées profondément sous la terre et on ne peut espérer en faire un inventaire complet. Dans son premier rapport sur la conservation des ressources minières, l'ingénieur W. J. Dick admit qu'il était impossible de déterminer quelles étaient les « réserves » canadiennes de minerai comme le fer, le cuivre, l'argent, l'or, le plomb, etc.

Tableau 6

**Augmentation de la production minière au Canada
entre 1900 et 1910
selon les chiffres de la Commission de la conservation**

Minerai	Unité de mesure	1900	1910
argent	millions d'onces	4,3	32,0
cuivre	millions de livres	19,0	56,6
nickel	millions de livres	6,6	37,3
amiante	millions de dollars	0,75	2,5
fer (minerai)	milliers de tonnes	120	258
fer (gueuses)	milliers de tonnes	99	800
charbon	millions de tonnes	5,75	12,75

Source : W. J. Dick, « La conservation des ressources minières du Canada », dans *Terres, Pêcheries, Gibier et Minéraux,* 1911, pp. 442–480, 500–501.

Plusieurs autres facteurs venaient compliquer l'équation. Les travaux de prospection par l'État ou l'industrie par exemple se multipliaient, modifiant constamment les estimations sur les quantités disponibles de minerai. Invariablement, les premiers inventaires étaient très approximatifs et pouvaient induire en erreur les planificateurs. Dans le cas des dépôts de charbon en Alberta par exemple, les estimations des réserves disponibles en 1905 étaient de 328 milliards de tonnes. Après une analyse des types de charbon découverts et des rapports de recherche et de prospection, la Commission de la conservation ramena cet impressionnant total à environ 57,5 milliards de tonnes, dont seulement une fraction était commercialisable. Durant les années 1930, ce total avait été considérablement réduit : seulement 2 milliards de tonnes étaient jugées accessibles en 1938. Le problème d'évaluation des réserves constitue toujours un casse-tête pour les administrateurs des ressources. Durant les années 1950, la Commission géologique du Canada a estimé que l'Alberta possédait 94 milliards de tonnes de charbon, dont moins de la moitié, soit environ 45 milliards de tonnes, étaient exploitables commercialement. Ce dernier total a été réduit à 25 milliards de tonnes durant les années 1970[17].

L'innovation technologique dans les domaines de l'extraction et de l'utilisation des minerais complexes rendait encore plus difficiles les approximations des quantités totales de minerai utilisables au Canada. En 1912, Dick explique aux commissaires : « [...] le minerai qui ne contenait que un, deux ou trois pour cent de cuivre, et dont on ne tenait aucun compte, peut maintenant être exploité avec profit[18]. » Enfin, le recyclage des produits manufacturés ou des sous-produits devenait viable dans un nombre croissant d'industries à chaque année, ce qui pouvait avoir un impact significatif sur la demande pour le minerai non affiné.

Étant donné l'impossibilité de déterminer précisément les nombreuses variables qui régissent l'exploitation des ressources inertes du sous-sol, les membres de la Commission se sont rendu compte vers 1912 qu'ils ne pouvaient prédire l'année, la décennie, voire le siècle où chaque minerai serait épuisé au Canada. Ils en sont venus à la conclusion que l'objectif énoncé par Sifton et Haanel en 1910 était le seul qui pouvait être recommandé aux gouvernements, à savoir : accélérer la recherche et légiférer en conséquence afin d'éliminer toutes les sources connues de gaspillage.

Une stratégie industrielle écologiste

Cet objectif visant à l'élimination du gaspillage pouvait bien s'appliquer à la question minière, mais durant les premières années d'opération de la Commission, Sifton, Haanel, Dick et James White ont énoncé dans leurs communications respectives les grandes lignes d'une stratégie englobant toutes les activités de type industriel. Cette stratégie industrielle, qui pourrait être qualifiée d'écologiste, était basée sur trois principes : *1)* l'utilisation de l'énergie hydroélectrique à des fins industrielles; *2)* la réduction de la consommation de charbon; et *3)* le recyclage systématique de tous les sous-produits industriels connus résultant des opérations d'extraction, de transformation, de transport et de consommation des ressources et des produits, afin d'éliminer le gaspillage. Cette vision systémique du développement industriel axé sur l'utilisation de sources d'énergies renouvelables où toutes les émissions polluantes peuvent être réintroduites dans le système, s'apparente très bien à l'utopie présentée par Alvin Toffler dans son best-seller *La Troisième Vague*, ou l'objectif du développement durable promulgué par la Commission mondiale sur l'environnement et le développement[19].

Le four à coke de l'Algoma Steel à Sault-Sainte-Marie en Ontario.
Un des premiers à récupérer les sous-produits polluants pour ensuite les recycler. La Commission encourageait les cycles de production en boucle fermée afin de réduire à la fois le gaspillage et les émanations polluantes.

Sifton était cependant conscient que la Commission devait faire plus que d'énoncer les principes d'une stratégie : elle devait faire des propositions concrètes aux gouvernements. Dans le domaine minier, seul un visionnaire, spécialisé dans ces questions, pouvait faire avancer la cause. Au début de 1913, le président de la Commission avait enfin trouvé son homme en la personne de Frank D. Adams (1859–1942). Adams, détenteur d'un doctorat de l'Université de Heidelberg, en Allemagne, commença sa carrière comme chimiste à la Commission géologique du Canada en 1876. En 1889, il enseignait à l'Université McGill tout en poursuivant son travail pour la Commission géologique du Canada jusqu'en 1902. En 1908, il fut nommé doyen de la faculté des sciences à McGill. Deux ans plus tard, il devint président de l'Institut minier du Canada. Adams fut enchanté de sa nomination à la Commission de la conservation. De 1913 à 1917, il fut un des commissaires les plus actifs : en plus de présider le travail du comité des mines, on le retrouve au sein du comité des forêts, du comité des terres et du comité des eaux et de l'hydroélectricité.

Remplacer le charbon

À certains égards, les stratégies proposées par la Commission de la conservation copiaient les politiques autarciques de l'Allemagne. Dans le domaine du charbon par exemple, la Commission a souvent encouragé les divers intervenants économiques canadiens à diminuer leur dépendance au charbon importé des États-Unis. En 1911, la Commission estimait que le Canada consommait 24,2 millions de tonnes de charbon annuellement. Environ 9,4 millions de tonnes étaient produites au pays et 14,6 millions provenaient des États-Unis[20]. Les commissaires voulaient absolument réduire la dépendance du Canada au charbon américain sans accroître la consommation annuelle de bois de chauffage, ce qui aurait eu pour effet de détériorer davantage les forêts situées près des centres urbains. Ils ont encouragé l'utilisation de l'énergie hydroélectrique et les membres du comité des mines ont applaudi aux efforts des membres du comité des eaux et des pouvoirs d'eau dans ce domaine. Mais durant les années 1910, il était difficile pour eux d'imaginer que l'hydroélectricité pouvait répondre à tous les besoins énergétiques des Canadiens, notamment en ce qui a trait au chauffage des résidences, des commerces et des industries.

En 1913, W. J. Dick fit un examen détaillé de la problématique de l'utilisation du charbon au Canada, qu'il publia sous le titre de *La Conservation de la houille au Canada*. Cet ouvrage inventorie les sites exploités et connus de production de charbon au Canada à l'époque, les principaux centres de consommation de charbon du pays et l'infrastructure de transport en place. Grâce à cette recherche, les membres du comité espéraient être en mesure de mieux comprendre la dynamique de la production et de la consommation du charbon et de faire des recommandations précises pour diminuer la dépendance du centre du pays en charbon américain.

Le recours au charbon canadien aurait pu être une solution. Toutefois, les coûts d'extraction et de transport du charbon de l'Ouest vers les centres de l'Est étaient de beaucoup supérieurs à ceux encourus en important le charbon des États-Unis. L'État aurait à débourser des sommes importantes pour subventionner le transport du charbon de l'Ouest canadien vers l'est. Ce qui était plus grave encore, les dépôts découverts dans l'Ouest canadien étaient de qualité inférieure; leur combustion créerait encore plus de pollution que le charbon importé[21].

En 1915, les résultats des recherches du comité des eaux et forces hydrauliques sont venus confirmer à nouveau que l'hydroélectricité ne pouvait répondre aux besoins énergétiques de tous les Canadiens. Les rivières de l'Alberta et de la Saskatchewan n'avaient pas un débit suffisant pour produire de l'électricité pour tous les habitants de ces provinces. Le comité des mines fit alors une étude comparative des autres sources d'énergie disponibles, comme le charbon, le pétrole et le gaz naturel, afin d'identifier les formes d'énergie les plus économiques pour chaque région du pays. Des recherches ont été effectuées afin de mesurer le pouvoir calorifique de chaque combustible, compiler les principales sources d'approvisionnement, établir le prix de revient ainsi que les coûts d'opération. Selon Sifton, « ces données feront ressortir les avantages relatifs des diverses sortes de force motrice sous le rapport du coût de production et de la manière de l'utiliser[22]».

Il ne faudrait pas en conclure que le comité a attendu l'année 1915 avant de chercher d'autres sources d'énergie que l'hydroélectricité pour remplacer le charbon. Avant le déclenchement de la Première Guerre mondiale, la tourbe, le gaz naturel et la lignite avaient déjà fait l'objet de plusieurs recherches.

La tourbe

La tourbe est une matière combustible spongieuse qui résulte de la décomposition de végétaux. On la retrouve généralement près de marécages, dans des sols saturés d'eau. En Europe, la tourbe était séchée et utilisée comme combustible de chauffage depuis des siècles. Eugene Haanel rêvait d'utiliser les vastes tourbières canadiennes pour chauffer les résidences, les commerces et les industries situées dans les agglomérations urbaines du pays. Selon les recherches qu'il avait effectuées, la mécanisation des opérations de manutention et de séchage de la tourbe pouvait diminuer les coûts de production de cette prometteuse source d'énergie et la rendre compétitive avec le charbon. Par suite de ses recommandations, Ottawa acheta environ 300 acres de tourbières à Alfred, dans l'Est ontarien, et une usine de séchage y fut installée.

Lors de la réunion inaugurale de la Commission, Haanel expliqua comment le séchage et l'utilisation de la tourbe pourraient diminuer la dépendance du Dominion à l'égard du charbon américain. Il estimait les réserves de tourbe du Dominion à environ 36 000 milles carrés, soit environ 14 milliards de tonnes de tourbe. Selon les résultats d'expériences conduites par son département, il fallait environ 1,8 tonne de tourbe pour produire l'énergie engendrée par une tonne de charbon. Le Canada avait donc à sa disposition l'équivalent d'environ 7,8 milliards de tonnes de charbon dans ses tourbières[23].

Cette possibilité semblait prometteuse et les membres du comité des mines ont recommandé à plusieurs reprises que les gouvernements provinciaux examinent de plus près le potentiel énergétique de leurs tourbières. Pourtant, Ottawa retira son soutien financier aux expériences de séchage de tourbe à Alfred peu après le début de la Première Guerre mondiale. Il faut dire que certains, comme James White, estimaient que la quantité d'énergie nécessaire au séchage mécanique de la tourbe était à peu près équivalente à sa valeur calorifique[24] ! Haanel, en contrepartie, notait qu'en 1913, la Russie produisait sept millions de tonnes de tourbe séchée par année[25]. Malgré le scepticisme de White, il continua de vanter les mérites de la tourbe aux commissaires. Haanel n'était pas le seul au sein de la Commission à s'intéresser à la question. Mgr Choquette, par exemple, s'est penché sur la possibilité de faire le captage du gaz et des sous-produits résultant de la combustion de la tourbe. La valeur ajoutée de ces sous-produits aurait pu contribuer à en rentabiliser le séchage[26].

Le ministère des Mines et la Commission ont poursuivi leurs recherches durant la guerre. À la fin de 1917, les estimations concernant les tourbières pouvant être exploitées commercialement ont été révisées à la baisse : sur les 37 000 milles carrés de tourbières, environ 12 000 milles carrés étaient situés près des grands centres et du réseau ferroviaire existant et pouvaient fournir de l'énergie équivalant à environ 5,4 milliards de tonnes de charbon. De nouvelles techniques de séchage furent proposées pour réduire les coûts : « On a démontré, une fois pour toutes, que le contenu d'eau de la tourbe brute ne peut être réduit de beaucoup moins que 80 % par la pression ; le procédé de carbonisation, qui a occasionné de grandes dépenses, n'a pas été un succès », expliqua Haanel aux membres de la Commission. « On peut dire sans crainte que toute fabrication de combustible de tourbe, qui dépend de la chaleur artificielle pour en évaporer l'humidité, ne sera pas économique[27]. »

La tourbière d'Alfred utilisait désormais le vent et le soleil pour sécher la tourbe extraite et déposée sur le sol, au coût de 1,75 $ la tonne. Il fallait « prendre la tourbe telle que la nature l'a faite pour notre usage et utiliser, pour l'extraction de l'eau, les forces de la nature : soleil et vent, qui ne coûtent rien[28] ». Haanel proposa que des usines de chauffage soient construites près des tourbières : l'énergie électrique engendrée par la combustion de la tourbe pourrait alors être acheminée aux grands centres et les émissions polluantes seraient captées afin d'en retirer de nombreux sous-produits utiles à l'industrie. De telles usines, selon Haanel, étaient en opération en Italie[29].

Durant toutes ces années, les forestiers de la Commission notèrent la localisation des tourbières qu'ils découvraient lors de leurs inventaires forestiers, et les commissaires recommandèrent à Ottawa et aux provinces d'examiner plus attentivement cette possibilité, mais cela fut peine perdue. Après la guerre, le projet d'utiliser de la tourbe séchée pour le chauffage a été relégué aux calendes grecques.

Le gaz naturel

La Commission s'est intéressée assez tôt au gaz naturel. En 1910 et 1911, les commissaires ont été informés du gaspillage des dépôts de gaz naturel dans l'Ouest canadien et ont examiné la législation ontarienne en vigueur[30]. Certains prospecteurs de pétrole ou de minerai avaient l'habitude d'abandonner leurs puits de forage s'ils découvraient du gaz naturel. Beaucoup y mettaient même le feu pour tarir les puits. D'importantes quantités de gaz s'échappaient donc en pure perte dans l'atmosphère ou brûlaient pendant des années jusqu'à ce que la source se tarisse. À partir de 1912, les commissaires ont fait une série de recommandations à Ottawa et aux provinces afin d'éliminer le gaspillage de ce qu'ils considéraient comme une source d'énergie non polluante à l'avenir prometteur, qui pourrait remplacer le charbon[31].

Le comité des mines recommanda également qu'Ottawa légifère pour que les puits de gaz naturel abandonnés sur les territoires sous sa juridiction soient colmatés par les prospecteurs et qu'un registre national localisant tous les sites de prospection soit établi. Une dizaine d'articles vont paraître à ce sujet dans la revue *Conservation*[32]. Les lois et règlements espérés par les commissaires se sont toutefois fait attendre.

En 1915, seule l'Ontario exigeait que les puits non utilisés ou abandonnés soient colmatés. L'année suivante, l'Alberta exigea par un arrêté ministériel que les plans de mines et de forage indiquent la position des puits de pétrole et de gaz[33]. Mais l'utilisation du gaz naturel pour le chauffage sur une base importante s'est fait attendre. Ce n'est pas avant les années 1950 que des réseaux de transport du gaz naturel ont été établis, contribuant à diminuer la consommation du charbon de façon significative.

Les dépôts de lignite

La lignite est un charbon de bois formé par des dépôts de végétaux. Au début du XXe siècle, la Commission géologique du Canada avait fait la découverte de plusieurs dépôts importants dans l'Ouest canadien. À partir de 1912, la Commission s'est intéressée à la possibilité de convertir la lignite en briquettes qui pourraient être utilisées pour le chauffage des résidences et des fermes dans l'Ouest, où le bois de chauffage était rare[34]. Plusieurs articles à ce sujet ont été présentés dans la revue *Conservation*[35]. En 1915, Eugene Haanel signala que les ingénieurs du service des combustibles de son ministère étudiaient les différents procédés de transformation de la lignite en briquettes[36]. L'année suivante, le Conseil aviseur de recherches scientifiques et industrielles (CNRC) s'était adressé à la Commission lorsqu'il examinait la possibilité d'établir une usine de fabrication de briquettes de lignite en Saskatchewan. Selon Frank D. Adams, l'ingénieur minier de la Commission avait collaboré étroitement avec le Conseil de recherches et les études à ce sujet étaient concluantes[37]. Mais à la fin de 1917, Sifton constatait qu'à part les recherches de Haanel et les calculs du coût de production de l'ingénieur minier de la Commission, rien de concret n'avait été fait[38]. Les divers intervenants canadiens avaient jugé bon d'attendre les résultats des recherches entreprises aux États-Unis avant de mettre sur pied un programme de fabrication de briquettes de lignite sur une base commerciale[39].

Autres sources d'énergie examinées

Les commissaires ont aussi examiné la possibilité d'utiliser le pétrole comme combustible pour remplacer le charbon. Mais durant les années 1910, la production de pétrole était en nette régression au Canada. Presque toute la production canadienne provenait des champs pétrolifères de la région de Lambton en Ontario. Le rendement des puits baissait sans que d'autres découvertes importantes remplacent les réserves connues. En 1912, le Canada produisait 8,5 millions de gallons de pétrole. L'année suivante, la production se chiffrait à 7,9 millions. Les importations provenant des États-Unis par contre augmentèrent considérablement entre les années 1880 et 1913, passant de 688 000 gallons à 178 millions de gallons annuellement. Durant les années 1910, plus de 95 % du pétrole consommé au Canada était importé des États-Unis[40].

Les commissaires n'étaient pas les seuls à s'intéresser au remplacement du charbon par d'autres sources d'énergie durant les années 1910. Plusieurs personnes ont approché la Commission dans l'espoir d'obtenir des subventions de recherche. En 1913 par exemple, W. W. Andrews, un ancien président du Collège de Regina, en Saskatchewan, écrivit à Sifton et lui proposa plusieurs projets de recherche intéressants, comme le séchage et le compactage de la paille pour en faire des briquettes et l'utilisation de l'énergie éolienne pour en faire de l'électricité. Il proposa même un projet de recherche visant à améliorer la capacité des piles au plomb afin d'emmaganiser l'énergie produite par des moulins à vent sur les fermes des Prairies. « Le vent de la Saskatchewan durant une année équivaut à un vent constant de cinq milles à l'heure, jour et nuit, de janvier à janvier. Ceci équivaut à un millier de chutes Niagara ! », écrivit-il. Sifton était grandement intéressé par ces projets. Il demanda à White d'examiner en détail ces suggestions et d'engager, si nécessaire, un spécialiste. Ce dernier ne fut pas impressionné par les propositions d'Andrews. Des expériences peu concluantes avaient déjà été faites dans le domaine du séchage de la paille, et pour ce qui est de l'énergie éolienne, la technologie de l'époque n'était pas assez avancée pour fabriquer des accumulateurs suffisamment puissants pour répondre aux besoins en électricité d'une famille[41].

L'utilisation des sous-produits

Le deuxième principe sous-jacent à la stratégie industrielle semble avoir été développé quelques années après la formation de la Commission. C'est dans un article présenté dans l'édition de novembre 1912 de *Conservation*, que le personnel de la Commission expliquera explicitement pour la première fois le principe proposé. « La tradition de jeter les sous-produits industriels dans le cours d'eau le plus près n'est pas seulement dégoûtante, mais elle constitue également un véritable gaspillage économique. [...] Le manufacturier moderne, recherchant des revenus supplémentaires, examine les façons d'utiliser ces résidus. » Citant des dizaines d'exemples d'utilisation de sous-produits dans les industries de l'affinage du fer et des minéraux, dans les abattoirs, le raffinage du pétrole, etc., l'article, dont le style s'apparente à celui de

James White, conclut que l'utilisation des sous-produits est la solution la plus logique aux problèmes d'environnement et d'économie[42].

Frank D. Adams était aussi de cet avis. L'utilisation des sous-produits n'était pas seulement profitable pour l'industrie; la population urbaine pouvait en tirer de nombreux avantages. Pour Adams, la pollution qui s'échappe des usines «défigure les édifices, nuit à la santé de la population, salit toute une ville, détruit ses beautés naturelles, et tend, en conséquence, à en faire une place sordide, dont l'habitation n'est guère enviable [...][43]». À partir de 1913, les commissaires ont multiplié les propositions concrètes favorisant l'utilisation des sous-produits. Conscients que la recherche évoluait constamment, les membres du comité des mines ont pour leur part recommandé que les sous-produits dont il était possible de tirer une quelconque utilité soient stockés et mis en réserve. Pour ce qui est des résidus miniers, ils recommandèrent qu'ils soient entassés et identifiés de manière à être facilement soumis à de nouveaux traitements : ils avaient appris que les produits considérés inutilisables durant les années 1910 pourraient se révéler précieux plus tard[44].

L'intérêt pour l'utilisation des sous-produits industriels ne s'est pas estompé lorsqu'éclata la Première Guerre mondiale, bien au contraire. En 1915 par exemple, Eugene Haanel proposa des méthodes précises pour que le Canada récupère le goudron produit par la transformation de la houille grasse en coke. Il suggéra également l'adoption de nouvelles techniques américaines de récupération du soufre produit lors de la fusion de minerai sulfureux, plutôt que d'importer ce produit à grand prix[45]. En 1916, le premier ministre Borden, soucieux de l'impact des émissions polluantes des affineries sur l'environnement, demanda à White de l'informer des effets des affineries de nickel qui ne captaient pas les sous-produits de combustion, sur la végétation et la population environnante :

> Il semble que dans le district de Sudbury, les affineries ont pratiquement tué toute la végétation dans les environs. [...] L'effet serait-il le même si la matte de nickel était affinée ou si l'on affinait le nickel présentement exporté à l'usine du New Jersey ? Quelqu'un a suggéré qu'une telle affinerie pourrait être construite au Canada, et plusieurs s'inquiètent de l'impact potentiel d'une telle installation près d'une ville[46].

White répondit qu'en effet les affineries de Sudbury détruisaient la végétation, mais qu'il serait possible d'utiliser de la coke et du sulfate de sodium dans les fournaises. Selon les autorités américaines, un tel procédé était utilisé dans l'affinerie du New Jersey et «ne créait pratiquement aucune fumée nocive » pour l'environnement. Cependant, White suggéra que de telles installations soient tout de même établies dans des régions inhabitées car « d'un point de vue esthétique, aucune affinerie ne peut être considérée comme un ajout valable à une agglomération[47] ».

En 1917, Sifton nota avec satisfaction que la Nova Scotia Steel and Coal et la Dominion Steel avaient fait l'acquisition de fours permettant la récupération des sous-produits du coke. « C'est très encourageant de constater que nos recommandations à cet effet portent des fruits », écrivit-il aux membres de la Commission en janvier 1917. « Ces fours récupèrent du goudron contenant de multiples sous-produits : gaz, benzène, toluol et autres matières brutes entrant dans la fabrication d'explosifs, de l'huile d'aniline, de la liqueur d'ammoniaque avec laquelle il était possible de faire de l'engrais, etc.[48]. »

La guerre et l'exhortation au développement

À partir de 1917, il devint évident que malgré certains succès relatifs, les efforts de promotion d'une stratégie industrielle écologiste par la Commission de la conservation n'avaient pas provoqué les changements escomptés. Certes, dans le domaine du remplacement du charbon par d'autres sources d'énergie, la Commission pouvait être fière de certaines victoires. L'ouverture de la British American Nickel Corporation à Sudbury représentait un pas en avant. Sifton était heureux de constater que le minerai serait affiné à Sudbury : « la force motrice sera fournie par la Commission hydroélectrique de l'Ontario, et toutes les machines seront actionnées à l'électricité[49]. » À la fin de 1917, la Commission estimait que 54 fours de fusion fonctionnaient à l'électricité au pays. Le président de la Commission était également satisfait de la croissance de la production de molybdène, magnésite, cuivre, amiante, zinc, argent, plomb, chromite, cobalt, fer en gueuse et graphite au Canada, grâce à l'hydroélectricité[50]. Mais les cas de gaspillage du charbon étaient encore trop fréquents : « Jusqu'ici, on ne s'est pas sérieusement occupé d'éliminer les pertes dans les houillères de l'Ouest [...] il se fait encore un gaspillage continuel de la houille [...][51]. »

En ce qui concerne le captage des sous-produits, les résultats étaient moins encourageants. À ce sujet, Sifton écrivit à la fin de 1917 : « [...] nous sommes grandement blâmables, comme je l'ai déjà dit souvent, de suivre des méthodes si ruineuses. On compte actuellement au pays environ 2 600 fours à coke. De ce nombre 910 seulement distillent le charbon de manière à conserver les sous-produits de cette opération; les autres convertissent la houille en coke, sans récupérer les sous-produits. Nous gaspillons ainsi la houille et perdons en définitive une grande source de richesse[52]. » D'autre part, comme on l'a vu, les propositions des commissaires visant à commercialiser des sources d'énergie renouvelables ou non polluantes comme la tourbe, le gaz naturel et la lignite pour remplacer le charbon n'ont connu que quelques succès mineurs.

Cet échec relatif peut être expliqué de bien des façons : manque de personnel pour faire de la recherche appliquée, intérêt peu soutenu des autorités provinciales, absence de coordination entre l'industrie et le gouvernement, etc. Mais comme on le verra dans les prochains chapitres, la Première Guerre mondiale a eu un impact décisif sur l'écologisme au Canada. Les conservationnistes ont été appelés à repenser leurs objectifs et à modifier leurs stratégies en fonction des exigences de la guerre. Avant août 1914, les élites du Canada et le public applaudissaient Sifton et les commissaires qui exhortaient les entreprises et le gouvernement à tenir compte à la fois des intérêts de l'ensemble de la population et des générations futures, avant d'entreprendre ou d'autoriser de nouveaux projets de développement. Mais après cette date, il devint extrêmement difficile pour quiconque de s'opposer à toute initiative pouvant apporter une contribution à l'effort de guerre.

Les commissaires et employés de la Commission, comme l'ensemble de la population canadienne, ont tenté de s'adapter à ces règles du jeu et ont développé une nouvelle approche : au chapitre de la consommation, ils ont continué à encourager les individus et les entreprises à utiliser le plus parcimonieusement possible les ressources disponibles. Ils ont prôné, entre autres, la conservation de l'énergie, le recyclage et la réutilisation des produits. En ce qui concerne l'extraction des ressources et la production de biens par contre, le discours conservationniste a été pratiquement abandonné : prêcher la conservation des ressources naturelles durant cette période de crise pouvait être perçu comme faire le jeu de l'ennemi. Il fallait désormais encourager l'exploitation de nouvelles ressources, augmenter les volumes de production, diversifier la structure industrielle du Dominion, et ce, le plus rapidement possible. Eugene Haanel, ce haut fonctionnaire d'origine allemande, a sans doute senti plus que d'autres le besoin d'exprimer son patriotisme envers le Canada et son parti pris pour les Alliés lorsqu'il s'exprima à ce sujet devant les membres de la Commission en janvier 1915 :

> Le bouleversement des conditions industrielles de toutes les parties du monde civilisé, créé par la guerre actuelle, nous montre bien que nous avons été et que nous sommes encore sous la dépendance des autres

pays en fait de matériaux — à l'état brut ou manufacturé — qui entrent dans nos propres manufactures ou qui sont nécessaires pour notre existence réelle. [...] Pouvons-nous, jusqu'à un certain point, convertir cette désorganisation désastreuse du commerce et de l'industrie en ce qui pourra contribuer en définitive à l'expansion de nos propres industries, ou, peut-être, à en développer des nouvelles et à nous rendre, jusqu'à un certain point, indépendants des sources extérieures [...][53]?

Haanel proposa aux commissaires de collaborer avec le gouvernement afin de commencer l'exploitation des dépôts de minéraux non ferreux récemment découverts, comme l'argile (pour la fabrication des briques), les sables bitumineux de l'Alberta (pavages), la potasse (engrais), le soufre, etc., de même que l'exploration de sites prometteurs pour les autres minéraux non métalliques dont le Canada avait besoin[54].

L'idée d'utiliser le personnel de la Commission de la conservation pour rechercher de nouvelles ressources dans le but d'améliorer la productivité des entreprises canadiennes a plu au président du comité des mines. Frank D. Adams, également membre du comité des terres, était de ce fait bien au courant des besoins croissants en azote, potasse et phosphore sous forme de phosphate, ces trois fertilisants essentiels pour «conserver la fertilité des sols du Dominion[55]». Des trois, le phosphate était le plus difficile à trouver. L'azote pouvait être produit en faisant pousser du trèfle, en utilisant du sulfate d'ammonium (un sous-produit de la conversion du charbon en coke) ou en l'extrayant de l'air «au moyen d'un procédé électrique[56]». En ce qui concerne la potasse, d'immenses dépôts de silicate de potasse et de feldspath dans les montagnes des Laurentides au Québec avaient été récemment découverts. La potasse pouvait également être créée en brûlant des résidus de bois. Quant au phosphore, le seul dépôt connu était situé dans la région d'Ottawa. Mais ce gisement était peu étendu, et son exploitation avait été abandonnée depuis le début de la guerre. Or, il devenait de plus en plus difficile de se procurer ce minéral : les États-Unis en interdisaient toute exportation.

Durant l'été de 1915, Adams se rendit, avec l'ingénieur minier de la Commission, dans l'Ouest canadien à la recherche de dépôts de phosphore. S'inspirant des découvertes récentes par la Commission géologique des États-Unis de gisements importants dans l'Ouest américain, Adams et Dick ratissèrent trois cols dans les montagnes Rocheuses canadiennes. Ils découvrirent un important gisement de phosphate dans le parc des montagnes Rocheuses de Banff. Paradoxalement, la Commission, qui avait combattu l'exploitation des ressources naturelles sur le versant est des montagnes Rocheuses afin de protéger les sources des rivières des Prairies, venait de découvrir un dépôt minier important dont l'exploitation pourrait grandement contribuer à l'effort de guerre, mais entraînant des effets néfastes sur la forêt et l'écologie de la région.

Adams n'a pas hésité à communiquer sa découverte au ministère fédéral des Mines qui continua les recherches. «La Commission a fait beaucoup en découvrant ces dépôts de phosphate; nous pouvons raisonnablement espérer que des recherches plus actives mettront à jour des gisements qui, en épaisseur et en étendue, se rapprocheront davantage de ceux des États-Unis», rapporta Dick lors de la réunion annuelle de 1916[57]. Adams était persuadé que ces dépôts et les engrais produits artificiellement pouvaient facilement remplacer les engrais naturels sans conséquences notables sur les plantes ou le sol[58].

L'idée d'utiliser le personnel de la Commission pour faire de la prospection ne plaisait pas à tous les commissaires. W. J. Robertson par exemple, le président du comité des terres, s'opposait à l'utilisation d'engrais artificiels sur les terres. Il considérait que les concentrations de phosphore dans les terres canadiennes étaient suffisantes pour produire des dizaines de bonnes récoltes et que l'azote produit artificiellement était bien moins bénéfique que celui produit naturellement. «Ce qu'il nous faut maintenant au Canada, déclara Adams, c'est de l'humus et des fibres végétales dans le sol, ainsi que de l'azote, et on peut obtenir tout cela facilement au moyen du trèfle, de la luzerne et de ces choses qui conviennent aux produits de la ferme[59].» Sur cette question et bien d'autres en fait, on constate un certain clivage entre les conservationnistes plus traditionnels dans leur approche et ceux qui avaient foi en la science et les nouvelles techniques de production. Comme on pourra le voir dans les chapitres qui suivent, ce clivage est apparent au sein de tous les comités.

Avec la guerre, le comité des mines s'est métamorphosé en un outil de promotion du potentiel économique du Canada. En 1916, l'Institut minier du Canada, dont Adams avait déjà été président, entreprit de faire un inventaire des ressources minières du Dominion afin d'attirer de nouveaux investisseurs, et désirait obtenir la collaboration de la Commission. Selon le rapport présenté par Frank D. Adams lors de la réunion annuelle de 1917, Sifton «mit à la disposition de l'Institut minier notre ingénieur minier, M. Dick, qui a employé presque tout son temps, pendant cette année [1916], au travail que j'ai indiqué. Il a fait un rapport très documenté, dans lequel il décrit nos ressources minérales [...][60].» Ce document, produit par l'Institut minier du Canada, permit aux investisseurs d'identifier les possibilités de développement et d'exploitation des ressources minières.

Cette collaboration avec le secteur privé en vue d'accélérer le développement minier a sans doute déplu à James White et aux membres plus traditionnels de la Commission. Mais Sifton, qui passait le plus clair de son temps en Angleterre à collaborer à l'effort de guerre, appuyait sans réserve les initiatives d'Adams. Au début de l'année 1917, le président de la Commission notait avec satisfaction au sujet des rapports de recherche récemment produits par la Commission : « J'ai pu me convaincre, pendant mon séjour en Angleterre, de la valeur de ces rapports et d'autres semblables, par la manière qu'ils sont appréciés par les personnes qui cherchent à se renseigner sur nos ressources, en vue d'y placer des capitaux et de les exploiter. Ils reçoivent bon accueil par ceux qui sont les mieux qualifiés pour les juger, et seront assurément utiles au pays[61]. » Un peu plus tard, il confia à Adams, et non à James White, la rédaction d'un chapitre sur le rôle de la Commission de la conservation dans le développement des ressources naturelles du Dominion, qui parut dans le best-seller de J. O. Millar, *The New Era in Canada*. Ce n'est sans doute pas un hasard si la contribution de Adams, intitulée « Notre héritage national », est présentée immédiatement après celle de Sifton qui traite de l'avenir politique et constitutionnel du Canada[62].

En 1917, le dernier discours du président du comité des mines n'avait plus rien à voir avec la conception de la conservation telle que définie en 1909. Au contraire, selon Adams, qui s'adressait aux membres de la Commission lors de la réunion annuelle, le Canada devait utiliser tous les moyens disponibles pour accélérer le développement des industries canadiennes. Il fallait tirer une leçon de la capacité extraordinaire de production et d'autosuffisance de l'industrie allemande, dont la structure était assez développée et diversifiée pour fonctionner à plein régime malgré l'embargo allié. On reconnaît dans ce discours d'Adams une ébauche du plan de travail du Conseil national de recherches du Canada (CNRC), dont il assumera la présidence au début des années 1920 : application de la science aux recherches industrielles, corrélation des renseignements départementaux, encouragement de la recherche dans les domaines de la chimie, du fer, de l'acier, des fonderies, des affineries, du commerce du charbon, des alcools industriels, etc.[63]. En 1918, le CNRC fit publier une brochure à ce sujet signée par Adams, qui en faisait partie depuis novembre1916[64]. Nul doute que cette collusion de Adams avec le Conseil aviseur n'a pas été appréciée par Sifton, qui désirait que le gouvernement confie le mandat de la recherche industrielle à la Commission.

Les activités du comité des mines furent considérablement réduites après cette réunion. En juillet 1918, W. J. Dick déçu de l'orientation qu'avait pris le comité, démissionna et accepta une position plus lucrative à Winnipeg. Il ne fut jamais remplacé[65]. Frank D. Adams pour sa part concentra ses énergies à l'effort de guerre et au CNRC. Il n'assista plus aux réunions subséquentes de la Commission. Lors de la réunion annuelle de 1919, James White se contenta de présenter des chiffres sur la production de divers minéraux qui lui avaient été fournis par le département fédéral des Mines, sans offrir de nouvelles recommandations[66]. Enfin, on apprend dans l'édition du 15 mars 1919 du *Beaver*, publié par l'« Université Kaki » du Canada, que le colonel Frank D. Adams, le nouveau directeur adjoint de l'Université, « avait » été le président du comité des minéraux de la Commission de la conservation[67].

L'eau et le réseau hydrographique

> *Ce que je redoute le plus en vue de l'exécution des grands travaux que je préconise, ce n'est pas la pénurie d'argent, non, ce que je redoute le plus, c'est la multiplicité des écritures qui réclameront contre la profanation des beautés naturelles du pays.*
>
> Mgr Charles-P. Choquette[68]

Puisque l'exploitation du potentiel hydroélectrique canadien constituait la pierre angulaire de la stratégie industrielle de la Commission de la conservation, il n'est pas étonnant que le comité des eaux et forces hydrographiques ait été le plus actif sur la scène publique. Certes, les commissaires s'intéressaient beaucoup au dossier de l'hydroélectricité, mais cela ne signifie pas pour autant qu'ils étaient prêts à accepter que les droits des autres usagers des cours d'eau soient lésés par le développement. En fait, avant le déclenchement de la Première Guerre mondiale, le comité des eaux et pouvoirs d'eau a prôné une attitude de grande prudence vis-à-vis le développement du réseau hydroélectrique du Dominion.

Dans le domaine de l'utilisation des cours d'eau, la ligne de conduite qui a été proposée aux gouvernements s'appuyait sur trois principes de base, établis lors de la conférence de Washington : *1)* l'eau étant une ressource publique, chaque Canadien a droit d'accès et d'usage d'eau pure, exempte de pollution; *2)* l'utilisation commerciale des ressources qu'offrent les cours d'eau doit être réglementée de façon à ce que le développement d'un type d'utilisation (l'hydroélectricité par

exemple) ne nuise pas aux autres utilisateurs actuels ou potentiels; et
3) l'ensemble des ressources naturelles retrouvées dans les cours d'eau
doit être conservé pour les générations à venir. C'est dans cette perspective plus large que les activités du comité des eaux et forces hydrographiques de la Commission doivent être comprises.

La composition du comité

À la lecture des rapports et de la correspondance disponible, il est clair
que cette ligne de conduite a été reprise par James White et les principaux spécialistes de la Commission qui s'intéressaient à cette ressource : Léo Denis, Arthur V. White et le docteur Charles Hodgetts, le
médecin-conseil de la Commission. Denis, un ingénieur hydroélectrique, fut engagé en avril 1910. Travaillant aux bureaux de la Commission à Ottawa, il coordonna les activités du comité et signa cinq
ouvrages sur l'hydroélectricité. Arthur V. White fut engagé par la Commission à titre d'ingénieur consultant quelques mois après l'arrivée de
Denis[69]. Il présenta les rapports du comité lors des réunions annuelles
et collabora à la publication de cinq ouvrages, dont un inventaire des
forces hydrographiques au Canada en 1911 et deux recherches sur le
potentiel hydroélectrique du fleuve Saint-Laurent et de la rivière Niagara. Quant à Hodgetts, son travail est résumé dans le prochain chapitre.

La présidence du comité fut confiée à F. D. Monk, le député le
plus populaire au Québec après Henri Bourassa. Il avait sévèrement
critiqué le gouvernement en Chambre lors des débats entourant la création de la Commission et sa nomination a sans doute été le résultat de
considérations politiques. Sifton s'est mal accommodé de cette nomination : il lui serait difficile de garder le contrôle des activités et des prises
de position de ce comité avec Monk à la présidence. Ce dernier s'attela
à la tâche avec la fougue qui lui était caractéristique. Quelques semaines
après la réunion inaugurale, il écrivit à Mgr Choquette, le supérieur du
Séminaire de Saint-Hyacinthe, afin de connaître son avis sur le mandat
que devrait assumer le comité. « Nous allons déterminer le plan de nos
opérations et des travaux que nous allons faire. [...] Je vous serais bien
obligé si vous vouliez me dire comment on devrait définir ces attri-
butions[70]. »

Bien que la réponse officielle de Choquette ne soit pas disponible, son brouillon nous donne une idée des conseils qu'il prodigua.
En ce qui concerne l'hydroélectricité, il proposa, entre autres, une
étude de la Commission des eaux en Suisse, l'examen des conditions
d'affermage des rivières au Canada et des problèmes de législation

concernant les rivières interprovinciales, des statistiques sur les précipitations moyennes et un inventaire du réseau hydrographique. Dans le domaine de la pollution des eaux, Choquette encouragea les commissaires à coordonner un inventaire des eaux souterraines et à promouvoir la législation interdisant la pollution des eaux de surface. Une lettre détaillant ces recommandations fut envoyée à Monk le 8 février 1910[71].

Le président du comité n'hésita pas à mettre à exécution les principales recommandations de Choquette qui, somme toute, concordaient avec celles de Sifton et White. En 1910, il présenta un ambitieux projet de loi privé (n° 49), selon lequel le gouvernement fédéral ne pourrait concéder de permis de construction d'équipement hydroélectrique avant d'avoir reçu l'aval de la Commission de la conservation. D'autre part, le gouvernement aurait le droit de révoquer une licence d'utilisation d'un cours d'eau après une période de cinquante ans, si la Commission jugeait que les installations ne profitaient pas au bien public. Le projet de loi ne toucherait pas les installations contrôlées directement par les provinces[72].

Monk avait deux objectifs en tête : *1)* assurer la permanence de la Commission de la conservation en lui attribuant des pouvoirs exécutifs; et *2)* contrôler le développement du réseau hydroélectrique afin d'assurer que les meilleurs sites ne soient pas monopolisés par des compagnies privées et que les intérêts des autres utilisateurs des cours d'eau soient protégés. Certains commissaires, comme le sénateur Edwards, étaient d'accord avec le projet de loi. Mais pour des raisons difficiles à comprendre, si ce n'est d'une rivalité avec Monk, Sifton s'y est opposé. Lors des discussions entre les membres du comité durant la réunion annuelle de 1911, il dit douter que le gouvernement accepte de modifier le statut juridique de la Commission. À la suite d'une rencontre avec Jules Allard, le ministre des Forêts du Québec et Arthur Sifton, le frère de Clifford et premier ministre de l'Alberta, Monk reconnut que plusieurs membres influents de la Commission n'appuyaient pas son projet. Les commissaires, loin de recommander l'adoption du projet de loi au gouvernement, se bornèrent à faire quelques recommandations. Sans soutien de la Commission, Monk n'a eu de choix que de laisser tomber son projet de loi[73].

Monk n'a pas cessé ses activités pour autant. En mars 1911, lors du débat sur le libre-échange, il écrivit à Sifton et le félicita pour son geste courageux : « Je crois tout comme vous [que la question du libre-échange] ne doit pas être décidée sur une base partisane, nous devons nous méfier des Yankees. [...] Ils sont généralement conscients de l'importance d'obtenir le droit d'exploiter les grandes ressources de ce pays. Ceci pourrait nous conduire à l'annexion[74].» Mais les services de Monk à la Commission n'étaient pas appréciés par Sifton. En octobre 1911, après l'élection d'un gouvernement unioniste, Monk fut nommé ministre des Travaux publics dans le cabinet Borden et son nom fut immédiatement retiré de la liste des membres d'office de la Commission. Trois mois plus tard, il fit tout de même nommer Mgr Choquette à la Commission en remplacement de Mgr Laflamme, le recteur de l'Université Laval, décédé en 1910. Il le recommanda comme membre du comité des eaux et pouvoirs d'eau[75]. Sifton décida plutôt de le nommer aux comités des mines et de la santé publique[76]. Pourtant Choquette était déjà considéré comme un expert dans les questions hydrographiques. Dès 1883, il écrivait des articles sur les plus récents développements dans ce domaine dans *Le Courrier de Saint-Hyacinthe*. En avril 1907, il présenta une conférence devant les membres du Club canadien au sujet du potentiel hydroélectrique de la province, qui attira l'attention de toute la presse du Québec[77].

Ainsi, deux francophones influents avaient été écartés du comité responsable d'étudier les questions essentielles pour le développement industriel de la province de Québec. La documentation à ce sujet, suffisante pour décrire les faits, ne peut expliquer pourquoi Sifton a agi ainsi. Cela dit, Choquette participa quand même aux activités du comité, mais sa contribution aurait été beaucoup plus fructueuse s'il en avait été membre.

Durant cette joute politique, c'est le docteur Henri-Séverin Béland, un des rares francophones en qui Sifton avait confiance, qui assuma la présidence du comité. Lorsque la Première Guerre mondiale éclata, Béland se rendit en Europe afin d'y soigner des soldats blessés au combat. Fait prisonnier par les Allemands en Belgique, il devra attendre quatre ans avant de revenir au Canada, mais il ne rejoignit plus les rangs de la Commission. À partir de 1914, le révérend George Bryce, lui aussi proche de Sifton, assuma la présidence du comité même s'il n'en était pas membre et que ses connaissances en la matière étaient pratiquement nulles[78]. Pourtant d'autres membres possédant une certaine expérience en la matière auraient très bien pu assumer ce rôle. Charles McCool, un membre de la Commission durant toutes les années 1910, a participé à toutes les réunions de la Commission. Ce marchand de bois et manufacturier de la région de Pembroke, en Ontario, a démontré un intérêt constant aux questions soulevées lors des réunions du comité[79].

Tout comme dans le cas du comité des mines, la participation des membres d'office de la Commission a été sporadique. Louis-Jules Allard, le ministre québécois des Terres et Forêts et vice-premier ministre de 1909 à 1919, a été membre d'office de la Commission durant cette période mais il ne participa qu'aux réunions de 1909, 1917 et 1918 du comité. Au niveau fédéral, aucun ministre ne fut nommé membre du comité des eaux et pouvoirs d'eau[80].

Le droit à de l'eau propre

Comme on le verra dans le chapitre suivant, ce sont Charles Hodgetts et le comité de la santé publique qui ont sans doute consacré le plus d'énergie à faire comprendre aux gouvernements que tous les Canadiens avaient un droit fondamental à de l'eau pure, exempte de bactéries et de pollution. Mais c'est le comité des eaux et pouvoirs d'eau qui a fait les recherches pour mieux comprendre la dimension technique du problème de la dépollution des eaux; ces recherches n'ont malheureusement pas reçu toute l'attention qu'elles méritent. En étudiant les publications sur le sujet, il est en effet possible de dresser un portrait précis des moyens techniques dont disposaient les autorités municipales du temps pour contrôler adéquatement leurs émissions polluantes dans les eaux. Au début des années 1900, il était parfaitement possible pour les municipalités de faire construire des systèmes pour filtrer l'eau potable et même traiter les eaux usées. Les rapports de la Commission démontrent qu'une vaste gamme de technologies était disponible pour répondre aux différents besoins des municipalités et des entreprises dans ce domaine.

En 1913, Léo Denis fit publier un rapport sur l'état du système d'approvisionnement en eau au Canada. Ce rapport illustre en détail la localisation des systèmes d'approvisionnement en eau potable ainsi que les taux de consommation *per capita* dans la plupart des grandes villes du pays[81]. Une édition révisée de cet ouvrage, dans laquelle sont présentées des informations sur les systèmes de traitement des eaux usées, fut publiée en 1916. Selon Denis, elle fut rendue nécessaire parce que «la pollution des rivières s'aggrave de plus en plus au Canada. Un tel état de choses prouve que nos eaux intérieures reçoivent des matières d'égouts à l'état brut non purifié». Lors de la réunion annuelle de 1916, l'ingénieur exprimait une idée logique : lorsque l'eau est fortement polluée, le danger de contamination ou d'empoisonnement existe «même lorsqu'on se sert des filtres, car des eaux si corrompues engorgent les filtres [...]». Pour Denis, comme pour tous les écologistes qui se respectent, les usines de filtration «ne devraient être qu'un facteur additionnel de sûreté dans une opération qui devrait commencer par un traitement approprié des matières d'égouts [...][82]». Une compilation détaillée des données contenues dans cet ouvrage révèlent plusieurs faits intéressants à ce sujet, comme l'illustrent les tableaux 7, 8 et 9.

Tableau 7

Traitement des eaux usées et filtration de l'eau potable dans les municipalités du Canada, 1916

	Nombre total de répondants	Utilisent un système de filtration d'eau	Utilisent un système de traitement des eaux usées
Provinces maritimes	57	3	0
Québec	80	29	12
Ontario	164	37	35
Provinces de l'Ouest	76	22	21
Colombie-Britannique	54	2	7
Total	531	93	75

Source : Ces données ont été compilées à partir des rapports des municipalités contenus dans Léo Denis, *Services d'eau et systèmes d'égouts,* 1916, pp. 9–206.

Tableau 8

Types de systèmes de filtration des eaux utilisés au Canada en 1916

Nombre de municipalités	Système de filtration utilisé
18	hypochlorite de chaux
14	filtre à pression
9	filtration mécanique
9	gravier
8	bassin de sédimentation
8	sable
6	sable et gravier
3	charbon de bois et sable et briques ou gravier
2	bassin de sédimentation et filtres à pression
2	charbon de bois
2	sable et pression
1	bassin de sédimentation et chlore liquide
1	filtre à pression et chambre d'ozonation
1	filtre à scories

Tableau 8 *(suite)*
**Types de systèmes de filtration des eaux
utilisés au Canada en 1916**

Nombre de municipalités	Système de filtration utilisé
1	hyposulphite
1	sable et alun
1	type Hyatt
1	type Jenckes
5	non spécifié

Sources: Ces données ont été compilées à partir des rapports des municipalités contenus dans Léo Denis, *Services d'eau et systèmes d'égouts,* 1916, pp. 9–161.

Tableau 9
**Systèmes de traitement des eaux usées
en opération au Canada en 1916**

Nombre de municipalités	Système de traitement des eaux usées utilisé
21	bassins de putréfaction
12	bassins de sédimentation
11	bassins de putréfaction et filtration
8	couches à filtration (système Imhoff)
7	bassin de sédimentation et filtration
3	bassin de sédimentation et chloration
3	hypochlorite de chaux
1	bassin de sédimentation et putréfaction
1	filtration intermittente
8	non spécifié

Sources: Ces données ont été compilées à partir des rapports des municipalités contenus dans Léo Denis, *Services d'eau et systèmes d'égouts,* 1916, pp. 169–206.

L'objectif de cette publication était d'informer les autorités municipales des différents types de systèmes de traitement d'eau en opération à travers le pays, afin que celles qui n'en possédaient pas puissent mieux évaluer les technologies disponibles. Selon ce vaste sondage, 17,5 % des municipalités opéraient un système de filtration d'eau potable en 1916. La plupart devaient s'alimenter dans les eaux du fleuve Saint-Laurent, de la rivière des Outaouais, des Grands Lacs ou des rivières à faible débit d'eau des provinces de l'Ouest. La majorité des systèmes de filtration faisaient appel à des procédés mécaniques pour enlever les particules solides en suspension dans l'eau. Environ le quart des systèmes en place (ceux utilisant l'hypochlorite de chaux, le charbon de bois, le chlore liquide ou l'ozonation) étaient suffisamment raffinés pour débarrasser les eaux des bactéries et des micro-organismes. L'usine la plus efficace était sans doute celle de Lindsay, en Ontario, qui utilisait un filtre à pression pour capter les matières solides et une chambre d'ozonation pour tuer les micro-organismes et les bactéries. Ce système avait été installé à la fin du XIXe siècle[83].

Les municipalités qui n'utilisaient aucun système de filtration n'en avaient probablement pas besoin à cette époque : elles puisaient leur eau potable de petites rivières, de sources ou de puits qui donnaient de l'eau pure ne nécessitant aucun traitement. Les cours d'eau plus importants ou même l'océan, par contre, étaient utilisés pour l'écoulement des eaux usées. Dans les provinces maritimes par exemple, aucune des 57 municipalités ayant répondu au questionnaire de la Commission ne traitait ses eaux usées[84]. Au Québec, la plupart des municipalités qui s'alimentaient dans l'eau du fleuve Saint-Laurent utilisaient des systèmes de filtration à l'hypochlorite de chaux, une forme de chlorination. La ville de Montréal était très en retard dans le domaine de la filtration des eaux. La municipalité n'utilisait aucun système, tandis que la Montreal Water and Power n'opérait qu'un filtre au sable.

On peut mieux comprendre pourquoi la population était victime de tant d'épidémies lorsqu'on examine les données concernant le traitement des eaux usées. Seulement 14 % des municipalités et sans doute un pourcentage encore plus restreint des industries effectuaient un traitement de leurs eaux usées. Pourtant, même en 1916, les techniques de traitement des eaux étaient déjà passablement avancées, si on en juge par la variété des techniques utilisées. Au moins 45 municipalités utilisaient des systèmes de traitement primaire, tandis qu'au moins 22 autres procédaient à deux et parfois même à trois traitements de leurs eaux usées avant de les rejeter dans les cours d'eau !

Paradoxalement, les autorités municipales de cette époque avaient une bonne longueur d'avance sur celles qui allaient leur succéder. Car avant l'apparition de la «société pétrochimique», les eaux d'égouts contenaient peu de produits chimiques toxiques pouvant causer des torts à l'humain ou à l'environnement. Il était donc parfaitement acceptable d'utiliser les boues recueillies par les systèmes de traitement des eaux usées pour en faire de l'engrais et de réintégrer ainsi ces matières dans le cycle de production[85]. De nos jours, plus de 70 000 produits chimiques toxiques différents pourraient se retrouver dans les eaux usées et les boues traitées. Lorsque ces concentrations dépassent un certain seuil, les boues ne peuvent être utilisées comme engrais et doivent être considérées comme des déchets dangereux[86].

Généralement, ce sont les municipalités des Prairies qui possédaient le meilleur équipement pour traiter les eaux usées. L'eau potable était une denrée rare et un même cours d'eau pouvait alimenter des dizaines de municipalités sans qu'aucune nouvelle source ne vienne en augmenter le débit. Quelques municipalités de l'Ouest ont établi des systèmes exemplaires : la ville de Lethbridge, en Alberta, par exemple opérait une vaste usine où les eaux usées passaient par sept opérations différentes : enlèvement des déchets de surface, sédimentation, oxygénation, filtration dans du gravier, passage dans des citernes contenant de l'humus et chlorination avant de retourner dans la rivière Belly[87].

D'autre part, les chiffres compilés par la Commission révèlent que les coûts d'installation et d'opération des usines de traitement des eaux usées étaient comparables à ceux des usines de filtration de l'eau potable. L'usine de Lethbridge par exemple avait coûté 90 000 $ aux contribuables de cette petite ville de 11 500 habitants, soit 7,83 $ par personne, amortis sur 25 ans[88]. Ainsi, comme l'ont souligné à maintes reprises les membres du comité des eaux et pouvoirs d'eau de la Commission de la conservation, le Canada possédait la technologie et les ressources pour développer un réseau efficace de traitement des eaux usées partout à travers le pays. De plus, les contribuables dépenseraient moins d'argent si tous les intervenants étaient forcés de dépolluer leurs eaux usées à la source. « Aucun effort ne doit être ménagé pour prévenir la pollution de l'eau par les effluents domestiques et les déchets industriels », écrivit Arthur V. White en 1919. « Il est aussi de la plus haute importance que les eaux souterraines soient préservées de la pollution, car la pollution de nos réserves d'eau est plus étendue qu'on ne le pense[89]. » Enfin, les commissaires recommandèrent aux autorités municipales de faire installer des compteurs d'eau dans chaque habitation, commerce et industrie, afin d'encourager l'utilisation parcimonieuse de l'eau potable et diminuer les coûts de filtration et de traitement[90].

Malheureusement, dans un système où les juridictions concernant l'environnement étaient partagées entre six niveaux de gouvernement et des dizaines de ministères au Canada et aux États-Unis, il était difficile, sinon impossible, de protéger l'ensemble du réseau hydrographique contre la pollution, les grands travaux de canalisation ou la monopolisation des cours d'eau par des intérêts privés. La bataille qu'a menée la Commission dans la célèbre cause du canal de diversion des eaux usées de Chicago (Illinois) illustre cette problématique complexe. En 1912, la Ville de Chicago amorça la construction de barrages et d'installations afin de dériver des quantités supplémentaires d'eau du lac Michigan dans la rivière Mississippi en passant par le canal Calumet, pour évacuer sans traitement les eaux usées de la ville. Plus de 8 000 pieds cubes d'eau par seconde s'échappaient déjà du système des Grands Lacs par le biais de la rivière Chicago et les ingénieurs de cette ville désiraient, selon James White, en augmenter la capacité à 14 000 pieds cubes par seconde. Or, le gouvernement de Washington n'autorisait que la diversion de 4 167 pieds cubes afin de ne pas causer de préjudices aux autorités canadiennes. Les commissaires craignaient qu'avec la diversion d'une telle quantité d'eau, le niveau de l'eau des Grands Lacs et de leurs tributaires baisse suffisamment pour détériorer la qualité de l'eau et causer de sérieux problèmes à la navigation.

En mars 1912, James White se rendit à Washington pour signaler l'opposition de la Commission au projet. Plusieurs intérêts canadiens de même qu'une délégation représentant le gouvernement fédéral se sont également fait entendre, mais le mémoire de White, imprimé et accompagné de nombreuses cartes, était le plus éloquent. Le secrétaire de la Commission invoqua quinze raisons pour argumenter l'opposition du Canada à un tel projet[91]. Le jugement du secrétaire américain de la Guerre, H. L. Stimson, concordait parfaitement avec la position présentée par la Commission et ce dernier demanda aux autorités de Chicago de se conformer au volume d'eau autorisé préalablement par Washington[92]. Mais même l'autorité de Stimson n'était pas suffisante pour contraindre le district sanitaire de Chicago de traiter ses eaux usées pour les renvoyer dans le lac Michigan une fois purifiées, comme l'aurait voulu James White. Et malgré le fait que différentes autorités aient statué que la diversion supplémentaire d'eau était illégale, Arthur V. White rapporta en 1917 qu'elle se poursuivait toujours. « Les eaux limitrophes internationales, expliqua White, sont une ressource conjointe [...]. » « Aucun des deux pays ne devrait rien faire qui serait de nature, soit à violer, soit à porter préjudice aux intérêts de l'autre. Afin d'assurer que les droits acquis de tous les usagers soient préservés, les eaux du continent doivent être gardées dans leurs bassins de drainage d'origine », conclut-il[93].

Contrôler le développement hydroélectrique

Tout comme Clifford Sifton, James White croyait que seul l'État pouvait coordonner le développement rationnel du potentiel hydroélectrique du Dominion. Cette opinion n'était pas basée que sur des considérations idéologiques, car il possédait une connaissance exceptionnelle du réseau hydrographique canadien. En 1905 par exemple, le géographe en chef du Dominion avait fait publier le premier atlas sur les dénivellations à travers le Canada[94]. Bien au fait des limites du réseau hydrographique, White a pu convaincre les commissaires que les spéculateurs avaient avantage à surestimer le potentiel hydroélectrique du pays. Or, les facteurs sociaux (les multiples besoins en eau de la population), économiques (la proximité des marchés, les coûts élevés de construction des barrages et des lignes de transmission), géographiques (les variations saisonnières des débits des cours d'eau, la profondeur des lacs et des rivières, les possibilités limitées de création de réservoirs artificiels) et des facteurs climatiques (l'emprise des glaces dans les régions nordiques et les variations importantes des précipitations) devaient être considérés avant de construire des barrages. Lorsque ces facteurs limitant le développement étaient examinés, le potentiel de production hydroélectrique était considérablement réduit[95].

Les commissaires partageaient le point de vue du secrétaire pour deux raisons. Tout d'abord, tous savaient que la demande pour l'énergie hydroélectrique ne cessait d'augmenter. Les commissaires étaient stupéfaits de la croissance rapide de la production d'hydroélectricité au Canada. Entre 1901 et 1911, le Dominion avait triplé sa production, passant de 261 MW à 758 MW et le taux de croissance allait en s'accélérant[96]. Deuxièmement, tout comme dans le cas des ressources minières, les commissaires n'avaient pas d'idée précise des « réserves » hydroélectriques potentielles.

À ce sujet, beaucoup de manufacturiers et de développeurs de sites hydroélectriques ne voulaient aucunement collaborer avec la Commission dans ses recherches. Elle était perçue comme un ennemi du développement privé. Au printemps de 1910 par exemple, un questionnaire détaillé fut envoyé à un grand nombre de propriétaires de manufactures et de centrales hydroélectriques privées afin de commencer un inventaire sur les besoins en énergie d'une part, et les technologies utilisées pour produire de l'hydroélectricité d'autre part. À la fin du mois de mai 1910, James White devait se rendre à l'évidence que la plupart des entrepreneurs refusaient de répondre. Il demanda alors l'aide du Bureau des recensements d'Ottawa afin d'obtenir l'information dont les comités avaient besoin pour asseoir leurs recommandations. Ce manque de collaboration entre les entrepreneurs et la Commission allait handicaper sérieusement la capacité de l'organisme

Un grand barrage en Colombie-Britannique.

Les commissaires se méfiaient des grands barrages qui inondaient de vastes territoires et brimaient les droits des autres utilisateurs des cours d'eau. Ils préféraient la construction d'un plus grand nombre de petits barrages et la mise en œuvre de moyens d'atténuation désuets dans sa quête d'informations sur la structure industrielle du Dominion[97].

En 1911, après une recherche préliminaire, le comité des eaux et pouvoirs d'eau porta à 12 677 MW le potentiel hydroélectrique total du Dominion, englobant toutes les chutes et les rapides connus sur l'ensemble du territoire, même les plus reculés des grands centres industriels et urbains. Or, seule une petite proportion du réseau, peut-être 25 %, pouvait être utile et desservir économiquement les besoins énergétiques du Canada. Chaque mégawatt supplémentaire coûterait davantage à produire, puisque les sites d'accès facile et localisés près des grands centres étaient déjà exploités. Selon les commissaires, si le taux de croissance constaté durant la première décennie du XXe siècle se poursuivait, les limites du développement hydroélectrique au Canada pourraient bien être atteintes en quelques décennies[98].

Cette préoccupation au sujet des limites du potentiel hydroélectrique canadien se reflète clairement dans les premiers ouvrages de la Commission. L'introduction du livre *Les Forces hydrauliques du Canada* par exemple, sans doute de la plume de James White, explique que le réseau hydrographique sert à bien des usages :

> Le développement de la force hydraulique est une des utilités les plus importantes que l'on puisse retirer de nos eaux intérieures. Gardons-nous toutefois de l'exagérer au point de nuire à d'autres usages aussi importants. On s'est trop attardé sur le développement de cette force dans les rapports concernant les ressources de force hydraulique, au détriment d'autres sujets, tels que la navigation, l'agriculture et l'approvisionnement d'eau domestique, où les eaux jouent un rôle si important[99].

Ensuite, on y souligne que l'eau est une ressource publique et doit le demeurer :

> L'origine de toute notre eau douce, c'est en réalité la pluie; et chaque fois qu'il s'agit d'un projet de développer la force hydraulique, il est de notre devoir de nous assurer que les autres intérêts corrélatifs qui s'approvisionnent à la même source et qui ont un droit sur nos eaux douces, tant sur celles de surface que sur celles du sein de la terre, ne sont pas lésés[100].

Mais le passage le plus révélateur concernant les limites du potentiel hydroélectrique canadien est présenté dans la section intitulée « L'importance des forces hydrauliques peut être exagérée ». Il témoigne d'une compréhension quasi écologique du milieu naturel :

On comprendra peut-être mieux la portée des opinions émises en ce rapport, si l'on se rappelle que les plus grands dangers qui menacent les ressources naturelles, non seulement de ce pays mais du monde, c'est la rupture de l'équilibre que la Nature cherche à maintenir. C'est pour cette raison qu'en présentant les données qui suivent, on ne s'est pas efforcé d'attribuer à la force hydraulique, *per se*, l'importance qui ne lui appartient pas[101].

Il faut dire que White et les conservationnistes de l'époque voyaient d'un bien mauvais œil la construction de grands barrages, l'inondation de vastes territoires, la création de réservoirs artificiels et la destruction de l'environnement local pour augmenter la capacité des sites. Trop souvent, de tels projets lésaient les droits des autres utilisateurs près des cours d'eau et dans les territoires avoisinants. Les commissaires préféraient un plus grand nombre de petits barrages, dont l'impact sur l'environnement serait comparable aux ouvrages des castors, plutôt que des mégaprojets, dont les impacts étaient si difficiles à prévoir. Ils encouragèrent les cultivateurs à utiliser les cours d'eau de leur voisinage pour produire de l'électricité[102]. D'autre part, la Commission a aidé les plus petites provinces dont le réseau hydrographique semblait restreint. En novembre 1917 par exemple, Aubin Arsenault, premier ministre de l'Île-du-Prince-Édouard et membre d'office de la Commission, demanda à James White de lui fournir de l'aide afin de déterminer précisément les sites où il serait possible d'établir des petites centrales hydroélectriques pouvant desservir efficacement les régions rurales dans sa province[103].

Les calculs du potentiel de génération hydroélectrique du comité des eaux et pouvoirs d'eau doivent être considérés comme très conservateurs puisque basés sur la prémisse d'une intervention humaine minimale dans le milieu. Dans le cas des rapides de Carillon sur la rivière des Outaouais par exemple, Léo Denis et Arthur V. White ont calculé que les rapides pouvaient produire environ 26 000 CV (19 MW) sans bassin de rétention. Avec un petit barrage, le potentiel hydroélectrique pouvait être accru à environ 200 000 CV (149,1 MW), mais l'impact sur le milieu aurait été limité : aucun village environnant n'aurait été affecté. Aujourd'hui, la centrale de Carillon, opérée par Hydro-Québec, produit 654,5 MW. Pour atteindre cette puissance, les ingénieurs ont créé un important réservoir qui a nécessité l'abandon et l'inondation de plusieurs villages riverains. Une telle approche aurait sans doute été inacceptable pour la Commission[104].

En prenant en considération le raisonnement et les craintes des commissaires, on peut mieux comprendre pourquoi ils étaient si fermement opposés à la monopolisation des meilleurs sites hydroélectriques par des intérêts privés des deux côtés de la frontière canado-américaine. Même les impératifs de la guerre n'ont pas fait fléchir les commissaires sur ce point.

Projet *Minnesota and Ontario Power Corporation*

Le projet de la Ontario-Minnesota Power Company d'exporter de l'électricité aux États-Unis a été le premier cas dénoncé par la Commission. La compagnie canadienne, contrôlée par des intérêts américains, désirait exporter 4,5 MW d'électricité pour alimenter une aluminerie située de l'autre côté du cours d'eau au Minnesota[105]. Paradoxalement, c'est le ministre libéral William Templeman qui était responsable d'autoriser le projet, à titre de ministre du Revenu; celui-là même qui s'était opposé quelques semaines auparavant à ce que la Commission s'accapare l'édifice Victoria ! Il n'est donc pas surprenant que Sifton se soit acharné contre ce projet même si la Commission des chemins de fer avait déjà approuvé la demande d'exportation d'électricité de la compagnie et en avait fixé les taux.

Dans une lettre datée du 8 février 1910 dont Laurier reçut copie, Sifton demanda à Templeman d'interdire tout nouveau projet d'exportation d'électricité canadienne vers les États-Unis. Au nom du comité exécutif de la Commission, il déclara : « Nous sommes unanimement opposés à ce qu'une autorisation soit donnée pour exporter de l'électricité du côté canadien aux États-Unis à Fort Frances. Aucun principe ne peut justifier l'autorisation d'exporter de l'hydroélectricité. Aucun intérêt canadien ne le demande[106]. » Au contraire, des hommes d'affaires canadiens se plaignaient que cette compagnie avait catégoriquement rejeté leurs demandes pour utiliser cette électricité afin de fabriquer de la pulpe au Canada, car le bois de pulpe était exporté et transformé à Fort Frances[107]. Sifton avertit Laurier et Templeman : « Le jour approche rapidement où toute l'énergie hydroélectrique produite au Canada sera nécessaire pour faire opérer nos industries[108]. » La Commission ne réussit toutefois pas à interdire l'exportation de l'électricité. Après avoir reconsidéré le dossier, Templeman approuva l'exportation de 2,6 MW pour une année, afin de donner la chance aux gens d'affaires canadiens de profiter d'une partie de l'électricité produite au pays (1,9 MW)[109]. Mais il lui fallut au moins trois mois pour présenter sa décision finale, ce qui choqua Sifton et Edwards[110].

Projet du Long-Sault

Le deuxième projet de développement hydroélectrique auquel s'opposa la Commission était de bien plus grande envergure et avait le potentiel de créer un conflit diplomatique sérieux entre le Canada et les États-Unis. En 1907, des capitalistes américains formèrent la Compagnie de développement du Long-Sault et fusionnèrent leurs activités avec une compagnie canadienne, la St. Lawrence Power Company, dans le but de créer un véritable mégaprojet pour l'époque : un grand barrage et des installations hydroélectriques le long des îles du Long-Sault sur le fleuve Saint-Laurent (près de Cornwall, en Ontario). Grâce à ce barrage sur ce cours d'eau international, l'entreprise espérait produire 447 MW afin de satisfaire la demande en énergie de l'aluminerie américaine Alcoa qui prévoyait agrandir son usine[111]. Pour donner une idée de l'ampleur du projet, signalons qu'à lui seul, le barrage proposé, d'une longueur de 4 500 pieds de long, 45 pieds de haut et reliant plusieurs îles à travers le chenal, devait fournir l'équivalent de 58 % de toute l'énergie hydroélectrique produite à travers le Dominion[112]. Selon James White, du point de vue de son potentiel hydroélectrique, le site des rapides du Long-Sault était le plus convoité en Amérique du Nord[113].

Plusieurs intérêts canadiens se sont opposés à la construction d'un tel barrage pour diverses raisons. Laurier se serait opposé au projet parce qu'il aurait détruit les rapides du Long-Sault, un endroit réputé pour sa beauté[114]. Les motivations des autres intervenants dont Sifton dépassaient la dimension esthétique. L'argument principal que le président de la Commission présenta à Laurier était que la construction d'un barrage sur les eaux internationales serait contraire au traité Webster-Ashburton de 1842. Le traité stipulait que la voie navigable affectée par le projet devait être à la fois libre et ouverte aux navires, vaisseaux et bateaux des deux pays. Or, le barrage proposé fermerait la voie navigable du coté canadien et obligerait tous les navires à emprunter le canal américain[115].

En 1910, après plusieurs rencontres entre Sifton et Laurier, Ottawa décida de porter la cause devant la Commission des eaux limitrophes (CEL)[116]. Cette dernière demanda l'opinion de la Commission de la conservation sur l'impact d'un tel projet sur les intérêts canadiens. Ceci représentait une occasion idéale pour Sifton de faire valoir la position de sa commission dans cette grande bataille pour garder publiques les ressources hydrographiques du Dominion. Les commissaires concentrèrent beaucoup d'énergie sur ce dossier. Au début de 1911, Sifton affirmait en effet : « L'une des propositions les plus importantes dont s'est occupée la Commission est celle du barrage du fleuve Saint-Laurent[117].» La Commission présenta deux objections principales devant la CEL. Premièrement, l'électricité produite sur le côté canadien du fleuve servirait à des intérêts privés et américains. Deuxièmement, un tel barrage rendrait impossible la construction d'une éventuelle voie maritime reliant les Grands Lacs à Montréal[118]. Pour une des rares fois dans l'histoire de la Commission, les commissaires étaient unanimes et appuyés par le gouvernement. Dans une lettre adressée à Laurier, le sénateur Edwards, qui n'hésitait jamais à critiquer les positions de Sifton, écrivit : «Vous ne devez sous aucun prétexte laisser ce projet se réaliser[119].»

Le rapport de la CEL partageait les conclusions de la Commission de la conservation ét recommanda le rejet du projet, ce que fit le Congrès américain après une certaine hésitation[120]. Sifton prit soin de mettre Borden au courant dès que le nouveau premier ministre s'informa des derniers développements[121]. La victoire semblait bien en main lorsque les législateurs de l'État de New York abrogèrent les titres légaux de la compagnie en mai 1913. Mais la Commission fit tout de même publier un volumineux rapport à ce sujet, qui, à notre avis, a constitué la première évaluation environnementale d'un grand projet au Canada. Le rapport examine sous tous les angles les impacts possibles du projet sur les voies navigables, la pêche, la jurisprudence, le niveau des eaux, les possibilités d'embâcles, etc.[122]. Ces documents se sont révélés forts utiles, puisque la Long-Sault Development Corporation fit porter la cause en appel. En 1916, la cause fut présentée à la Cour suprême des États-Unis et rejetée[123].

La compagnie ne s'estimait pas battue pour autant. En 1917, la Power Development Company faisait la demande d'une concession pour utiliser les rapides des Cèdres sur le Saint-Laurent. À la fin de l'année, le comité des eaux de la Commission de la conservation se déclarait encore une fois opposé à la concession de permis à des particuliers pour utiliser des forces hydrographiques internationales sur le fleuve Saint-Laurent. Il proposa qu'une commission internationale soit établie afin de développer le réseau pour le bénéfice des deux nations[124]. Cette proposition ne fut jamais retenue et en 1918, la St. Lawrence River Power Co. obtint du Département de la guerre des États-Unis la permission d'ériger des barrages sur le Saint-Laurent sans l'autorisation du Canada. La compagnie déclarait avoir besoin d'une quantité accrue d'énergie afin de fournir l'aluminium nécessaire à l'effort de guerre[125].

La Commission conjointe internationale (CCI) fut alors saisie du contentieux. Mais les autorités canadiennes considéraient qu'elle n'avait aucune juridiction sur ce sujet étant donné les dispositions du traité Webster-Ashburton[126]. James White présenta tout de même un mémoire devant la CCI, réitérant son opposition à tout projet de développement unilatéral et privé sur les eaux internationales. Le premier ministre Borden fut considérablement irrité par cette initiative de White. Il considérait cette représentation comme une ingérence dans les affaires d'Ottawa, qui pourrait compromettre la position du Canada[127]. Pourtant, Sifton et White ne faisaient que répéter le principe adopté durant le congrès de Washington de février 1909 et mis de l'avant à plusieurs reprises lors des différends entre les deux nations[128].

Cette divergence de vue provoqua un long et acrimonieux débat entre Sifton et Borden concernant le rôle de la Commission de la conservation au sein du gouvernement. Le sénateur Edwards, appelé à se prononcer sur les actions de White dans ce dossier, ne pouvait comprendre la colère de Borden. « La sphère d'activité de la Commission est l'étude des ressources du Canada et des meilleures façons de les conserver. [...] En ce qui me concerne, je ne vois pas comment M. White aurait pu dépasser les limites de son mandat [...][129]. » Ce qui semble être une tempête dans un verre d'eau témoigne d'un changement d'attitude marqué du gouvernement face à la Commission à la fin de la guerre et contribua, comme on le verra dans le dernier chapitre, à la démission de Sifton en novembre 1918[130]. Mais l'intervention de la Commission de la conservation provoqua tout de même l'effet escompté, car la CCI n'autorisa que la construction d'un petit barrage submergé sur le côté américain de la voie navigable[131].

Autres projets contrecarrés par la Commission

Quelques conflits sur le développement des cours d'eau internationaux ont été réglés plus rapidement. Durant le milieu des années 1910, la Commission est intervenue au sujet de l'utilisation de la rivière de Sainte-Croix, partageant le Nouveau-Brunswick et l'État du Maine. En 1915, une compagnie américaine, la St. Croix Paper Co., avait fait construire un canal et un barrage sur la rivière. Tout le débit de la rivière Sainte-Croix se trouvait ainsi dirigé aux États-Unis durant l'été, lorsque le niveau de l'eau était trop bas pour alimenter les génératrices situées près des chutes Grandes. En 1915, White présenta ses objections à la Commission conjointe internationale (CCI). Il demanda que les droits du Canada quant aux eaux limitrophes de la rivière soient respectés. La CCI acquiesca aux objections de la Commission de la conservation et définit de nouvelles conditions d'opération des barrages de la compagnie afin que les riverains ne soient pas incommodés indûment par les variations du niveau d'eau[132].

La Commission s'opposa à plusieurs autres projets de construction de barrages qui octroyaient à des compagnies le monopole de sites hydroélectriques. En 1910, les projets de barrages sur les rivières Nelson et Saskatchewan dans les provinces de l'Ouest et sur la rivière Albany dans le nord de l'Ontario ont fait l'objet de représentations auprès du fédéral[133]. Le projet de relier le lac Supérieur à la source de la rivière Saskatchewan au moyen d'un canal fit également l'objet d'opposition. Selon Sifton, ce n'était qu'un «essai dissimulé de monopolisation de toutes les forces hydrographiques qui existent sur le parcours du canal proposé[134]». La Commission s'est également intéressée au conflit opposant la Commission hydroélectrique de l'Ontario aux intérêts américains dans le contentieux entourant le développement de centrales hydroélectriques sur la rivière Niagara. Mais la Commission n'a pas fait de recommandations spécifiques à ce sujet[135].

En contrepartie à cette attitude prudente envers le développement des équipements hydroélectriques, le comité des eaux et pouvoirs d'eau a fait plusieurs recherches appuyant les objectifs de la stratégie industrielle de la Commission. Après la parution des *Forces hydrographiques du Canada* en 1911, les employés de la Commission ont rassemblé des données plus précises dans les régions du pays où aucune étude exhaustive du réseau hydroélectrique n'avait été effectuée. Selon Sifton, l'objet de ces études régionales consistait «à déterminer les endroits où il sera possible de créer de ces forces, à indiquer respectivement leurs sommes possibles et à rendre publics ces renseignements[136]. Pour ce faire, les employés de la Commission devaient bien souvent inspecter *de visu* les rivières et les chutes d'eau dans les régions les plus reculées. En 1913 par exemple, Léo Denis a dû faire face à plusieurs difficultés alors qu'il ratissait les rivières des provinces de l'Ouest:

Parti d'Ottawa le 16 juin, je suis arrivé à Edmonton le 19. J'appris alors que le vapeur de la Compagnie de la Baie d'Hudson partait seulement le 10 juillet de la traverse de la rivière Peace pour Hudson Hope, mon premier objectif. D'Edmonton, où j'abandonnai le voyage par chemin de fer, jusqu'à la rivière Big, où passe une ligne du chemin de fer de la Canadian Northern, j'ai parcouru une distance de 2 100 milles, dont 1 000 par rivière, en bateau à vapeur, 850 en canot, et 250 par terre, tantôt en automobile et tantôt à pied, derrière une paire de bœufs[137].

La guerre et le développement hydroélectrique

Avec le déclenchement des hostilités en Europe, les membres du comité ont commencé à examiner de plus près la consommation en énergie de diverses industries, afin d'identifier celles qui auraient avantage à s'installer près des rapides et chutes d'eau importantes. Les usines de pâtes et papiers, les alumineries et les usines de carbure de calcium se sont révélées être les plus énergivores. Suivaient de près les industries utilisant l'électrolyse pour fabriquer ou transformer des produits : industries électrochimiques, affinage du cuivre, du zinc et du fer blanc, production d'azote, etc. À partir de 1917, les membres du comité ont encouragé le gouvernement à entreprendre des recherches et des études se rattachant aux forces hydrographiques et à leur application industrielle. « Quelle attraction n'auraient pas nos forces hydrauliques pour les capitaux, demanda W. J. Dick en 1917, si nous pouvions dire, non seulement que le développement de telle ou telle force hydrographique coûtera tant, mais démontrer que l'énergie électrique qui en sera produite sera utilisée avec profit en certaines industries spéciales[138]. »

L'année suivante, la Commission publiait les résultats de sa propre enquête sur l'utilisation de l'électricité au pays. Y sont recensés les types de barrages et équipements de production d'énergie, le réseau existant de lignes à haute tension et les systèmes de distribution d'énergie en place au Canada. Les données sont présentées pour chaque municipalité qui répondit au questionnaire de la Commission à la fin de 1917[139].

Comme on l'a vu, la guerre n'a pas empêché les commissaires de résister à toute forme d'appropriation des sites hydroélectriques par des intérêts privés. Mais la Commission a été obligée d'abandonner le discours prudent quant au développement qui caractérisait ses publications durant les premières années. Certes, à la fin de 1917, Arthur V. White tentait toujours de concilier la conservation avec le développement :

> En présentant les résultats de ces travaux, la Commission a fourni des données et des conseils sur le développement des forces hydrographiques, l'amélioration des cours d'eau navigables, la nécessité de protéger les propriétés contre les inondations, le sol contre l'érosion et les eaux souterraines contre la contamination […]. De même qu'un bon cultivateur laisse la terre en meilleur état qu'il ne l'a reçue, la Commission cherche à passer aux générations futures les ressources naturelles du pays plus prospères qu'elles étaient lorsqu'elle a été constituée[140].

Mais alors que la guerre tirait à sa fin, Léo Denis vint affirmer que désormais, la Commission encourageait la création de plus gros barrages et de réservoirs pour accroître la capacité de production des usines[141]. Et certains commissaires conseillèrent même la construction de mégaprojets. À la fin de 1917 par exemple, Mgr Choquette dressa un tableau des réserves hydroélectriques disponibles dans le fleuve Saint-Laurent et des multiples utilisations possibles de cette forme d'énergie pour les habitants du sud du Québec. Selon les calculs de la Commission, le potentiel non utilisé d'énergie hydroélectrique sur le côté canadien du fleuve Saint-Laurent s'élevait à près de 1 500 MW. Or, comme un cheval-vapeur consomme à peu près deux livres de charbon par heure, expliqua Choquette, «plus de 30 000 tonnes de charbon se dissipe [sic] journellement en pure perte dans les tourbillons du Saint-Laurent».

Pour Choquette, le pactole canadien, comme il se plaisait à l'appeler, devait être utilisé non seulement pour des fins industrielles et d'éclairage, mais aussi pour le chauffage des habitations; une proposition inédite dans les annales de la Commission. En comparant les rendements des radiateurs électriques aux systèmes de chauffage au charbon, Choquette estima qu'un kilowatt-année équivalait à près de 2,4 tonnes de charbon. Il prédit que lorsque les principales forces hydrographiques du Saint-Laurent seraient captées, le coût de production de l'électricité diminuerait suffisamment pour permettre le développement de cette forme de chauffage plus propre et plus performante que le charbon importé. «Cela ne viendra pas de sitôt, je ne le conteste pas, toutefois, je crois fermement que vos jeunes enfants jouiront de cette somptuosité[142].»

Il faut admettre qu'à plusieurs égards, Choquette était un visionnaire. Non seulement a-t-il prédit l'utilisation grandissante de l'hydro-électricité pour chauffer les domiciles, mais il a également senti que la construction de grands barrages provoquerait la résistance des écologistes. Car «harnacher le fleuve par une série de barrages offusquerait les amants de la Nature, ceux et celles qui aiment contempler les vagues et les remous des rapides». Mais les esthètes ne représentant qu'une minorité parmi la population, leurs protestations seraient vaines. Dans une des plus intéressantes citations qui célèbre le développement, Choquette conclut:

> J'ai appris que la beauté c'est l'ordre; l'ordre établi par une pensée active qui traduit dans ses œuvres les fruits de ses conceptions [...].
> J'imagine aisément que petits et grands, lettrés et illettrés, poètes et paysans, se réjouiront à la vue d'un barrage, solide comme une œuvre de

géants, reliant les deux rives du fleuve et offrant une promenade royale; que tout le monde prendra un plaisir infini à marcher d'un pas assuré sur ce qui n'était jadis que le sommet mouvant de traîtres remous[143].

Certes, le grand fleuve n'a jamais été harnaché par un tel barrage : les limites au développement hydroélectrique identifiées par James White faisaient en sorte que la plupart des sites prometteurs sur le fleuve Saint-Laurent étaient inutilisables. Toutefois, les réalisations récentes dans le domaine de la construction de barrages et de transport de l'énergie sur de longues distances ont donné raison à Mgr Choquette. Aujourd'hui, l'hydroélectricité occupe une place prépondérante au Québec et provoque de grands débats entre les tenants du développement, les Protecteurs de la Nature et les Adversaires du progrès.

Notes

1. CCRA, 1915, p. 72.

2. D. J. Hall, *Clifford Sifton. The Young Napoleon*, vol. I, 1977, p. 11.

3. ANC, Fonds C. Sifton; la correspondance entre les deux hommes est contenue dans les chemises «Haanel». Les volumes 188 à 207, 1909–1918, ont été consultés.

4. Voir *Who's Who in Canada*, 1906 [n.t.].

5. Parmi les autres membres de la Commission qui ont participé aux activités de ce comité, on note : John Pease Babcock, le commissaire adjoint des pêcheries de la Colombie-Britannique (1916–1919); le docteur Henri-Séverin Béland (1909); T. A. Crerar, ministre fédéral de l'Agriculture (1917–1918); Orlando T. Daniels, procureur général de la Nouvelle-Écosse (1912), et John F. Mackay, administrateur financier du *Globe* de Toronto (1915–1919).

6. Documents de la session n° 1, Rapport du vérificateur général, 1909–1910, département «Agriculture», p. D 63.

7. CCRA, 1910, p. 68.

8. Voir Theodore Roosevelt, «Opening Address», *Report of the National Conservation Commission*, fév. 1909, vol. I, pp. 2–3. Voir également Douglas Owen Baldwin, «Cobalt: Canada's Mining and Milling Laboratory, 1903–1918», *Scientia Canadensis*, VIII, 2 (déc. 1984), pp. 95–111.

9. Voir par exemple T. C. Keefer, «Canadian Water Power and Its Electrical Product in Relation to the Undeveloped Resources of the Dominion», 23 mai 1899, tiré de Société Royale du Canada, *Proceedings and Transactions*, volume V, 1899, pp. 3–40; H. V. Nelles, «Hydro as Myth», *The Politics of Development*, 1974, pp. 215–230.

10. Voir par exemple Eugene Haanel, *Report of the Commission appointed to investigate the different electro-thermic processes for the smelting of iron ores and the making of steel in operation in Europe*, Ottawa, 1904.

11. ANC, Fonds W. Laurier, C. Sifton à W. Laurier, 1909-12-14 [n.t.].

12. *Ibid.*, Laurier à Sifton, p. 163644.

13.   Eugene Haanel, *Recent Advances in the Construction of Electric Furnaces for the Production of Pig Iron, Steel and Zinc*, Ottawa: Government Printing Bureau, 1910.

14.   CCRA, 1910, pp. 68–69. Voir aussi United States Senate, *Report of the National Conservation Commission*, fév. 1909, volume I, pp. 2, 95.

15.   CCRA, 1911, p. 6.

16.   W. J. Dick, « Lois et règlements miniers », dans *Terres, Pêcheries, Gibier et Minéraux*, 1912, pp. 249–441.

17.   Chester Morton, *Dominion Land Policies*, p. 193; W. G. Hardy, *Alberta : A Natural History*, 1977, p. 316.

18.   W. J. Dick, « Lois et règlements miniers », dans *Terres, Pêcheries, Gibier et Minéraux*, 1912, p. 449.

19.   Voir Alvin Toffler, *La Troisième Vague*, 1980, chapitre 4; Gro Brundtland, *Our Common Future*, 1987, chapitre 8.

20.   *Conservation*, I, 2, avril 1912, p. 2.

21.   W. J. Dick, *Conservation de la houille au Canada*, 1914.

22.   CCRA, 1915, p. 7.

23.   CCRA, 1910, p 79.

24.   ANC, Fonds C. Sifton, J. White à C. Sifton, 1913-07-04.

25.   CCRA, 1915, p. 39.

26.   Archives du Séminaire de Saint-Hyacinthe, Fonds de C.-P. Choquette, AG17, Léopold Choquette à Mgr Choquette, 1916-04-05.

27.   CCRA, 1918, p.31.

28.   *Ibid.*, p. 41.

29.   *Ibid.*, pp. 35–37.

30.   W. J. Dick, « La conservation des ressources minières », *Terres, Pêcheries, Gibier et Minéraux*, 1912, pp. 496–500.

31.   Voir Frank D. Adams, « Nos ressources minérales et le problème de leur bonne conservation », CCRA, 1915, p. 66.

32.   Voir par exemple « Natural Gas : Its Fuel and Power Efficiency […] Waste Should Be Prevented by Legislation », *Conservation*, I, 2, avril 1912, p. 1.

33.   CCRA, 1916, p. 119.

34.   Voir W. J. Dick, *Conservation de la houille au Canada*, 1914.

35.   Voir par exemple « Lignite Briquettes or Imported Coal ? [Lignite] would be advantageous for Western Canada which imports its coal from the United States », *Conservation*, I, 3, mai 1912, p. 4.

36.   CCRA, 1915, p. 40.

37.   CCRA, 1918, p. 214.

38.   *Ibid.*, p. 14.

39.   *Ibid.*, pp. 185–186.

40.   W. J. Dick, « La conservation des ressources minières », *Terres, Pêcheries, Gibier et Minéraux*, pp. 492–496; Eugene Haanel, « L'utilisation de quelques ressources minérales non métalliques suggérée par les conditions présentes », CCRA, 1915, p. 42.

41.   ANC, Fonds C. Sifton, W. W. Andrews à C. Sifton, 1913-05-28 [n.t.]; C. Sifton à J. White, 1913-06-05, J. White à C. Sifton, 1913-07-04.

42.   « Utilization of By-Products : An Important Feature of Industry », *Conservation*, I, 7, novembre 1912, p. 2 [n.t.].

43.   Frank D. Adams, « Nos ressources minérales et le problème de leur bonne conservation », CCRA, 1915, p. 67.

44.   Selon Frank D. Adams, cette recommandation a été adoptée par plusieurs entreprises. Voir, CCRA, 1915, p. 59.

45.   Eugene Haanel, « L'utilisation de quelques ressources minérales non métalliques suggérée par les conditions présentes », CCRA, 1915, p. 41.

46.   ANC, Fonds R. L. Borden, Borden à White, 1916-01-25 [n.t.].

47.   *Ibid.*, pp. 59009–13 [n.t.].

48.   CCRA, 1917, p. 31.

49.   *Ibid.*, p. 15.

50.   *Ibid.*, p. 16; « Electric Smelting Is Now a Reality », *Conservation*, février 1918, p. 8.

51.   *Ibid.*, p. 15.

52.   *Ibid.*

53.   Eugene Haanel, « L'utilisation de quelques ressources minérales non métalliques suggérée par les conditions présentes », CCRA, 1915, p. 37.

54.   *Ibid.*

55.   Voir le chapitre 4.

56.   W. J. Dick, « Le travail du comité des minéraux », CCRA, 1916, p. 116.

57.   *Ibid.*, p. 119.

58.   Voir par exemple F. D. Adams, « Problèmes concernant l'industrie minérale du Canada », CCRA, 1917, pp. 274–280.

59.   CCRA, 1916, p. 122.

60.   CCRA, 1917, p. 296.

61.   *Ibid.*, p. 4.

62.   J. O. Millar, *The New Era in Canada : Essays Dealing With the Upbuilding of the Canadian Commonwealth*, 1917, pp. 37–99.

63.   Frank D. Adams, « Problèmes concernant l'industrie minière du Canada », CCRA, 1917, pp. 267–286.

64.   Frank D. Adams, *The Need for Industrial Research in Canada*, Ottawa, 1918 : Honorary Advisory Council for Science and Industrial Research, document n° 1; Wilfrid Eggleston, *National Research in Canada : The NRC, 1916–1966*, 1977.

65.   CCAR, 1919, p. 41.

66.   *Ibid.*, pp. 41–50.

67.   Archives de l'Université McGill, Fonds de Frank D. Adams, MSS, correspondance, concernant l'Université Kaki, *The Beaver*, 1919-03-15, p. 1.

68.   Mgr Charles-P. Choquette, « Le Pactole canadien », CCRA, 1918, p. 120.

69.   Chambre des communes, Documents de la session, Rapport du vérificateur général, 1910–1911, section Agriculture, p. C 58.

70.   Séminaire de Saint-Hyacinthe, Fonds Mgr Choquette, AG17, Monk à C.-P. Choquette, 1910-02-04.

71.   *Ibid.*, mémo non daté, attaché à F. D. Monk à C.-P. Choquette, 1910-02-04; F. D. Monk à C.-P. Choquette, 1910-02-10. Pour un résumé de la vie de Choquette, voir Jean-Noël Dion *et al., Saint-Hyacinthe: des vies, des siècles, une histoire, 1757 à aujourd'hui,* Saint-Hyacinthe, s.d., pp. 204–208.

72.   CCRA, 1911, p. 4.

73.   CCRA, 1911, pp. 16–19.

74.   ANC, Fonds C. Sifton, F. D. Monk à C. Sifton, 1911-03-15.

75.   Séminaire de Saint-Hyacinthe, Fonds Mgr Choquette, Télégramme, F. D. Monk à C.-P. Choquette, 1912-01-11; Rodolphe Boudreau à C.-P. Choquette, 1912-01-11; James White à C.-P. Choquette, 1912-01-11; F. D. Monk à C.-P. Choquette, 1912-01-18.

76.   *Ibid.*, James White à C.-P. Choquette, 1912-01-17.

77.   *Ibid.*, « Articles de revues et journaux », bibliographie dactylographiée non datée, pp. 12–19; Guy M. Drummond à C.-P. Choquette, 1912-06-05.

78.   Bryce était membre du comité des terres et du comité des publications de 1909 à 1919.

79.   Parmi les autres membres qui ont participé aux activités du comité, on note Frank D. Adams (1915–1918), Bernard E. Fernow (1915–1918) et William F. Tye, un ingénieur-conseil de Montréal (1918–1919).

80.   Parmi les autres membres d'office provinciaux, on note George Johnson Clarke, premier ministre du Nouveau-Brunswick (1917); Frank Cochrane, ministre des Terres et Forêts de l'Ontario (1909); Price Ellison, Commissaire en chef des Terres de la Colombie-Britannique (1909); George H. Ferguson, ministre des Terres, Forêts et Mines de l'Ontario et futur premier ministre de cette province (1917–1918); Ward C. Grimmer, Arpenteur général du Nouveau-Brunswick (1909); Thomas D. Pattullo, ministre des Terres de la Colombie-Britannique (1917–1918); William R. Ross, ministre des Terres de la Colombie-Britannique (1915); et E. A. Smith, ministre des Terres et des Mines du Nouveau-Brunswick (1917–1918).

81.   Léo Denis, *Systèmes de distribution d'eau au Canada,* 1912.

82.   CCRA, 1916, p. 211.

83.   Aujourd'hui, l'ozonation de l'eau est généralement considérée comme la méthode de purification de l'eau la plus sûre pour la santé et la moins dommageable pour l'environnement.

84.   Léo Denis, *Services d'eau et systèmes d'égouts,* 1916, pp. 9–25.

85.   C'est ce que Léo Denis a proposé à plusieurs reprises dans la revue *Conservation.* Voir par exemple « Treament of Sewage Facilitated: Many Disposal Plants Being Installed, Great Need for Improvement », *Conservation,* V, 7, juillet 1916, p. 1.

86.   Voir par exemple Gouvernement du Canada, *A Report on the Green Plan Consultations,* Ottawa, août 1990, pp. 63–69.

87.   Léo Denis, *Services d'eau et systèmes d'égouts,* 1916, diagramme entre les pages 56 et 57.

88.   *Ibid.*, p. 143.

89.   Arthur V. White, *Water Powers of British Columbia,* 1919, p. 23.

90. Voir par exemple « Water Waste in Cities : Metering as a Preventive », *Conservation*, II, 3, avril 1913, p. 2 ; « Water Meters and Sanitation : Not Intended to Curtail Use of Water but to Stop Waste », *Conservation*, IV, 11, novembre 1915, p. 4.

91. Voir Commission of Conservation, *Protest Against Further Diversion of Water From Lake Michigan for the Chicago Drainage Canal*, Ottawa, mars 1912. On trouve la correspondance entre Borden et la Commission à ce sujet dans ANC, Fonds R. L. Borden, C4378, pp. 95159–165 et C4385, pp. 102066–102.

92. ANC, Fonds R. L. Borden, White à Borden, 1913-01-13.

93. CCRA, 1917, p. 258. À ce jour, le canal Calumet est toujours en opération.

94. Voir James White, *Altitudes in Canada*, Ottawa, 1905. Ces données furent reprises et de nouvelles informations ajoutées par la Commission dans *Altitudes in Canada*, publié en 1915.

95. Commission de la conservation, *Les Forces hydrauliques du Canada*, 1911, pp. 1–24.

96. Léo Denis, « Force hydraulique et développement industriel », CCRA, 1917, p. 192. Les statistiques compilées plus tard dans la décennie ont confirmé cette croissance rapide. En 1915, la production se chiffrait à 1 268 MW, et en 1917, 1 491 MW, soit près de six fois plus qu'en 1901.

97. Archives de l'Université de l'Alberta, Fonds H. M. Tory, dossier « Commission of Conservation », « A Resume of the Work of the Commission of Conservation Since Annual Meeting », Jan. 18–21, 1910, p. 5.

98. *Ibid.*, p. 24. Le rapport résume les données fournies par chaque province. Voir pp. 24–349.

99. Commission de la conservation, *Les Forces hydrauliques du Canada*, 1911, p. 1.

100. *Ibid.*

101. *Ibid.*, p. 2.

102. Voir par exemple « An Efficient Farm Power : Something About the Electric Plant of an Ontario Farmer », *Conservation*, II, 3, février 1913, p. 1.

103. Archives de l'Île-du-Prince-Édouard, Fonds Aubin Arsenault, RG 25–24, A. Arsenault à J. White, 1917-11-09 ; J. White à A. Arsenault, 1917-11-12 ; A. Arsenault à J. White, 1917-11-13 ; J. White à A. Arsenault, 1917-11-13.

104. Commission de la conservation, *Les Forces hydrauliques du Canada*, 1911, p. 152.

105. Archives de l'Université de l'Alberta, Fonds H. M. Tory, dossier « Commission of Conservation », J. White à H. M. Tory, 1910-02-21 ; J. D. Hall, *Clifford Sifton, A Lonely Eminence*, 1985, pp. 247–248.

106. ANC, Fonds W. Laurier, C. Sifton à W. Laurier, 1910-02-10 ; Conseil exécutif de la Commission de la conservation à W. Templeman [n.t.].

107. ANC, Fonds W. Laurier, C. Sifton à W. Templeman, 1910-02-11.

108. *Ibid.*, p. 166877 [n.t.].

109. CCRA, 1911, pp. 116–117.

110. ANC, Fonds W. Laurier, C. Sifton à W. Laurier, 1910-03-07 ; C. Sifton à W. Laurier, 1910-04-09, C889, pp. 169693 ; W. C. Edwards à W. Laurier, 1910-05-11.

111. CCRA, 1911, p. 116.

112. Pour de plus amples informations sur le barrage proposé, voir Arthur V. White, *Long-Sault Rapids, St. Lawrence River*, 1913.

113. ANC, Fonds R. L. Borden, J. White à colonel Sam Hughes, 1912-06-25.

114. ANC, Fonds W. Laurier, W. Laurier à C. Sifton, 1910-02-17.

115. D. J. Hall, *Clifford Sifton, A Lonely Eminence*, 1984, p. 247.

116. La CEL fut formée en 1905 afin d'étudier les différends entre le Canada et les États-Unis quant aux eaux limitrophes. Plusieurs études intéressantes de la CEL ont été faites. Voir John E. Carroll, « The International Joint Commission », dans *Environmental Diplomacy: An Examination and a Prospective of Canadian-US Transboundary Environmental Relations*, 1983, pp. 39–58. La CEL sera remplacée en janvier 1912 par la Commission conjointe internationale (CCI), dont le mandat dépasse largement celui de la CEL. Pour la correspondance entre Laurier et Sifton concernant le mandat de la CEL et les risques de porter la cause en « arbitrage », voir ANC, Fonds W. Laurier, C. Sifton à W. Laurier, 1910-02-15; W. Laurier à C. Sifton, 1910-02-17; W. Laurier à C. Sifton, 1910-02-22 et C. Sifton à W. Laurier, 1910-02-26.

117. CCRA, 1911, p. 3.

118. *Ibid.*

119. ANC, Fonds W. Laurier, W. C. Edwards à W. Laurier, 1910-02-07 [n.t.].

120. CCRA, 1911, pp. 116–117. En février 1911, Sifton suggéra fortement à Laurier de nommer une délégation canadienne pour influencer le Congrès à ce sujet. Voir ANC, Fonds W. Laurier, C. Sifton à W. Laurier, 1911-02-07; C. Sifton à W. Laurier, 1911-02-20 .

121. ANC, Fonds R. L. Borden, R. L. Borden à C. Sifton, 1912-01-23; C. Sifton à R. L. Borden, 1912-01-29; R. L. Borden à C. Sifton, 1912-02-02; Fonds C. Sifton, C. Sifton à R. L. Borden, 1912-06-21.

122. CCRA, 1914, p. 1; Arthur V. White, *Rapides du Long-Sault, fleuve Saint-Laurent*, 1913.

123. « La Long Sault Development Company — Opinion de la Cour suprême des États-Unis », CCRA, 1917, pp. 318–322.

124. CCRA, 1918, pp. 215, 259–261.

125. CCAR, 1919, annexes I à V, pp. 57–94.

126. Conseil privé du Canada, Arrêté en conseil, 2 septembre 1918.

127. Pour la correspondance entre Sifton, White et Borden à ce sujet, voir ANC, Fonds R. L. Borden, R. L. Borden à J. White, 1918-09-06; C. Sifton à R. L. Borden, 1918-09-18; R. L. Borden à C. Sifton, 1918-09-20; C. Sifton à R. L. Borden, 1918-09-21; R. L. Borden à C. Sifton, 1918-10-22; C. Sifton à R. L. Borden, 1918-11-01. Un résumé du contentieux entre Sifton et Borden est présenté par D. J. Hall, *Clifford Sifton, A Lonely Eminence*, 1985, pp. 260–263.

128. Commission of Conservation, *Statement of the Commission of Conservation in Response to the Application of the St. Lawrence River Power Company*, Ottawa, 1918. Une copie de ce mémoire est disponible dans ANC, Fonds R. L. Borden, C. Sifton à R. L. Borden, 1918-09-21.

129. ANC. Fonds C. Sifton, W. C. Edwards à C. Sifton, 1918-11-01 [n.t.].

130. CCAR, 1919, annexes I à V, pp. 57–94.

131. *Ibid.*

132. CCRA, 1916, pp. 187–189, 237–240.

133. CCRA, 1911, p. 119.

134. *Ibid.*, pp. 4, 118. Pour une liste complète des projets auxquels s'est opposée la Commission en mai 1910, voir Archives de l'Université de l'Alberta, Fonds H. M. Tory, dossier « Commission of Conservation », « Résumé of Work of the Commission of Conservation Since Annual Meeting », Jan. 18–21, 1910, pp. 1–2.

135. Voir par exemple CCRA, 1916, pp. 189–193; CCRA, 1917, pp. 240–248; CCRA, 1918, pp. 22–23, 74; Arthur V. White, *Niagara Water Power Shortage*, Ottawa, 1917.

136. CCRA, 1914, p. 3.

137. Léo Denis, « Eaux et forces hydrauliques », CCRA, 1913, p. 63. Voir aussi le compte rendu de Arthur V. White sur les difficultés de ses voyages sur les rivières de Colombie-Britannique dans CCRA, 1914, pp. 111–113.

138. W. J. Dick, « Nos forces hydrauliques et le développement industriel », CCRA, 1917, pp. 191–201.

139. Léo Denis, *Electric Generation and Distribution in Canada*, 1918, pp. 1–12.

140. CCRA, 1918, p. 73.

141. CCAR, 1919, pp. 252–253.

142. Mgr Charles Choquette, « Le Pactole canadien », CCRA, 1918, p. 117.

143. *Ibid.*, p. 119.

4

La conservation des ressources renouvelables

Les terres agricoles

> *Chez le cultivateur et dans ses champs, la Commission de la conservation s'applique à diriger les aspirations vers un but meilleur que celui d'ouvrir les veines du sol pour en sortir un profit immédiat. Notre ambition et nos espérances sont dirigées vers la production des plus abondantes récoltes de la meilleure qualité, moyennant le moins de frais possible, tout en rendant le sol exempt de mauvaises herbes, fertile et beau par notre travail et nos soins comme cultivateurs. Grâce à Dieu, nous sommes dans la bonne voie.*
>
> James W. Robertson, président, comité des terres[1]

Le rôle de James W. Robertson

Au début du XXe siècle, l'économie canadienne dépendait avant tout de la productivité de ses terres. La terre donnait du travail à plus de Canadiens que tout autre secteur économique et sa production se classait au premier rang au chapitre de la valeur des exportations. Lorsque la Commission de la conservation fut créée, la majorité des habitants du Dominion vivaient dans les régions rurales. Pour remplir adéquatement son mandat, il était donc essentiel que la Commission se penche sur les problèmes reliés à la conservation des terres.

Contrairement aux autres comités, celui des terres a concentré presque toute son attention sur l'éducation et la recherche sur le terrain plutôt que sur la formulation de recommandations de politiques gouvernementales. Cela s'explique peut-être par le fait que c'est le président du comité, plutôt que le spécialiste de la Commission, qui a défini les objectifs et mis sur pied le programme de recherche. Le professeur James W. Robertson (1857–1930) fut professeur au Collège agricole de Guelph de 1886 à 1890 avant de devenir chercheur à la ferme expérimentale à Ottawa de 1890 à 1895, puis enseignant et enfin directeur du Collège Macdonald de l'Université McGill en 1905[2]. Nul doute qu'il a été le président le plus dynamique de l'histoire de la Commission. Idéologiquement, il était aux antipodes de Sifton, James White et la plupart des progressistes de l'époque. Car il croyait fermement que les simples citoyens pouvaient sauvegarder les ressources naturelles du Dominion bien plus efficacement que les spécialistes de l'État, en autant qu'ils en soient les propriétaires directs, qu'ils possèdent les bons outils et une éducation appropriée. Dans le domaine de l'agriculture, il voyait dans la propriété foncière un garant de la protection des terres, car la terre se transmettait généralement de père en fils. Dans son allocution à ce sujet durant la réunion inaugurale de la Commission, il affirma :

> Quoique cette Commission ne soit pas chargée de la conservation de ces inestimables possessions, on peut croire qu'elle n'enfreindra pas ces droits héréditaires, mais qu'elle aidera à prolonger leur jouissance par le sage emploi de ces possessions dans les nombreuses divisions de la propriété nationale. [...] Je crois que cette Commission rendra service à ces cultivateurs en leur enseignant que l'on peut produire par la bonne culture un maximum de profits immédiats, tout en conservant à la terre sa puissance de production pour le bien de nos descendants[3].

Les idées de Robertson quant à la conservation ne se limitaient pas qu'à la condition des terres. Lors de la réunion inaugurale, il déclara que la Commission pourrait grandement contribuer à l'amélioration de la qualité de vie des agriculteurs en étudiant le potentiel de l'énergie éolienne dans le chauffage des habitations. Il affirma que le Collège Macdonald avait déjà fait des progrès « dans la recherche et l'utilisation du vent pour chauffer les maisons », mais que les recherches devaient se continuer sur une plus grande échelle, notamment dans le domaine de l'accumulation de l'énergie. Il proposa en outre que la Commission réalise une étude de faisabilité quant à l'utilisation de l'huile de tournesol pour le chauffage domestique[4]. Si Robertson avait convaincu la Commission d'examiner ces avenues de recherche, celle-ci aurait pu contribuer à l'essor de l'une ou l'autre de ces formes d'énergies douces. Mais le comité se concentra plutôt sur la conservation du potentiel des terres du Dominion afin de produire des aliments de bonne qualité, une tâche gigantesque en soi.

La composition du comité

Plusieurs membres prestigieux de la Commission furent nommés au comité des terres. Trois d'entre eux provenaient des provinces de l'Ouest. Le docteur Henry M. Tory (1864–1947), fondateur de l'Université d'Edmonton en Alberta en 1908, avait étudié la physique et les mathématiques avant de débuter dans sa carrière comme enseignant à l'Université McGill en 1893. Il participa aux activités du comité des terres de la Commission jusqu'à la fin de la Première Guerre mondiale, lorsqu'il fonda l'«Université Kaki», destinée à l'éducation des soldats canadiens de retour du front[5]. Le révérend George Bryce du Manitoba, qui s'intéressait aux délibérations du comité, participa à toutes les réunions du comité sauf celle de 1913. Le docteur William J. Rutherford, sous-ministre de l'Agriculture en 1909 puis doyen de la Faculté de l'agriculture de l'Université de la Saskatchewan à partir de 1919, assista à presque toutes les réunions du comité. Promoteur du développement durable dans le domaine agricole, il affirma en 1917: «Cette commission n'a pas seulement pour but de conserver les ressources naturelles, mais de les développer rationnellement, de façon à assurer leur conservation[6].»

Mgr Choquette fut nommé membre du comité en 1913. Le docteur Cecil C. Jones (1872–1943), chancelier de l'Université du Nouveau-Brunswick à Fredericton, provenait des provinces maritimes. Ce professeur de mathématiques a œuvré au sein de la Commission durant toutes les années 1910[7].

Les membres d'office de la Commission ont accordé une attention particulière aux activités du comité. À titre de ministre fédéral de l'Agriculture, Sydney Fisher participa aux rencontres de ce comité en 1910 et 1911. Il est cependant difficile de déterminer quelle a été sa contribution. Par contre, son remplaçant conservateur, Martin Burrell, était peu impressionné par le travail de la Commission. Il occupa le poste de ministre de l'Agriculture d'octobre 1911 à octobre 1917 avant de devenir ministre des Mines. Burrell a commencé à assister aux réunions du comité en 1914, lorsqu'il se présenta pour la première fois à la réunion annuelle. Entre 1914 et 1918, on le retrouve aux réunions du comité des terres, prenant note aussi bien des programmes intéressants à transférer à son ministère que des projets qu'il considérait comme des dépenses inutiles ou des dédoublements de tâches. C'est probablement à cette époque qu'il commença sérieusement à s'interroger sur l'utilité de la Commission. Selon la correspondance examinée, Burrell a été le premier à suggérer à Borden que la Commission de la conservation n'était pas une organisation utile pour le gouvernement[8]. Devenu ministre des Mines en 1917, il assista alors aux activités des comités des forêts, des terres, des minéraux et de la santé publique.

Son collègue Arthur Meighen participa aux activités du comité des terres à partir de 1914, probablement afin de monter un dossier contre la Commission. T. A. Crerar par contre, le successeur de Burrell au ministère de l'Agriculture, ne semble pas avoir été incommodé par la

Commission : le leader des Progressistes dans l'Ouest canadien participa aux réunions du comité en 1917 et 1918, mais ne semble pas avoir formulé de critiques à l'égard de la Commission[9]. Il fallut près d'un an à Robertson pour trouver un spécialiste qui pourrait coordonner efficacement les activités du comité des terres. Il faut dire qu'en 1910, Robertson fut également nommé président de la Commission royale sur la formation industrielle et l'éducation technique et cette tâche occupait le plus gros de son temps. En décembre 1910, l'agronome F. C. Nunnick, un diplômé du Collège agricole de Guelph en Ontario, assuma les fonctions de spécialiste des questions agricoles pour la Commission. Durant ses onze années à l'emploi de la Commission, il collabora à la publication de huit ouvrages consacrés à l'agriculture[10].

Un recensement des conditions agricoles

Tout comme dans le cas des activités minières et hydroélectriques, la production des denrées agricoles a fait des pas de géant durant la première décennie du XXe siècle. Entre 1901 et 1911, la valeur de la production agricole passa d'environ 200 millions de dollars à près de 400 millions de dollars. Durant la décennie suivante, elle s'accrut à près de 1,1 milliard de dollars[11]. Certes, cette augmentation pouvait être le reflet de l'augmentation rapide des superficies cultivées dans l'Ouest grâce à l'arrivée de milliers d'immigrants. Mais les commissaires étaient conscients que dans les autres régions du Dominion, l'augmentation de la production agricole pouvait avoir un impact néfaste sur la fertilité des terres. Or, personne, pas même le ministère fédéral de l'Agriculture, n'avait une idée précise de la qualité des terres cultivées ni des techniques agricoles employées par les agriculteurs canadiens. C'est pourquoi dès la réunion inaugurale, Robertson proposa que la Commission coordonne un inventaire national des sols et des pratiques agricoles dans toutes les régions du Dominion.

L'absence d'un spécialiste n'empêcha pas Robertson d'amorcer le travail de son comité durant l'été de 1910 et 985 fermes furent inspectées par du personnel engagé par la Commission. Mais les membres du comité dans les régions ne semblent pas avoir participé au choix de ces spécialistes ni à l'élaboration du questionnaire utilisé, bien que Robertson ait demandé à certains d'entre eux de « superviser » le travail des employés contractuels. Robertson a rédigé le questionnaire. Les fonctionnaires des ministères provinciaux de l'agriculture et les directeurs des différents collèges agricoles du pays lui ont fourni des hommes pour faire le travail[12]. Les spécialistes ont pris note de la superficie des fermes, des types de sols cultivés, des espèces de mauvaises herbes retrouvées, de l'équipement aratoire utilisé, des provisions en bois de chauffage disponibles et de la qualité de l'eau potable. Les inspecteurs ont noté des variations considérables d'une province à l'autre et d'un groupe linguistique à l'autre. Le tableau 10 résume les résultats du recensement concernant la pratique de l'assolement. Bien que la plupart des agriculteurs aient connu cette technique, dans l'ensemble, seulement 9 % des agriculteurs visités pratiquaient l'assolement systématique de leurs terres[13]. Or, sans assolement systématique, la fertilité des terres décroît rapidement, les sols tendent à s'éroder et sont vulnérables à l'envahissement des mauvaises herbes. La majorité des agriculteurs de l'est du Canada fumaient leurs terres, mais les inspecteurs ont noté que les quantités utilisées étaient généralement dérisoires. Dans l'Ouest, l'absence de grands troupeaux d'animaux de trait rendait la pratique encore plus difficile, d'où la nécessité de considérer d'autres méthodes de fertilisation des terres.

Tableau 10

**Pourcentage des agriculteurs pratiquant
l'assolement occasionnel et le fumage de leurs terres
selon le recensement agricole
de la Commission de la conservation, 1910**

Province	Assolement occasionnel	Fumage des terres
Île-du-Prince-Édouard	90 %	100 %
Nouvelle-Écosse	38 %	100 %
Nouveau-Brunswick	50 %	n.d.
Québec (anglophones)	88 %	100 %
Québec (francophones)	05 %	100 %
Ontario	n.d.	n.d.
Manitoba	100 %	85 %
Saskatchewan	60 %	52 %
Alberta	80 %	27 %
Colombie-Britannique	±70 %	85 %

Source: Commission de la conservation, «Recensement agricole 1910», *Terres, pêcheries, minéraux*, 1911, pp. 1–20.

Les résultats du recensement agricole illustrent également les conditions de vie difficiles d'un grand nombre d'agriculteurs de cette époque. Seulement 10 % possédaient de l'eau courante, les autres devaient utiliser des puits dont l'eau n'était pas toujours propre à la consommation. Dans certaines régions du Dominion, la situation en matière d'approvisionnement en bois de chauffage était alarmante : la provision de bois debout sur les fermes visitées était d'environ six années au Manitoba, onze années en Saskatchewan et dix-neuf ans dans certains districts du sud de l'Ontario. À courte échéance, les cultivateurs auraient donc à déboiser les abords de leurs terres, ne leur offrant ainsi aucune protection naturelle contre le vent et les intempéries. Évidemment, tous devraient aussi débourser des sommes importantes pour chauffer leurs établissements. Or, à peu près personne, selon le recensement, ne pratiquait de reboisement[14] !

Le recensement agricole de 1911, coordonné par Nunnick, vint confirmer les tendances notées l'année précédente. Ce deuxième recensement comportait un questionnaire détaillé des conditions agricoles qui, cette fois, fut soumis aux membres du comité. Ces derniers ont aussi collaboré dans le choix des spécialistes qui visiteraient les établissements agricoles dans leurs régions[15]. Au moins la moitié des agriculteurs interrogés avaient noté une nette diminution du rendement de leurs terres depuis le début du siècle. Ces chiffres inquiétaient sérieusement Robertson. Certes, le Créateur avait accumulé des matières nutritives dans le sol pendant 50 000 ans avant la colonisation, expliqua le président du comité lors de la réunion annuelle de 1912. Pourtant, aucun agriculteur dans l'Ouest n'a rapporté une augmentation de la fertilité de sa terre et 46 % ont confirmé une diminution marquée de la fertilité. Et comme on pouvait s'y attendre, les résultats dans l'est du pays n'étaient guère plus encourageants. « Ceci nous donne de quoi réfléchir » conclut-il[16].

Le recensement agricole poursuivi en 1912 confirma les résultats précédents. En effet, plus de la moitié des agriculteurs des Prairies constataient des diminutions de récoltes par rapport à celles obtenues dix ans auparavant. Les recensements de 1913 et 1914, pour leur part, ont été effectués dans 29 comtés qui n'avaient jamais été visités auparavant par la Commission. Les statistiques rapportées reflètent les résultats obtenus durant les années précédentes[17].

Les fermes modèles

Dès que les résultats du recensement de 1910 furent compilés, Robertson proposa une série de programmes pour aider les agriculteurs à résoudre les problèmes les plus pressants sur le terrain. L'Ontario avait fait les premiers pas dans cette direction en engageant, à partir de 1907, des agronomes diplômés du Collège de Guelph dans une quinzaine de comtés. Ces agronomes visitaient les fermes sur demande et

Une ferme modèle dans l'Est canadien.

La Commission, qui encourageait l'utilisation des engrais naturels, le compostage et l'assolement des terres, a étudié l'impact des engrais artificiels sur la salinité et la fertilité des sols.

offraient leurs conseils. Robertson ne considérait pas ce service suffisant pour modifier les pratiques agricoles des fermiers. En 1911, il demanda aux spécialistes responsables de l'inspection des fermes pour la Commission de dresser une liste des agriculteurs qui seraient disposés à établir des fermes modèles (communément appelées fermes de démonstration à l'époque) dans différentes régions du pays[18].

L'année suivante, cette liste en main, Robertson demanda que la Commission trouve les budgets nécessaires pour établir de telles fermes dans toutes les régions du Canada. L'objectif visé était de familiariser les agriculteurs avec de nouvelles techniques et de nouveaux produits agricoles sur leurs terres sans déboursés additionnels. « Il ne s'agit pas ici d'un travail de ferme expérimentale, ni d'un travail de collège; c'est [plutôt] l'examen de ce qui est pratique et avantageux au point de vue des conditions sociales et économiques du pays [...] » déclara Robertson. Pour chaque ferme choisie, trois acres de bonne terre devaient être réservées aux démonstrations et les agriculteurs seraient tenus de faire le travail demandé par les spécialistes à l'emploi de la Commission. En échange, l'agriculteur aurait droit à 25 $ en plus des récoltes produites sur ces terres. Les dépenses totales pour chaque établissement ne devaient pas s'élever à plus de 125 $ par année. À la fin de 1912, on comptait 31 fermes de démonstration dans toutes les provinces du Dominion, et les commissaires espéraient poursuivre l'expérience pendant plusieurs années encore. Afin de standardiser les expériences effectuées dans chaque région, trois employés de la Commission étaient chargés de visiter les fermes et diriger les opérations. En 1913, ils effectuèrent environ 250 visites, soit environ une visite par mois pour chaque établissement[19].

À la suite de la publication des données des recensements, les membres du comité des terres ont décidé d'examiner de plus près le problème de la baisse de la fertilité des sols au Canada. Plusieurs expériences ont été faites dans les fermes de démonstration. Robertson et son équipe espéraient enseigner aux agriculteurs différentes méthodes pour redonner à la terre les éléments nutritifs organiques essentiels à la croissance des plantes : épandage du fumier, ensemencement de la luzerne pour augmenter le contenu en azote de la terre, rotation des récoltes, utilisation de compost, etc.[20].

Dans le cas de la luzerne par exemple, Robertson a insisté pour que les agriculteurs collaborant aux fermes de démonstration du Québec et des provinces maritimes tentent l'expérience. La luzerne, une plante fourragère à petites fleurs bleues qui survit aux rigueurs de l'hiver, peut produire jusqu'à trois récoltes de plantes fourragères appréciées par le bétail et les vaches laitières. Parmi les expériences tentées en 1911, on note la récolte de la luzerne au Québec dans quatre comtés. L'année suivante, près d'une centaine d'agriculteurs, dont 53 de l'Île-du-Prince-Édouard, se sont prêtés à l'expérience. Près de 60 % d'entre eux réussirent à faire pousser la luzerne. En 1913, la Commission fournit la semence de luzerne aux agriculteurs du Québec qui en avaient fait la demande, puis ferma le dossier, en espérant que ces agriculteurs répandent la pratique à l'ensemble des producteurs laitiers[21].

En 1915, Sifton, plutôt satisfait des résultats préliminaires des fermes de démonstration, rappela toutefois aux commissaires qu'il était temps de confier le programme au ministère de l'Agriculture. « Il ne nous appartient pas d'organiser un département d'agriculture, expliqua-t-il, des difficultés inévitables surviendront, si nous poursuivons le travail que nous avons entrepris. [...] On discute actuellement des mesures pour transférer le travail des fermes de démonstration au ministère de l'Agriculture à l'expiration du présent exercice [financier]. » Certes, un arrêté ministériel fut signé au printemps de 1915, confirmant ce transfert de responsabilités et une division des stations de démonstration fut établie par le ministère de l'Agriculture afin de coordonner ces activités. Mais les visites des spécialistes du ministère se sont faites rares durant l'été de 1915. Robertson a été déçu d'abandonner ce programme qui semblait porter des fruits. En janvier 1916, il proposa que la Commission aide les cultivateurs qui avaient participé au programme à former leurs propres « associations des cultivateurs démonstrateurs », afin qu'ils puissent continuer de coopérer entre eux. Le comité des terres publia et distribua des copies d'une « constitution » type décrivant le mandat des associations et les méthodes d'élection des membres de l'exécutif[22].

Un comté modèle

En 1915, Robertson présenta les grandes lignes de son projet à venir : les comtés de démonstration. L'objectif était d'étendre l'expérience à tout un comté afin de mieux former la main-d'œuvre et d'améliorer les mécanismes de coopération, les routes, le transport, l'éducation et les relations sociales entre les membres de la communauté :

> Il importe pour le Canada que ses habitants soient employés avantageusement sur les terres, qu'ils y vivent heureux et contents. Toute la nation aurait un foyer et le commerce avec l'étranger y gagnerait. La population serait perpétuellement régénérée financièrement, physiquement, mentalement et moralement par la pratique des meilleures méthodes de

culture des champs et par la jouissance des meilleures conditions de vie au sein de la belle nature[23].

Évidemment, ce programme n'avait pas grand-chose à voir avec la conservation de la terre : il visait à mieux cerner les problèmes économiques et sociaux auxquels étaient confrontés les agriculteurs. Pourtant les employés de la Commission se sont lancés dans ce nouveau type de recensement. À partir de l'été de 1915, une centaine de fermes furent visitées dans quatre comtés en Ontario afin de déterminer la localisation du premier comté de démonstration. C'est le comté de Dundas qui fut choisi[24]. En 1916, un étudiant du Collège de Guelph employé par le comité visita quatre cents cultivateurs du comté. Pour chaque examen, A. Maclaren prenait en note les variables des recensements agricoles de même que celles des études des comtés. Les nouvelles données indiquent qu'en 1916, environ la moitié des agriculteurs employaient de la main-d'œuvre de l'extérieur; aucun n'avait utilisé de coopérative pour vendre ses produits; les routes rurales étaient entretenues par corvées et la plupart des denrées vendues et achetées étaient transportées par chemin de fer; 1 % des agriculteurs avaient fréquenté l'école supérieure et environ 16 % des agriculteurs possédaient des automobiles[25]. L'année suivante, seulement 1 % des agriculteurs recensés dans le comté de Dundas utilisaient « un bon système de comptabilité ». Les réseaux d'échange d'information technique entre les agriculteurs étaient à peu près inexistants. Des expériences de sélection de semences, de culture du trèfle et d'application de chaux, effectuées sur seize fermes choisies par les experts de la Commission, ont produit des résultats satisfaisants[26].

Malheureusement, il est impossible de déterminer si les données présentées par Nunnick reflètent la réalité, car le comité n'a jamais produit de statistiques démontrant que les agriculteurs du comté de Dundas avaient amélioré la qualité de leurs produits ou la fertilité de leurs terres durant les années où la Commission s'est intéressée à leur sort. D'autre part, rien n'a été publié nous permettant de comparer les améliorations dans le comté de Dundas à la situation dans d'autres comtés similaires[27].

Mgr Choquette appréciait les efforts de la Commission et aurait bien aimé qu'elle se penche sur les conditions agricoles dans sa province. En 1916, il demanda son aide afin d'endiguer le flot de l'émigration des Canadiens français des régions rurales du Québec vers l'Ouest canadien, les États-Unis et le monde urbain. « Je demande aujourd'hui que cette même commission s'emploie à une conservation d'ordre supérieur; à la conservation des idées et des sentiments.» Il conclut son appel en priant les membres de la Commission

> de s'intéresser à la grande classe des producteurs canadiens; de chercher les moyens d'accroître le rôle et l'influence des agriculteurs par l'enseignement, par la considération et les honneurs, et surtout, je demande de les protéger contre les pirates financiers qui s'enrichissent de leurs dépouilles et les dégoûtent de leur vocation. Je l'invite donc à conserver ce qui est le plus cher au cœur d'un peuple, ses traditions[28].

À deux reprises en 1917, Choquette demanda à la Commission d'établir un comté de démonstration au Québec. Les membres du comité des terres acceptèrent mais la Commission fut abolie avant l'établissement d'un tel programme au Québec[29].

La guerre et l'utilisation des engrais chimiques

Il ne fait aucun doute que le début des hostilités en Europe a forcé les membres du comité des terres à repenser leur stratégie quant à la conservation de la fertilité des terres du Dominion et aux moyens d'augmenter la production de denrées agricoles. Dès 1915, le ministère de l'Agriculture a utilisé les services des spécialistes de la Commission dans le but d'exhorter les agriculteurs à maximiser leur production par tous les moyens. Durant l'été de 1915, Nunnick et son assistant ont adressé la parole à trente-deux assemblées dont vingt-deux avaient pour objet la campagne de patriotisme et de production du ministère de l'Agriculture[30]. Avec le déclenchement de la guerre, la demande pour les produits agricoles canadiens monta en flèche. Certes les agriculteurs établis sur les terres «neuves» de la Saskatchewan par exemple pouvaient produire beaucoup durant les premières années: 3 millions de boisseaux de blé en 1900, 26 millions en 1905 et 176 millions de boisseaux en 1915! Or, selon Robertson, 25 boisseaux de blé soutiraient du sol 35,5 livres d'azote, 6 livres de phosphore et 6,5 livres de potasse. «On se demande naturellement comment peut-on continuer à expédier du blé, tout en conservant la fertilité du sol[31]?» Dans l'Est, la situation semblait se détériorer: les résultats des recensements dans le comté de Dundas par exemple indiquaient une diminution marquée de la production agricole en 1916 et 1917.

Certes, l'appauvrissement général des terres expliquait en partie la baisse des rendements. Mais il y avait aussi le problème du manque de main-d'œuvre. Dans une résolution adressée au gouvernement fédéral au début de 1917, les membres du comité proposèrent «[que,] vu la grande nécessité de se procurer des vivres au Canada par les Canadiens, et en Europe par les Alliés, le comité désire attirer à nouveau l'attention sur la nécessité d'accroître la production, et demande que les cultivateurs, les jardiniers et tous les autres fassent tout en leur pouvoir pour contribuer à une plus grande quantité de céréales, légumes, viande, produits de la laiterie et autres aliments[32]».

À la fin de 1917, Robertson, en proie à un certain découragement, affirmait même : « La terre et la main-d'œuvre sont dans un état si déplorable qu'il est impossible de remonter [la pente]. Si la récolte manque l'année prochaine, c'est fatalement la famine. » Les membres du comité des terres étaient impuissants face au problème du manque de main-d'œuvre. Dans l'une de leurs rares recommandations adressées au gouvernement fédéral, ils demandèrent que les fils d'agriculteurs soient exemptés du service militaire[33].

Durant ces années, les membres du comité concentrèrent leur attention sur les moyens d'accroître la fertilité des terres. Robertson, comme on l'a vu dans la première section du chapitre 4, ne favorisait pas l'emploi des engrais artificiels et préférait les engrais naturels, le plus efficace étant le fumier. F. C. Nunnick partageait l'opinion de Robertson. Dans un rapport sur l'utilité des fertilisants qu'il adressa à Sifton à la fin de 1916, il écrivit : « À mon avis, il y a de la place pour des fertilisants chimiques, mais en les utilisant ou en envisageant leur utilisation, nous devons réaliser l'importance et la nécessité du fumier de ferme[34]. »

Mais Sifton comprenait bien que, mises à part les régions où florissait l'industrie laitière, l'utilisation systématique du fumier de ferme pour l'agriculture n'était pas réaliste[35]. L'utilisation des engrais « verts » comme le trèfle, la luzerne et le compost, qui prennent plusieurs années avant de faire effet, ne semblait pas non plus répondre aux exigences de l'effort de guerre. D'autre part, ce qui est surprenant, personne n'a soulevé la possibilité d'utiliser les boues provenant du traitement des eaux usées des municipalités, dont le contenu en azote et en phosphate était élevé. Dans son allocution adressée aux membres de la Commission lors de la réunion de 1917, Sifton insista sur la nécessité de conserver ou d'accroître la productivité des terres le plus rapidement possible et posa carrément la question de l'utilisation des engrais artificiels :

> La productivité du sol, son pouvoir de fournir la plus grande quantité de nourriture possible, sont des questions nationales de la plus haute importance. Rien de plus vital que la conservation et l'accroissement de la fertilité. Posons-nous alors cette question : pouvons-nous, avec avantage et économie, appliquer aux sols du Canada un engrais dont la fabrication en ce pays sera peu coûteuse[36] ?

Il informa les commissaires qu'il était possible de créer de l'azote par électrolyse, comme le faisait la compagnie Cyanamide, située sur le côté américain des chutes Niagara. «Plusieurs de nos plus puissantes forces [hydrauliques] sont tellement éloignées des grands centres de population que leur adaptation aux nécessités de pareilles industries s'impose d'elle-même, ajouta-t-il.» Durant cette réunion, H. J. Wheeler, qui avait été directeur de la station d'expérimentation agricole du Rhode Island, fut invité à expliquer comment étaient utilisés l'azote, la potasse et le phosphore artificiels dans les cultures aux États-Unis. Son exposé faisait état d'accroissements remarquables des rendements sur les terres appauvries par des décennies d'usage : 57 % plus de grosses pommes de terre par acre, deux fois plus de maïs, deux fois plus d'avoine et 2,54 fois plus de blé ! De tels rendements pouvaient être obtenus en utilisant à la fois le fumier, la chaux et des «quantités raisonnables» d'engrais artificiels[37].

Frank T. Shutt, le chimiste officiel du Dominion, était plus prudent dans ses pronostics que Wheeler : «il ne serait pas sage de conseiller l'emploi d'engrais chimiques par tout le Canada, et indistinctement sur tous les sols et avec toutes les différentes cultures, expliqua-t-il. Les engrais ont leur place dans un système de culture rationnel; mais il faut tout d'abord que le cultivateur sache clairement quelle est cette place, s'il veut améliorer et non détériorer sa terre [...][38].»

Shutt expliqua que les régions du pays n'avaient pas toutes les mêmes besoins en engrais; que le climat avait une énorme influence sur la fertilité des terres et que les besoins en éléments nutritifs de chaque culture étaient différents. Il était donc inutile de proposer des normes nationales en matière de fertilisation des terres : seuls des examens cas par cas révéleraient si une terre a besoin d'engrais artificiels ou non. Il faut dire qu'en 1916, le ministère de l'Agriculture n'avait pas encore fait toute la lumière sur cette question. Dans le cas de la production du blé dans les provinces de l'Ouest par exemple, Shutt résuma quinze années d'expériences à la ferme expérimentale de Brandon, au Manitoba, en ces termes : «Nous cherchons à accroître le rendement du grain en ces provinces, surtout à l'heure actuelle, car notre blé est nécessaire pour aider à nourrir les soldats de notre Empire [...]. Mais nous ne possédons pas de données qui nous permettent de dire qu'il est possible de résoudre le problème par l'application de ces engrais.» Ainsi, les terres de l'Ouest canadien, mises en culture depuis quelques années seulement, ne semblaient pas encore manquer d'éléments nutritifs durant les années 1910, mais les semences étaient souvent trop faibles pour résister au climat rigoureux de cette région. Dans les provinces maritimes, au Québec et dans certaines régions de l'Ontario par contre, les engrais pouvaient augmenter considérablement les rendements, dans la mesure où ils étaient utilisés avec du fumier de ferme[39].

Les commissaires, quelque peu confus par les recommandations des spécialistes et les besoins créés par la guerre, n'ont pas recommandé de plans d'action spécifiques concernant cette importante question. Il faut dire qu'après la réunion annuelle de 1918, Robertson fut nommé président du Bureau de la nourriture (Bureau des vivres) du Canada et a pratiquement abandonné toute activité au sein de la Commission pour les deux années suivantes. À la fin de la guerre, il ira en Grande-Bretagne avec Borden afin d'établir un plan d'urgence pour nourrir les populations affamées en Allemagne. Après son départ, le comité a perdu toute direction. Lors de la réunion annuelle de 1919, il devint apparent que les expériences menées sur les fermes du comté de démonstration s'apparentaient de plus en plus à celles conduites dans les fermes expérimentales du ministère de l'Agriculture, notamment les expériences de chaulage des terres où poussait le trèfle et les nouvelles techniques de labourage. En 1918 le comité autorisa des dépenses difficilement justifiables compte tenu du mandat de la Commission. Il fit publier des manuels de comptabilité et un manuel général de l'agriculteur; il participa à des foires agricoles et subventionna même des visites d'agriculteurs du comté de Dundas à la ferme expérimentale centrale d'Ottawa[40].

Lorsque Robertson revint d'Europe, il reprit les commandes et encouragea les commissaires à tenir une réunion semi-annuelle à Winnipeg afin de discuter plus à fond des problèmes de préservation de la fertilité du sol[41]. Selon la correspondance retrouvée dans les archives, la plupart des membres s'intéressaient suffisamment à l'organisation pour se rendre à ce qui allait être la dernière conférence organisée par la Commission de la conservation[42]. Bien que le rapport officiel de la réunion ne fût jamais publié, les articles de journaux parus à Winnipeg confirment que la conférence fut un succès[43].

La forêt

Si nous ne conservons pas l'héritage que nous avons reçu, un jour viendra où le Canada ne sera plus un pays enviable.
William Cameron Edwards, président, comité des forêts[44]

Les membres et employés du comité

Contrairement aux autres comités, celui des forêts était composé de personnes dont la vie gravitait autour de l'exploitation de la ressource à l'étude. Leurs connaissances du sujet et leur expérience pratique dépassaient ce que possédaient la plupart des membres des autres comités. Le rôle du sénateur Edwards, son président, doit également être pris en considération : plutôt que de déterminer seul le programme de recherche comme l'ont fait James Robertson et Frank D. Adams par exemple, le sénateur Edwards a laissé les membres du comité décider des priorités et a encouragé les débats entre les spécialistes et les commissaires.

Edwards n'était pas le seul marchand de bois membre du comité des forêts. William B. Snowball, un marchand de bois originaire de Chatham, au Nouveau-Brunswick, avait hérité de l'entreprise familiale. Membre actif de l'Association forestière canadienne (il en fut vice-président en 1905 et président en 1908), il participa à toutes les réunions du comité des forêts de la Commission. Passionné d'histoire naturelle (il est le fondateur de la Société d'histoire naturelle de Chatham), il passait de longues heures à parcourir les bois afin de découvrir de nouvelles espèces végétales. Il a constaté les dommages provoqués par l'exploitation forestière sur la Nature et ses interventions témoignent de son inquiétude. En 1918 par exemple, il déclara que la coupe à bois dans sa province était largement supérieure à la capacité de la forêt à se reproduire. Il qualifia cette situation d'inacceptable, mais du même souffle, il admit qu'après dix ans de recherches, il ne savait toujours pas quoi suggérer pour modifier cette situation[45].

Parmi les autres membres du comité des forêts, on note également Frank Davison, un marchand de bois de Bridgewater, en Nouvelle-Écosse. Il assista aux premières réunions du comité, mais son état de santé l'empêcha de poursuivre ses activités[46]. John Hendry, un marchand de bois de la Colombie-Britannique, assista à quelques réunions du comité jusqu'à son décès en 1916 et n'hésita pas à intervenir auprès de Laurier lorsque les actions du gouvernement lui semblaient préjudiciables à la gestion rationnelle des forêts dans l'Ouest[47].

Bernard Eduard Fernow a apporté une contribution inestimable aux délibérations du comité. Durant les premières années d'opération de la Commission, il coordonna les activités de recherche du comité et fit publier quatre ouvrages sur les conditions forestières du Dominion[48]. Le doyen de la faculté de foresterie de l'Université de Toronto réussit à faire engager ses étudiants pour la plupart des contrats de recherche forestière de la Commission. C'est également à la suite de la recommandation de Fernow que la Commission embaucha Clyde Leavitt à titre d'ingénieur forestier expert de la Commission, un jeune forestier américain qui avait étudié sous sa gouverne à Cornell en 1902. Leavitt coordonna les nombreuses activités de recherche du comité des forêts, publia quatre rapports sur les conditions forestières du Dominion et travailla pour le compte de la Commission des chemins de fer afin de l'aider à contrôler le problème des incendies provoqués par les locomotives.

Les membres d'office de la Commission ne se sont pas impliqués dans les activités du comité des forêts. Le ministre des Terres de la Colombie-Britannique, William R. Ross par exemple, membre de la Commission de 1910 à 1915, ne se présentera qu'à la première réunion. Alexander C. Rutherford, le premier ministre de l'Alberta jusqu'en 1910, assista à la première réunion du comité. Son successeur, Arthur Sifton, le frère de Clifford, n'a jamais participé aux activités des comités de la Commission. Au niveau fédéral, le ministre de l'Intérieur Frank Oliver était présent à la réunion du comité de 1910. Son successeur conservateur, W. J. Roche (1859–1937), sera ministre de 1912 à 1916 mais n'assistera aux réunions qu'à partir de 1914. Il fut remplacé par Arthur Meighen qui examina *de visu* le fonctionnement du comité à partir de 1917, comme son collègue de l'Agriculture, Martin Burrell. Enfin, A. Crerar, ministre fédéral de l'Agriculture en 1918, n'a assisté qu'à une réunion du comité des forêts.

À la recherche de nouveaux modèles de gestion

Durant la réunion inaugurale de la Commission, Sifton avait identifié les principaux problèmes confrontés par les écologistes dans le domaine de la gestion rationnelle des forêts. Tout comme leur président, les commissaires étaient conscients que le système d'affermage en vigueur dans les provinces du Dominion était une invitation au gaspillage. Les provinces, propriétaires de la majeure partie des terres forestières du Dominion, en louaient des sections à des marchands de bois et à des entreprises qui pouvaient abattre tous les arbres qui dépassaient un certain diamètre. Une fois ces arbres coupés, leurs troncs étaient débarrassés de leurs houppes (la cime) et de leurs branches et transportés vers le cours d'eau le plus proche et les débris de coupe étaient laissés sur place. La forêt devait se régénérer d'elle-même. Or, au début du XXe siècle, il est devenu apparent que les forêts ainsi exploitées étaient très vulnérables aux incendies, les débris asséchés constituant des foyers propices aux déflagrations. De plus, la régénération y était beaucoup plus lente que dans les forêts inexploitées.

Sous un tel système, les marchands de bois n'avaient aucun contrôle sur le nombre d'années pendant lesquelles ils pouvaient

Un bon exemple d'exploitation forestière selon la Commission.

Plusieurs commissaires, opposés aux coupes rases, favorisaient la coupe des plus gros arbres, l'enlèvement des débris et le reboisement là où la forêt ne pouvait se régénérer naturellement.

espérer exploiter leurs concessions. Souvent les concessions n'étaient accordées que pour quelques saisons. Évidemment ils refusaient d'investir pour reboiser les régions exploitées ou nettoyer les débris de coupe s'ils ne pouvaient profiter de leur investissement à long terme. Il pouvait s'écouler plusieurs décennies avant qu'une forêt se régénère suffisamment pour permettre une autre coupe sélective, et près d'un siècle avant que des arbres nouvellement plantés arrivent à maturité. Mais les gouvernements ne pouvaient accepter d'aliéner les terres à bois pour de si longues périodes sans être accusés de céder leurs droits sur une proportion significative des territoires publics[49].

Dès les premières réunions, les membres du comité ont passé en revue les principaux modèles de gestion des forêts en vigueur ailleurs dans les pays de l'hémisphère Nord dans l'espoir de trouver une solution acceptable à ce problème. Le modèle suédois récemment établi a reçu une attention particulière. Lors de la réunion inaugurale de la Commission, Fernow avait proposé que le cadre législatif adopté en Suède soit étudié plus à fond, car le gouvernement avait établi en 1903 des commissions de conservation des forêts dans toutes les régions du pays. En mai 1910, à la suite de la deuxième rencontre du comité des forêts, Fernow écrivit au Congrès géologique international de Stockholm afin d'obtenir plus d'informations à ce sujet. Durant l'été, il visita des représentants des commissions régionales de conservation dans différentes provinces de Suède et fit rapport aux commissaires. Le modèle de gestion suédois était identique à celui proposé à Sifton par Carl Schenck quelques années auparavant : des commissions responsables de la gestion de l'ensemble du patrimoine naturel dans chaque comté[50].

Au printemps de 1910, Fernow écrivit également à l'Association internationale des stations expérimentales de Bruxelles en Belgique, afin de s'enquérir des différents modèles de gestion forestière en usage en Europe. Les commissaires recommandèrent aux provinces de considérer ces modèles[51]. Mais avant qu'elles apportent des modifications si importantes dans leur système de gestion des terres à bois, il fallait tout d'abord les convaincre de l'urgence de la situation en leur démontrant que leurs forêts n'étaient pas inépuisables.

Fernow s'affairait déjà à cette tâche depuis la réunion inaugurale. Invité par Sifton à présenter ses vues sur l'avenir des forêts au pays, il décida de situer les opérations forestières canadiennes dans un contexte international. Des quatre milliards d'acres de superficie de forêts sur la planète, Fernow estimait que moins de la moitié pouvait être atteinte et utilisée. Or, la population du globe augmentait rapidement et chaque individu consommait toujours plus de bois. À la fin des années 1900, la consommation annuelle mondiale était estimée à plus de 40 milliards de pieds cubes, sans compter la consommation domestique pour les besoins de chauffage. Selon Fernow, il fallait se rendre à l'évidence que « tous les pays sauf ceux du sud coupent plus d'arbres qu'il n'en croît annuellement dans leurs forêts, qu'ils empiètent sur leur capital, et que nous pouvons calculer à l'avance le temps où ils auront épuisé le bois de grosseur serviable ». Selon Fernow, au rythme où allaient les choses, l'humanité manquerait de bois d'ici la fin du XXᵉ siècle[52].

Mais le forestier d'origine prussienne était convaincu que le monde pouvait se sortir de cette fâcheuse situation en s'inspirant des méthodes forestières pratiquées dans les vieux pays. À ce titre, Fernow trouvait remarquable la performance de l'État prussien en la matière. De 1830 à 1907, la production de matière ligneuse était passée de 29 pieds cubes à l'acre par an à 61 pieds cubes à l'acre par an. Les revenus bruts étaient passés de 0,72 $ à 4,00 $ par acre par an. Comparée à la Prusse, la situation en Ontario apparaissait bien peu reluisante. « La Prusse, dont la superficie forestière n'est d'environ que la moitié de celle de l'Ontario pour laquelle des permis ont été accordés, retire au moins sept fois plus de revenus bruts que l'Ontario, et cela sans faire de gaspillage[53]. »

Afin d'impressionner un peu plus l'assemblée, Fernow rappela que les rendements en Prusse étaient inférieurs à ceux du reste de l'Allemagne ! Évidemment, les conditions d'opération en Europe étaient passablement différentes de celles applicables au Canada : les forêts de Prusse étaient sillonnées de routes et de chemins facilitant l'extraction des arbres arrivés à maturité, ce qui n'était pas le cas au Canada. C'est pourquoi Fernow préconisa l'utilisation massive de coupes rases suivies de reboisement. Ainsi, il serait plus facile et économique de transporter le bois coupé et de favoriser la croissance d'essences commercialisables en plantant du pin. Mais cette proposition ne fut jamais acceptée par les autres membres du comité qui préféraient des ajustements au système en vigueur du diamètre limite[54].

Les inventaires forestiers : pierre angulaire d'une saine gestion

Même les discours les plus percutants de Fernow ne réussissaient pas à convaincre les provinces de passer à l'action. Après tout, le forestier s'évertuait à discuter de ces questions depuis son arrivée aux États-Unis à la fin du XIXᵉ siècle. Le meilleur moyen de convaincre les gouvernements et le grand public que les ressources forestières canadiennes n'étaient pas infinies était de procéder à un inventaire scientifique du bois debout dans l'ensemble du Dominion.

En première étape, les employés de la Commission ont rassemblé les statistiques disponibles à ce sujet. Après avoir examiné les données publiées par les provinces, les membres du comité en sont venus à la conclusion que ces dernières n'avaient pas acquis l'expertise nécessaire pour procéder à des inventaires fiables sur les terres publiques[55]. Seuls les inventaires du ministère de l'Intérieur pouvaient être considérés comme fiables. Au printemps de 1910, Fernow proposa que la Commission subventionne les inventaires dans les provinces et utilise les services de ses étudiants en foresterie. Il serait ainsi possible de procéder à des inventaires standardisés et d'offrir les résultats aux administrateurs provinciaux.

La méthodologie avait déjà été mise au point pour les conditions géographiques canadiennes, expliqua Fernow. Durant l'été de 1909, son équipe avait en effet inventorié l'ensemble du territoire forestier de la Nouvelle-Écosse à un coût avantageux d'environ 0,25 $ le mille carré pour les territoires non montagneux[56]. En plus d'acquérir de meilleures connaissances sur les réserves de bois disponibles, les provinces pouvaient tirer un deuxième avantage dans cette proposition, car les jeunes forestiers ayant participé à la tenue de ces inventaires auraient accumulé beaucoup de connaissances que les fonctionnaires et les marchands de bois ne possédaient pas, et pourraient devenir de bons administrateurs.

Si on en juge par le nombre d'inventaires forestiers publiés par la Commission, les représentants des provinces ont collaboré à la bonne marche de cette initiative. L'inventaire effectué en Nouvelle-Écosse servit de prototype et fut le premier à être publié. C'est à la suite de longues négociations entre la province de la Nouvelle-Écosse et la Faculté de foresterie de l'Université de Toronto en 1907 et 1908, que les conditions du contrat furent établies[57]. Fernow n'a pas choisi la province de la Nouvelle-Écosse au hasard. Sa superficie totale, environ 55 000 km², en faisait la deuxième plus petite province du Dominion. De nombreux chemins parcouraient le territoire et presque toutes les régions de la province étaient colonisées.

James White avait en quelque sorte collaboré aux préparatifs de ce premier inventaire lorsqu'il était géographe en chef du Dominion. À la demande de Fernow en mai 1909, il avait fourni des cartes topographiques détaillées sur lesquelles les forestiers marquèrent leurs relevés. À la fin de l'été de 1909, Fernow écrivit à White que son équipe avait couvert 8 000 milles carrés durant l'été et que l'opération avait été un succès. Le reste de l'inventaire fut effectué l'été suivant. On peut s'imaginer l'ampleur du travail accompli par la douzaine de forestiers et d'étudiants durant ces deux étés. Évidemment, ils n'ont pas parcouru toute la superficie de la province à pied; Fernow n'avait obtenu que 6 000 $ pour toute l'opération. Les territoires privés n'ont pas tous été examinés : les forestiers ont plutôt visité leurs propriétaires et ont rempli des questionnaires. Les territoires affermés ont fait l'objet de quelques relevés mais les terres provinciales non affermées ont été examinées systématiquement par l'équipe de Fernow[58].

Les données recueillies par l'inventaire n'étaient pas encourageantes. Car les deux tiers de la superficie de la province étaient impropres à l'agriculture et rien, pas même des arbres, ne poussait sur environ 10 % du territoire. Fernow estima que les stocks de bois debout sur la péninsule ne pourraient suffire à la demande en bois d'œuvre pour plus de vingt ans. Les forêts encore vierges étaient situées sur l'île du Cap-Breton. Toutefois, le sol y était si pauvre que seul le sapin baumier et les essences utilisables pour produire de la pâte à papier y poussaient. En outre, le taux de croissance de cette forêt était très lent et toutes les forêts de deuxième pousse périclitaient[59].

Fernow résuma son impression sur l'état de la forêt dans ses recommandations : « Elle est actuellement dans un état délabré; le gaspillage et l'exploitation à outrance la ruineront de plus en plus chaque année [...]. » Il proposa que l'État coordonne la gestion des forêts de la province afin d'atteindre un rendement soutenu : protection des forêts contre les incendies provoqués par l'homme; utilisation des débris laissés par la coupe; construction de tours de surveillance le long des voies ferrées; éducation des bûcherons afin qu'ils sauvegardent les jeunes plants lors de la coupe; nomination d'un forestier provincial, reboisement des terres stériles et évidemment établissement de bureaux de conservation dans chaque comté[60].

Ces recommandations n'ont pas été suivies par les autorités provinciales. Au début de 1914, Sifton s'étonnait de voir que la Nouvelle-Écosse n'avait pas encore nommé de forestier provincial ou créé un département de foresterie. Lors de la réunion annuelle de 1919 de la Commission, James White constatait que ce gouvernement provincial, qui avait autorisé la création d'un département de la foresterie en 1913, n'était toujours pas prêt à débloquer les fonds nécessaires en 1919[61].

Lorsque la rédaction du rapport fut complétée en 1911, White et Fernow avaient conclu une entente pour que la Commission en coordonne la publication. Mais à cette époque, Fernow était très déçu du travail du comité des forêts de la Commission. En novembre 1911, il écrivit à Sifton : « On me demande souvent ce que la Commission fait dans le domaine de la foresterie. Je dois toujours répondre que je ne sais pas, n'étant ni consulté ni tenu au courant des tâches du comité. [...] Puis-je suggérer qu'à l'avenir les membres des comités soient informés de ce qui se passe[62] ?» Selon White, la racine du problème était tout simplement le manque de personnel, et il se plaignait souvent à Sifton de ne pouvoir remplir son mandat adéquatement[63]. En fait, le forestier engagé par la Commission en juillet 1910, W. F. V. Atkinson, ne semblait pas faire son travail de façon satisfaisante : il a été remercié en octobre de l'année suivante. Lorsque Fernow écrivit à Sifton, aucun spécialiste ne coordonnait les activités du comité. Quelques jours avant la tenue de la réunion annuelle de janvier 1912, Fernow décida de protester contre cet état de choses en annonçant qu'il allait confier la publication de son manuscrit au ministère de l'Intérieur[64] !

Aucune correspondance ne subsiste concernant la réaction de Sifton à cette nouvelle, mais la semaine suivante, Fernow était revenu sur sa décision. Il confirma par écrit qu'il serait préférable que la Commission publie le manuscrit, car elle pouvait mieux représenter les intérêts des provinces que la Division forestière du ministère de l'Intérieur[65]. En échange d'un tel revirement, Fernow a sans doute obtenu de Sifton un accord pour subventionner un inventaire forestier du bassin de la rivière Trent et pour engager au moins un spécialiste à temps plein pour coordonner les activités du comité des forêts. Le 15 avril, la Commission embaucha Clyde Leavitt[66].

Le bassin de la rivière Trent

Dans certaines régions du pays, l'exploitation abusive de la terre et des ressources forestières a provoqué de véritables catastrophes écologiques. Dans au moins un cas, les commissaires se sont intéressés à comprendre les liens entre l'exploitation forestière et la colonisation d'une part, et la dégradation du milieu naturel d'autre part. Le cas du bassin de la rivière Trent, en Ontario, constituait un exemple parfait de cette dynamique. Située au cœur du vieil Ontario, la rivière Trent prend sa source dans les comtés de Hastings, Peterborough, Haliburton et Victoria, et se jette dans les eaux du fleuve Saint-Laurent à la hauteur de Trenton. Avant l'arrivée de l'homme blanc, les Amérindiens qui désiraient passer du fleuve aux Grands Lacs de l'ouest empruntaient la rivière Trent, puis une série de lacs et autres cours d'eau pour se rendre jusqu'à la baie Georgienne, qui communique avec le lac Huron. Cette route fut aussi utilisée par les coureurs des bois et les marchands de bois, car le bassin de la rivière était recouvert de milliers de kilomètres carrés de forêts de pin blanc.

Les autorités britanniques se sont vite aperçues de la valeur économique et stratégique du parcours et à partir de 1840, le gouvernement amorçait la construction d'un canal d'une longueur de 386 km reliant Port Severn, sur le lac Huron à Trenton, près du fleuve Saint-Laurent. En 1911, la construction des 316 ouvrages, incluant des ascenseurs hydrauliques, des canaux, des écluses et des ponts de béton n'était pas encore terminée et avait déjà coûté environ dix millions de dollars, une somme gigantesque pour l'époque[67].

Durant le XIXe siècle, la plupart des forêts du bassin de la Trent ont été abattues et le territoire colonisé. Or, les terres rocailleuses de la région ne se prêtaient aucunement à l'agriculture et beaucoup furent abandonnées. Au début du XXe siècle, le bassin de la rivière Trent ressemblait à une zone dévastée par un cataclysme et les photographies accompagnant le rapport de la Commission témoignent de l'ampleur du désastre. Les vastes forêts du bassin ont été remplacées par des sols érodés, jonchés de souches et de carcasses de pin blanc. On y voit aussi des fermes abandonnées assises sur des sols sablonneux où ne poussent que des broussailles. Plusieurs photographies ont pour objet les restes fumants de feux de forêt découverts par les forestiers durant leur inventaire[68]. Évidemment, le gouvernement fédéral s'intéressait à la région : les cours d'eau alimentant le canal prenaient leur source dans le bassin de la Trent. Les autorités désiraient connaître précisément l'état du couvert forestier dans le bassin, car elles craignaient des variations de plus en plus marquées dans l'écoulement des eaux, ce qui affecterait la viabilité du canal navigable :

> Il va de soi que la conservation des sources d'eau pour le canal prime [sur] tout, expliquent les auteurs de la recherche. Quoi que l'on puisse dire de l'influence de la déforestation sur le climat [...] on ne saurait douter de *l'effet qu'exerce une forêt sur le cours des eaux*. L'expérience a démontré que, dans toutes les parties du monde, les forêts servent à prévenir les crues et les baisses extrêmes; elles règlent et régularisent, en général, l'écoulement des eaux de surface[69].

Les municipalités de la région se plaignaient effectivement d'avoir de plus en plus de difficulté à fournir de l'eau potable à leurs citoyens car le niveau des eaux du bassin baissait constamment[70]. Les statistiques compilées à la suite de l'examen du bassin de la Trent par les employés de la Commission révèlent l'ampleur du désastre. Sur les 1 171 614 acres de territoire examinées, seulement 700 étaient constituées de forêt vierge. Aucun bois commercialisable n'avait été recensé sur 580 000 acres (49,5 %). En 1912, les forestiers avaient estimé que 22 500 acres (1,9 %) de forêts avaient été incendiées récemment mais l'année suivante, un gigantesque incendie détruisit 191 770 acres supplémentaires (16,37 %) ! Parmi les terres déboisées et incendiées, plus de 156 000 acres (13,31 %) ont été classées comme des déserts incapables de se reboiser naturellement. « On ne retrouve presque plus de pins en ce bassin [...] et de nombreux incendies ont passé [*sic*], causant des pertes de bois de plus en plus lourdes; aujourd'hui, c'est presque un désert de rochers nus, résultat qu'il faut attribuer à la négligence et à la malice de l'homme », concluent Howe et White[71].

De l'avis des forestiers, les terres en culture dans la région étudiée n'étaient pas de bien bonne qualité. Sur les 134 000 acres, la plupart étaient en très mauvaise condition et produisaient peu. Cela expliquait sans doute pourquoi la population des comtés examinés était passée de 17 183 en 1901 à 14 595 en 1911, une diminution de près de 15 % en dix ans. « Nous avons constaté journellement la triste désespérance de gens qui s'efforcent de vivre du produit d'une terre à peine capable de faire pousser du bois, écrivent Howe et White. Ce n'est qu'un autre exemple d'une occupation mal éclairée, ou plutôt *aveugle*, de townships que l'on n'aurait jamais dû ouvrir à la colonisation, et la faute retombe sur un gouvernement qui faillit à un devoir dont il est coupable d'ignorer l'importance[72]. »

Les autorités gouvernementales savaient depuis longtemps que cette région était impropre à l'agriculture. En 1855, un comité parlementaire présidé par A. T. Galt avait recommandé l'examen minutieux des terres de la région avant de permettre la colonisation. Dix ans plus tard, le commissaire des terres de la Couronne, Alexander Campbell, avait proposé aux autorités de soustraire de la colonisation les terres où avait poussé du pin blanc car « le pin existe sur des terres qui, la plupart du temps, sont impropres à la colonisation[73] ».

Dans leur rapport, Howe et White ont recommandé que la province de l'Ontario vende à bas prix ou concède à long terme environ la moitié du territoire examiné, soit environ 500 000 acres, au gouvernement fédéral. Selon eux, la Division forestière du ministère de l'Intérieur pourrait reboiser les zones désertiques et aménager les jeunes forêts, ce qui aurait un effet bénéfique sur le canal à long terme. Suite à la lecture du rapport, les membres du comité des forêts ont recommandé le transfert d'une superficie de territoire plus restreinte : environ 176 000 acres[74].

Sifton estimait cependant que l'étude de la Trent pourrait se révéler très utile si elle permettait de convaincre les autorités des autres provinces de concéder leurs terres aux colons avec plus de prudence, surtout celles dont la fertilité était douteuse. Aucune méthode n'avait été développée « pour distinguer soigneusement quelles sont les terres propres à l'agriculture et celles qui ne le sont pas », déclara Sifton lors de la réunion annuelle de 1914. « Il nous importe de réclamer une politique intelligente en ce qui regarde l'établissement des terres qui sont situées en partie dans les forêts de l'Ontario et en partie dans celles du Québec, surtout celles qui se trouvent le long des nouveaux chemins de fer[75]. »

En 1915, Sifton notait que les provinces n'avaient pas tenu compte des recommandations de la Commission et que dans le cas du bassin de la Trent, l'Ontario n'avait pas donné suite aux propositions des membres du comité des forêts. Pourtant, soulignait Sifton, « la protection des sources des eaux de ce bassin et la régularisation du débit sont indispensables à la réussite complète de cette entreprise[76]». Après cette date, plus rien ne sera écrit dans les rapports de la Commission à ce sujet.

Le Nouvel-Ontario

Suite à la publication du rapport sur le bassin de la Trent, les membres du comité ont sonné l'alarme lorsqu'ils croyaient que des gouvernements allaient autoriser la colonisation dans des régions incultes. Au début du XXe siècle, des rapports provenant de la province de l'Ontario laissaient entendre que les sols de la région autour de la ville de Cochrane, située dans le nord de la province, étaient suffisamment riches et argileux pour y favoriser la colonisation. En 1912, Sifton, désireux de mieux connaître le potentiel et les limites du Nouvel-Ontario, demanda à Fernow d'en faire un examen. Au retour de son expédition, ce dernier présenta un rapport plutôt pessimiste sur le potentiel à la fois forestier et agricole du territoire en question. À peine le dixième du territoire semblait suffisamment fertile pour admettre la colonisation, et de ce pourcentage, beaucoup était mal drainé et sujet à des gelées hâtives. Or, affirme Fernow, « le pays se remplit de colons, et il importe que ces gens soient placés systématiquement et guidés par des conseils d'experts, afin de ne pas perdre le fruit de leurs efforts[77]».

D'autre part, environ la moitié des forêts de la région étudiée était composée d'épinette noire de petit diamètre. Le reste avait été dévasté par des incendies récents, ou ne contenait « aucune espèce de bois de valeur, pas même pour le chauffage, car les arbres n'ont pas plus de trois à cinq pouces de diamètre[78]». Au cours des années, les membres de la Commission se sont donc rendu compte qu'une vaste portion du territoire du Nord canadien ne pouvait produire autant de richesses agricoles que le Sud et devait être aménagé avec grande précaution. Les résultats de ces recherches et les recommandations du comité des forêts à leur sujet furent présentés aux autorités provinciales, mais bien peu de choses ont été faites pour contrôler la colonisation du Nouvel-Ontario.

D'autres inventaires

À partir de 1914, la Commission commença à manquer de fonds pour mener à bien ses inventaires forestiers. Leavitt avait besoin de 17 000 $ supplémentaires pour compléter les inventaires forestiers déjà en cours au Nouveau-Brunswick, en Colombie-Britannique et en Saskatchewan. L'inventaire forestier du Nouveau-Brunswick entrepris par la Commission fut complété par le directeur des Terres et Forêts de cette province, P. Z. Caverhill. Mais le comité des terres de la Commission, qui avait encore des fonds à sa disposition, subventionna une partie de l'examen des terres dans cette province afin de départager celles qui pouvaient être colonisées de celles qui devaient demeurer des terres à bois. Durant l'été de 1916, Nunnick et W. L. Graham de la ferme expérimentale centrale à Ottawa, se sont même rendus au Nouveau-Brunswick et ont enseigné les rudiments de la classification des terres arables aux ingénieurs forestiers provinciaux désormais responsables du travail sur le terrain. À la suite de cet inventaire, il devint apparent que beaucoup de comtés n'auraient jamais du être ouverts à la colonisation. Les commissaires auraient aimé publier les cartes de cet inventaire, mais le gouvernement du Nouveau-Brunswick, qui finançait la plus grande partie de l'inventaire, refusa d'accorder sa permission[79].

En novembre 1917, l'inventaire forestier de cette province était complété. Près de 1,2 million d'acres avaient été examinées et, encore une fois, les résultats ont inquiété à la fois Sifton et les membres du comité des forêts, notamment en ce qui a trait au rythme de l'exploitation forestière dans cette province : « On recherche surtout de l'épinette pour la fabrication du papier et du bois d'œuvre et l'on se demande si l'abattage des conifères ne forme pas un volume de bois plus considérable que celui de la croissance annuelle », déclara Sifton à la fin de 1917. William Snowball était découragé par la lenteur du taux de reproduction des forêts après une première coupe. «Je ne sais pas combien de temps nous pourrons continuer l'abattage au Nouveau-Brunswick suivant la proportion du [au même rythme que dans le] passé, tout en grandissant [augmentant] la capacité de nos scieries», déclara-t-il aux membres de la Commission à la fin de 1917. Les membres du comité des forêts ont été incapables de s'entendre et de faire des recommandations précises, mais les recherches les ont convaincus de la nécessité de faire connaître et accepter le principe du rendement soutenu. En 1917 par exemple, Sifton répéta ce credo en parlant de la croissance phénoménale de l'industrie des pâtes et papiers: «On semble être certain d'un rapide développement sous peu. Il importe donc grandement que nous fassions un inventaire sérieux de notre provision de bois à papier, pour que nous puissions en régler l'emploi par une méthode rigoureusement scientifique, afin que l'abattage total annuel n'excède pas la somme de croissance par année[80].»

Il a été plus difficile pour les commissaires de justifier des inventaires forestiers en Ontario et au Québec, deux provinces qui avaient déjà établi des services forestiers durant les années 1900. Néanmoins, Roland B. Craig et R. C. Mills furent employés par la province de l'Ontario à la fin des années 1910 afin de procéder à des inventaires du bois à papier. Malgré que ces inventaires aient été publiés par la Division forestière du ministère de l'Intérieur, généralement préoccupée par le court terme, ils reflètent les préoccupations des commissaires en ce qui a trait au rendement soutenu[81]. Et à partir de la fin de 1917, Clifton D. Howe amorça un inventaire similaire au Québec[82]. L'étude de Howe portait toutefois une attention toute particulière aux problèmes qui gênent la régénération des forêts là où le bûcheron était déjà passé. Le forestier examina 3 400 acres des terres exploitées par les papetières Laurentide et Riordon et conclut qu'il fallait *cent vingt ans* au minimum pour que les repousses atteignent un diamètre minimum de 8 à 11 pouces à la souche. Il était donc essentiel que les forestiers interviennent et accélèrent le processus de régénération en procédant à des coupes sélectives et en protégeant les jeunes forêts contre leurs nombreux ennemis, si le Canada désirait léguer du bois marchand aux générations futures[83].

Les provinces de l'est du Canada n'ont pas été les seules à bénéficier de l'aide de la Commission. Au début des années 1910, elle avait également commandité un inventaire forestier de la région localisée à l'ouest de Prince Albert en Saskatchewan. La tâche fut confiée à J. C. Blumer, mais ne fut jamais complétée parce que l'ingénieur forestier est tombé gravement malade et n'a pu terminer son inventaire. À la fin de l'année 1914, la Commission abandonna le projet[84]. En Alberta, les commissaires ont jugé que le travail de la Division forestière du ministère de l'Intérieur, qui était responsable des forêts de ce territoire jusqu'en 1906, était suffisamment détaillé et ils ne commanditèrent aucun inventaire.

La Colombie-Britannique

Les commissaires étaient bien conscients que les forêts de la Colombie-Britannique, à peine exploitées à l'aube des années 1910, feraient l'objet de la convoitise d'un nombre croissant d'exploitants. C'est pourquoi le comité des forêts y concentra plus d'attention qu'aux forêts des autres provinces. « La Colombie-Britannique est encore dans la position extraordinaire de pouvoir entreprendre la conservation des forêts publiques, avant, et non après que le feu et le gaspillage en auront ruiné la très grande partie » déclara l'ingénieur forestier A. C. Flumerfelt de la Commission forestière de la Colombie-Britannique, invité à prendre la parole devant la Commission en 1911[85].

Les législateurs n'avaient pas à s'inquiéter de la possibilité de rupture de stock en ce début du XXe siècle. Car cette province, qui possédait alors plus de la moitié du bois d'œuvre au Canada, n'exploitait que 20 % du potentiel total de la forêt. C'est ce que prétendaient H. N. Whitford et R. D. Craig, les forestiers engagés par la Commission au terme de leur inventaire des ressources forestières de la Colombie-Britannique. Mais il était essentiel de mettre en place un système afin d'assurer une production perpétuelle de matière ligneuse[86].

Nul doute que les résultats de leur recherche, publiés en 1918 par la Commission, représentent le travail le plus détaillé de tout ce qui avait été entrepris par le comité des forêts. Les deux forestiers, des étudiants gradués de la Faculté de foresterie de l'Université de Toronto, avaient ratissé la province pendant trois ans avant de comparer leurs données avec celles du Département provincial des forêts et celles des marchands de bois qui avaient affermé des terres à bois[87]. Tout comme lors de l'inventaire forestier de la Nouvelle-Écosse, les forestiers de la Commission ont rédigé et distribué un questionnaire détaillé aux marchands de bois et ont comparé ces données à celles qu'ils avaient accumulées, de sorte qu'au moins deux comptes rendus différents ont été compilés pour la plupart des 66 districts qui ont fait l'objet de l'inventaire.

Les résultats de leurs recherches sont intéressants à bien des points de vue. Premièrement, les forestiers ont estimé que sur les 355 855 milles carrés de territoire provincial, environ 200 000 milles carrés étaient incapables de produire du bois pour des raisons telles que l'absence d'humus sur le roc, l'altitude et les conditions climatiques difficiles dans le nord de la province. Sur les 155 855 milles carrés de forêts, seulement 28 000 milles carrés, soit moins de 20 %, se prêtaient à l'exploitation forestière, le reste étant composé de forêts trop jeunes ou impossibles à atteindre à cause de la topographie difficile. Les forestiers ont été stupéfaits des dommages aux forêts causés par des incendies récents. Selon leurs calculs, près de 100 000 milles carrés ont été détruits par le feu, rendant la régénération des forêts extrêmement difficile. La vingtaine de cartes et la centaine de tableaux qui accompagnent le texte illustrent la répartition des principales essences forestières sur le territoire, de même que les principaux bassins de drainage, les scieries, les usines de pâtes et papiers et les foyers connus d'infestation d'insectes nuisibles aux arbres.

En se basant sur ces données, les forestiers estimaient que la forêt de la Colombie-Britannique n'était pas en danger pour le moment. L'exploitation forestière, au milieu des années 1910, se chiffrait à environ 1 250 millions de pieds linéaires de bois. Étant donné les taux de régénération élevés de cette forêt située dans une zone tempérée, elle pouvait facilement produire cinq fois plus si elle était bien aménagée et administrée. Évidemment, la province devait considérer le reboisement là où le besoin s'en faisait sentir et assurer une meilleure protection des forêts commerciales contre les incendies[88].

Grâce à ce document, le ministère des Forêts de la Colombie-Britannique pouvait mieux définir ses politiques forestières et établir un programme de conservation éclairé. Mais l'ouvrage s'est également révélé précieux pour les marchands de bois désireux de s'accaparer et d'exploiter les meilleures terres à bois de la Couronne. Le même phénomène s'est produit au début des années 1910 lorsque Fernow publia son inventaire des forêts de la Nouvelle-Écosse : il provoqua en effet un intérêt marqué des marchands de bois américains pour les forêts de conifères de l'île du Cap-Breton. Dans le cas de l'inventaire de la Colombie-Britannique, il serait intéressant d'examiner de plus près l'évolution de l'industrie forestière dans cette province après la parution de cet ouvrage, qui coïncide étrangement avec le départ du chef de la foresterie de cette province, H. H. MacMillan, un des fondateurs du géant forestier MacMillan-Bloedel.

Les impératifs de l'effort de guerre ont fait en sorte que les inventaires forestiers de la Commission ont été utilisés plus souvent pour exploiter la forêt que pour la conserver. Les forestiers de la Commission Whitford et Craig, par exemple, ont été d'un grand secours au Bureau impérial des munitions, qui était à la recherche d'épinette Sitka pour la construction d'avions. À la fin de 1917, Sifton déclarait : « L'inventaire des forêts de la Colombie-Britannique ayant été terminé, il nous a permis de lui fournir sur-le-champ toutes les données voulues. Le Bureau a maintenant retenu les services de M. Craig, qui sera chargé de promouvoir la production du bois nécessaire. Si cette Commission n'avait pas entrepris ce travail en Colombie-Britannique, personne n'aurait pu donner les renseignements sur la localisation de cette essence [...][89]. »

Protection des forêts contre les incendies

Avant même que ne débutent les inventaires forestiers, les commissaires savaient que les incendies étaient une cause importante de destruction de la forêt canadienne. Mais il était impossible de déterminer quelle était l'ampleur des désastres à l'échelle nationale, qui étaient les principaux responsables et comment on pouvait diminuer la fréquence de ces catastrophes. Les membres du comité se sont penchés sur ces questions dès la clôture de la réunion inaugurale. À la suite d'une résolution du comité, une équipe d'inspecteurs, formée de travailleurs forestiers expérimentés, ratissa de nombreux sites touchés par des feux de forêt à travers le Dominion et conclut qu'environ le tiers d'entre eux avaient été allumés par des locomotives. À cette époque, les locomotives à vapeur actionnées au charbon ou au bois crachaient sur leur passage une pluie d'étincelles qui embrasaient bien souvent les boisés et les débris le long de la voie ferrée.

Les membres du comité proposèrent au cabinet Laurier de modifier l'article 297 de la Loi sur les chemins de fer de 1906 afin d'attribuer directement aux entreprises ferroviaires la responsabilité de protéger les abords des voies ferrées contre les incendies. Elles auraient à mettre sur pied des équipes spécialisées dans le combat des incendies forestiers, elles devraient débourser des sommes en dommages et intérêts aux particuliers et aux entreprises affectés par ces incendies et pourraient être tenues criminellement responsables pour toute perte de vie[90].

Cette résolution fut immédiatement transmise à Laurier par Edwards. Peu de temps après, Sifton, le juge Mabee, président de la Commission des chemins de fer, et George P. Graham, le ministre des Chemins de fer de l'époque, se rencontrèrent et élaborèrent les grandes lignes d'un projet de loi. Un arrêté ministériel précisant les modifications à la loi proposée par la Commission fut émis en décembre 1910 grâce aux bons offices de Sydney Fisher qui se fit le porte-parole du comité. Un deuxième arrêté ministériel stipulant la nécessité pour les compagnies de chemin de fer de former des équipes de patrouilleurs fut passé en février 1911[91]. Afin d'assurer une bonne coordination dans le travail de l'inspection, Clyde Leavitt, le forestier de la Commission, fut nommé inspecteur en chef des incendies pour la Commission des chemins de fer, un poste lui conférant des pouvoirs importants[92].

Le problème n'était pas réglé pour autant. Premièrement, beaucoup de chemins de fer relevaient de l'autorité des provinces et la réglementation de la Commission des chemins de fer ne pouvait être appliquée uniformément. En 1914, Sifton constatait que les chemins de fer sous juridiction fédérale avaient réussi en deux ans à diminuer considérablement le nombre et la gravité des incendies, tandis que la situation demeurait la même pour les autres chemins de fer, notamment au Nouveau-Brunswick, en Nouvelle-Écosse et en Alberta[93]. Deuxièmement, même une législation sévère ne réussirait pas à résoudre complètement le problème, tant et aussi longtemps que des solutions techniques ne seraient pas trouvées pour éliminer les émissions d'étincelles produites par les locomotives.

La Commission de la conservation proposa une solution : encourager l'entrée en service d'un plus grand nombre de locomotives à vapeur actionnées au mazout. Dans son rapport de 1912 sur les conditions forestières au Canada, Leavitt fit part de l'expérience américaine dans ce domaine. Dans l'État de New York par exemple, la Commission des services publics avait obligé les compagnies de chemin de fer à utiliser le mazout pour les locomotives traversant les réserves forestières des Adirondacks à partir de 1910. Le nombre des incendies provoqués par les locomotives fut considérablement réduit. Dans l'Ouest américain, Washington avait exigé la même chose sur les lignes de chemin de fer traversant les réserves forestières nationales.

Il était relativement facile de modifier les locomotives à vapeur pour les faire fonctionner au mazout. Le pétrole non raffiné, contenu dans un réservoir adjacent, était réchauffé pour le rendre moins visqueux, puis vaporisé sous la chaudière où il s'enflammait, chauffant ainsi l'eau de la chaudière. La chaleur étant produite plus uniformément qu'avec le charbon, les ingénieurs considéraient ce procédé nettement avantageux, d'autant plus qu'aucune étincelle n'était produite. Ce système était utilisé depuis 1900 par la compagnie de chemin de fer Pacific Southern. Au Canada, le Canadien Pacifique prévoyait utiliser ce mode de combustion sur une distance de 477 milles de voie ferrée en 1913 et Leavitt estimait que les compagnies de chemin de fer faisaient usage exclusif de pétrole sur environ 21 500 milles aux États-Unis et au Canada[94].

De nombreux articles encourageant la conversion au mazout ont été publiés dans la revue *Conservation*. Selon ces articles, les commissaires proposaient que toutes les lignes de chemin de fer traversant des forêts canadiennes soient alimentées au mazout. Mais une telle transition était impossible à réaliser durant les années 1910, puisque la production pétrolière canadienne aurait été nettement insuffisante pour répondre à la demande. À court terme, le problème demeura donc à peu près entier. En 1912, un ingénieur nommé Williams écrivit à la Commission en affirmant qu'il avait mis au point un pare-étincelles très efficace qu'il attachait aux cheminées des locomotives. À la suite d'une entrevue avec le jeune inventeur, White refusa de commanditer ses expériences parce qu'il était peu convaincu que ce système pouvait fonctionner. Williams réussit par la suite à se faire engager par la Canadian Coal and Coke Company. Malheureusement, l'inventeur décéda peu de temps après avoir été embauché[95]. Ainsi, malgré les efforts des commissaires, il faudra attendre l'apparition des locomotives actionnées au diesel pour contrôler efficacement les feux de forêt près des voies ferrées.

Les opérations forestières

L'ensemble des opérations forestières a été la deuxième cause d'incendies a faire l'objet d'études de la part du comité. Par exemple, l'épineux problème de la destruction des branchages était très difficile à résoudre à une époque où il était techniquement impossible d'en faire un produit utile. En 1912, Leavitt avait fait rassembler des données qui témoignent des différentes techniques utilisées. Certains brûlaient les branchages après la coupe tandis que d'autres empilaient les branches dans les régions ombragées, mais la majorité des opérateurs éparpillaient les résidus de la coupe des arbres sans autre traitement, ce qui constituait une invitation aux incendies de forêt par temps sec. À ce sujet, la législation en vigueur aux États-Unis était aussi variée que le nombre de techniques forestières utilisées[96]. En fait, personne ne savait vraiment quoi faire de ces résidus durant les années 1910 et les membres du comité étaient profondément divisés sur cette question.

En 1912, Leavitt fit distribuer des questionnaires aux provinces et aux principales compagnies forestières, leur demandant des statistiques précises concernant les causes des incendies de forêt sur leurs territoires. « Nous ne possédons que peu de renseignements dignes de foi sur le nombre d'acres de forêt, la valeur des bois et les autres propriétés détruites par le feu. De pareilles données sont nécessaires, afin de connaître les mesures préventives déjà en action, sur lesquelles seront basées les nouvelles à établir », écrivit-il alors[97].

Par suite d'un examen minutieux de ces statistiques et des rapports sur les incendies de forêt provoqués près des chemins de fer, des chantiers et des fermes, Leavitt se rangea à nouveau du côté de ceux qui préconisaient la destruction immédiate des branchages : « Autant que faire se peut, écrit le forestier, la destruction des branchages devra s'effectuer en même temps que les travaux d'exploitation. » Le jeune forestier Clifton D. Howe était d'accord avec Leavitt : il fallait rassembler les résidus en monticules et les brûler immédiatement, afin de contrôler l'étendue des feux. Le sénateur Edwards et B. E. Fernow, par contre, estimaient que le nombre d'accidents et d'incendies majeurs résultant de cette technique était beaucoup trop élevé pour être justifiable. Il était préférable, selon eux, d'enlever les branches des cimes et des arbres inutilisables, puis de les étendre en minces couches sur le sol afin qu'elles gardent de l'humidité et se décomposent plus rapidement. Les données supplémentaires rassemblées par Leavitt durant les années suivantes n'ont pas réussi à convaincre Edwards et Fernow, si bien que le comité est resté divisé sur cette question et que ses recommandations sont restées vagues[98].

Ce désaccord encouragea certains membres influents de la Commission à créer des associations régionales de protection des forêts contre les incendies. À ce sujet, Edwards dira en 1916 : « la St. Maurice Forest Protective Association et la Lower Ottawa Forest Protective Association doivent leur existence aux efforts de la Commission. » L'année suivante, plus de 70 000 milles carrés de forêts québécoises faisaient l'objet d'une forme de protection grâce à des associations subventionnées par les marchands de bois. Une telle initiative ne réglait pas pour autant le problème de la destruction des branchages, mais face à l'ambiguïté entourant cette question, les associations de protection des incendies représentaient un compromis acceptable. À partir de 1915, les activités du comité des forêts ont été presque exclusivement concentrées sur cette problématique[99]. Cette quasi-obsession de certains commissaires déplaisait fort à Fernow. En 1916, il suggéra même avec ironie : « Depuis quelques années, on a donné tant d'attention au sujet de la protection des forêts que beaucoup de gens peuvent supposer que la sylviculture consiste entièrement à protéger les forêts contre les incendies[100]. »

À partir de 1918, Leavitt trouva un nouvel argument pour tenter de convaincre les membres du comité de recommander la destruction des branchages. Lors de la réunion annuelle de 1919, il affirma que les incendies causaient désormais moins de dommages aux forêts du Dominion que le charançon du pin, la tordeuse de l'épinette, la rouille, les champignons et fungi, des maladies « en nette progression dans les forêts canadiennes ». Or, Leavitt était convaincu que les débris laissés après la coupe constituaient le principal foyer de ces ennemis de la forêt. Le forestier de la Commission espérait que cette nouvelle menace inciterait les gouvernements à prendre les choses en main et forcerait les marchands de bois à détruire les débris de coupe. Mais les membres du comité n'ont jamais formulé de recommandations en ce sens[101].

Reboisement, parcs et réserves forestières

Tous étaient d'accord pour encourager le reboisement dans les régions où la Nature semblait incapable de faire repousser les arbres à la suite d'incendies répétés. Les commissaires encouragèrent également la plantation d'arbres dans les Prairies et les régions du centre du pays qui avaient été déboisées, colonisées puis abandonnées parce que la terre y était trop pauvre. Mais Sifton a hésité avant d'autoriser la Commission à commanditer des expériences de reboisement. En 1913 par exemple, Elwood Wilson, l'ingénieur forestier de la Laurentide Paper Company, avait demandé l'aide de la Commission pour faire connaître son travail de reboisement sur les terres de la compagnie en publiant un rapport de recherche et des articles dans la revue *Conservation*. Wilson était le chef de file incontesté dans ce domaine. En 1913, il avait déjà fait planter plusieurs millions de conifères tout près de l'usine de pâtes et papiers de Grand-Mère, au Québec. Mais la Commission limita sa contribution à quelques articles dans sa revue. En 1913, Clyde Leavitt, qui était en faveur du reboisement systématique des terres forestières, fit un rapport du progrès des opérations de reboisement à travers le pays et nota avec satisfaction que le reboisement gagnait en popularité auprès d'un nombre croissant de marchands de bois[102]. Mais à partir de 1914, la Commission cessa d'encourager publiquement le reboisement.

La création et l'agrandissement des parcs nationaux et des réserves forestières, par contre, ont été encouragés tout au cours des années 1910 par les membres du comité. Ils voyaient dans les réserves et les parcs les meilleurs garants de la préservation des forêts du Dominion. Durant les semaines suivant la réunion inaugurale par exemple, Sifton insista auprès de Laurier pour que Frank Oliver, le ministre de l'Intérieur, dépose enfin son projet de loi préservant le versant est des montagnes Rocheuses. Oliver répondit qu'une loi n'était pas nécessaire pour le moment mais qu'il avait l'intention de procéder par un arrêté ministériel.[103] Cette mesure n'a guère satisfait les membres du comité des forêts qui exigèrent l'adoption d'une loi.

Cette recommandation, qui fut présentée au cabinet par Fisher, aurait contribué à faire bouger le gouvernement. Lors de la réunion annuelle de 1911, Sifton déclara fièrement que le ministre de l'Intérieur avait donné raison à la Commission. En décembre 1910, un arrêté ministériel fut émis pour protéger cette forêt et en janvier 1911 un projet de loi fut déposé afin de transformer en réserve forestière près de 15 000 milles carrés de forêts en plus des 2 953 milles carrés déjà protégés par les parcs nationaux des montagnes Rocheuses et des lacs Waterton et Jasper[104].

À chaque année, les membres du comité des forêts ont recommandé l'accroissement de la superficie des forêts protégées par l'État. Graduellement, les superficies administrées en réserves forestières se sont étendues, particulièrement dans les provinces de l'Ouest. En 1911, elles occupaient 25 042 milles carrés dans les provinces de l'Ouest. L'année suivante, 10 708 milles carrés furent ajoutés pour un total de 35 750 milles carrés, soit une augmentation de 43 %. Mais à partir de 1914, les superficies ajoutées aux réserves forestières étaient peu significatives, même si les fonctionnaires du ministère de l'Intérieur estimaient que 20 000 milles carrés de forêts devaient être ajoutés[105].

Les commissaires n'ont pas hésité à recommander la création de réserves forestières sur les territoires sous juridiction provinciale. Durant l'été de 1912 par exemple, J. H. White, de la faculté de foresterie de l'Université de Toronto, fit une reconnaissance dans le nord de l'Ontario dans le but de déterminer quelle proportion du territoire pouvait y être colonisée. « Il ressort de cette investigation qu'une grande portion de l'Ontario à l'ouest de Sudbury et au sud de la ligne de partage des eaux, est impropre à l'agriculture, mais capable de produire du bois », expliqua-t-il. Conséquemment, les commissaires ont recommandé que les territoires situés entre les réserves indiennes de Témagami et Nipigon soient désignés réserves forestières permanentes par l'Ontario et que la colonisation y soit interdite. En 1914, la Commission recommanda également qu'une réserve forestière soit instaurée dans la région du lac des Bois située dans l'ouest de l'Ontario, afin de protéger le bassin de drainage de la rivière Winnipeg et de lui assurer un débit uniforme, car elle représentait la principale source d'hydroélectricité pour la ville du même nom[106].

Préservation du bois

Pour conserver efficacement la forêt, il ne suffit pas de contrôler les méthodes de coupe et de reboisement, il faut aussi s'assurer que les produits de la forêt durent le plus longtemps possible. À ce titre, la recherche sur les traitements visant à la préservation du bois pour augmenter sa vie utile a intéressé la Commission et plus particuliè- rement Clyde Leavitt. En 1915, Henry K. Wicksteed, de la Canadian Northern, vint présenter des statistiques au sujet de l'utilisation de préservatifs pour les dormants de chemin de fer. Au début des années 1910, les dormants de chemins de fer ne duraient en moyenne que six ans. Au Canada, les chemins de fer devaient donc s'approprier annuel- lement de douze à quinze millions de dormants pour remplacer le bois pourri. Certes, la plupart des dormants étaient traités à la créosote, mais ce préservatif était appliqué sur du bois encore vert, ce qui rendait l'opération quasiment inutile. Wicksteed suggéra que les compagnies de chemin de fer passent leur bois à la vapeur (qui selon Wicksteed, élimi- nait la sève et les résines du bois jusqu'à le rendre presque complète- ment « sec ») avant de l'enduire de goudron. Plusieurs autres méthodes pour préserver le bois ont été proposées aux commissaires durant la deuxième moitié des années 1910[107]. La Commission, qui ne fit aucune recommandation technique, encouragea néanmoins la recherche dans ce domaine.

D'autre part, la question de la protection des édifices contre les incendies a aussi fait l'objet de recherches et même de la publication d'un document par la Commission. Cette étude aurait suivi une demande de l'Association des manufacturiers du Canada qui estimait que seule la Commission pouvait coordonner l'harmonisation de la réglementation entre le gouvernement fédéral, les provinces et les municipalités. Il faut dire que les commissaires avaient été particulière- ment sensibilisés par le gaspillage des ressources naturelles servant à la construction d'édifices à la suite du grand feu qui détruisit le parlement du Dominion le 3 février 1916. Une photographie des ruines fumantes de l'édifice est d'ailleurs présentée en première page du document de recherche publié par la Commission et rédigé par J. Grove Smith, un employé de la Canadian Underwriters' Association. Ce dernier rassembla toutes les statistiques sur les causes d'incendie, les équipe- ments disponibles et les difficultés inhérentes à la suppression des incendies en Amérique du Nord afin de faire les recommandations appropriées.

Les pertes par le feu avaient considérablement augmenté entre 1905 (6 millions de dollars) et 1915 (14 millions de dollars). Selon Sifton, entre août 1914 et décembre 1916, ces pertes se chiffraient à plus de 52 millions de dollars au Canada : « Ceci dévoile une situation qui réclame la mise en vigueur de mesures préventives radicales. Nous ne cesserons d'attirer l'attention du public sur le sujet, déclara-t-il en novembre 1917, jusqu'à ce que l'on ait pris les moyens voulus pour remédier à ce gaspillage.» Lors de la réunion annuelle de 1919, James White pouvait fièrement affirmer que la publication de *Pertes par le feu au Canada* avait attiré une attention considérable à travers le pays et que des associations de prévention des incendies étaient formées à la suite des efforts des commissaires[108].

L'effet de la guerre sur le travail du comité

Les efforts des membres du comité des forêts en vue de conserver la forêt canadienne n'ont pas porté les fruits escomptés à cause de la guerre. En 1916, Leavitt constatait que «la guerre a beaucoup contribué à retarder l'étude de nouvelles lois nécessaires, ainsi que l'examen de changements d'administration, de procédures et d'organisations [...]. Il est regrettable que l'on ne puisse montrer plus de progrès accompli, surtout en des sujets pour lesquels le travail aurait pu être notablement augmenté, sans dépenses additionnelles[109].» Le sénateur Edwards, optimiste avant la guerre quant aux chances de la Commission d'influencer les gouvernements, présenta des pronostics de plus en plus pessimistes à partir de 1916. Lors de la réunion annuelle de 1917, il exprima clairement ses vues à l'auditoire:

> Le public estime que l'exploitation forestière occupe le deuxième rang (derrière l'agriculture). Cette supposition — et j'en parle en connaissance de cause — est une très grande erreur. Le Canada ne possède plus une grande quantité de bois de service. Ses forêts étaient jadis riches et immenses, elles devraient l'être encore aujourd'hui; mais sous peu l'industrie forestière sera tellement réduite qu'elle existera à peine, excepté sur la région occidentale des montagnes Rocheuses. [...] Chaque province surestime la quantité de son bois debout. [...] [Le] même sort attend le bois de pâte à papier, si l'on ne prend pas de remèdes effectifs[110].

Avec la guerre qui s'éternisait, même le travail des forestiers piétinait. «La profession venait de commencer à s'organiser au Canada, expliqua Leavitt. Jusqu'à présent le personnel était peu nombreux en comparaison des nécessités actuelles du pays. L'enrôlement a réduit à l'état de squelette les diverses organisations, surtout celles des surveillants [gardes forestiers]; les quelques hommes expérimentés qui restent ont fort à faire pour continuer les travaux déjà entrepris. D'un autre côté, les écoles de sylviculture, à l'exemple des universités, ont perdu plusieurs de leurs étudiants. Plusieurs années s'écouleront avant que le contingent normal des gradués puisse être rempli [...][111].» À l'école de foresterie de l'Université de Toronto par exemple, sur les 126 étudiants inscrits et gradués, quatre-vingts se sont enrôlés. Or, à la fin de la guerre, douze, donc 10 % des étudiants de la faculté, ont été tués au combat, sept ont été blessés ou sont tombés malades et deux ont été faits prisonniers[112].

Malgré les horreurs de la guerre, quelques événements sont venus encourager les commissaires. Les pénuries de papier résultant de l'effort de guerre, par exemple, ont provoqué des initiatives de recyclage, ce que la Commission n'a pas manqué de promouvoir. À partir d'avril 1916 apparaissent des articles proposant aux lecteurs de la revue *Conservation* de recycler le papier. Citant le travail des Filles de l'Empire d'Ottawa, qui procédaient à des collectes de vieux journaux pour les vendre aux papetières de la région, la Commission estima que plus de 100 000 arbres pourraient ainsi être sauvés par année si tous les Canadiens faisaient de même. Comme plusieurs usines étaient équipées pour recycler ce papier, il était techniquement possible d'atteindre cet objectif[113].

Durant les quatre années suivantes, la revue *Conservation* a régulièrement traité de cette question et la Commission a envoyé des questionnaires aux papetières du pays afin de dresser une liste des endroits où le vieux papier pouvait être recyclé. Après la guerre, les commissaires ont encouragé les organisations de jeunes, tels les scouts et les guides du Canada, à prendre en main cette activité et à coordonner la collecte des vieux papiers. Cette activité pouvait leur rapporter des revenus importants, car à l'époque, une tonne de vieux journaux valait 33,38 $! En 1920, la Commission cita en exemple des scouts de Brockville qui en cinq jours avaient ramassé et trié près de 10 tonnes de papier qu'ils ont vendus avec un profit net de 289 $, une somme respectable pour l'époque, puisqu'elle représentait trois mois de salaire d'un commis dans la fonction publique fédérale[114].

La guerre a aussi provoqué un regain de vie dans le domaine de la recherche pour utiliser les sous-produits et résidus de l'industrie forestière. Depuis les années 1890, le sénateur Edwards avait dépensé des dizaines de milliers de dollars afin de trouver une utilité quelconque au bran de scie qui s'accumulait derrière les scieries et qui était brûlé en pure perte. En 1916, à la demande de Sifton, il rendit compte des résultats des recherches entreprises par les marchands de bois de la région. La Commission décida alors de publier plusieurs articles à ce sujet dans le but d'informer ses lecteurs que de nombreux sous-produits engendrés par l'industrie du bois, alors considérés comme des rebuts, étaient effectivement utilisés dans de nombreuses autres industries. Mais le vœu de certains commissaires d'établir et de coordonner un réseau d'échange d'information entre les différentes industries pour mieux utiliser leurs sous-produits respectifs ne fut jamais réalisé[115].

Il est étonnant de constater jusqu'à quel point la problématique de l'exploitation forestière de cette époque demeure actuelle. Certes, tous les membres du comité des forêts étaient d'accord pour condamner la négligence des entreprises forestières, des compagnies de chemin de fer ou des colons, les trois principaux responsables des nombreux feux de forêt dans le Dominion. Mais que ce soit pour choisir le meilleur modèle de gestion forestière, calculer les « réserves » en bois debout disponibles ou déterminer quelles étaient les meilleures méthodes de coupe et de régénération de la forêt, les membres du comité des forêts ont été incapables de trouver des réponses précises ou de faire des recommandations cohérentes. Les fréquents désaccords que l'on retrouve dans leurs délibérations n'ont pas d'équivalent dans l'histoire de la Commission. Seule la question de l'utilisation de fertilisants artificiels au sein du comité des terres a entraîné un débat comparable.

La santé publique

Les problèmes que nous avons à résoudre sont vieux mais notre perspective est neuve.

Thomas Adams, conseiller des plans de ville[116]

Thomas Adams avait raison lorsqu'il déclara que les problèmes de santé publique auxquels étaient confrontés les réformistes de la Commission de la conservation étaient aussi anciens que les villes elles-mêmes. Depuis Babylone jusqu'à nos jours, la vaste majorité des humains qui se sont entassés dans les agglomérations urbaines ont fait face à la contamination des eaux par des déchets humains de toutes sortes, la pollution de l'air et l'insalubrité générale des rues et des habitations. Lorsque la Commission de la conservation fut créée, toutes les grandes villes du Dominion étaient confrontées à cette situation. À chaque année, le nombre de personnes s'entassant dans les taudis augmentait, conséquence de la migration des habitants de la campagne; les épidémies résultant de la consommation d'eau contaminée faisaient des milliers de victimes et les taux de mortalité infantile à certains endroits s'apparentaient à ceux retrouvés dans les villes les plus pauvres du monde[117]. Durant la Première Guerre mondiale, pour chaque soldat canadien tué au front, deux civils sont morts de la tuberculose, d'influenza et d'autres épidémies dans les grandes villes du Dominion. Dès les premières réunions, la Commission a fait de ce dossier une priorité et le comité de la santé publique a reçu la part du lion des budgets alloués à l'organisme[118].

Les membres et employés du comité

Plusieurs membres du comité étaient des réformistes reconnus. Le financier et philanthrope Sir Edmund B. Osler (1845–1924), par exemple, agit à titre de président du comité durant toute l'existence de la Commission. Il organisa et coordonna les réunions, donna des conférences, témoigna devant les comités de la Chambre des communes et du Sénat et invita une dizaine de spécialistes à collaborer avec la Commission. Osler n'a pas reçu beaucoup d'aide de la part des autres membres du comité. En nommant Sir Sanford Fleming à la Commission de la conservation en 1909, Sifton et Laurier s'attendaient à une contribution importante de ce prestigieux savant. Durant la réunion inaugurale, il fut assigné au comité de la santé publique, mais le professeur, alors âgé de 83 ans, ne quittait que rarement la ville de Kingston et ne se présenta à aucune réunion de la Commission. Lorsque Fleming mourut en 1915, son siège au comité de la santé publique fut offert à Mgr Choquette, qui le conserva officiellement jusqu'à l'abolition de la Commission. Ce dernier s'intéressait également aux questions relevant de l'hydroélectricité et de l'exploitation minière. Le docteur Henri-Séverin Béland, un ancien président de l'Association médicale du Canada, collabora occasionnellement aux activités du comité entre 1909 et 1913, puis en 1918, lorsqu'il revint d'Europe[119].

Peu de membres d'office ont été nommés au comité de la santé publique. James Alexander Calder (1868–1956), le trésorier de la Saskatchewan, participa à la réunion inaugurale du comité et Sydney Fisher, le ministre fédéral de l'Agriculture, était présent aux deux premières réunions. George W. Brown, député à la législature de la Saskatchewan, assista aux réunions de 1915 à 1917. Au niveau fédéral, Martin Burrell, le ministre de l'Agriculture puis des Mines dans le gouvernement Borden, assista aux réunions du comité en 1917 et 1918.

Plus que tout autre comité, celui de la santé publique a été dirigé par les experts à l'emploi de la Commission plutôt que par leurs membres. Le docteur Charles Hodgetts, le médecin-conseil de la Commission, et l'urbaniste Thomas Adams, qui se sont succédé à la barre du comité, avaient cependant une formation et des objectifs différents. Cela explique pourquoi le comité, qui durant les premières années avait mis l'accent sur les questions de santé publique, offrit à partir de 1915 des services de consultation aux provinces qui désiraient passer des lois sur les plans de ville et des conseils aux municipalités sur leurs plans d'urbanisme.

Pollution de l'eau

Durant les premières années, le comité a voulu faire des recommandations spécifiques sur des problèmes précis comme la pollution des eaux de surface, la pollution de l'air dans les villes et le traitement des déchets. Les membres du comité décidèrent de s'attaquer tout d'abord au problème de l'assainissement des eaux. Lors de la réunion spéciale du comité le 23 mai 1910, Osler recommanda que le docteur Hodgetts, une sommité en la matière qui travaillait pour le bureau de la santé publique de l'Ontario depuis 1891, soit embauché par la Commission. Hodgetts se négocia un excellent salaire et commença son travail à la fin de juin 1910. Il s'entoura d'une équipe de collaborateurs efficaces. Le docteur Peter H. Bryce d'Ottawa fut le principal collaborateur de la Commission dans le domaine de la santé publique. Le chef du bureau médical du ministère de l'Intérieur utilisa les fonds disponibles à la Commission pour publier des rapports percutants sur la tuberculose, l'amélioration des conditions d'hygiène et la conservation de la vie humaine[120]. La collaboration entre son ministère et la Commission témoigne des bons rapports qu'entretenaient la plupart des hauts fonctionnaires gouvernementaux d'allégeance libérale avec les membres de la Commission lorsque le gouvernement Laurier était au pouvoir.

D'autres spécialistes ont également collaboré au travail du comité. En 1912, le docteur Charles Camac publia une recherche sur l'épidémie de fièvre typhoïde qui avait fait rage à Ottawa, tandis que T. A. Murray, un ingénieur des travaux publics de Toronto, publia une recherche sur la prévention de la pollution des eaux de surface au Canada[121]. C'est donc dire que le médecin-conseil n'était pas seul à promouvoir la cause de la santé publique pour la Commission.

Peu de temps après l'embauche de Hodgetts, le comité permanent du Sénat sur la santé publique demanda à Osler d'organiser une conférence fédérale-provinciale sur le traitement des eaux usées. L'organisation de cette conférence, prévue pour octobre 1910 à Toronto, fut confiée à Hodgetts. Elle avait pour but de définir des normes nationales acceptables dans le domaine du traitement des eaux usées afin de contrôler le nombre et la gravité des épidémies de maladies infectieuses dans les grandes villes, principalement la tuberculose. Sifton fut évidemment appelé à prononcer le discours d'ouverture. Il expliqua clairement ce qu'il attendait des délégués et proposa même un plan d'action précis :

> Si vous pouvez tracer un mode d'action par lequel le gouvernement national pourra combattre la tuberculose avec avantage, la Chambre des communes consentira à fournir une somme d'argent considérable; et alors, cette conférence aura sa raison d'être. [...] On m'a suggéré un plan qui, il me semble, serait très praticable : il s'agirait de demander aux provinces, une fois qu'un système et des règlements acceptables seraient tracés, de fournir l'inspection efficace de tous les conduits qui déversent dans les cours d'eau le contenu d'égouts ayant subi un traitement supposé être de nature à rendre ces eaux inoffensives[122].

Sifton désirait que les délégués suggèrent des politiques précises qui tiendraient compte de la division des pouvoirs entre le fédéral, les provinces et les municipalités. Car Ottawa a pleine juridiction des cours d'eau navigables tandis que les provinces et les municipalités se partagent la responsabilité des cours d'eau de moindre débit, ce qui complique l'application de toute réglementation.

Comme on l'a vu dans le chapitre précédent, le comité des eaux et pouvoirs d'eau a collaboré avec le comité de la santé publique au sujet de la pollution des eaux de surface et a rassemblé des données préliminaires sur les réseaux de distribution d'eau potable en 1910 et en 1911. Les résultats de cette recherche confirmaient qu'une grande partie de l'eau potable utilisée dans les grandes villes n'était pas purifiée adéquatement pour protéger les habitants des bactéries. De sorte que lorsque des eaux usées, qui la plupart du temps n'étaient pas traitées, passaient près des tuyaux alimentant les usines de pompage, la population pouvait être exposée à une variété impressionnante de maladies infectieuses. Selon des recherches dévoilées lors de la conférence, lorsque des égouts contaminaient le système d'alimentation en eau potable, il fallait s'attendre à au moins vingt décès par année par 100 000 personnes résultant de la fièvre typhoïde. Ces statistiques étaient conservatrices, car la moyenne canadienne durant la deuxième moitié des années 1900 s'élevait à plus de 35 décès par 100 000 personnes annuellement.

Certains délégués réalisèrent qu'ils ne pouvaient prendre de mesures définitives avant de se munir de renseignements exacts sur la réglementation dans les provinces et les moyens techniques utilisés pour purifier les eaux usées et l'eau potable. Ils recommandèrent qu'un conseil national permanent de la santé soit créé et dirigé par la Commission de la conservation afin de procéder à ce travail de rassemblement de données. D'autres délégués proposèrent une solution plus radicale mais beaucoup plus efficace : ils dressèrent les grandes lignes d'un projet de loi afin d'interdire tout simplement le rejet des eaux contaminées dans les cours d'eau.

Parmi les substances qu'ils proposaient d'interdire dans les rejets, ils identifièrent les rebuts solides d'opérations manufacturières, des carrières et des mines, la cendre, les matières solides putrescibles, le contenu des égouts, les produits empoisonnés, nuisibles ou contaminés et les matières colorantes. Malheureusement, ces délégués ne proposèrent aucun moyen ou procédé technique qui permettrait aux différents intervenants de traiter à la source ces résidus et matières nocives. Il faudra attendre l'année 1916 avant que la Commission ne publie un recueil des différents systèmes de décontamination des eaux en opération au pays[123].

Comme les délégués n'ont pas été capables de proposer de solutions techniques précises, la conférence se termina sans qu'aucun véritable plan d'action n'ait été adopté. En décembre 1910, Sydney Fisher proposa tout de même au Cabinet les recommandations secondaires issues de la conférence au nom de la Commission. Le 27 mars 1911, le Cabinet approuvait certaines recommandations des délégués concernant le traitement des tuberculeux, notamment le don de terrains de la Couronne et l'attribution de fonds pour établir des sanatoriums à travers le pays. Mais les recommandations proposées par la Commission concernant la pollution des voies navigables telles qu'enregistrées dans l'arrêté ministériel demeurent vagues[124].

Lors de sa première allocution devant la Commission en janvier 1911, Hodgetts était sur la défensive. Conscient que la conférence n'avait provoqué aucun résultat tangible, il suggéra que la Commission suive le plan d'action proposé par Sifton : premièrement, établir et appliquer des normes minimales nationales en matière de santé et d'hygiène publique; deuxièmement, encourager les municipalités à canaliser et à purifier leurs eaux usées et troisièmement, proposer des méthodes concrètes pour qu'elles contrôlent la qualité de l'eau potable[125].

Mais Hodgetts et les membres du comité ont accompli bien peu en 1911. Les arrêtés ministériels signés en décembre 1910 et mars 1911 ne servirent à rien, puisque les Libéraux déclenchèrent des élections durant l'été et perdirent le pouvoir en septembre. Entre-temps, Ottawa fut frappée par une épidémie de typhoïde qui fit des centaines de victimes, ce qui stimula les commissaires à présenter des recommandations plus ambitieuses au nouveau premier ministre Borden afin de régler ce problème une fois pour toutes[126]. Ils demandèrent qu'Ottawa crée un ministère fédéral de la Santé publique qui serait responsable d'accumuler les statistiques à ce sujet et de diriger la recherche sur les maladies infectieuses. Plus précisément, les membres du comité proposèrent que la cinquantaine d'officiers de la santé publique travaillant dans les différents ministères fédéraux soient rassemblés sous une seule administration. En outre, ils exigèrent que le nouveau gouvernement réserve des crédits pour l'établissement d'un laboratoire national sur la santé publique, afin de mettre sur pied le plus rapidement possible des programmes de fabrication de vaccins contre des maladies infectieuses. Le gouvernement n'a donné aucune suite à ces recommandations mais à la fin de 1912, un projet de loi réglementant la contamination des cours d'eau fut déposé à la Chambre des communes, quelques semaines après que la Commission eut publié l'ouvrage de T. A. Murray sur la pollution des eaux de surface. Les grandes lignes de la loi proposée s'inspiraient des recommandations présentées dans l'ouvrage de Murray et en 1913, le comité parlementaire de la Chambre chargé d'étudier le projet de loi demanda à Hodgetts de visiter les installations de traitement des eaux les plus perfectionnées d'Angleterre et d'Allemagne et de faire des recommandations appropriées[127]. Malheureusement, le projet de loi n'a jamais été adopté durant la session. En 1915, il était encore débattu en Chambre. Par la suite il fut abandonné.

Au niveau provincial, les recommandations du comité ont porté fruit dans certains cas. En 1912, Sifton pouvait affirmer que « les législatures de l'Ontario, du Manitoba et de l'Alberta ont révisé et amélioré leurs lois sur l'hygiène. La Loi de l'hygiène publique adoptée par la province de l'Ontario est peut être la plus parfaite du Canada, et même de l'Empire britannique. Les provinces de l'Ontario et du Québec ont décrété l'institution d'officiers hygiénistes de district[128]. »

En ce qui a trait au traitement des eaux usées, la Commission a également noté des progrès. Selon Hodgetts, certaines provinces auraient fait « beaucoup de progrès dans la direction recommandée par la Commission » en 1911 et 1912. « Les provinces de l'Alberta, de la Saskatchewan, du Manitoba et de l'Ontario obligent les municipalités à arrêter la pollution des cours d'eau, des rivières et des lacs, causée par les matières d'égouts à l'état naturel, et à installer des systèmes de purification. » Il est difficile de déterminer si ces affirmations étaient fondées, mais selon les données publiées dans *Systèmes de distribution d'eau au Canada* en 1916, 40 % des municipalités ontariennes purifiaient leur eau potable et 47 % traitaient leurs eaux usées[129].

À l'instar de beaucoup de problèmes environnementaux, la contamination des cours d'eau dépassait les frontières et la Commission a réclamé la collaboration des différents intervenants à maintes reprises. En octobre 1912, Hodgetts se rendit à Cleveland et représenta la Commission lors d'un congrès commandité par l'Association internationale pour la préservation des Grands Lacs et l'Association nationale pour la prévention de la pollution des rivières et cours d'eau. À la suite de cette conférence, il collabora avec la Commission conjointe internationale «afin de dresser un plan pour l'examen des eaux des Grands Lacs en ce qui a trait à leur pollution[130]». Mais les réformistes ont été incapables de dépasser le stade des conférences et de la recherche et de convaincre les élus américains et canadiens de sévir en la matière.

La pollution de l'air

Durant les années 1910, le Canada ne possédait à peu près aucune expertise dans l'étude de la pollution de l'air en milieu urbain et la Commission décida de sensibiliser les autorités gouvernementales à ce grave problème. Dans l'édition d'octobre 1912 de la revue *Conservation*, apparaît un premier article à ce sujet dans lequel on demande l'intervention immédiate des gouvernements afin de forcer les industries polluantes situées dans les agglomérations urbaines à installer des filtres sur leurs cheminées[131]. Quelques mois plus tard, à l'occasion de la réunion annuelle de 1913 de la Commission, le comité de la santé publique organisa une conférence à ce sujet. Les invités, Raymond C. Benner et J. J. O'Connor, chercheurs au Département de recherche industrielle de l'Université de Pittsburgh, brossèrent à grands traits un tableau des sources de pollution de l'air et de leurs effets multiples sur la santé et l'environnement.

À cette époque le terme pollution n'était utilisé que dans les cas de dégradation de matières contenant des liquides, comme la pollution de l'eau par exemple. Les spécialistes parlaient plutôt du problème de la fumée dans l'air. Le terme pollution de l'air n'a été utilisé dans le langage scientifique qu'après les années cinquante. Le problème de la fumée, tel que présenté aux commissaires en 1913, englobait l'ensemble des polluants émis dans l'air ambiant. «On ne s'attarde pas à expliquer les méfaits de la fumée à ceux qui habitent ou qui ont une fois visité un grand centre industriel, expliqua Benner. [...] Les ravages de la fumée se voient partout; nul homme, femme, ou enfant n'y échappe. Les méfaits de la fumée, c'est en vérité la plaie (des temps) moderne(s)[132].»

Les analyses de Benner et O'Connor sur la composition des polluants dans l'air de Pittsburgh, alors la «capitale mondiale de la fumée», font frémir. Dans leur analyse des composants chimiques de la

Le smog à Pittsburg durant les années 1910.
Les commissaires s'inquiétaient des effets de la pollution sur la santé humaine et le milieu urbain.
La Commission commandita des études sur les méfaits du smog à Pittsburg,
capitale mondiale de la pollution à cette époque, afin de sensibiliser les décideurs canadiens au problème.

suie produite par les chaudières des usines génératrices et des systèmes de chauffage domestique par exemple, les chercheurs trouvèrent des concentrations importantes de carbone, de goudron, d'acides (sulfureux, sulfurique), d'huile de vitriol, d'hydrogène sulfuré, d'acide chlorhydrique, de cendres, d'ammoniaque et d'arsenic. L'effet combiné de la pollution produite par la combustion du charbon aux autres émissions polluantes des fonderies et manufactures de la ville, produisait des nuages de smog extrêmement dommageables : pluies acides près des industries, détérioration des matériaux de construction, corrosion rapide des métaux, diminution marquée de la visibilité, destruction de la végétation, accroissement marqué des maladies pulmonaires et respiratoires, etc.[133].

Les commissaires avaient réalisé que de tels problèmes affectaient aussi les grands centres urbains du Canada. Ils ont été particulièrement attentifs aux solutions proposées par les deux chercheurs. Premièrement, il fallait améliorer la planification dans le développement industriel. Les chercheurs proposaient par exemple de créer des districts réservés strictement aux industries et de les localiser dans des endroits où leur fumée incommoderait le moins de personnes possible. « Un pays montagneux, tel celui où est Pittsburgh, emmagasine la fumée dans les vallées, et le vent ne la dissipe pas. » Deuxièmement, utiliser des charbons de meilleure qualité, interdire la combustion de charbons inférieurs dans les résidences, qui produisaient douze fois plus d'émissions polluantes que les chaudières industrielles, et encourager l'utilisation du gaz naturel. Troisièmement, subventionner la recherche pour trouver des méthodes de suppression des émissions polluantes pour les fonderies, les manufactures et les remises à locomotives.

Les chercheurs notèrent toutefois que de façon générale, il pourrait être difficile pour les gouvernements de forcer l'industrie et la population à réduire les émissions polluantes car « l'opinion publique considère la fumée comme un signe d'industrie et de prospérité pour la ville[134] ». Cela n'a pas empêché Frank D. Adams, le président du comité des mines, de demander en 1915 que la Commission consacre plus de temps et d'argent à trouver des solutions à ce vaste problème :

> Il n'est pas facile d'arriver à trouver les moyens voulus pour diminuer la somme de fumée qui s'échappe dans l'atmosphère de nos grandes villes canadiennes, mais il est temps que la Commission de la conservation fasse une étude minutieuse de la question, et s'assure, pour le bien de nos habitants des villes, de ce que l'on peut faire pour empêcher la contamination de l'atmosphère[135].

Or, la Commission n'a jamais eu suffisamment d'argent dans ses coffres pour entreprendre des recherches techniques et scientifiques dans ce domaine.

Le problème du plomb

Au début du XXe siècle, plusieurs produits utilisés par l'industrie posaient des dangers sérieux à la santé des travailleurs d'usine et des consommateurs. À plusieurs reprises, la Commission tenta d'alerter les gouvernements à la nécessité d'instaurer des mesures pour contrôler l'exposition répétée aux produits toxiques. Comme on l'a vu dans le chapitre premier, les effets de l'exposition au plomb sur la santé étaient déjà connus par les Romains. Les commissaires étaient également conscients de ces dangers. En octobre 1912 par exemple, apparaît un article dans la revue *Conservation* sur les risques inhérents à la fabrication et à l'utilisation de la peinture contenant du plomb. Une proportion importante des travailleurs dans les usines de fabrication étaient en effet sérieusement affectés par les émanations. Les peintres qui utilisaient cette peinture étaient également susceptibles d'être incommodés. Troisièmement, l'exposition quotidienne au plomb dans les habitations dont les murs et les meubles étaient recouverts de peinture au plomb, était considérée inacceptable. Dans cet article, la Commission conclut que les entreprises devaient accélérer leurs recherches afin d'y trouver un substitut moins nocif. De telles recommandations sont évidemment restées lettre morte, car il faudra attendre les années 1920 pour qu'Ottawa forme un ministère de la Santé et les années 1980 avant que les concentrations de plomb dans les peintures et l'essence soient sévèrement réglementées[136].

Le traitement des déchets

Le problème de la cueillette et de l'enlèvement des déchets dans les zones urbaines causait passablement de maux de tête aux administrateurs municipaux au début du XXe siècle. Certes, une multitude de petites entreprises faisaient la collecte sélective et le recyclage de toute une série de déchets. Les résidus de bois, les métaux, le verre et le papier étaient recyclés ou réutilisés. Les cendres des fournaises étaient utilisées pour faire de l'engrais. Mais le crottin de cheval, les carcasses d'animaux morts et des déchets organiques de toutes sortes pouvaient rester sur la chaussée durant des semaines sans être ramassés. Trop souvent, ces déchets étaient tout simplement jetés dans les cours d'eau ou dans des dépotoirs à ciel ouvert. En 1913, Hodgetts écrivit une brochure à ce sujet et la Commission fit distribuer 170 000 copies du document à travers le Dominion afin d'encourager les municipalités à instaurer des services de collecte des déchets et de destruction hygiénique des rebuts, dans le but de diminuer le nombre d'épidémies de maladies infectieuses[137].

Les avantages de la planification urbaine

Après quelques années, les commissaires se sont rendu compte que tous ces problèmes ne pouvaient pas être réglés simultanément. Lors de la réunion annuelle de 1911, Hodgetts répéta que les miséreux, les membres de la classe ouvrière, les immigrants et les nouveaux arrivants provenant des campagnes qui s'entassaient dans les quartiers pauvres, faisaient face à une série de problèmes d'hygiène communs mais forts complexes à résoudre : forte densité de la population, habitations insalubres, hauts taux de mortalité infantile, fréquentes épidémies de maladies infectieuses, taux élevés de crimes contre la personne, etc. Résoudre tous les problèmes de santé publique pour tous ces gens était une tâche gigantesque et il était essentiel pour la Commission de proposer et de faire appliquer des normes minimales d'hygiène publique à travers le Dominion.

Selon le médecin-conseil de la Commission, les municipalités devaient obtenir les pouvoirs nécessaires pour établir des règlements et diriger les tracés des plans de ville. La réglementation britannique inspirée du *Garden City Movement* pouvait servir de point de départ et être adaptée aux conditions particulières du Canada. Durant les réunions annuelles de 1912 et 1913, Hodgetts proposa par exemple que les villes d'Ottawa et Hull soient prises en charge par une commission d'urbanisme afin d'en faire un modèle de gestion qui inspirerait les autres communautés du pays. Mais cette recommandation n'a pas été suivie par le gouvernement fédéral[138]. Il faut dire que Hodgetts, qui possédait les qualités voulues pour identifier des problèmes spécifiques et proposer des solutions précises, s'est montré incapable de proposer des politiques globales en matière de santé publique et d'urbanisme, qui soient acceptables pour les gouvernements provinciaux et municipaux et techniquement réalisables. Et tout porte à croire qu'à partir de 1912, il avait perdu espoir de se faire entendre par les autorités.

En fait, en 1913, James White était suffisamment déçu du travail de Hodgetts pour en informer Sifton. Dans une lettre adressée à Sifton en mai 1913, il écrivit : « Depuis environ un an son travail n'a pas été satisfaisant [...] il a commencé un rapport sur le traitement des eaux usées dans les villes de Grande-Bretagne mais n'a présenté aucun résultat. » White, qui cita trois autres exemples de ce genre, considérait que Hodgetts «fait bien trop de voyages à travers le pays plutôt que de compléter son travail. Certes, il est très plaisant d'être le centre d'attraction de vieilles femmes mais cela ne le mène nulle part.»

Il faut dire qu'en 1912 par exemple, Hodgetts se rendit 18 fois à Toronto aux frais de la Commission sans produire de rapport sur ses activités dans la ville-reine. D'autre part, la pertinence de ses interventions laissait également à désirer. Durant la réunion annuelle de 1912, il surprit l'assemblée en dénonçant de façon véhémente la construction des premiers «gratte-ciel» dans les villes canadiennes. Selon Hodgetts, la multiplication du nombre de ces édifices provoquerait des conditions de surpopulation dans les centres-ville, ce qui serait nocif pour la santé des individus. «De telles monstruosités ne seraient pas permises en Grande-Bretagne ou en Allemagne, expliqua Hodgetts, et rien ne peut justifier leur existence ici. Ils ne sont rien d'autre qu'une nuisance et devraient être traités ainsi[139].» Certes, ce problème était important, mais difficilement comparable avec les horreurs retrouvées dans les taudis à quelques pas des grandes artères.

En 1913, Hodgetts contribua peu aux activités de la Commission et l'année suivante, il n'a rien produit. La dernière conférence concernant le problème de l'approvisionnement en eau potable fut présentée en 1914 par J. W. Bruce, l'organisateur général de la United Association of Plumbers and Steamfitters. Ce natif d'Australie et plombier de profession s'impliqua dans le syndicalisme durant les années 1900, avant de contribuer à la formation du Parti social-démocrate en 1908. Par la suite, il fut appelé à siéger pour plusieurs commissions dont la Commission royale sur le développement industriel. Dans sa présentation aux commissaires, Bruce suggéra qu'il était grand temps de standardiser la législation en matière de plomberie. Il n'existait aucune norme visant à standardiser la taille, la résistance, les matériaux, le volume et la capacité des composantes du système de plomberie, si bien que les infrastructures aussi bien municipales que résidentielles et industrielles étaient peu fiables. Le même phénomène pouvait être confirmé dans le cas des systèmes de ventilation et de chauffage. Bruce proposa qu'Ottawa établisse des normes minimales pour l'ensemble du pays, «qui serviront de base à l'exécution de ces mesures, tout en laissant aux villes la liberté de les compléter par des règlements spéciaux qui pourront sembler nécessaires en raison des conditions climatériques [*sic*]». Hodgetts ne semble avoir rien fait pour informer le gouvernement des recommandations de Bruce[140].

Au début de 1913, la Commission commença à examiner la possibilité d'utiliser les services d'un expert dans le domaine de la planification urbaine. Désireux de faire avancer l'adoption de lois provinciales, les membres du comité de la santé publique se tournèrent vers le jeune urbaniste Thomas Adams, qui selon D. J. Hall avait fait sensation lors d'une conférence sur l'urbanisme tenue à Philadelphie en 1911[141]. Lors de la réunion annuelle de 1913, les commissaires décidèrent d'inviter Adams pour qu'il aide le comité à formuler des recommandations acceptables en matière de plans de ville aux provinces. En 1911 et 1912, les provinces du Nouveau-Brunswick et de Nouvelle-Écosse par exemple avaient adopté des lois concernant les plans de ville. Mais les commissaires considéraient que la loi en ce sens n'était pas bien formulée et ne serait pas efficace. À la suite des négociations entre Borden et le *Local Government Board* de Grande-Bretagne, Adams fut prêté à la Commission pour une période d'environ deux mois. Désirant profiter au maximum de ses services, la Commission organisa une conférence nationale sur la planification urbaine à Toronto. « Ce n'est qu'après une étude minutieuse et ardue [des problèmes d'urbanisme] que l'on pourra formuler des lois relatives à l'habitation et aux plans de ville, pouvant s'appliquer à toutes les villes et provinces du Canada », expliqua Frank Beer, le président de la Toronto Housing Company, qui suggéra la tenue de cette conférence lors de la réunion annuelle de 1914 de la Commission[142].

Beaucoup de choses ont été accomplies durant cette conférence rassemblant des délégués des États-Unis, du Canada et de l'Angleterre à Toronto en mai 1914. Selon Adams, « La conférence, tant au point de vue du nombre des délégués que de la nature des discussions, a été une des plus fructueuses qui aient eu lieu sur ce continent ». Le colonel Jeffrey Burland de Montréal, un réformiste bien connu de l'époque, fut nommé président du sous-comité de la législation concernant les plans de ville qui avait été formé par la Commission en 1913. Il fut chargé de proposer un projet de loi type sur les plans de ville, qui pourrait être utilisé par les provinces désireuses de s'en prévaloir[143]. Dans son rapport aux commissaires, Burland proposa un tel projet de loi et suggéra en outre que les provinces créent des ministères des Affaires municipales, car les questions d'urbanisme étaient complexes à administrer[144].

Plusieurs organismes ont applaudi l'initiative de la Commission concernant les plans de ville. Quelques mois après la conférence, l'Association manufacturière du Canada adressa une lettre de félicitations à la Commission pour avoir organisé cette réunion et suggéra à Borden que la Commission crée un bureau de la planification urbaine. D'autres groupes comme l'Association canadienne de la santé publique ont fait la même demande[145].

Après cette conférence, la Commission pouvait donc amplement justifier l'embauche de Thomas Adams. Mais les négociations pour obtenir ses services ont été difficiles et le premier ministre a dû intervenir. Adams commença son travail en juillet 1914. Il ne perdit pas de temps pour prendre les choses en main, et le comité de la santé publique aurait sans doute produit des résultats fort intéressants si la guerre n'avait éclaté quelques semaines plus tard. Le colonel Burland se rendit en Europe à titre de médecin en chef pour la Croix-Rouge canadienne. Il décéda quelques mois après son arrivée et fut remplacé par Hodgetts, qui passa le plus clair de son temps entre 1915 et 1918, en Grande-Bretagne, ce qui explique pourquoi les questions de santé publique disparurent de l'ordre du jour de la Commission. Après la guerre, le gouvernement ordonna à Hodgetts de se rapporter au ministère de l'Intérieur sans expliquer les raisons motivant ce transfert. Ce dernier réussit tout de même à terminer la rédaction d'un rapport sur l'épidémie de grippe de 1918 dans lequel il identifie la mauvaise qualité de l'eau potable comme une des principales causes[146].

Les difficultés provoquées par le conflit en Europe n'ont pas découragé l'urbaniste, au contraire. « Le temps présent est propice à la préparation de la réforme des plans de ville et de l'habitation, affirma-t-il. Le flot de l'immigration est pour ainsi dire arrêté, ce qui suspend temporairement l'expansion urbaine [...]. Si donc il était possible d'attirer suffisamment l'attention des hommes d'affaires sur le sujet, ce serait le meilleur temps de se mettre à l'œuvre. » Afin de promouvoir la cause de la planification urbaine, Adams coordonna plusieurs projets. Il fit publier à partir de 1914 une revue trimestrielle intitulée *Conservation of Life*, visant à éduquer le public sur l'importance de la planification urbaine. Il encouragea également la formation de ligues du progrès civique dans les grandes villes du Canada[147]. Sifton approuvait les initiatives de Adams et précisa que le temps était venu pour la Commission de développer une bonne législation en matière de plans de ville, de la faire adopter par les provinces, d'identifier des fonctionnaires provinciaux qui auraient comme mission « d'acquérir la connaissance des principes sur lesquels le travail devra être basé », et de commencer le travail pratique dans les grandes villes qui en ont le plus besoin. Pour ce faire, il demanda la collaboration des commissaires afin d'organiser des visites de l'urbaniste dans toutes les régions du pays. Ces derniers semblent avoir répondu à l'appel[148].

Comme il l'avait indiqué durant sa première allocution devant les commissaires, Adams passa le plus clair de son temps à collaborer avec les provinces dans le but de les aider à améliorer leurs lois. Et conformément au souhait des groupes de pression, la Commission obtint les fonds nécessaires pour établir un bureau d'urbanisme et offrit des services de consultation en matière de législation urbaine, ce qui dépassait sans doute le mandat que lui conférait la loi. En 1915 par exemple, ce bureau collabora avec la province de la Nouvelle-Écosse lors de la rédaction d'une nouvelle loi sur l'aménagement des villes. Cette loi fut sanctionnée en 1915 et les règlements au début de 1916. «J'ai passé plusieurs semaines à Halifax, occupé à préparer et à réviser le texte, en consultation avec les comités des deux chambres de la Législature, expliqua Adams. [...] La loi est maintenant rendue obligatoire dans toute la Nouvelle-Écosse, car chaque district est tenu de former un bureau local, et chaque bureau local doit approuver tous les nouveaux développements et préparer une série de règlements ou un projet d'aménagement des villes[149].»

Les consultations s'intensifièrent en 1916. Adams révisa les règlements de la loi de l'aménagement des villes pour la province du Nouveau-Brunswick. Il soumit un projet de loi de l'aménagement des villes au Québec : «Le premier ministre m'a promis que ce projet recevrait toute l'attention voulue, déclara Adams. Je suis persuadé qu'une loi de l'aménagement des villes sera adoptée à Québec cette année[150].» En plus de ces initiatives, il rendit visite aux autorités municipales dans une quarantaine de villes, de la Nouvelle-Écosse à l'Alberta, et leur donna des conseils sur la législation en matière d'aménagement urbain.

En 1916, le Manitoba révisa le projet de loi soumis par le bureau d'urbanisme de la Commission et adopta une loi de l'aménagement des villes. L'urbaniste de la Commission multiplia les initiatives dans les autres provinces. «Il y aura lieu d'être désappointé, si, dans l'ensemble, toutes les provinces n'ont pas en vigueur des lois de l'aménagement des villes à cette date l'an prochain.» Alors qu'Adams multipliait les rencontres avec les premiers ministres des provinces, les ministres et les maires des grandes villes, les résultats concrets se faisaient attendre[151].

En 1917, l'Ontario, à la suite des rencontres entre les commissaires et le premier ministre de cette province, créa un ministère des Affaires municipales. En Saskatchewan, les législateurs adoptèrent une loi des plans et développements ruraux. L'année suivante, Adams entamait des recherches en vue de faire publier «Plans et développement urbains» mais la Commission fut abolie avant qu'il ait terminé son travail. En outre, il collabora avec les autorités d'Halifax à la reconstruction de la ville dont le centre avait été détruit par une gigantesque explosion dans les eaux du port en 1917[152]. Un projet de loi sur les plans de ville, proposé par la Commission de la conservation au pouvoir législatif de l'Île-du-Prince-Édouard, fut accepté en 1918. Cette loi créa un bureau du développement qui utilisa les services d'Adams dans la formulation d'un plan d'urbanisme pour la ville de Port Borden, destinée à accueillir le nouveau service de traversier reliant l'île au continent[153]. Ses efforts contribuèrent sans doute à l'établissement d'un Département des affaires municipales au Québec à la fin de la guerre. En outre, Adams collabora avec les autorités de la ville de Kipawa (Québec), en espérant y créer un modèle adéquat de développement urbain pour les petits centres industriels qui se développaient au Québec.

L'Ontario, pour sa part, modifia sa loi sur les plans de ville et demanda l'aide d'Adams dans la formulation de plans de ville pour Hawkesbury, Objiway, Hamilton, Renfrew, Oshawa, Belleville, London, Chatham et Windsor. En Saskatchewan, un directeur de la planification urbaine fut nommé à la suite de l'adoption de la Loi sur les plans urbains. Au niveau fédéral, une somme de 25 millions de dollars fut offerte aux provinces sous forme de prêts afin de les aider à développer des programmes de construction d'habitations et Adams fut invité à participer aux activités du comité spécial de l'habitation mis sur pied pour administrer le programme. Deux fonctionnaires furent nommés par le gouvernement pour aider l'urbaniste dans son travail[154].

Après la guerre, il devint plus difficile pour Adams de convaincre les provinces de resserrer davantage leur cadre législatif. Il concentra alors son attention sur l'éducation des jeunes universitaires dans les facultés de science et de génie à travers le pays. Il espérait ainsi encourager des étudiants à se perfectionner dans le domaine de la planification urbaine et créer des équipes d'urbanistes dans chaque province. Ses conférences traitaient des problèmes existant dans les villes, de la législation en vigueur, de la préparation des plans régionaux et des grands principes de planification urbaine. Selon la correspondance entre White et Henry Tory, l'idée fut très bien reçue par les administrateurs universitaires[155].

Le développement en milieu rural

Il est indéniable que les efforts de Thomas Adams ont contribué à l'établissement de mesures minimales en matière d'urbanisme dans les agglomérations urbaines. Mais qu'en est-il des campagnes ? Selon la documentation publiée par la Commission, il ressort clairement qu'Adams a également jeté les bases de la planification et du développement des infrastructures en milieu rural. En 1917 par exemple, il fit publier un ouvrage détaillé à ce sujet : *Plan et développement ruraux* visait à créer « un climat où la nature et l'art de l'homme s'unissent pour faire de parfaits amis de la campagne et de la ville ». Les réformistes ne s'attendaient pas à ce que l'harmonie entre des forces apparemment opposées apparaisse spontanément. Seul l'État pouvait planifier, coordonner et établir les infrastructures nécessaires à un développement rural harmonieux et durable. Pour Thomas Adams, la conservation des ressources naturelles n'était pas suffisante pour assurer la qualité de vie des Canadiens : la conservation de la vie en milieu rural était d'importance suprême : « Conserver les ressources humaines et naturelles signifie non seulement prévenir le gaspillage de ce que nous avons, mais aussi élaborer des projets pour le développement. [...] Considéré à cette lumière, presque chaque problème social au Canada est un problème de conservation[156]. »

Dans le domaine de la planification rurale, Adams était d'avis que la Commission de la conservation devait encourager :

1) La préparation de plans et le développement de terres par des moyens qui assureront la santé, l'aménité, la commodité et l'efficacité, et le rejet des méthodes qui conduisent à une spéculation nuisible.

2) L'instruction scientifique, des facilités d'éducation améliorées et le développement des relations sociales.

3) L'établissement d'une organisation gouvernementale efficace et de facilités perfectionnées pour assurer la coopération, le crédit rural et le développement des industries rurales[157].

Plusieurs raisons motivaient Adams à promouvoir l'intervention du gouvernement dans le développement des régions rurales, la plus importante étant la dépopulation rapide des campagnes au profit des villes. L'urbaniste n'était pas opposé à de telles migrations. « Ce qui est mal, suggéra Adams, c'est non pas que des milliers d'hommes aient quitté la campagne, mais que les chances de faire un usage profitable de leurs habiletés n'étaient pas à leur disposition à la campagne. » Dans un discours rappelant la vision du président du comité des terres James W. Robertson, Adams considérait que le manque de ressources dans les domaines de l'éducation, des relations sociales, de la finance et de la coopération était le principal facteur expliquant le départ de milliers de familles vers les villes à chaque année. Ce phénomène n'était évidemment pas unique au Canada. Aux États-Unis par exemple, de nombreuses études, dont celle de la Commission sur la vie rurale, avaient rapporté les mêmes problèmes. Le mouvement canadien, dirigé par la Commission de la conservation, s'est inspiré des recommandations américaines pour établir un programme de réforme en milieu rural[158].

Parmi les recommandations formulées dans le rapport sur le développement rural, les plus importantes sont : *1)* de procéder à un inventaire national des terres afin d'accélérer le développement là où le sol est riche et de limiter le développement là où le sol est pauvre ; *2)* de sévir contre les spéculateurs qui se sont accaparés de vastes territoires où le sol est riche ; *3)* de modifier le système rectangulaire de division des terres afin de prendre en considération les variations topographiques ; *4)* d'élaborer des plans de villages non rectangulaires adaptés aux conditions géographiques pour les petites agglomérations rurales ; *5)* d'améliorer le design des chemins de campagne ; *6)* de viser une meilleure intégration des usines hydroélectriques locales aux villages ; *7)* de créer un ministère fédéral de la Colonisation et de l'Immigration et une commission consultative sur la Colonisation des terres afin d'établir des normes minimales et standardiser la réglementation en matière de zonage[159]. L'approche d'Adams fut bien reçue par les membres de la Ligue du progrès civique du Canada, qui se réunirent en mai 1917 à Winnipeg avec les commissaires de l'Ouest[160].

Les membres de la Commission ont aussi fait des recommandations techniques précises pour améliorer la qualité de vie des agriculteurs. À partir de 1915 par exemple, W. J. Dick proposa l'utilisation de fosses septiques dans les régions où des réseaux municipaux d'égouts ne pouvaient être installés. Ces fosses, d'un design similaire à celui d'aujourd'hui, permettaient l'installation de toilettes dans les fermes et éliminaient les risques de contaminer les puits d'eau potable par les déchets humains. Lorsque le processus de décomposition des eaux usées était complété, les boues pouvaient être utilisées comme engrais sur les champs. Cette proposition fut présentée à plusieurs reprises dans la revue *Conservation* entre 1915 et 1920[161].

Le bilan du travail du comité de la santé publique est difficile à faire. Certes, les problèmes identifiés par le comité de la santé publique n'ont pas tous été résolus et l'objectif que s'était fixé la Commission d'éliminer la pollution à la source n'a jamais été atteint. Le problème du traitement des eaux usées par exemple est demeuré entier et s'est même aggravé depuis l'apparition des produits toxiques chimiques dans les effluents. En ce qui a trait à la pollution de l'air, les villes ont été libérées de la poussière de charbon et de la fumée noire résultant de sa combustion. Mais elles doivent désormais composer avec les émissions polluantes des automobiles et des problèmes d'urbanisme complexes, tels l'étalement urbain et la disparition des espaces verts. Par contre, dans les domaines comme la filtration de l'eau potable, le recyclage des déchets et l'élimination du plomb, des améliorations marquantes ont été apportées depuis les années 1910.

Notes

1. Tiré de CCRA, 1914, pp. 152–153.

2. Peu de temps après sa nomination à la Commission de la conservation, Robertson fut chargé de la Commission royale sur la formation industrielle et l'éducation technique à laquelle participait également le révérend George Bryce.

3. CCRA, 1910, pp. 48–49.

4. CCRA, 1910, pp. 59–62.

5. En 1923, Tory remplaça Frank D. Adams à la présidence du CNRC. Voir E. A. Corbett, *Henry Marshall Tory: Beloved Canadian*, 1954, chapitre XIV; Royal Society of Canada, « Henry Marshall Tory », *Proceedings*, 1948, pp. 137–145; Marianna Gosztonyi Ainley, « Rowan vs Tory: Conflicting Views of Scientific Research in Canada, 1920–1935 », *Scientia Canadensis*, XII, 1988, pp. 3–21.

6. CCRA, 1917, p. 7.

7. Le comité comptait un autre membre du Québec en la personne d'Édouard Gohier de Montréal mais ce dernier ne se présenta jamais aux réunions de la Commission. Parmi les autres membres qui ont participé aux activités du comité, on note Frank D. Adams (1915–1918); Frank Davison, un marchand de bois de Nouvelle-Écosse (1910); John Fixter (1913); Charles Murray (1913).

8. ANC, Fonds R. L. Borden, M. Burrell à R. L. Borden, 1917-01-02.

9. Au moins deux autres politiciens se sont succédé comme membres du comité sans y apporter une contribution notable: Benjamin Rogers (1837–1923) par exemple, un député de l'Île-du-Prince-Édouard en 1909, n'assista qu'à une seule réunion. John A. Mathieson, le premier ministre de cette province, était présent à la réunion de 1912. Robert Rogers (1834–1936) succéda à Frank Oliver pendant quelques mois comme ministre de l'Intérieur fédéral après la victoire des Conservateurs mais n'assista à aucune réunion; Orlando T. Daniels, le procureur général de la Nouvelle-Écosse (1911–1912).

10. CCRA, 1911, p. 5.

11. Marvin McInnis, « Primary Production », *Historical Atlas of Canada*, vol. II, 1990, planche 5.

12. Henry M. Tory, par exemple, n'a pas collaboré au recensement de 1910. Voir Archives de l'Université de l'Alberta, Fonds H. M. Tory, dossier « Commission of Conservation », Robertson aux membres du comité [s.d.], probablement avril 1911, pp. 1–3; Tory à Nunnick, 1911-04-21.

13. L'assolement est défini comme la rotation des cultures sur une terre.

14. CCRA, 1911, pp. 9–10; Commission de la conservation, « Recensement agricole 1910 », *Terres, pêcheries, minéraux*, 1911, pp. 1–20.

15.   Archives de l'Université de l'Alberta, Fonds H. M. Tory, dossier «Commission of Conservation», F. C. Nunnick à H. M. Tory, 1911-04-03; Robertson aux membres du comité [s.d.], probablement avril 1911. Une copie du questionnaire de quatre pages est attachée au rapport de Robertson.

16.   CCAR, 1912, p. 92. Les résultats du recensement de 1911 sont résumés dans F. C. Nunnick, «Recensement agricole, 1911», pp. 106–129.

17.   Le recensement de 1912 a été effectué dans les mêmes établissements que celui de 1911. Archives de l'Université de l'Alberta, Fonds H. M. Tory, dossier «Commission of Conservation», F. C. Nunnick à H. M. Tory, 1912-0502; H. M. Tory à F. C. Nunnick, 1912-05-08; F. C. Nunnick à H. M. Tory, 1912-05-14. Pour une liste des personnes responsables de la collecte des données, voir F. C. Nunnick à Tory, 1913-01-13, «Work of the Lands Committee for 1912», pp. 3–6; CCRA, 1913, pp. 134–135, 176; CCRA, 1914, pp. 154–186; CCRA, 1915, p. 4.

18.   CCRA, 1910, pp. 54–59. C. C. James, «L'œuvre de l'agriculture dans l'Ontario», CCRA, 1911, pp. 24–49. Charles C. James (1863–1916) était sous-ministre de l'Agriculture en Ontario de 1892 à 1912. En 1911, il autorisa la Commission à publier *Agricultural Work in Ontario*. Ce petit rapport illustré d'une trentaine de pages présentait les meilleurs exemples de productivité agricole de cette province. CCRA, 1911, pp. 15–16.

19.   CCRA, 1912, p. 94; CCRA, 1914, p. 150. Archives de l'Université McGill, RG43, Fonds du vice-président Frank D. Adams, James W. Robertson à L. S. Klinck, Collège Macdonald, 1911-03-25; J. Robertson à F. C. Harrison, principal, Collège Macdonald, 1911-03-28; Frank D. Adams à J. Robertson, 1911-04-03. CCRA, 1913, pp. 147–148, 183; CCRA, 1914, p. 9; CCRA, 1915, p. 5.

20.   CCRA, 1910, pp. 54–59.

21.   CCRA, 1913, p. 142; CCRA, 1913, p. 183.

22.   CCRA, 1915, p. 6; Registre des arrêtés ministériels, 1915, n° 1037; CCRA, 1916, pp. 156–157; Archives de l'Université de l'Alberta, Fonds H. M. Tory, dossier «Commission of Conservation»; «Commission of Conservation: Illustration Farm and Neighborhood Improvement Associations, Constitution» [s.d.].

23.   CCRA, 1915, pp. 217–219.

24.   Les comtés de Dundas, Waterloo, Northumberland et Carleton ont été examinés. Pour des détails sur le processus de sélection, voir Archives de l'Université de l'Alberta, Fonds H. M. Tory, dossier «Commission of Conservation», F. C. Nunnick à H. M. Tory, 1916-01-08; «Report of the Agriculturist», pp. 1–2; F. C. Nunnick, «Rapport du comité des terres», CCRA, 1916, pp. 161–186.

25.   F. C. Nunnick, «Rapport du comité des terres», CCRA, 1917, pp. 221–226. Pour les données complètes, voir les tableaux statistiques présentés dans CCRA, 1917, pp. 228–236.

26.   CCRA, 1918, p. 174. Voir également Archives de l'Île-du-Prince-Édouard, Fonds Aubin Arsenault, RG 25.24, dossier «Commission of Conservation», «A Resume of the Work of the Committee on Lands of the Commission of Conservation, During the Year 1916», pp. 1–3; «A Summary of Results of the Agricultural Survey Conducted in Dundas County During the Summer of 1916 by the Commission of Conservation».

27.   Archives de l'Université de l'Alberta, Fonds H. M. Tory, dossier «Commission of Conservation», «A Resume of the Work of the Committee on Lands of the Commission of Conservation During the Year 1917», pp. 1–8.

28. CCRA, 1916, Mgr Charles-P. Choquette, « La conservation des traditions nationales », CCRA, 1916, pp. 29, 33.

29. CCRA, 1918, p. 211.

30. CCRA, 1916, p. 161.

31. CCRA, 1917, pp. 66–67.

32. CCRA, 1917, p. 294.

33. CCRA, 1918, pp. 212–214.

34. ANC, Archives C. Sifton, F. C. Nunnick à C. Sifton, « Memorandum on the Use of Chemical Fertilizers in Canada » [s.d.], fin de 1916 [n.t.].

35. CCRA, 1917, pp. 66–67.

36. CCRA, 1917, p. 22.

37. CCRA, 1917, p. 23. H. J. Wheeler, « L'emploi des engrais minéraux », CCRA, 1917, pp. 39–56. *Ibid.*, pp. 39–55.

38. Frank T. Shutt, « Les engrais chimiques et leur usage au Canada », CCRA, 1917, p. 57.

39. *Ibid.*, pp. 57–69.

40. CCRA, 1919, pp. 133–139.

41. « Le problème de la fertilité des sols est très important pour l'ouest du Canada et nous avons reçu l'assurance de la collaboration des chefs de file dans ce domaine concernant les différentes phases du problème », Archives de l'Université du Nouveau-Brunswick, Fonds C. C. Jones, dossier « Commission of Conservation », James White à C. C. Jones, 1920-05-12; Archives de l'Université de l'Alberta, Fonds H. M. Tory, dossier « Commission of Conservation », J. White à H. M. Tory, 1920-05-27.

42. Voir par exemple Archives de l'Université du Nouveau-Brunswick, Fonds C. C. Jones, dossier « Commission of Conservation », J. White à C. C. Jones, 1920-05-21; J. White à C. C. Jones, 1920-07-12; H. Murray à C. C. Jones, 1920-06-20; et J. White à C. C. Jones, 1920-06-30, confirmant la présence de H.-S. Béland.

43. Voir articles parus dans le *Winnipeg Free Press*, 14, 15 et 16 juillet 1920.

44. CCRA, 1917, p. 17.

45. CCRA, 1918, p. 67.

46. Davison est décédé en 1913.

47. Voir par exemple ANC, Fonds W. Laurier, J. Hendry à W. Laurier, 1910-11-27; W. Laurier à J. Hendry, 1910-11-27.

48. Parmi les autres membres du comité, on note Frank D. Adams (1914–1917); John Pease Babcock, le commissaire adjoint des pêcheries de la Colombie-Britannique (1916–1918); Mgr J.-C.-K. Laflamme (1849–1910), le recteur de l'Université Laval, qui n'assista qu'à la réunion inaugurale de la Commission (1910); et W. F. Tye (1918).

49. Pour une description détaillée des politiques de concession des terres du Dominion, voir Peter Gillis, *Lost Initiatives*, 1986, chapitre 1.

50. CCRA, 1910, p. 42. Voir chapitre 2. Bernhard E. Fernow, « Loi de la conservation des forêts en Suède », CCRA, 1911, pp. 87–90.

51.   Archives de l'Université de l'Alberta, Fonds H. M. Tory, dossier «Commission of Conservation», «Résumé of Work of the Commission of Conservation Since Annual Meeting», 18–21 janv. 1910, p. 4.

52.   CCRA, 1910, p. 44. CCRA, 1910, p. 37.

53.   CCRA, 1910, p. 34

54.   *Ibid.*

55.   L'école forestière de Toronto fut fondée à 1906. Les écoles forestières à Québec et au Nouveau-Brunswick ont été fondées quelques années plus tard.

56.   CCRA, 1910, p. 44.

57.   Voir Archives de l'Université de Toronto (AUT), Faculté de foresterie, A72–0025, boîte n° 135. Au sujet de l'inventaire, Fernow expliqua : «Nous espérons établir la réputation de la profession grâce à ce travail.» *Ibid.*, B. E. Fernow à J. B. Whitman, 1912-01-23.

58.   *Ibid.*, B. E. Fernow à J. White, 1909-05-05; J. White à B. E. Fernow, 1909-05-07; B. E. Fernow à J. White, 1909-05-19 et 1909-05-21; B. E. Fernow à J. White, 1909-09-16. B. E. Fernow, *Conditions forestières en Nouvelle-Écosse*, 1912, pp. 3–6.

59.   *Ibid.*, pp. 12–40.

60.   *Ibid.*, pp. 40–46.

61.   CCRA, 1914, p. 13; CCRA, 1919, p. 25.

62.   AUT, Faculté de foresterie, A72–0025, B. E. Fernow à C. Sifton, boîte n° 134, 1909-11-19.

63.   Au sujet des sévères critiques que lui adressait Sifton après la réunion annuelle de 1911 à Québec par exemple, J. White écrivit : «C'est comme si nous tentions de faire le travail de dix hommes avec un personnel d'un homme […]. Je suis prêt à travailler et travailler fort mais je n'ai jamais prétendu faire des miracles […]. Je ne suis pas contre la critique lorsqu'elle est constructive, mais lorsqu'elle est basée sur un état de choses sur lequel je n'ai aucun contrôle et qui est le résultat du rejet de mes recommandations, je crois qu'il est temps de reviser votre jugement, ou de reconsidérer nos politiques.» ANC, Fonds C. Sifton, J. White à C. Sifton, 1911, probablement septembre, pp. 157987–993 [n.t.]; Allocution de Fernow, CCAR, 1912, p. 53.

64.   Rapport du Vérificateur général du Canada, section «C», Département de l'Agriculture, 1910–1914. AUT, A72–0025, J. White à B. E. Fernow, boîte n° 135, 1912-01-13.

65.   *Ibid.*, B. E. Fernow à J. White, 1912-01-19. Le Directeur de la section forestière du Département de l'Intérieur n'a sûrement pas été heureux de ce volte-face de la part de Fernow. Dans une lettre au Commissaire adjoint des terres publiques, Fernow écrit : «J'ai tenté d'adoucir les sentiments de M. Campbell à ce sujet […]» [n.t]. L'attitude de Fernow dans ce dossier a probablement semé les graines d'une future discorde entre les deux organismes. Voir AUT, A72–0025, B. E. Fernow à J. B. Whitman, boite n° 135, 1912-01-23; J. B. Whitman à B. E. Fernow, 1912-01-26.

66.   Au sujet des négociations entre Sifton et Laurier en vue de procéder à l'examen du bassin de la Trent, voir AUT, Fonds B. E. Fernow, boîte n° 134; B. E. Fernow à C. Sifton, 1912-01-20; C. Sifton à B. E. Fernow, 1912-01-27; B. E. Fernow à C. Sifton, 1912-01-29. Rapport du Vérificateur général du Canada, 1914, p. C-74; AUT, A72–0025, J. White à B. E. Fernow, boîte n° 135, 1912-04-16.

67.   CCRA, 1914, p. 39.

68. Clifton D. Howe et J. H. White, *Examen du bassin du Trent*, 1913, pp. 7–11. Voir également James T. Angus, *A Respectable Ditch: The History of the Trent-Severn Waterway, 1833–1920*, 1989.

69. Clifton D. Howe et J. H. White, *Examen du bassin du Trent*, 1913, p. 3.

70. ANC, Fonds R. L. Borden, T. H. Stinson à R. L. Borden, 1914-03-28, C4366, pp. 84032; R. L. Borden à T. H. Stinson, 1914-03-30, p. 84033; J. White à R. L. Borden, 1914-04-02, p. 84039.

71. Clifton D. Howe et J. H. White, *Examen du bassin du Trent*, 1913, pp. 4–5.

72. *Ibid.*, pp. 1–22, 106.

73. *Ibid.*, pp. 106–107.

74. *Ibid.*, pp. 15–22. CCRA, 1915, p. 24; « Trent Watershed Survey », *Conservation*, III, 3, mars 1914, p. 12.

75. CCRA, 1914, pp. 45–46.

76. CCRA, 1915, pp. 23–24.

77. B. E. Fernow, « Inventaire forestier », CCRA, 1913, pp. 119–121.

78. *Ibid.*

79. CCRA, 1914, p. 36. C'est le docteur Cecil Jones, um membre du comité des terres et le Chancelier de l'Université du Nouveau-Brunswick, qui fut chargé par la Commission de négocier la publication de ces cartes. Voir Archives de l'Université du Nouveau-Brunswick, Fonds C. C. Jones, T. L. Loggie à C. C. Jones, 1917-02-05; T. L. Loggie à C. C. Jones, 1912-02-27; CCRA, 1918, p. 5.

80. CCRA, 1917, p. 203; CCRA, 1918, p. 67; CCRA, 1917, p. 27.

81. CCRA, 1917, p. 213. « La coupe de 1919 de 4 005 733 cordes de bois à pâte nécessitera la plantation de 280 millions d'arbres annuellement afin de soutenir cette production annuelle » [n.t.]. Voir AUT, Fonds B. E. Fernow, boîte n° 41, dossier n° 1, « Lake Abitibi District Regeneration Survey, 1919 »; « Regeneration Survey of the Lake Abitibi District, 1919 ».

82. Clifton D. Howe, « Reboisement sur certaines terres à bois de pâte à papier dans Québec », CCRA, 1918, pp. 54–71.

83. Clifton D. Howe, « Quebec Forest Regeneration Survey », CCRA, 1919, pp. 164–175.

84. Voir CCRA, 1914, p. 35.

85. CCRA, 1911, p. 104.

86. Voir H. R. Christie, « Plantation forestière en Colombie-Britannique », dans Clyde Leavitt, *Protection des forêts au Canada, 1912*, 1913, pp. 125–135.

87. Craig et Whitford furent engagés par la Commission suite à une recommandation de Fernow. Voir ANC, Fonds C. Sifton, B. E. Fernow à C. Sifton, 1914-01-23.

88. H. N. Whitford et R. D. Craig, *Forests of British Columbia*, 1918, pp. 1–9.

89. CCAR, 1918, p. 11. Voir aussi Roland D. Craig, « Aeroplane Lumber Production in British Columbia », CCRA, 1919, pp. 185–191.

90. CCRA, 1911, p. 11. La Commission précisa cette proposition dans un arrêté en conseil émis le 2 février 1911. Elle proposa que des patrouilles soient disponibles sur toutes les voies de chemins de fer pour éteindre les feux de forêt. Voir ANC, Registre des arrêtés en conseil, n° 245, 1911-02-04.

91.   Voir ANC, Fonds W. Laurier, W. C. Edwards à W. Laurier, 1910-05-04. Les amendements à la Loi furent passés en Chambre et sont contenus dans 1–2 George V, chapitre 22. Voir CCRA, 1912, p. 21–22. ANC, Registre des arrêtés en conseil, n° 2616, 1910-12-20; n° 245, 1911-02-04.

92.   Voir Clyde Leavitt, « Protection contre les incendies des chemins de fer », dans *Protection forestière au Canada, 1912*, 1913, pp. 1–40. Les deux commissions contribuèrent au salaire de Leavitt. Voir ANC, Fonds R. L. Borden, J. White à R. L. Borden, 1913-01-07, C4378, pp. 95145–46.

93.   Voir ANC, Registre des arrêtés en conseil, n° 604, 1911-03-23; Fonds R. L. Borden, James White à R. L. Borden, 1913-02-07; CCRA, 1914, pp. 14–15.

94.   Clyde Leavitt, « L'usage du pétrole comme combustible pour les locomotives », dans *Protection forestière au Canada, 1912*, 1913, pp. 93–123.

95.   « Locomotives for Burning Oil : Value in a Forest Country to Prevent Fire », *Conservation*, I, 2, avril 1912, p. 4; ANC, Fonds C. Sifton, J. White à C. Sifton, décembre 1912; CCRA, 1915, p. 25.

96.   Voir Clyde Leavitt, « Incendies de forêt et problème de la destruction des branchages », dans *Protection des forêts au Canada, 1912*, 1913, pp. 44–91.

97.   CCRA, 1913, p. 40.

98.   Clyde Leavitt, *Protection des forêts au Canada, 1912*, 1913, p. 48. Le comité se borna à conseiller aux gouvernements « de porter une attention particulière à la destruction des branchages ». ANC, Fonds R. L. Borden, J. White à R. L. Borden, 1913-02-06, C4378, p. 95172. Clyde Leavitt, *Protection des forêts au Canada, 1913–1914*, 1915.

99.   CCRA, 1916, p. 1; CCRA, 1917, p. 74. Voir, par exemple, Elwood Wilson, « La protection contre le feu du point de vue des propriétaires de bois », et discussion, CCRA, 1916, pp. 15–26; Clyde Leavitt, « Rapport du comité des forêts », pp. 44–56; J. B. Harkin, « Protection contre le feu dans les parcs du Dominion », pp. 105–113; « Résolutions du comité des forêts », pp. 225–226. En 1917, voir Henry Sorgius, « Protection coopérative des forêts », CCRA, 1917, pp. 74–80.

100.   B. E. Fernow, « Problèmes sylvicoles sur les réserves forestières », CCRA, 1916, pp. 70–85.

101.   CCRA, 1919, pp. 140–163.

102.   ANC, Fonds C. Sifton, E. Wilson à C. Sifton, 1913-05-05, B. E. Fernow à C. Sifton, 1913-05-05; C. Sifton à B E. Fernow, 1913-05-12. Voir Michel F. Girard, *La Forêt dénaturée*, 1988, chapitre 2. Voir Clyde Leavitt, « Plantation forestière au Canada », dans *Protection des forêts au Canada, 1912*, 1913, pp. 124–145.

103.   ANC, Fonds W. Laurier, C. Sifton à W. Laurier, 1910-02-17; W. Laurier à F. Oliver, 1910-02-21; F. Oliver à W. Laurier, 1910-02-17; F. Oliver à W. Laurier, 1910-02-24.

104.   Voir CCRA, 1911, p. 5; 1–2 George V, chapitre 10 et CCAR, 1912, p. 23.

105.   Clyde Leavitt, *Protection des forêts au Canada, 1913–1914*, 1915, p. 86.

106.   CCRA, 1913, pp. 24–25; CCRA, 1914, pp. 196–199.

107.   Voir Henry K. Wicksteed, « Conservation des traverses de chemins de fer », CCRA, 1915, pp. 80–85; citations de J. S. Bates, surintendant du laboratoire des produits forestiers du Canada, CCRA, 1915, pp. 85–91.

108.   J. Grove Smith, *Fire Waste in Canada*, Ottawa, 1918; CCRA; 1918, p. 20; CCAR, 1919.

109.   Clyde Leavitt, « Rapport du comité des forêts », CCRA, 1916, p. 44.

110. CCRA, 1917, p. 17.

111. Clyde Leavitt, « Rapport du Comité des forêts », CCRA, 1917, p. 202.

112. Archives de l'Université de Toronto, Fonds, B. E. Fernow, liste non datée, boîte n° 138.

113. « Save Your Waste Paper: Heavy Drain Upon Canada's Forests to Replace Paper Material Lost Through Waste », *Conservation*, avril 1916, p. 15.

114. En contrepartie, ces chiffres indiquent peut-être que les fonctionnaires de l'époque étaient bien mal payés. Voir « Waste Paper Pays Vacation Expenses: Boy Scouts Thus Obtain Funds to Finance Summer Camp », *Conservation*, IX, 7, juillet-août 1920, p. 1.

115. ANC, Fonds C. Sifton, W. C. Edwards à C. Sifton, 1916-07-26; « Preventing Waste in Wood Industries: By-Products May Be Put to Numerous and Various Uses », *Conservation*, septembre 1918, p. 34.

116. Thomas Adams, *Plan et développement ruraux au Canada*, 1918, p. 1.

117. Voir, par exemple, Robert Bothwell *et al.*, *Canada 1900–1945*, 1987, chapitre 5; Norman R. Ball *et al.*, *Bâtir un pays: histoire des travaux publics au Canada*, sections 8 à 10.

118. D. J. Hall, *Clifford Sifton*, vol. II, 1984, p. 255. Selon les rapports du Vérificateur général, les dépenses reliées aux questions de santé publique et d'urbanisme constituaient environ le quart du budget de la Commission.

119. Parmi les autres membres qui ont participé aux réunions de la Commission mais dont la contribution fut limitée, on note John Pease Babcock (1916–1918); William J. Rutherford de la Saskatchewan (1915–1919); et le docteur Cecil C. Jones, membre du comité de 1910 à 1919. Sa contribution au comité du poisson, gibier et animaux à fourrure l'empêcha de participer activement aux activités du comité de la santé publique.

120. Voir P. H. Bryce, *Improvement and Maintenance of Public Health*, 1910; *Tuberculosis: A Disease of Insanitary Living*, 1911; *Conservation of Man Power in Canada*, 1919.

121. C. N. B. Camac, *Epidemics of Typhoid Fever in the City of Ottawa*, Ottawa, 1912; T. A. Murray, *Prevention of the Pollution of Canadian Surface Waters*, Ottawa, 1912.

122. CCRA, 1911, p. 124.

123. CCRA, 1911, pp. 4, 65–67, 221–226; Charles A. Hodgetts, *Pure Water and the Pollution of Waterways*, Ottawa, 1910. Voir Léo Denis, *Systèmes de distribution d'eau au Canada*, Ottawa, 1916.

124. ANC, Registre des arrêtés ministériels, n°s 2612–2615, 1910-12-30; n°s 600–601, 1911-03-27 et 1911-03-28; « Municipal Sanatoria […] Local Treatment an Advantage », *Conservation*, I, 3, 1912, p. 2.

125. CCRA, 1911, pp. 4, 121–226.

126. ANC, Registre des arrêtés ministériels, n° 600, 1911-03-27; n° 601, 1911-03-28. Commission of Conservation, *Report on the Epidemic of Typhoid Fever in the City of Ottawa*, Ottawa, 1911.

127. CCAR, 1912, pp. 7, 11–14. La Commission estimait à environ 377 000 $ le total de leurs budgets pour l'année 1910. Voir Projet de loi n° 2, 2e session, 12e Parlement, 3 George V, 1912–13, *Loi concernant la pollution des cours d'eau navigables*; CCRA, 1914, p. 21.

128. CCRA, 1913, p. 2.

129. CCRA, 1913, p. 3. Léo Denis, *Services d'eau et systèmes d'égouts*, 1916, pp. 169–206.

130. ANC, Fonds R. L. Borden, C. Hodgetts à R. L. Borden, 1912–11, pp. 95128–34; CCRA, 1914, p. 20.

131. « The Smoke Nuisance, Something About the Causes — The Cottrell Process as a Remedy », *Conservation*, I, 6, octobre 1912, p. 1.

132. Raymond C. Benner, « Les méfaits de la fumée », CCRA, 1913, p. 198.

133. *Ibid.*, pp. 199–210.

134. *Ibid.*, p. 212.

135. Frank D. Adams, « Nos ressources minérales et le problème de leur bonne conservation », CCRA, 1915, p. 66.

136. « Dangers in the Use of Lead in Paint — Substitute Should Be Found », *Conservation*, I, 6, octobre 1912, p. 1. Pour un historique du ministère fédéral de la Santé, voir Janice P. McGinnis, « From Health to Welfare : Federal Government Policies Regarding Standards of Public Health for Canadians », thèse de doctorat, Université de l'Alberta, 1980.

137. Charles A. Hodgetts, *Refuse Collection and Disposal*, Ottawa, 1913; CCRA, 1914, p. 26.

138. En 1909, le Parlement britannique avait en effet voté une loi de l'habitation et du tracé d'un plan de ville qui spécifiait des normes minimales. Dr Charles Hodgetts, « Habitations insalubres », CCRA, 1911, pp. 50–86; CCAR, 1912, p. 6.

139. ANC, Fonds C. Sifton, J. White à C. Sifton, 1913-05-15. Charles Hodgetts, « Housing and Town Planning », CCAR, 1912, p. 133.

140. J. W. Bruce, « Nécessité de lois uniformes pour la plomberie sanitaire », CCRA, 1914, p. 195. Aucune correspondance à ce sujet n'a été retrouvée dans les archives de Borden, Sifton et des autres commissaires à travers le Dominion.

141. D. J. Hall, *Clifford Sifton*, vol. II, 1984, p. 257. Plusieurs études détaillées du travail de Thomas Adams ont été publiées. Voir Alan Artibise and G. A. Stelter, « Conservation Planning and Urban Planning : The Canadian Commission of Conservation in Historical Perspective », Roger Kain (ed.), *Planning for Conservation*, 1981, pp. 17–36; Alan H. Armstrong, « Thomas Adams and the Commission of Conservation », dans L. O. Gertler, *Planning the Canadian Environment*, 1968; John David Hulchanski, « Thomas Adams, A Biographical and Bibliographical Guide », *Papers on Planning and Design*, n° 15, 1978; Michael Simpson, « Thomas Adams in Canada, 1914–1930 », *Urban History Review*, 11, 2, oct. 1982, pp. 1–16; C. Ray Smith et David R. Witty, « Conservation, Resources and the Environment : An Exposition and Critical Evaluation of the Commission of Conservation of Canada », *Plan Canada*, 11, 1 (70) and 11, 3 (72), pp. 55–71 et pp. 199–216.

142. CCRA, 1913, pp. 3, 10–13. ANC, Fonds R. L. Borden, J. White à R. L. Borden, 1913-01-25, R. L. Borden à J. White, 1913-02-03. La Toronto Housing Company fut formée en 1912 dans le but d'ériger des habitations et de les louer à des ouvriers et à leurs familles. Une centaine de maisons à loyer modique furent construites en 1913. Voir CCRA, 1914, pp. 125–132.

143. CCRA, 1915, p. 170. Pour un aperçu des délibérations de cette conférence, voir « Conférence nationale sur l'aménagement des cités », CCRA, 1915, pp. 244–314. Noulan Cauchon (1880–1935), le fondateur de l'Institut d'aménagement urbain du Canada, était également membre de ce comité, de même que James P. Hynes, un architecte de Toronto. M. J. Patton, un employé de la Commission qui habitait désormais à Toronto, fut nommé secrétaire du comité.

144. « Conférence nationale sur l'aménagement des cités », CCRA, 1915, pp. 244–314; Commission of Conservation, *First Draft of the Town Planning Act*, Ottawa, 1914.

145. ANC, Fonds R. L. Borden, J. M. McIntosh à R. L. Borden, 1914-10-29, C4366, pp. 84042–43; D. J. Hall, *Clifford Sifton*, vol. II, 1984, p. 257.

146. D. J. Hall, *Ibid.*, p. 257; Charles A. Hodgetts, *The Influenza Epidemics, 1918*, Ottawa, 1918.

147. CCRA, 1915, p. 171. Voir *Conservation of Life*, vol. I-VII, 1914–1921. Commission of Conservation, *Civic Improvement League for Canada –Report of Preliminary Conference*, Ottawa, 1916.

148. CCRA, 1915, p. 186. Archives de l'Université de l'Alberta, Fonds H. M. Tory, dossier « Commission of Conservation », J. White à H. M. Tory, 1914-11-12; H. M. Tory à J. White, 1914-11-17; Thomas Adams à H. M. Tory, 1916-03-02; T. Adams à H. M. Tory, 1916-06-16; W. A. Kerr, Acting President, University of Alberta, à T. Adams, 1916-06-21; W. A. Kerr à Gerald Pelton, Secretary of Canadian Club, 1916-06-21; G. Pelton à W. A. Kerr, 1916-06-23.

149. Thomas Adams, « Aménagement des villes, habitations et santé publique », CCRA, 1916, pp. 130–131; Commission of Conservation, *Town Planning Act*, revised edition, Ottawa, 1915.

150. CCRA, 1916, pp. 131–132.

151. CCRA, 1916, pp. 131–132; CCRA, 1917, pp. 99–100.

152. CCRA, 1918, pp. 21, 202. Cette nomination causa toutefois des frictions entre Adams et Sifton, qui craignait de perdre les services de l'urbaniste tout en étant forcé de payer son salaire. Voir ANC, Fonds R. L. Borden, T. Adams à R. H. Campbell, 1918-01-04, F. Martin, maire de Halifax, à R. L. Borden, 1918-01-06, J. White à R. L. Borden, 1918-04-03.

153. CCRA, 1919, p. 97.

154. CCRA, 1919, pp. 97, 99, 100, 106–113, 123–132; ANC, Registre des arrêtés ministériels, n° 2612, 1919-10-30.

155. Archives de l'Université de l'Alberta, Fonds H. M. Tory, dossier « Commission of Conservation », J. White à H. M. Tory, 1920-06-01; Wilson à H. M. Tory [s.d.].

156. Thomas Adams, *Plan et développement ruraux au Canada*, 1917, pp. 1, 4.

157. *Ibid.*, p. 3.

158. *Ibid.*, p. 21.

159. *Ibid.*

160. Commission de la conservation, *Ligue du progrès civique — conférence sur le développement rural au Canada, Winnipeg, 28–30 mai 1917*, Ottawa, 1917; Archives de l'Université de l'Alberta, Fonds H. M. Tory, dossier « Commission of Conservation », Thomas Adams à H. M. Tory, 1917-05-16; Kerr à T. Adams, 1917-05-21. Pour les principales résolutions adoptées durant cette conférence, voir Archives de l'Université de l'Île-du-Prince-Édouard, Fonds Aubin Arsenault, dossier « Commission of Conservation », Thomas Adams à A. Arsenault, 1918-02-22, 1918-02-26.

161. Voir, par exemple, W. J. Dick, « Sewage Disposal: The Installation and Use of Septic Tanks for Sewage Treatment by Isolated Homes », *Conservation*, IV, 2, avril 1915, p. 1.

5

La protection
des espèces menacées

Les membres du comité du poisson, du gibier et des animaux à fourrure ont été appelés à relever deux grands défis. D'une part, ils ont cherché à restaurer ou à protéger les ressources halieutiques du Dominion sur les côtes et dans les eaux intérieures. D'autre part, ils ont encouragé la préservation du gibier, des animaux à fourrure, des oiseaux migrateurs et des espèces fauniques menacées d'extinction. Ces deux missions distinctes méritent d'être examinées séparément.

La restauration des ressources halieutiques

> *Quand l'homme arrive, avec ses méthodes de pêche scientifique et son égoïste insouciance de l'avenir de la pêche, il bouleverse l'équilibre établi entre les forces naturelles [...]. Si l'huître était douée de raison, elle trouverait chez l'homme son plus grand ennemi.*
>
> Joseph Stafford[1]

Au début des années 1910, la pêche et la transformation des ressources de la mer et des eaux intérieures procuraient de l'emploi à plus de 100 000 personnes au pays et rapportaient des revenus de 30 millions de dollars annuellement[2]. Les provinces maritimes, qui dépendaient beaucoup de la pêche, se sont vivement intéressées aux travaux de la Commission et ont fait appel à ses spécialistes pour les aider à résoudre leurs problèmes de gestion des ressources halieutiques. Et durant les premières années, ce sont les questions reliées aux pêcheries qui ont accaparé presque toute l'attention des membres du comité du poisson, du gibier et des animaux à fourrure.

Les membres du comité

Sifton et Laurier ont choisi les membres de ce comité en fonction de leurs intérêts ou compétences dans le domaine des pêcheries. Deux membres se sont succédé à la présidence du comité. L'honorable

Francis L. Haszard, premier ministre de l'Île-du-Prince-Édouard de 1908 à 1911, fut nommé président du comité en 1910 et 1911 mais ne s'est pas présenté aux réunions: ce rôle fut assumé par J. M. Patton, le secrétaire adjoint de la Commission. En 1912, le docteur Cecil C. Jones, recteur de l'Université du Nouveau-Brunswick à Fredericton, remplaça Haszard. Bien que les connaissances de ce professeur de mathématiques dans les domaines des pêcheries et de la protection de la faune fussent limitées au début, il contribua à la bonne marche du comité en menant les réunions de main de maître. Le professeur Howard Murray de l'Université Dalhousie a été le deuxième universitaire à représenter les intérêts des provinces maritimes et a fait quelques présentations à ce sujet[3].

Le comité attira un grand nombre de membres d'office et les plus actifs d'entre eux provenaient de l'Île-du-Prince-Édouard. En 1912, Francis Haszard, le premier ministre de cette province, fut remplacé au comité par John A. Mathieson, premier ministre de l'Île-du-Prince-Édouard de 1911 à 1917, qui fut membre du comité de 1912 à 1915. L'honorable Aubin Arsenault (1870–1968), ministre sous Mathieson de 1908 à 1917, puis premier ministre de la province de 1917 à 1919, participa activement aux activités de la Commission à partir de 1916[4].

La Commission n'a jamais nommé de spécialiste pour coordonner le travail du comité. De 1910 à 1912, c'est le secrétaire adjoint de la Commission, J. M. Patton, qui remplit officieusement ce rôle, mais la rédaction et la publication de la revue *Conservation* à partir d'octobre 1912 occupa tout son temps. Durant la réunion annuelle de 1913, les membres du comité, qui s'étaient bien accommodés du travail exceptionnel rendu par le secrétaire adjoint de la Commission, se plaignaient de ne plus avoir personne pour mener à bien les nombreux projets en cours[5]. Quelques mois plus tard, Patton quitta la Commission parce qu'il était insatisfait de son salaire[6]. James White devait donc trouver deux autres employés pour assurer le bon fonctionnement de la Commission.

En janvier 1914, Cecil Jones notait que le comité était toujours sans expert et que le travail en avait été quelque peu entravé[7]. Ce fait semblait bien connu parmi les fonctionnaires fédéraux au sein du ministère de l'Intérieur et certains, comme James D. Cosmo Melville, ont proposé leur candidature. Melville était un commissaire des pêcheries du Dominion et s'intéressait à la chasse et à l'histoire naturelle[8]. Mais ces candidats ne possédaient pas les qualités jugées essentielles par Sifton et White, qui ont multiplié leurs démarches dans le but de trouver la perle rare. D'autre part, Sifton était très réticent à engager un expert, parce qu'il craignait d'offusquer les hauts fonctionnaires du ministère fédéral des Pêcheries. En juin 1914, Sifton écrivit à White : « Je doute qu'il soit sage d'engager un expert des pêcheries. Vous allez sans doute provoquer une guerre avec les ministères de la Marine et des Pêcheries[9]. »

White réussit tout de même à convaincre Sifton que la Commission ne pouvait fonctionner efficacement sans un expert, mais comme l'indique Sifton en janvier 1915, « la guerre européenne a dérangé nos plans, et nous n'avons pas pu étendre nos opérations avant d'avoir étudié davantage le sujet. En conséquence, M. White, qui avait ordre de retenir les services d'un tel homme en Angleterre au mois de juillet dernier, a reçu l'avis de retarder sa nomination[10]. » Les archives des commissaires ne permettent pas d'identifier la personne contactée, car cette nomination n'a jamais eu lieu. James White n'a eu de choix que de coordonner lui-même les activités du comité dans le domaine de la gestion des ressources halieutiques. Comme on le verra dans la section suivante, c'est Gordon Hewitt, l'entomologue du Dominion, qui assumera la coordination des activités du comité reliées à la protection de la faune.

Sans expert à temps plein chargé de mener le comité, James White n'a eu de choix que d'utiliser les services de consultants pour faire avancer la recherche. Cette façon de faire les choses avait ses avantages. Parmi les 46 rapports de recherches publiés pour le compte du comité, plusieurs ont été rédigés par des spécialistes reconnus ou des personnes possédant des années d'expérience dans le domaine, dont les experts du ministère fédéral des Pêcheries.

La diminution des stocks

C'est Kelly Evans, un membre de la Commission ontarienne du gibier et des pêcheries, qui fut le premier expert à présenter ses vues sur la conservation des ressources halieutiques lors de la réunion inaugurale de la Commission de la conservation. Il dressa un portrait peu reluisant de la situation. Dans le domaine de la pêche commerciale dans les Grands Lacs par exemple, s'inspirant des données fournies par sa propre commission, il affirma que la pêche excessive par les monopoles américains avait grandement réduit les bancs de poisson. Les prises du poisson blanc ou corégone, totalisant plus de 5 millions de livres en 1873, étaient passées à moins de 2 millions de livres, alors que les pêcheurs possédaient de plus gros bateaux et de meilleurs filets. Selon Evans, qui présenta quelques autres exemples de ce genre, la plupart des ressources fauniques incluant le poisson étaient surexploitées en Ontario. Mais il était difficile de contrôler la pêche sans statistiques fiables sur leur nombre, leur distribution géographique et leurs déplacements. Il suggéra donc que la Commission obtienne ou compile elle-même ces renseignements et fasse les recommandations appropriées aux gouvernements provinciaux[11].

Au printemps de 1910, Patton fit les démarches nécessaires dans ce sens et le 4 juin, les membres du comité se rencontrèrent à Ottawa afin de faire le point. Patton présenta tout d'abord un résumé des lois et règlements sur les pêcheries au Canada et présenta plusieurs documents intéressants. Le premier, d'une trentaine de pages, décrit en détail l'évolution de la législation depuis les débuts de la Confédération[12]. Le deuxième, signé par James White, discute du différend des pêcheries du nord de l'Atlantique entre le Canada et les États-Unis[13]. Ces documents furent publiés à 15 500 copies et distribués aux administrateurs des pêcheries provinciaux et fédéraux afin de les sensibiliser au problème du manque de cohérence dans le domaine de la législation sur les pêcheries.

En deuxième lieu, les commissaires se sont penchés sur les statistiques rassemblées par Patton. Elles témoignent de l'augmentation extraordinaire des quantités de poissons et mollusques capturés dans les eaux canadiennes depuis la fin du XIXe siècle. Dans la plupart des cas, les captures augmentent jusqu'au milieu des années 1890, alors qu'elles se stabilisent. Mais dans d'autres, comme la morue et les huîtres, les prises diminuent de façon significative au début du XXe siècle. Ces statistiques illustrent l'ampleur des problèmes de raréfaction des ressources disponibles auxquels faisaient face les pêcheurs et nous aident à mieux comprendre l'inquiétude des commissaires. Ces derniers vont proposer deux stratégies distinctes pour assurer la conservation des ressources halieutiques.

Le repeuplement des bancs d'huîtres

Lorsqu'il était possible d'identifier précisément la localisation des aires de reproduction des espèces, les commissaires ont recommandé que l'État coordonne les activités de repeuplement des populations menacées. Le cas de l'huître est typique. Ce mollusque ne se déplace qu'à l'état de larve et se reproduit sur les avant-plages. Les commissaires s'inquiétaient avec raison de la raréfaction rapide des populations d'huîtres. Dans un rapport à ce sujet, J. M. Patton estimait que « cette industrie est à la veille de sa ruine ». En effet, l'année 1907 marque la plus faible production depuis la fin du XVIIIe siècle; les prix avaient augmenté de 240 % depuis les années 1890[14]. Le tableau 11 illustre la diminution constante des prises de 1885 à 1909.

Patton identifia les principaux problèmes qui menaçaient l'industrie huîtrière canadienne compte tenu des facteurs biologiques régissant sa reproduction. L'huître est un mollusque bivalve que l'on retrouve sur les côtes de la mer, à une profondeur de quelques pieds sous l'eau. Elle se nourrit de végétaux et d'animalcules en suspension dans l'eau et préfère les endroits où les cours d'eau se jettent à la mer. Lors de la reproduction, une huître femelle peut évacuer jusqu'à 100 millions d'œufs. Malgré cette étonnante capacité de reproduction, les bancs d'huîtres n'ont pas résisté longtemps à la pêche excessive :

> Dans les premières années, on brûlait les huîtres pour la chaux que contient leur coquille. La pêche à travers la glace [...] était un autre mode brutal et fécond en gaspillage. On râtelait les huîtres sur les fonds, par des trous pratiqués dans la glace, les plus grandes étaient triées pour la vente et les plus petites jetées sur la glace pour périr par le froid. [En été] les pêcheurs avaient l'habitude [...] de ne prendre que les plus grandes, d'entasser les petites en gros monceaux et de les laisser là pourrir. Mais ce sont les creuseurs de vase qui sont encore les pires agents destructeurs. Quand vient l'hiver, que la glace se forme, on voit de puissantes dragueuses en opération. [...] Chaque année, ces machines mettent en pièces les bancs d'huîtres, et la boue, qui se dépose ensuite sur le fond, étouffe toutes les huîtres des environs[15].

Tableau 11

**Récoltes d'huîtres sur le territoire canadien,
1885–1909
(quantité en milliers de livres)**

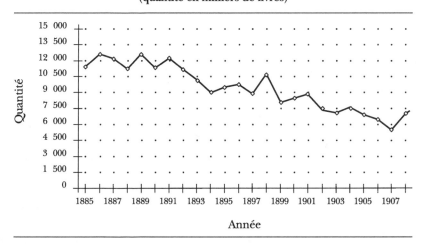

Source : Commission de la conservation, *Terres, Pêcheries, Gibier et Minéraux*, 1911, p. 247.

Les experts étaient du même avis que Patton. Lorsque le docteur Joseph Stafford, un professeur de zoologie à l'Université McGill, fut invité à parler de ce phénomène devant les membres du comité, il confirma par ses dires le pessimisme qui régnait chez un grand nombre d'écologistes de l'époque quant aux chances de la Nature de résister aux assauts répétés des hommes. Stafford complétait alors ses recherches sur la morphologie et l'environnement de l'huître sur les côtes de l'Atlantique et du Pacifique[16].

En 1913, la Commission publia *L'Huître canadienne*, résultat des recherches de Stafford. L'ouvrage est divisé en deux parties. Dans la première, il traite strictement de la morphologie de l'huître (les différentes étapes de son développement, ses cellules reproductrices, ses organes vitaux, etc.). Dans la deuxième partie, il aborde son environnement et sa culture (ses habitudes de vie, la raréfaction des bancs d'huîtres, les méthodes de culture et la législation concernant la protection des bancs d'huîtres dans le monde). Selon Stafford, la connaissance du développement de l'huître dès les moments de la fécondation était une condition essentielle pour réglementer cette activité économique et mettre sur pied un programme de culture[17]. Comme les méthodes de fécondation artificielle des œufs d'huîtres étaient connues et perfectionnées, les commissaires ont proposé que les gouvernements provinciaux resserrent la législation en vigueur afin d'assurer la survie des derniers bancs d'huîtres sauvages d'une part et qu'ils encouragent d'autre part la pratique de l'ostréiculture par des particuliers[18].

La confusion quant à la propriété de l'avant-plage, où les huîtres se reproduisent, a nui à l'établissement d'une réglementation cohérente. Car les gouvernements provinciaux et fédéral se disputaient la propriété des avant-plages et il était impossible pour un particulier de s'attribuer légalement des territoires occupés par l'océan, tant par affermage que par achat. « Personne n'est disposé à placer des fonds où d'autres peuvent en retirer le bénéfice », notait Patton[19]. Selon lui, lorsque les provinces et le fédéral s'entendraient sur la répartition de la juridiction, il serait alors possible de bien réglementer la cueillette du mollusque et d'encourager l'ostréiculture[20].

En 1911, Sifton écrivit au premier ministre Borden dans l'espoir d'obtenir des éclaircissements quant à la juridiction des plages et avant-plages. J. D. Hazen, le ministre fédéral des Pêcheries, révéla qu'une entente à ce sujet venait tout juste d'être signée avec l'Île-du-Prince-Édouard, et qu'il espérait en faire de même avec le Nouveau-Brunswick et la Nouvelle-Écosse[21]. Cette entente conférant aux provinces le droit d'affermer les plages, les avant-plages et les estuaires pour la culture de l'huître fut entérinée par le Nouveau-Brunswick, la Nouvelle-Écosse et la Colombie-Britannique durant la deuxième moitié de l'année 1912[22]. Dans ce cas comme dans bien d'autres, il est impossible de déterminer si les recommandations de la Commission ont influencé le processus décisionnel fédéral, mais on doit noter qu'elles ont été présentées durant la période où des décisions importantes ont été prises à ce sujet.

La signature de l'entente sur le partage des avant-plages ne signifiait pas que les problèmes étaient résolus pour autant. Dans le cas de l'Île-du-Prince-Édouard par exemple, deux graves erreurs ont été commises et sanctionnées par des membres d'office de la Commission. La première a été de confier à des arpenteurs plutôt qu'à des biologistes la responsabilité de déterminer précisément quelles avant-plages se prêtaient à la culture de l'huître. En 1913, J. A. Mathieson, le premier ministre de l'Île-du-Prince-Édouard, se rendit à Ottawa pour expliquer aux membres du comité la stratégie adoptée par sa province[23]. À partir de l'été de 1912, l'Île-du-Prince-Édouard fit arpenter toutes les rivières soumises à l'influence des marées et des eaux côtières. Les arpenteurs ont estimé qu'environ 150 000 acres de bas-fonds pouvaient être utilisées pour l'ostréiculture[24]. Les terrains furent divisés en lots de 20 acres et loués aux intéressés[25]. Or, trois ans plus tard, Aubin Arsenault, le nouveau membre d'office représentant l'Île-du-Prince-Édouard au comité, reconnaissait que la plupart des terrains affermés étaient tout à fait impropres à la croissance des huîtres. « Nous avons affermé de grands terrains sans valeur, car les fonds ne sont pas favorables à la culture des huîtres, ils sont recouverts de boue et de sable mouvant [...]. » D'autre part, les étoiles de mer et les maraudeurs, deux types de prédateurs difficiles à contrôler, ont rendu l'élevage moins profitable[26]. Cela explique en partie pourquoi des centaines de petits exploitants ont été obligés d'abandonner leurs opérations.

Une deuxième erreur fut commise en laissant les nouveaux producteurs se lancer dans la culture de l'huître sans aucune formation. Les commissaires étaient d'avis que les nouveaux entrepreneurs avaient grandement besoin d'aide professionnelle pour mener leurs projets à bien. Ils recommandèrent qu'Ottawa et les provinces maritimes subventionnent l'établissement de fermes de démonstration pour l'ostréiculture dans chaque province, tout comme celles mises sur pied par le comité des terres de la Commission pour aider les producteurs agricoles[27]. Mais cette recommandation n'a pas été suivie par les membres d'office de la Commission dans leurs provinces respectives et il faudra des décennies aux producteurs d'huîtres des Maritimes pour maîtriser cet art avec profit.

Le corégone et les limites naturelles au repeuplement

Dans certains cas, les limites au repeuplement des espèces étaient le résultat de l'erreur humaine. Mais à d'autres occasions, les commissaires ont dû se rendre à l'évidence que la Nature avait des limites qui lui étaient propres et que ces limites étaient difficiles à identifier. Le cas du poisson blanc des Grands Lacs, ou corégone, en est un bon exemple. Les efforts des autorités ontariennes pour repeupler artificiellement les populations de ce succulent poisson d'eau douce ne donnaient pas les résultats escomptés. Comme l'indique le tableau 12, les prises de corégone dans le secteur canadien des Grands Lacs ont atteint un plateau entre 1887 et 1893, suivi d'une chute de près de 50 % durant les années 1890 et le début des années 1900. En fait, la moyenne des prises des dix dernières années (1901–1910) était inférieure à celle des dix premières années qui suivirent la Confédération, preuve indéniable que la pêche excessive des années 1887–1893 avait eu un effet à long terme sur les bancs de poissons. La moyenne des prises entre 1868 et 1877 s'établit à 5 875 800 livres, tandis que celle pour les années 1901 à 1910 est de 5 179 700 livres.

Tableau 12

**Prises annuelles de corégone
dans le secteur canadien des Grands Lacs, 1868–1910
(en milliers de livres)**

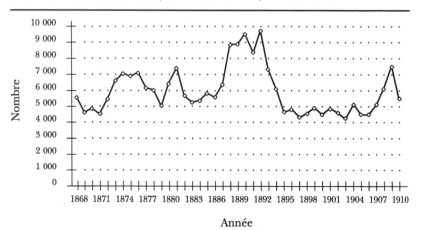

Source : Les totaux annuels ont été calculés selon les données fournies dans le tableau « Poisson blanc pêché annuellement, 1868–1910 », tiré de Commission de la conservation, *Pêcheries maritimes dans l'est du Canada*, 1912, p. 196.

Plusieurs fonctionnaires et marchands de poisson canadiens accusaient les grandes compagnies américaines de contribuer à la raréfaction de ce poisson en pratiquant la pêche excessive de façon systématique. Les commissaires, appelés à se prononcer à ce sujet, n'étaient pas de cet avis. Comme le rapportait J. M. Patton en 1912, les bancs de corégone qui peuplaient les Grands Lacs ne semblaient pas se déplacer d'un lac à l'autre et pouvaient même être constitués d'espèces différentes. Les variations annuelles dans les prises étaient sans doute le résultat de problèmes créés au Canada[28]. Cette baisse dans le nombre des prises était d'autant plus surprenante que depuis les années 1890, l'Ontario subventionnait au moins trois piscifactures qui produisaient des quantités croissantes d'alevins de corégone. En principe, l'ajout de dizaines de millions d'alevins dans les eaux des Grands Lacs aurait dû faire augmenter les prises !

Les commissaires se sont rendu compte que la restauration des espèces de poisson dépassait les simples équations mathématiques. En 1915, J. B. Feilding, l'aviseur technique du ministère du Gibier et des Pêcheries de l'Ontario, vint expliquer aux membres du comité certaines règles élémentaires régissant le milieu naturel. Premièrement, il parla de l'importance du concept d'équilibre naturel lorsqu'il était question de l'exploitation des ressources halieutiques. «Aucun dérangement de l'équilibre naturel du poisson, dans une certaine étendue d'eau bien définie, ne saurait avoir lieu sans mettre en danger une ou deux espèces indigènes de cette même étendue d'eau», expliqua-t-il. Deuxièmement, il rappela que «la fécondité d'un animal femelle n'a pas une grande portée sur l'abondance ou la rareté dans la nature; cette abondance ou cette rareté est plutôt gouvernée par le manque périodique de qualité ou de quantité de nourriture et par les moyens d'attaque et de défense». Ainsi, il était futile de fertiliser et mettre à l'eau des millions de corégones s'ils étaient incapables de trouver la nourriture dont ils avaient besoin pour survivre.

Feilding expliqua clairement l'existence d'une foule de problèmes de nature écologique «qui résultent de la relation entre le poisson, sa nourriture animale, les plantes subaquatiques et la nature du sol» et qui ne sont que partiellement compris par les pêcheurs et la science. Les études de la biologie des eaux intérieures devaient donc devenir, selon Feilding, la pierre angulaire de toute réglementation dans le domaine des pêcheries[29].

Tableau 13

**Nombre d'alevins de corégone
introduits dans les lacs Huron, Érié et Ontario,
1875–1910
(nombre en millions)**

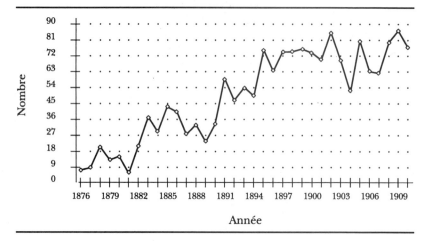

Année

Source : Les totaux annuels ont été calculés selon les données fournies dans le tableau « Distribution des alevins de poisson blanc, Annexe IV », tiré de Commission de la conservation, *Pêcheries maritimes dans l'est du Canada,* 1912, p. 198.

Plusieurs problèmes résultant de l'intervention humaine dans le milieu pouvaient cependant être résolus. Le premier était le manque de rigueur dans l'application de la réglementation sur les filets de pêche, dont les mailles étaient beaucoup trop petites pour permettre au jeune poisson de s'échapper. Le deuxième était mieux connu des commissaires. La pollution des eaux des Grands Lacs par des déchets solides et chimiques provoquait déjà des hécatombes parmi les populations de poissons. Selon Feilding :

La situation ne serait pas si dangereuse si le débit des cours d'eau n'avait pas diminué par le déboisement suivi de températures plus élevées et de la perte de l'oxygène. [...] Il me semble qu'il n'y a aucune justification, ni morale ni légale, de la pollution de l'eau, malgré notre désir de stimuler l'introduction de nouvelles manufactures, qui déversent des matières nuisibles dans les cours d'eau. [...] Le seul moyen d'empêcher les ravages causés à nos pêcheries par la contamination consisterait à revêtir nos fonctionnaires de pêche du pouvoir d'agir indépendamment des départements de santé publique, qui [...] ne s'occupent que de la vie humaine et négligent le poisson et toutes les autres créatures aquatiques[30].

Le troisième problème concernait également les membres du comité des eaux et pouvoirs d'eau, puisqu'il était relié aux ouvrages hydroélectriques. « Le ministère des Pêcheries ne devrait accorder aucun permis de construire un barrage à moins qu'il ne soit spécifié dans le contrat qu'un passage à poisson y sera érigé et entretenu[31]. »

Bien que les membres du comité n'aient pas formulé de recommandations spécifiques sur la gestion du corégone, ils ont reconnu que les problèmes provoqués par l'intervention humaine étaient fort complexes et qu'il serait futile de tenter de restaurer les espèces sans bien connaître les mécanismes qui régissent leur reproduction dans le milieu naturel. C'est pourquoi ils recommandèrent qu'Ottawa établisse tout d'abord une société des pêcheries, afin d'encourager les pêcheurs à s'autoréglementer. Une deuxième recommandation avait trait à la fondation d'un institut de recherche sur les pêcheries, qui aurait comme principale mission l'étude du milieu naturel où évolue le poisson. L'Institut proposé examinerait la législation mondiale en matière de conservation du poisson afin de proposer aux gouvernements des exemples de lois modèles. Il aurait également comme fonction de trouver des moyens techniques pour combattre la pollution des eaux et pour améliorer le design des estacades et des filets. Les commissaires proposèrent que ces deux organisations soient rattachées à la Commission de la conservation[32].

Il faut dire que la Commission était périodiquement confrontée à des rapports inquiétants et les membres du comité étaient déçus du manque de collaboration du ministère fédéral des Pêcheries. La raréfaction du homard, par exemple, fit l'objet de délibérations à partir de 1912. Cette année-là, tous les intervenants s'accordaient pour dire que la croissance rapide de la demande pour le homard en conserve, un produit de luxe, a grandement contribué à sa raréfaction[33]. Mais avec la guerre, la demande chuta et les stocks invendus s'accumulèrent. Les empaqueteurs des provinces maritimes demandèrent à la Commission de faire des pressions auprès du gouvernement fédéral pour interdire la pêche au homard pour l'année 1915, afin d'écouler les stocks invendus et de contribuer à la restauration des populations de homard[34].

La disparition rapide de l'alose, ce poisson marin voisin du hareng, a aussi fait l'objet de conférences et de délibérations, mais ses habitudes de vie et de reproduction étaient si mal connues que les commissaires n'ont pas pu faire de recommandations spécifiques à ce

Une flottille de pêche au saumon sur le fleuve Fraser en Colombie-Britannique.
Les commissaires se sont insurgés contre la surpêche et prédirent la ruine de cette activité en l'absence de mesures de contrôle au Canada et aux États-Unis.

sujet[35]. En 1913, les commissaires ont été saisis de la baisse rapide des populations de saumon sur la côte ouest, provoquée par l'expansion de la production du saumon en conserve. Le docteur J. P. McMurrich (1859–1939), directeur du Département d'anatomie à l'Université de Toronto, fit une présentation fort intéressante à ce sujet[36]. Quelques années plus tard, c'est le commissaire aux pêcheries de la province, John P. Babcock, qui vint alerter les commissaires quant à l'impact sur le saumon d'un éboulement majeur dans le Fraser[37].

Les propositions d'établir une société des pêcheries et un institut de recherche sur les pêches ne semblent jamais avoir été discutées entre la Commission de la conservation et le gouvernement. En fait, aucune correspondance n'est disponible à ce sujet. Même si à plus d'une occasion les réunions du comité ont favorisé des échanges fructueux entre divers spécialistes fédéraux, provinciaux et universitaires qui n'avaient jamais eu la chance de discuter de questions de conservation, les fonctionnaires du ministère fédéral des Pêcheries et du bureau de gestion des stations de biologie marine n'ont jamais accepté de partager formellement leurs responsabilités en matière de recherche sur les pêcheries avec la Commission de la conservation[38].

La guerre et l'utilisation des rebuts de poisson

Avec la guerre, les questions de la conservation des stocks de poisson et de mollusques ont été reléguées au second rang. « Il ne serait pas sage de s'opposer à l'exploitation [des ressources halieutiques] d'ici la fin de la guerre, même si cette exploitation accentue les problèmes existants de conservation », écrivit James White. « Au contraire, l'augmentation de la production doit être encouragée par tous les moyens[39]. » Les commissaires se sont penchés sur les problèmes reliés à l'utilisation plus efficace des ressources halieutiques, principalement les pertes lors de la cueillette, la manutention, l'inspection, la réfrigération et la transformation du poisson. En novembre 1915, les membres du comité se rencontrèrent à Ottawa afin de discuter de ces problèmes[40]. Le manque d'intérêt des pêcheurs canadiens pour des espèces pourtant abondantes à l'époque, comme le hareng, le thon, l'espadon, l'esturgeon, etc., a également fait l'objet d'exposés. Les commissaires ont conclu que des programmes d'éducation technique à l'intention des pêcheurs devaient être mis sur pied[41].

Mais le dossier qui a reçu le plus d'attention durant la guerre a été l'utilisation des « rebuts de poisson ». À cette époque, les poissons non comestibles ou de peu de valeur commerciale qui se retrouvaient dans les filets des pêcheurs, étaient généralement rejetés à la mer ou entassés dans des dépotoirs sur les côtes. Selon les régions et les types de poissons pêchés, le pourcentage de rebuts pouvait varier de 25 % à plus de 50 %. L'empaquetage du poisson et du homard créait également beaucoup de déchets. En Colombie-Britannique, par exemple, les quantités de déchets produits par l'industrie de l'empaquetage du homard variait de 15 000 à 20 000 tonnes par année. Dans les provinces maritimes, cette industrie produisait environ 11 400 tonnes de rebuts par année, car elle n'utilisait que 20 % du poids total du homard dans ses produits[42]. Lorsque les commissaires ont été informés de l'ampleur de ce phénomène, ils ont été scandalisés, car il était possible de transformer les « rebuts » en produits variés à usage agricole et industriel : nourriture pour les porcs, engrais pour les terres agricoles, huiles pour les industries de fabrication de savon, peinture, huile lubrifiante, cuir, etc. De tels procédés étaient connus et utilisés dans les pays de l'Atlantique Nord.

En octobre 1916, la Commission subventionna l'ouverture d'une station de recherches sur la transformation des rebuts et déchets de poisson à Port Dover, en Ontario. J. B. Feilding, qui avait sensibilisé les commissaires aux problèmes de restauration des bancs de corégone, dirigea les opérations. Le poisson était tout d'abord bouilli pour en extraire l'huile, qui pouvait être utilisée pour une foule d'usages. Les résidus solides étaient ensuite séchés, passés par un moulin à mouture et réduits en farine. Durant la réunion annuelle de 1917, Feilding annonça que des spécialistes du ministère de l'Agriculture tentaient de produire un aliment à base de cette farine pour le bétail et le porc[43]. « Cette source alimentaire, d'une forte proportion de protéine, jusqu'à présent négligée, est mise à la portée des cultivateurs, des éleveurs de bétail et de volaille. [...] On espère qu'elle deviendra un des principaux concentrés de protéine employés comme aliment indirect pour nourrir les animaux. »

De plus, conclut Feilding, la farine de poisson pouvait être un ingrédient très utile à la préparation d'engrais « car on admet qu'il est préférable de faire usage d'engrais organiques [...] ». Cela n'a pas manqué de plaire à James Robertson, président du comité des terres et membre du comité du poisson, du gibier et des animaux à fourrure, opposé à l'utilisation d'engrais artificiels[44].

Les rapports subséquents de la Commission ne permettent malheureusement pas de déterminer si cette station a continué ses opérations après 1917 : les budgets de la Commission n'étaient même pas suffisants pour rassembler les membres du comité à une réunion spéciale comme le suggérait Cecil Jones. En fait, bien peu de choses ont été accomplies par le comité dans le domaine des pêcheries après cette date[45].

La protection de la faune

> *Dans ce siècle matérialiste, la plupart des gens envisagent les choses au point de vue matériel, et l'on se demandera peut-être [...] pourquoi cette vaste étendue de terrain est dérobée à la colonisation, tandis que des animaux sauvages l'habitent à loisir. C'est à ce sentiment que cette Commission doit s'opposer énergiquement [...] c'est notre devoir envers les générations futures, qui nous blâmeront en apprenant que nous aurons laissé anéantir et disparaître à jamais cette faune quand nous pouvions la conserver.*
>
> Gordon Hewitt, zoologiste consultant de la Commission[46]

Le sort des espèces menacées constitue le deuxième domaine d'intervention du comité du poisson, gibier et animaux à fourrure. Durant les premières années, ses membres ont eu de la difficulté à s'entendre sur la façon d'aborder ce dossier. Dans son allocution lors de la réunion inaugurale en janvier 1910, Kelly Evans, de la Commission du gibier et de la pêche de l'Ontario, suggéra d'associer les activités de chasse et de pêche à celle du tourisme en général et de déterminer les revenus qu'elles produisaient. À cette époque, il n'existait aucune statistique pouvant informer les législateurs canadiens des revenus que les économies provinciales retiraient de la chasse et de la pêche. Dans l'État du Maine par contre, le gouvernement avait fait des études selon lesquelles les revenus du tourisme, de la chasse et de la pêche sportives étaient passés de 14 millions de dollars en 1902, à plus de 25 millions de dollars en 1909. Environ 250 000 visiteurs auraient séjourné dans cet État en 1909. En s'inspirant des chiffres présentés par l'État du Maine, Evans estimait qu'en Ontario, les profits nets engendrés par ces activités étaient supérieurs à 12 millions de dollars par année. À l'échelle nationale, les revenus du tourisme, de la chasse et de la pêche sportive étaient probablement plus élevés que celle de la pêche commerciale et comparables à ceux de l'extraction minière ! La protection de la Nature en général et de la faune en particulier était donc un domaine que la Commission ne pouvait se permettre de négliger. «J'espère que ceux qui viendront après nous n'auront pas raison de se plaindre [...] que nous n'avons pas fait notre devoir relativement à la préservation de ce grand héritage que la Providence nous a légué», conclut Evans[47].

Malgré leur bonne volonté, les commissaires n'ont pas été en mesure de compiler de telles statistiques. Dans *Terres, Pêcheries, Gibier et Minéraux*, publié en 1911, quelques pages sont consacrées à la description du gibier et des animaux à fourrure chassés dans les différentes régions du Canada. Les informations, rédigées par des fonctionnaires provinciaux, semblent avoir été tirées de guides touristiques. Des statistiques étalant les revenus provinciaux tirés de la vente des permis de pêche et de chasse sont aussi publiées. Elles témoignent de l'importance grandissante de ces activités durant la fin des années 1900. Mais les provinces, qui étaient responsables de l'émission des permis de chasse et de pêche, n'étaient pas en mesure d'analyser leur impact économique global. Par ailleurs, des associations provinciales de chasse et de pêche regroupant les clubs et les camps de chasse et pêche se formaient partout à travers le pays, mais en 1910, elles commençaient à peine à recruter leurs membres. Les compagnies ferroviaires auraient sans doute pu dévoiler des chiffres précis sur le trafic de chasseurs et de pêcheurs entre les États-Unis et le Canada, mais il fallait ajouter les chasseurs et pêcheurs qui débarquaient dans les grands ports et les habitants des régions urbaines du Canada qui, l'automne venu, allaient chasser dans le nord[48].

Incapables de déterminer précisément l'impact économique global de la chasse, de la pêche et du tourisme en région sauvage, les commissaires ont concentré leur attention sur trois sujets précis reliés à la conservation de la faune : le déclin de la traite des fourrures et l'essor des fermes d'élevage d'animaux à fourrure ; la protection des oiseaux et la préservation des animaux menacés de disparition.

L'élevage des animaux à fourrure

Au début des années 1910, le Canada retirait annuellement environ 10 millions de dollars de revenus de la vente des pelleteries[49]. Ce total représentait un pourcentage non négligeable du produit national brut et était essentiel à l'économie des régions éloignées. Or, plus d'un commissaire considérait que la trappe des animaux était une méthode bien cruelle pour se procurer des fourrures. En 1912, le comité confia à John Walter Jones (1878–1954) la tâche de compiler de l'information sur le commerce des pelleteries et l'élevage des animaux à fourrure au Canada. Ce jeune chercheur de l'Île-du-Prince-Édouard avait étudié au Collège agricole de l'Ontario et à l'Université de Toronto où il avait reçu un baccalauréat en sciences de l'agriculture. De 1909 à 1912, il fut employé par le Département américain de l'agriculture à la ferme expérimentale d'Arlington avant de revenir au Canada[50]. Futur premier ministre de l'Île-du-Prince-Édouard, Jones avait sans doute été choisi parce que plusieurs membres d'office du comité, dont le premier ministre Mathieson, provenaient de cette province[51].

Jones s'opposait fermement à la trappe des animaux. Dans l'ouvrage *L'Élevage des animaux à fourrure au Canada*, publié en 1911, il dénonça cette pratique : « Un animal est pris dans un piège, il y reste trois, quatre et peut être même cinq jours, ses os sont broyés et sortis [*sic*] à travers la peau : il s'efforce de reconquérir sa liberté, jusqu'au moment où enfin il est gelé à mort ou dévoré par ses ennemis naturels. [...] Certes, il est temps de mettre un frein à cette boucherie[52]. » Il affirma que la somme de la souffrance accumulée par les animaux ainsi torturés par les trappes était bien plus grande que ce qui préoccupait les membres des sociétés de protection des animaux dans les grandes villes canadiennes. « La trappe est une activité tout à fait cruelle », conclut-il en 1914[53]. Cette méthode n'était pas le seul danger qui guettait les animaux, car la faune était également empoisonnée par des chasseurs peu scrupuleux. En 1910, F. T. Congdon, le député fédéral de Dawson, au Yukon, avait sonné l'alerte à ce sujet. Il expliqua que l'usage du poison pour tuer les animaux à fourrure provoquait des hécatombes à la fois chez les carnivores et les rapaces, en s'étendant dans toute la chaîne alimentaire. « Un animal empoisonné à la strychnine, qui est le poison généralement employé, étendra l'effet destructeur en sept occasions au moins », expliqua le député[54].

En plus de la souffrance qu'elle infligeait aux animaux, la trappe pouvait conduire à l'extinction de certaines espèces. En 1913, Jones s'insurgea contre la traite du castor et demanda qu'Ottawa intervienne dans les plus brefs délais : « Rien ne pourra le sauver de l'extermination sur ce continent à moins que l'on n'établisse un système de réserves nationales. Il a disparu de la Grande-Bretagne au seizième siècle, et il s'éteindra en Amérique au vingtième siècle si l'on ne prend pas de mesures nationales pour le protéger[55]. » L'auteur suggéra que l'élevage d'animaux à fourrure dans des fermes pourrait se révéler avantageux à bien des égards pour les communautés qui dépendaient de cette activité économique. Il mettrait un terme à la souffrance et à l'empoisonnement des animaux, produirait des peaux de meilleure qualité et contribuerait à la conservation des animaux sauvages menacés de disparition[56].

L'ouvrage de John Walter Jones connut un grand succès. La première édition fut épuisée en quelques mois et une deuxième fut publiée en 1913 pour satisfaire à la demande. Le président de l'Australie-Occidentale écrivit au premier ministre Borden et commanda des copies de l'ouvrage[57]. John Walter Jones reçut même des demandes d'information d'écologistes chevronnés comme l'Américain Ernest Thompson Seton[58]. Selon la correspondance échangée entre la

Commission de la conservation et Jones, ce dernier croyait sincèrement que les fermes d'élevage pouvaient contribuer à la préservation d'espèces sauvages menacées de disparition en offrant un meilleur produit à un prix comparable. Bien que l'élevage en captivité d'animaux non domestiqués soit un traitement qui soulève certains problèmes d'ordre éthique, ils ne semblent pas avoir été abordés par les commissaires.

À la suite de la parution de *Fur Farming in Canada*, cette industrie a fait l'objet d'une grande spéculation : « Les développements de l'industrie, pendant l'automne de 1912, ont été si rapides et si inattendus [...] qu'il est difficile de prédire l'avenir, à cause de la spéculation qui commence à s'en emparer », affirma Jones dans son rapport au comité en 1913. Le prix d'un couple de renards argentés par exemple était passé de trois mille dollars en 1910 à neuf ou dix mille dollars en 1912. Parallèlement à l'essor de l'élevage des animaux à fourrure, un nombre croissant d'entrepreneurs s'étaient lancés dans l'élevage de gibier prisé par les chasseurs sur des territoires privés[59]. En 1912, Jones dénombra en effet une soixantaine de fermes pratiquant l'élevage non seulement du renard argenté et du vison, mais aussi de la martre, de la loutre, du canard sauvage, de l'oie du Canada, du faisan, de la gélinotte, du cerf et de l'élan[60]. D'autres se sont même intéressés à l'élevage en captivité du renne, du raton laveur et de la mouffette[61]. À partir de 1913, il reçut des rapports de tous les fonctionnaires provinciaux responsables de la faune concernant l'évolution de cette nouvelle industrie. Cette année-là, 171 compagnies d'élevage avaient amassé un capital évalué à plus de seize millions de dollars[62].

En 1914, Jones et les commissaires réalisèrent que l'industrie qu'ils avaient contribué à faire croître vivait des jours difficiles. Premièrement, les prix des peaux commençaient à baisser, ce qui affecta sérieusement la rentabilité des fermes. La guerre a porté un coup encore plus dur : « Les grands marchés du monde, Londres, Leipzig et Nijni Novgorod ont été virtuellement fermés », expliqua Sifton. Deuxièmement, un nombre significatif d'éleveurs inexpérimentés ont vu leurs animaux décimés par les maladies et des soins peu appropriés car il est souvent difficile de pourvoir aux besoins d'animaux sauvages dans des fermes d'élevage[63]. En 1914 par exemple, un éleveur de vison expliqua comment une colonie de 50 visons qu'il avait parqués dans une cour clôturée s'étaient battus et entre-tués jusqu'au dernier[64]. En 1916, un éleveur de Nominingue au Québec vint présenter les résultats de ses expériences désastreuses avec les visons qui avaient été capturés dans le voisinage. « Nous avons pu garder des visons pendant des périodes variant de un à six mois, mais nous avons toujours fini par les perdre. [...] Nous avons gardé des visons jusqu'au mois de février durant l'hiver de 1913–1914; mais à la fin ils sont morts gelés. [...] En 1914 et en 1915, nous n'avons fait que de légers essais, mais sans plus de résultats», constata-t-il[65].

À partir de 1916, les éleveurs qui avaient surmonté les difficultés des années précédentes ont commencé à remporter certains succès. E. L. MacDonald, de Halifax en Nouvelle-Écosse, avait réussi en 1916 à garder en vie une quarantaine de martres importées d'Europe dans sa ferme d'élevage. «Le travail d'élevage est très intéressant et parfois des plus amusants : quand les jeunes jouent ensemble, on dirait alors de jeunes chats. Si l'entourage est aussi naturel que possible, il suffit d'en prendre soin et d'exercer un peu de jugement au temps de l'accouplement pour réussir. [...] Je pense que les martres élevées en captivité sont plus satisfaites de leur sort et beaucoup plus grandes que celles qui vivent à l'état sauvage, et crois que l'alimentation régulière aide à la production d'une meilleure fourrure[66].» Pour sa part, John Walter Jones réussit à élever des renards argentés sur sa ferme laitière de Dunbury, à l'Île-du-Prince-Édouard, en 1914[67].

L'industrie a connu d'autres déboires en septembre 1918, lorsque le gouvernement américain imposa un embargo sur l'importation des renards argentés élevés dans les fermes de l'Île-du-Prince-Édouard. Des rumeurs voulant que les animaux étaient victimes d'une maladie contagieuse inconnue avaient motivé cette décision. Mais la Commission et Aubin Arsenault, alors premier ministre de l'Île et président du comité, menèrent une bataille pour rétablir les faits. L'embargo fut levé au début du mois de novembre. Il semble qu'un grand nombre de renards argentés soient morts des suites de malnutrition durant l'été de 1918[68].

Après la guerre, l'industrie de l'élevage a connu un regain d'activité. En février 1920, la Commission organisa la première conférence nationale sur l'élevage des animaux sauvages[69]. Tenue à l'hôtel Windsor de Montréal à la suite de la réunion annuelle de la Commission, la conférence réunit des experts nord-américains dans les domaines de la production, de la vente et de la mise en marché des fourrures. Les problèmes de la malnutrition des animaux en captivité, des parasites et des maladies qui avaient affligé les renards argentés de l'Île-du-Prince-Édouard étaient à l'ordre du jour. Des trappeurs furent également invités à présenter leur point de vue sur la préservation des animaux sauvages, et des préservationnistes ont présenté leurs premiers films sur les parcs du Canada.

Les délibérations des commissaires et des conférenciers auraient pu nous éclairer sur l'évolution des mentalités concernant la conservation de la faune au Canada après la guerre. Malheureusement, les procès-verbaux de la réunion annuelle et de la conférence n'ont jamais été publiés, à la suite de la décision du gouvernement Meighen de restreindre les budgets de la Commission[70]. En novembre 1920, la Commission coordonna même une exposition de renards argentés à Montréal dans le but d'encourager la croissance de cette industrie et de forcer les gouvernements à resserrer leur législation sur la trappe d'animaux sauvages. Dans un dépliant à l'intention des participants, le spécialiste des questions agricoles de la Commission, F. C. Nunnick, écrivit que l'élevage des animaux à fourrure, désormais basé sur des principes scientifiques, méritait l'attention des départements provinciaux d'agriculture au même titre que l'élevage des animaux domestiques[71].

La protection des oiseaux migrateurs

La Commission s'est penchée sur la question de la protection des oiseaux contre les abus des hommes à partir de 1912. Le lieutenant-colonel William Wood (1864–1947), un militaire de la ville de Québec qui s'intéressait à l'histoire et à l'ornithologie, demanda à la Commission de dépenser trente mille dollars sur une période de six ans pour protéger les oiseaux sauvages sur la côte canadienne du Labrador. Lors de la réunion annuelle de 1913, Wood se rendit à Ottawa et présenta une proposition fort détaillée. Il distribua une brochure aux commissaires et aux centaines de personnes qui assistaient à la réunion. Durant son allocution, il expliqua que les 200 milles de ligne côtière et les 20 000 îles du littoral, habitées par quelques centaines d'autochtones, abritaient de nombreuses espèces d'oiseaux uniques au monde. Or, leur nombre diminuait à chaque année à cause des incursions répétées de pêcheurs terre-neuviens «qui débarquent sur cette côte et y massacrent sans merci des quantités d'oiseaux et enlèvent les œufs, rendant ainsi toute propagation impossible[72]».

Wood aurait aimé que la Commission établisse une patrouille d'hommes armés en bateau pour protéger la faune et la flore des déprédations de l'homme d'une part, et pour faciliter l'étude du milieu naturel d'autre part. Il avait même reçu l'appui du gouverneur général pour ce projet. Saisi de la question, le docteur Robertson déclara qu'il était rare de voir le représentant de la Couronne exprimer ses vues sur les affaires du Canada: «Mais il a fait une exception cette fois, car il reconnaît qu'au point de vue de l'Empire, la conservation des animaux est importante[73]. » Évidemment, la Commission n'avait ni les moyens ni l'autorité pour établir un tel service de protection de l'environnement sur un territoire provincial et le projet étudié par le comité éxécutif n'a pas connu de suites. Mais quelques mois plus tard, lorsque le Sénat américain adopta le projet de loi McLean, qui visait à protéger les oiseaux migrateurs et insectivores aux États-Unis, les commissaires se sont rendu compte que le gouvernement fédéral canadien pouvait jouer un rôle de premier plan dans le domaine de la préservation des oiseaux.

Lors de la réunion annuelle de janvier 1913, John Walter Jones fut le premier à suggérer qu'Ottawa prenne la responsabilité de la protection des oiseaux migrateurs et négocie avec Washington un traité international[74]. L'année suivante, William S. Haskell, le conseiller de l'*American Game Protective and Propagation Association*, vint expliquer aux commissaires la teneur de la loi fédérale des oiseaux migrateurs, adoptée par le Congrès en mars 1913. Il suggéra que la Commission se joigne aux conservationnistes américains dans leur lutte pour la signature d'un traité canado-américain sur la protection des oiseaux migrateurs[75]. Plusieurs naturalistes se sont ensuite adressés à la Commission et ont encouragé James White et Clifford Sifton à faire des pressions auprès du premier ministre Borden dans ce sens[76].

En 1915, deux propositions concrètes ont été examinées par la Commission afin d'assurer la protection des oiseaux au Canada. Le docteur John M. Clarke, alors directeur du Musée d'État à Albany, New York, expliqua que la création d'un sanctuaire d'oiseaux sur les îles de Percé et sur le versant sud de l'île Bonaventure pourrait les sauver de l'extinction[77]. Cette suggestion a été reprise par P. A. Taverner, de la Commission géologique du Canada, qui proposa en outre la création de parcs nationaux à Pointe-Pelée (Ontario) afin d'y protéger les animaux. Les trois sites furent éventuellement désignés comme parcs nationaux[78].

Ces propositions ont ravi Gordon Hewitt (1885–1920), le jeune entomologue du Dominion qui assistait à la réunion. Originaire de Grande-Bretagne, Hewitt avait étudié la zoologie et avait obtenu un doctorat à l'Université de Manchester en 1909. Peu de temps après, Sydney Fisher, le ministre canadien de l'Agriculture, lui avait offert le poste d'Entomologue du Dominion. En 1911, Hewitt avait épousé Elizabeth Borden, la nièce du premier ministre Robert Borden. Nul doute que Hewitt et le premier ministre Borden ont eu l'occasion de discuter de leur passion pour la Nature à plusieurs reprises. En 1914 par exemple, Hewitt avait demandé et obtenu l'appui de Borden dans ses démarches pour établir des sanctuaires d'oiseaux à Ottawa[79]. À titre d'entomologue du Dominion, il s'est intéressé à la protection des oiseaux parce qu'ils étaient les principaux prédateurs des insectes nuisibles aux récoltes. Par la suite, il a étendu son intérêt à la protection des canards et des oies, dont le nombre diminuait rapidement à cause de la chasse excessive dont ils faisaient l'objet[80].

Même s'il n'a jamais été nommé membre de la Commission, Hewitt a coordonné presque toutes les initiatives de l'organisme dans le domaine de la protection de la faune[81]. Durant l'été de 1914, à la demande de James White, il soumit une série de propositions sur la protection du caribou et du bœuf musqué des territoires du Nord canadien[82]. Et lors de la réunion annuelle de 1915, il profita de la discussion qui suivit la présentation de John Clarke pour inciter les membres du comité à s'engager plus activement dans le domaine de la protection des oiseaux. La Commission devait convaincre les fonctionnaires provinciaux que le gouvernement fédéral avait la responsabilité d'intervenir dans ce domaine; le Canada et les États-Unis devaient se doter d'une loi commune afin de protéger efficacement les oiseaux migrateurs sur l'ensemble du continent nord-américain[83]. Quelques semaines plus tard, la Commission fit parvenir une résolution au bureau du premier ministre Borden, sollicitant l'intervention de Londres « pour négocier un traité entre la Grande-Bretagne et les États-Unis, à l'effet d'obtenir une protection plus efficace des oiseaux qui émigrent d'un pays à un autre[84] ». Quelques mois plus tard, soit le 31 mai 1915, le gouvernement passait un arrêté ministériel confirmant que des négociations entre la Grande-Bretagne et les États-Unis allaient être amorcées à ce sujet[85].

La raison officielle motivant l'élaboration d'un tel traité était économique, à savoir la protection du gibier à plumes et des oiseaux « utiles à l'homme », c'est-à-dire ceux qui se nourrissaient des insectes nuisibles aux récoltes ou qui étaient chassés pour leur chair. Mais une autre dimension, soit la protection des oiseaux pour des raisons esthétiques et humanitaires, a également été débattue et acceptée comme tout à fait valable par les commissaires. En novembre 1915, les membres du comité se rencontrèrent à Ottawa afin de faire le point au sujet de la protection de l'ensemble des oiseaux au Canada. Concernant les oiseaux du golfe du Saint-Laurent, « la Commission a fait des démarches à l'effet de mettre en réserve permanente les rochers où nichent les fous [de bassan] dans l'île Bonaventure, pour que ces oiseaux puissent se propager en paix ». Selon l'arrangement proposé par les commissaires, les propriétaires céderaient une bande de terrain sur le bord des falaises, qui serait clôturée et protégée par un gardien. « Dès que les arrangements nécessaires au transfert seront terminés, des mesures seront prises pour obtenir la surveillance requise », proposent les commissaires[86].

Pour certains, la création de sanctuaires d'oiseaux ne suffisait pas : la Commission devait également encourager les gouvernements à sévir contre les abus des hommes sur l'ensemble du territoire. W. E. Saunders, un naturaliste faisant partie du McIlwrath Ornithological Club de London, en Ontario, vint le rappeler aux commissaires : « Le point de vue esthétique est aussi digne d'étude et [même] peut-être plus que le côté économique. Une partie relativement restreinte de la population est personnellement intéressée à la protection économique des oiseaux, tandis qu'il y a un nombre considérable et toujours croissant de citoyens du Canada et du monde civilisé qui étudient l'ornithologie [...] », soutint-il[87]. Désireux de faire passer son message avec humour, il suggéra que la Commission s'occupe du contrôle des chats domestiques, les « plus grands ennemis des oiseaux » :

> Je suis d'avis que la question des chats relève de la Commission de la conservation. J'aimerais qu'elle fût légalement placée sous sa juridiction, et qu'elle me nommât garde-chats. Si la chose était possible je puis vous assurer que la quantité de ces animaux serait diminuée considérablement chaque année. [...] J'ai prouvé que les chats sont utiles à quelque chose. Enfouis en terre sous un pommier, je les ai mangés en forme de pommes, enterrés sous un rosier, je les ai cueillis en roses. C'est une manière très satisfaisante de disposer des chats[88].

En 1916, Gilbert Pearson, le secrétaire de l'Association des sociétés Audubon, vint informer les commissaires des principales initiatives de protection des oiseaux en vigueur aux États-Unis[89]. Les commentaires des commissaires durant cette réunion témoignent de leur sensibilité à cette question. George Bryce de Winnipeg, par exemple, déclara : « Je pense que nous devrions, en qualité de Commission, donner [prêter] notre attention à ce sujet ; comme le gouvernement fédéral est bien disposé à notre égard, nous pourrions obtenir l'établissement de réserves [fauniques][90]. »

Bryce avait sans doute raison car en décembre 1916, le premier ministre Borden nomma James White, Gordon Hewitt, Duncan C. Scott (surintendant adjoint des affaires indiennes), James Harkin (commissaire des parcs du Dominion) et Rudolph Anderson (de la Commission géologique du Canada) à un nouveau bureau consultatif sur la protection des animaux sauvages[91]. La première mission de ce bureau a été de coordonner l'administration de la Loi sur la protection des oiseaux migrateurs, adoptée en 1917, et de développer la réglementation qui devait l'accompagner[92]. Durant cette première année, les membres du Bureau se sont rencontrés à huit reprises. Les règlements proposés par le Bureau furent acceptés l'année suivante[93]. En plus des plans d'action concernant la loi sur la protection des oiseaux migrateurs, ils ont proposé l'établissement d'un sanctuaire d'oiseaux à Pointe-Pelée (Ontario) et sur l'île Bonaventure (Québec)[94].

Il semble que l'intérêt pour la protection des oiseaux ait considérablement gagné en popularité durant la deuxième moitié des années 1910. En 1918, Hewitt recommanda l'instauration d'un « jour des oiseaux », l'établissement de sanctuaires d'oiseaux dans toutes les grandes villes du Dominion et une protection accrue des tétras des prairies[95]. L'auteure Louise Edith Marsh, par exemple, qui publia des ouvrages pour les jeunes comme *Birds of Peasemarsh* en 1919 et *With the Birds* en 1929, avait acquis une ferme de 300 acres à Thornburg, en Ontario, qu'elle utilisait comme sanctuaire pour les animaux. Aux commissaires rassemblés lors de la réunion annuelle en 1919, elle affirma que ceux et celles qui en avaient les moyens devaient considérer l'achat de terres et de marécages pour protéger efficacement les espèces animales menacées[96]. Jack Miner (1865–1944), qui allait devenir un conservationniste célèbre, fit bonne impression en discutant des meilleurs moyens d'attirer et de protéger les oiseaux migrateurs sur sa propriété qu'il avait clôturée afin d'y protéger les canards et les oies[97].

La protection de la faune et le rôle de l'autochtone dans la Nature

La nécessité de protéger les oiseaux migrateurs a donc éveillé les commissaires à la préservation des espèces menacées par l'homme dans la Nature. À partir de 1914, en raison des difficultés rencontrées par les éleveurs d'animaux sauvages, les commissaires ont été appelés à étudier plus à fond le problème de la protection des animaux à fourrure et du gibier dans le Grand Nord. Gordon Hewitt s'est lancé dans une étude fouillée de la question. La Commission a subventionné ses recherches qui ont culminé par la parution de *The Conservation of Wildlife in Canada*, un ouvrage détaillé sur l'état de la faune au pays et sur la législation en vigueur pour la protéger[98]. Bien que Hewitt ait terminé son travail en 1919, la Commission n'a pas été en mesure de publier l'ouvrage à cause des restrictions imposées par le gouvernement Meighen. C'est la maison d'édition Charles Scribner's Sons de New York qui le mit sous presse en 1921, peu de temps après l'annonce par le gouvernement canadien de son intention d'abolir la Commission[99].

Le sanctuaire d'oiseaux de Jack Miner en Ontario.
Miner construisit ce refuge durant les années 1900 afin de protéger les oies des chasseurs lors de leurs migrations.
En 1916 et 1917, la Commission joua un rôle important dans la négociation de la Convention sur les oiseaux migrateurs.

Contrairement à John Walter Jones, Hewitt croyait possible de pratiquer la trappe des animaux à fourrure sans nécessairement provoquer leur disparition. Selon Hewitt, la destruction des populations d'animaux à fourrure, dont avait fait mention Jones en 1911, n'avait pas été provoquée par les trappeurs autochtones. Elle était le résultat de l'invasion de leurs territoires de chasse traditionnels par des trappeurs étrangers, dont le but était « de s'accaparer autant que possible de ces ressources : ce sont des imprévoyants », déclara Hewitt. « Un tel chasseur ne cherche qu'à ruiner une région pour s'en aller ensuite dans une autre ; ses méthodes [...] sont donc radicales, et il fait souvent usage de poison[100]. »

En 1914, l'explorateur d'origine islandaise Eric Stefanson avait sensibilisé le premier ministre Borden, puis les membres de la Commission, au problème de la chasse à outrance par des chasseurs blancs dans le Grand Nord. Il proposa de rendre plus restrictives les lois fédérales et provinciales afin d'interdire l'accès du Grand Nord aux chasseurs et trappeurs blancs[101]. L'année suivante, Benjamin Lawton d'Edmonton demanda à la Commission d'appuyer ses efforts en vue d'interdire la vente de la viande de gibier[102].

Frederick K. Vreeland du *Campfire Club of North America*, qui présenta une allocution aux membres du comité en décembre 1915, réitéra les propos de Stefanson et Lawton. La réglementation des saisons de chasse et l'émission de permis ne suffisant pas, il fallait désormais interdire la vente du gibier et n'autoriser que l'auto-consommation telle que pratiquée par les autochtones. « L'emploi du gibier comme mets est la source la plus directe de destruction [...]. Or, le chasseur de commerce ne tombe pas sous le coup de la loi qui s'applique aux chasseurs sportifs [...] cette tuerie ne peut être enrayée qu'en prohibant la vente[103]. » Mais comme la demande pour ces produits était forte, il proposa aux commissaires de considérer l'exemple de l'État de New York, qui autorisa l'élevage du gibier. « De cette manière, on établit une industrie d'une certaine importance, et ceux qui [...] sentent le besoin du gibier pourront s'en procurer[104]. »

Pour Vreeland, la préservation des mammifères du Grand Nord canadien était une responsabilité qui dépassait la juridiction des provinces. Les gouvernements avaient le droit d'intervenir car « les animaux sauvages du continent de l'Amérique du Nord ne connaissent aucune frontière géographique, [...] il est de notre intérêt, continue-t-il, de les conserver comme héritage commun à tous les peuples, partout où nous les trouverons, [...] un succès permanent ne peut être obtenu que par une coopération internationale ». Il rappela les cas de raréfaction des gros mammifères (bison des plaines, mouflon à grosses cornes, chèvre des montagnes, orignal, wapiti et caribou) et du gibier à plumes (canard du Labrador, poule des prairies). Certes, la faune se portait toujours bien dans les régions les plus reculées du pays, mais « la construction de nouvelles voies de chemin de fer dans le Nord canadien les rendront accessibles aux voyageurs et aux chasseurs. [...] La situation est critique et demande que l'on agisse immédiatement », déclare-t-il[105].

Les écologistes de l'époque n'étaient pas unanimes à condamner uniquement l'homme blanc. Plusieurs croyaient en effet que les autochtones étaient les principaux responsables des déprédations des animaux sauvages dans le Grand Nord. W. N. Millar, de la faculté de foresterie de l'Université de Toronto par exemple, s'intéressait à la conservation des mammifères dans les montagnes Rocheuses depuis des années. Il identifia ainsi les « trois plus grands ennemis du gibier de l'Ouest » : les causes naturelles (maladies, animaux de proie, accidents, manque de nourriture, etc), l'empiétement de l'homme sur les lieux de reproduction des animaux et la chasse. Il était difficile de contrôler les deux premiers agents de destruction. Certes, il était possible d'exterminer les prédateurs naturels, mais « certains insectes et maladies nuisibles, introduits par la colonisation, peuvent contrebalancer les faibles pertes provenant de l'élimination des ennemis naturels des animaux herbivores ». Par ailleurs, Millar considérait le phénomène de l'empiétement de l'homme sur les lieux de reproduction comme inévitable. La seule mesure possible pour contrer ce phénomène était l'érection de nouveaux parcs et sanctuaires.

Les chasseurs, par contre, étaient de loin les plus dangereux. En plus des attaques des chasseurs à gros gibier, les mammifères devaient subir celles des mineurs domiciliés dans les régions sauvages, « hommes, souvent sans emploi ou en grève [qui] ne respectent guère les lois de chasse ». Cependant, leur mobilité étant limitée, les dommages qu'ils créaient n'étaient pas considérables « en comparaison avec ceux des Indiens Stoney, les plus terribles de tous les ennemis du gibier »[106]. Selon les calculs de Millar, basés sur plusieurs visites dans les campements de cette tribu d'environ 600 individus, « chaque membre d'un grand groupe [un clan] mange au moins deux livres et demie de venaison par jour. Si on applique ce chiffre à toute la tribu, il est facile de trouver qu'au moins 3 500 têtes d'animaux seront sacrifiées chaque année. »

Millar critiqua les méthodes de chasse des Indiens qu'il décrivit en ces termes : « L'extermination du gibier, sans tenir compte de son âge ou de son sexe ; la destruction de troupeaux complets de mouflons et de wapitis, lorsque la chose est possible; le massacre des orignaux lorsqu'ils ont pris leurs quartiers d'hiver; [...] le massacre du gibier en toute saison de l'année, et son harassement continuel [...][107].» Il était convaincu que l'expulsion des Indiens dans certaines sections du parc des montagnes Rocheuses confirmait ses dires, car « en dépit d'une grande population minière et d'une augmentation en chasseurs locaux et étrangers, le nombre du gibier de toute espèce s'est accru [dans ces régions] », déclara-t-il[108]. Croyant fermement à la déchéance des peuples autochtones, Millar conclut : « La disparition des Indiens sera probablement amenée par des causes naturelles. En attendant, il faudra adopter des moyens quelconques [*sic*], si l'on ne veut pas que les diverses espèces d'animaux sauvages de cette région disparaissent. » Les gouvernements, s'ils voulaient préserver la faune, devraient donc « obliger les Indiens Stoney à observer les lois de la chasse et de la pêche de la province de l'Alberta[109] ».

Quelques semaines plus tard, lors de la réunion annuelle de la Commission, Hewitt critiqua sévèrement l'interprétation de Millar. Les méthodes de chasse des Indiens et Inuit étaient supérieures à celles des chasseurs venant du Sud. « L'Indien est, par nature, conservationniste, car il n'épuise pas complètement le nombre d'animaux à fourrure, dans une région où il exerce le métier de chasseur. » Hewitt proposa à nouveau que la Loi du gibier du Nord-Ouest soit modifiée de façon à restreindre la chasse du caribou, du bœuf musqué et du renard blanc par les chasseurs blancs[110]. « Par ce moyen, soutient-il, nous exercerons un plus grand contrôle sur les opérations de ces trappeurs, qui nuisent à celles des Indiens, des habitants et des anciennes compagnies canadiennes, qui agissent de manière à ne pas nuire à la permanence des animaux à fourrure du Nord[111]. » Plus tard durant l'année, Hewitt informa James White que des trappeurs américains commençaient à ouvrir des postes de traite dans les Territoires du Nord-Ouest et que plusieurs centaines de trappeurs venaient s'ajouter aux chasseurs sportifs, aux trappeurs blancs du Canada et aux autochtones. « Les firmes de C. T. Peterson et Levert Brothers, toutes deux de Chicago, précise-t-il, sont également actives dans ce domaine. Ces marchands américains ont complété l'exploitation des ressources en Alaska et se proposent de traiter nos territoires du Nord de la même façon[112]. » Au cours de cette année, les provinces du Manitoba, de la Saskatchewan, de l'Ontario et du Québec ont rendu plus rigoureuse leur législation. Conformément aux recommandations de Hewitt, la chasse commerciale (vente de la viande d'animaux sauvages) fut limitée ou interdite dans ces provinces.

En janvier 1917, Oliver Master, le secrétaire adjoint de la Commission, expliqua que « la Commission a fait de nouvelles démarches et [que] l'on espère que des mesures seront bientôt prises pour protéger adéquatement le gibier des régions du Nord[113] ». Et au cours de l'année, le gouvernement fédéral continua sur sa lancée. Il demanda aux membres du Bureau consultatif sur la faune de procéder à une révision complète de la Loi sur le gibier du Nord-Ouest. Un projet de loi fut déposé en Chambre puis adopté la même année. Selon les rapports de Hewitt, la Commission aurait également convaincu l'Alberta de protéger l'antilope des plaines en interdisant la chasse de cet animal. Par contre, les membres du Bureau ont recommandé qu'Ottawa organise une chasse aux loups qui s'attaquaient à un nombre croissant d'animaux sauvages menacés de disparition[114].

Les autorités provinciales et les représentants des associations de chasseurs sportifs se sont montrés mécontents de voir leurs droits de chasse limités au profit des autochtones. Certes, il fallait protéger les espèces menacées de l'abus des hommes, et ils étaient d'accord avec la destruction des prédateurs. Mais les lois étaient difficilement applicables pour les autochtones, qui continuaient de chasser et de pêcher sans restrictions. En février 1919, les représentants provinciaux et les membres des associations de protection du gibier ont eu l'occasion de faire part de leurs doléances aux autorités fédérales, responsables des affaires indiennes, lors de la conférence nationale sur la faune. Organisée par Hewitt et subventionnée par la Commission de la conservation, la conférence a eu lieu après la réunion annuelle. Elle réunit les gestionnaires de la chasse de chaque province et la plupart des spécialistes sur la question, et remporta un important succès auprès du grand public. Le 18 février au soir, par exemple, la réunion eut lieu dans le gymnase de l'École normale d'Ottawa. Selon White, « le rez-de-chaussée était rempli et nous avons dû ouvrir la galerie pour accueillir d'autres spectateurs[115] ».

Dans son allocution, Hewitt rappela que la faune ne connaissait pas de frontières et que la coopération entre les provinces et Ottawa était essentielle à la sauvegarde de nombreuses espèces menacées. Or, la meilleure façon de faire démarrer cette coopération était de participer activement aux délibérations de la première conférence nationale sur la faune. Comme la guerre venait de se terminer, il était désormais possible pour la nation de se pencher sur ce problème et de façonner l'opinion publique de façon à la rallier à cette cause[116]. Arthur Meighen, ministre de l'Intérieur et responsable du ministère des Affaires indiennes, était d'accord avec le principe de réserver les animaux sauvages du Grand Nord à l'usage exclusif des autochtones pour des raisons géopolitiques. Le Dominion devait en effet préserver les populations autochtones dans les régions nordiques, car ils assuraient une occupation permanente du territoire et garantissaient sa souveraineté. Or, les populations autochtones du Nord étaient frappées par de fréquentes épidémies et le gibier s'y faisait de plus en plus rare. Des décennies d'intervention gouvernementale n'avaient produit que des désastres. Existait-il d'autres moyens de fournir à ces peuples le gibier dont ils avaient besoin pour survivre ? Était-il réaliste de transporter des troupeaux de rennes de l'Alaska vers la péninsule de l'Ungava pour assurer la survie des populations autochtones, maintenant que le chevreuil était pratiquement disparu ? Meighen demanda aux conférenciers d'étudier la question et de proposer des solutions pratiques à cet urgent problème[117].

Duncan Campbell Scott (1862–1947), à l'époque haut fonctionnaire au ministère des Affaires indiennes, précisa la position de son département à ce sujet. Scott était convaincu que les peuples autochtones respectaient la Nature et étaient prudents dans leurs méthodes de chasse. Après tout, n'avaient-ils pas, au cours des siècles précédents, conservé les populations de gibier et d'animaux à fourrure sur leurs territoires même après l'établissement des compagnies ? Selon Scott, ce sont les aventuriers et les marchands de fourrures indépendants qui ont été les premiers à faire disparaître la faune sur le territoire du Dominion. Certes, depuis le début du XXᵉ siècle, des lois de plus en plus sévères ont été votées par les provinces afin de faire cesser les carnages, mais bien souvent, elles ne prennent pas suffisamment en considération le mode de vie des peuples autochtones, qui se nourrissent presque exclusivement de viande fraîche tirée du gibier et qui ne peuvent pas toujours se permettre d'observer les saisons de chasse, les saisons fermées ou des quotas réduits d'animaux. Scott demanda donc aux représentants des provinces de faire preuve de compréhension et de permettre aux peuples autochtones plus de liberté dans leurs pratiques de chasse :

> [...] notre politique est d'encourager les Indiens à obéir aux lois passées [adoptées] par les autorités provinciales pour conserver la faune et préserver le gibier, mais aussi d'adoucir les lois afin de les adapter aux conditions particulières issues au [du] présent mode de vie des Indiens[118].

Plusieurs représentants des provinces qui participaient à la conférence avaient de la difficulté à comprendre comment il leur serait

possible de forcer les colons blancs qui habitaient dans les régions éloignées de respecter les lois, tout en laissant les autochtones faire à leur
guise. F. Bradshaw, le gardien en chef du gibier en Saskatchewan, notant
que beaucoup de colons blancs étaient tout aussi pauvres et dépourvus
de moyens que les Indiens, fut le premier à s'opposer à cette proposition. Selon les rapports provenant de ses officiers, la conservation des
populations d'animaux sauvages était impossible à réaliser si le gouvernement ne s'opposait pas rapidement aux pratiques des Indiens, qui ne
respectent pas les saisons de chasse, qui peuvent tuer plusieurs
centaines d'animaux par famille durant une seule saison, et qui, dans
plusieurs cas, n'hésitaient pas à vendre le produit de leur chasse aux
colons au prix fort. « Chaque année notre département reçoit un
nombre plus grand de lettres décriant le carnage indiscriminé [*sic*] de
gros gibier par des Indiens », déclara-t-il à l'assemblée. « Les Indiens
doivent respecter nos lois régissant la chasse si nous voulons conserver
les animaux sauvages », conclut-il[119].

Jack Miner était d'accord avec les affirmations de Bradshaw. Il
raconta qu'il avait été témoin d'horribles déprédations du castor durant
ses excursions de chasse dans la région de Sudbury[120]. E. T. D. Chambers, officier à la protection du gibier et du poisson au Québec, affirma
que les Indiens du nord de la province, notamment en Abitibi, pratiquaient la chasse à outrance et laissaient des carcasses pourrir sur le
sol[121]. Le docteur A. R. Baker de la Colombie-Britannique conclut :
« Nous avons beaucoup de sympathie pour les Indiens et n'avons
aucune objection à ce qu'ils tuent tous les animaux dont ils ont besoin
pour leur propre usage; mais nous nous opposons au carnage et à la
destruction. [...] Si ceci continue, la présence du gros gibier de la
Colombie-Britannique, de la Saskatchewan et de l'Alberta sera une
chose du passé dans peu de temps[122]. »

D'autres intervenants ont présenté un jugement moins sévère
des méthodes de chasse des Indiens. Selon G. H. Rapsey, surintendant
du gibier et de la pêche de l'Ontario, les autochtones n'étaient pas les
seuls à blâmer. Les opérations forestières dans le nord de la province,
par exemple, contribuaient à la raréfaction du gibier. Il nota la pratique
d'engager des hommes pour chasser du gros gibier et ainsi nourrir les
bûcherons[123]. Les représentants des provinces maritimes, quant à eux,
confirmèrent qu'étant donné le petit nombre d'Indiens vivant encore
de chasse sur leurs territoires, leur impact sur la Nature était négligeable. Selon M. Williamson, du service des parcs, les Indiens respectaient même les frontières des parcs et y faisaient rarement la chasse[124].
D'autres, comme le naturaliste James Macoun, sont allés plus loin dans

leur défense des Indiens. Macoun relata plusieurs incidents où des Indiens étaient blâmés pour des carnages de gros gibier alors que les coupables étaient en réalité des chasseurs ou des trappeurs blancs. Il était en effet facile de blâmer ceux qui pouvaient difficilement se défendre. Pour Macoun, il fallait augmenter considérablement le nombre de gardes-chasse et s'assurer que les Blancs aussi bien que les Indiens respectent les lois[125]. W. F. Tye, un ingénieur de Montréal qui avait été nommé membre de la Commission au début de 1918, était même prêt à blâmer exclusivement l'homme blanc pour les déprédations de la faune:

> L'homme blanc fait les lois, pas l'Indien; l'homme blanc est habitué à obéir à des lois, pas l'Indien. Premièrement, assurez-vous que l'homme blanc respecte les lois, et l'Indien en fera de même avec le temps. Car c'est pour satisfaire aux demandes de l'homme blanc que l'Indien fait des carnages[126].

Face à de telles divergences d'opinion, Hewitt forma un comité afin de trouver un compromis acceptable à présenter sous forme de recommandation au gouvernement fédéral. Malheureusement, les membres du comité ne réussirent pas à s'entendre. Ils se bornèrent à réitérer la demande de Bradshaw qui croyait qu'Ottawa devait trouver le moyen de faire respecter les lois provinciales de chasse parmi les peuples autochtones afin d'assurer la conservation de la faune dans les régions sauvages du Dominion[127]. Le problème demeurait donc entier.

Plusieurs recommandations importantes ont néanmoins été formulées lors de cette conférence. Les participants proposèrent que les gouvernements provinciaux réglementent la vente des armes à feu en émettant des permis pour le port d'armes. Ils désiraient mettre un terme à la destruction du petit gibier par les enfants et les adolescents, et interdire l'utilisation des armes automatiques pour la chasse[128]. Ils recommandèrent aux gouvernements de subventionner la création d'associations de protection du gibier et du poisson dans chaque province[129]. Ils demandèrent aux autorités des provinces maritimes d'établir des parcs et des sanctuaires d'oiseaux afin d'assurer la conservation de leur faune[130]. Enfin, ils acceptèrent de créer une organisation nationale pour la conservation et la protection de la faune. Les délégués demandèrent à Hewitt et à la Commission de la conservation d'en coordonner la formation et le fonctionnement[131]. Mais après le décès précipité de Hewitt en février 1920, l'association n'a jamais vu le jour[132].

Notes

1. Joseph Stafford, «Conservation des huîtres», *Pêcheries maritimes de l'est du Canada*, 1912, p. 27.

2. Howard Murray, «Besoins des pêcheries de la Nouvelle-Écosse», dans *Pêcheries maritimes de l'est du Canada*, 1912, p. 90.

3. Parmi les membres du comité, on note également James W. Robertson (1912–1920), mais ce dernier présidait le comité des terres et sa participation était limitée.

4. George Johnson Clarke (1857–1917), le premier ministre du Nouveau-Brunswick et ministre des Terres et Forêts, participa aux réunions de 1914 à 1917 jusqu'à son décès. Son remplaçant, E. A. Smith, participa à toutes les autres réunions de la Commission et fit une présentation sur les réserves de gibier de la province en 1919. A. K. Maclean, le Procureur général de la Nouvelle-Écosse et membre du comité en 1910, sera remplacé à la Législature par Orlando T. Daniels en 1911. Daniels n'assistera aux réunions du comité qu'à partir de 1914. G. H. Ferguson (1870–1946) représenta les intérêts de l'Ontario à titre de ministre des Terres et Forêts de 1914 à 1919. Il n'assistera cependant qu'aux réunions de 1915 et 1916 avant de s'enrôler comme capitaine dans les forces armées. Ferguson sera premier ministre de l'Ontario de 1923 à 1930. A. B. Hudson (1875–1947), procureur général au Manitoba de 1915 à 1917, participa aux activités du comité de 1914 à 1916. Son remplaçant politique, Thomas H. Johnson, était également le gérant général de la Canadian Fish and Cold Storage Company et un directeur de la Canadian Fisheries Association. Johnson a encouragé les recherches en vue d'éliminer le gaspillage dans le transport et la manutention du poisson. William R. Ross de la Colombie-Britannique se présenta aux réunions de 1914 et 1915. T. D. Patullo (1873–1956), son remplaçant à titre de ministre des Terres, représentera les intérêts des pêcheurs de la côte ouest au sein du comité à partir de 1916.

5. Voir CCRA, 1913, p. 43.

6. Selon les rapports du Vérificateur général, Patton, le premier spécialiste engagé par la Commission, quitta en novembre 1913 avec un salaire inférieur à celui des autres spécialistes de la Commission. W. J. Dick et Léo Denis gagnaient 2 400 $ par année alors que le salaire de Patton s'élevait à 2 300 $ par année. Il revint en août 1917 à titre de consultant avec un salaire de 4 000 $ par an tandis que Dick et Denis gagnaient 2 800 $ par année.

7. CCRA, 1914, p. 93.

8. Archives de l'Université de l'Alberta, Fonds Henry M. Tory, dossier «Commission of Conservation», W. A. Griesbach à H. M. Tory, 1913-12-08; H. M. Tory à W. A. Griesbach, 1913-12-31.

9. ANC, Fonds C. Sifton, C. Sifton à J. White, 1913-06-19, C594, p. 159845.

10. CCRA, 1915, p. 188.

11. CCRA, 1910, p. 112.

12. Commission de la conservation, «Lois et règlements de pêche», dans *Terres, Pêcheries, Gibier et Minéraux*, 1911, pp. 40–71.

13. *Ibid.*, «Différend des pêcheries du nord de l'Atlantique», pp. 72–133.

14. Commission de la conservation, «L'industrie huîtrière canadienne», *Terres, Pêcheries, Gibier et Minéraux*, 1911, p. 134.

15.   J. M. Patton, « L'industrie huîtrière canadienne », *Ibid.*, p. 138.

16.   Joseph Stafford, « Conservation des huîtres », *Pêcheries maritimes de l'est du Canada,* 1912, p. 27.

17.   Joseph Stafford, *The Canadian Oyster : Its Development, Environment and Culture,* 1913, p. 1.

18.   J. M. Patton, « L'industrie huîtrière canadienne », *Ibid.*, pp. 135–138.

19.   *Ibid.*, p. 134.

20.   *Ibid.*, p. 138; Patton considérait que les réglementations en vigueur en France, en Angleterre et au Japon étaient les plus progressistes et pourraient être adaptées au contexte canadien. *Ibid.*, p. 146.

21.   Voir C. C. Jones, « Discours du Président », dans *Pêcheries maritimes de l'est du Canada,* 1912, pp. 5–6, 188–194.

22.   CCRA, 1913, p. 79.

23.   Voir J. A. Mathieson, « L'industrie de la pêche aux huîtres de l'Île-du-Prince-Édouard », *Pêcheries maritimes de l'est du Canada,* 1912, pp. 81–89.

24.   CCRA, 1914, p. 210.

25.   CCRA, 1913, p. 79.

26.   A. Arsenault, « L'ostréiculture dans l'Île-du-Prince-Édouard », *Conservation du poisson, des oiseaux et du gibier,* 1916, p. 75.

27.   CCRA, 1913, p. 42.

28.   J. M. Patton, « Le poisson-blanc des Grands Lacs », dans *Pêcheries maritimes de l'est du Canada,* 1912, p. 13. L'historien A. B. McCullough a suggéré que cet accroissement dans les prises durant les années 1880 est dû à l'utilisation de nouvelles techniques de pêche, notamment de nouveaux types de filets, et des embarcations à moteur. Voir A. B. McCullough, *La Pêche commerciale dans le secteur canadien des Grands Lacs,* 1989.

29.   J. B. Feilding, « Conservation des pêcheries intérieures du Canada », *Conservation du poisson, des oiseaux et du gibier,* 1916, pp. 80–92.

30.   *Ibid.*, p. 91.

31.   *Ibid.*

32.   *Ibid.*

33.   Selon W. A. Found, « Surintendant des pêches du Canada », la production de homard en boîtes de conserve passa de 17 millions de livres en 1881 à 9 millions de livres en 1912, malgré une hausse constante de la demande.

34.   Archives du Séminaire de Saint-Hyacinthe, Fonds Mgr Charles-P. Choquette, AG17, Robert Simpson à C.-P. Choquette, 1914-11-19; Archives de l'Université de l'Alberta, Fonds Henry M. Tory, dossier « Commission of Conservation », Robert Simpson à Henry M. Tory, 1914-11-19; H. R. Williams, « The Canned Lobster Situation, November 1914 »; R. H. Williams, « The Canned Lobster Business and the War », *The Maritime Merchant,* 24 septembre 1914.

35.   La production de ce poisson était passée de plus de 14 500 barils en 1885 à environ 5 200 barils en 1910. E. E. Prince, « La pêche de l'alose au Canada », *Pêcheries maritimes de l'est du Canada,* 1912, pp. 126–147.

36.   McMurrich, qui avait obtenu un doctorat en biologie à l'Université Johns Hopkins en 1885, avait été le Président de la Société américaine des naturalistes en 1907. Dans son

allocution, il déclara: «Les pacqueurs [*sic*] élargissent leurs établissements de conserve, augmentent leur nombre et celui de leurs bateaux de pêche, et travaillent ainsi, le plus rapidement possible, à l'extinction du poisson. On a cherché à le sauver de la destruction en instituant une saison fermée et d'autres restrictions, et malgré cela le nombre baisse.» J. P. McMurrich, «Pêche au saumon de la Colombie-Britannique», dans CCRA, 1913, pp. 51–62.

37. En 1918, le problème de la raréfaction du saumon dans le Fraser en Colombie-Britannique révèle l'utilité de l'observation de type naturaliste. En 1918 John Pease Babcock, le commissaire adjoint des pêcheries de la province, membre actif de la Commission depuis 1916, publia un rapport inquiétant: les éboulis causés par la construction du chemin de fer Canadian Northern avaient bloqué en partie le point d'entrée du fleuve et empêchaient le saumon de remonter à sa source. John P. Babcock, «Pêche au saumon, région du Fraser», CCRA, 1918, pp. 142–155.

38. Voir par exemple les conversations entre le zoologue Joseph Stafford et le Surintendant des pêcheries du Canada, W. A. Found, au sujet du homard, dans *Pêcheries maritimes de l'est du Canada*, 1912, pp. 52–80; Jennifer Hubbard, «The Commission of Conservation and the Canadian Atlantic Fisheries», *Scientia Canadensis*, 34, printemps-été 1988, pp. 22–52.

39. Archives de l'Île-du-Prince-Édouard, Fonds Aubin Arsenault, dossier «Commission of Conservation», «Report of Committee on Fisheries, Game and Fur Bearing Animals, Commission of Conservation — Eighth Annual Meeting» [s.d.], probablement janvier 1917, pp. 3–4.

40. Voir *Conservation du poisson, des oiseaux et du gibier*, 1916.

41. «La réforme la plus pressante est d'offrir de l'éducation technique pour ceux qui travaillent dans les pêcheries [...] similaire à celle qui a permis aux intérêts des pêcheries de l'Écosse et de la Norvège de prendre les devants» [n.t]. Archives de l'Île-du-Prince-Édouard, Fonds Aubin Arsenault, dossier «Commission of Conservation», «Report of Committee on Fisheries, Game and Fur Bearing Animals, Commission of Conservation — Eighth Annual Meeting» [s.d.], probablement janvier 1917, p. 8; E. E. Prince, «La pêche au hareng au Canada», *Conservation du poisson, des oiseaux et du gibier*, 1916, pp. 36–45; «Inutilisation de certaines pêches au Canada», pp. 46–63; J. J. Cowie, «Inspection gouvernementale et marquage du poisson», *Ibid.*, pp. 64–69. Voir également Marcel Daneau, *Les Pêches maritimes au Québec: enjeux économiques et intervention de l'État*, 1991, chapitres 1 et 2.

42. Archives de l'Île-du-Prince-Édouard, Fonds Aubin Arsenault, dossier «Commission of Conservation», «Report of Committee on Fisheries, Game and Fur Bearing Animals, Commission of Conservation — Eighth Annual Meeting» [s.d.], probablement janvier 1917, pp. 1–2.

43. J. B. Feilding, «La conservation d'une source négligée d'un aliment indirect», CCRA, 1917, pp. 109–126.

44. *Ibid.*, pp. 115, 117.

45. Archives de l'Université du Nouveau-Brunswick, Fonds C. C. Jones, dossier «Commission of Conservation», James White à C. C. Jones, 1917-06-29.

46. Gordon Hewitt, «Conservation des oiseaux et mammifères», *Conservation du poisson, des oiseaux et du gibier*, Ottawa, 1916, pp. 152–153.

47. CCRA, 1910, pp. 114–116.

48. Michel F. Girard, *La Forêt dénaturée*, 1988, pp. 47–64.

49. Voir F. T. Congdon, *Fur Bearing Animals of Canada and How to Prevent Their Extinction*, Ottawa, 1911.

50. Voir Archives de l'Île-du-Prince-Édouard, Fonds J. Walter Jones, RG25–33, Jones à Julian Austrian (vice-président, *Fur Trade Review*), 1914-11-09.

51. Jones a été premier ministre de l'Île de 1943 à 1953, année où il fut nommé sénateur.

52. J. Walter Jones, *L'Élevage des animaux à fourrure au Canada*, Ottawa, 1911, p. 5; CCRA, 1914, p. 80.

53. CCRA, 1914, p. 80.

54. La strychnine est un poison tiré de plantes et lianes tropicales. Une dose de 50 mg peut tuer un humain en quelques heures. Voir M. Congdon, « Les animaux à fourrure du Canada et comment prévenir leur extinction », CCRA, 1910, p. 119.

55. CCRA, 1913 p. 48.

56. J. Walter Jones, *Fur Farming in Canada*, 1914, pp. 1–14.

57. ANC, Fonds R. L. Borden, R. L. Borden à James White, 1914-06-26.

58. Archives de l'Île-du-Prince-Édouard, Fonds John W. Jones, RG25–33, Ernest Thompson Seton à John W. Jones, 1913-11-19.

59. CCRA, 1913, pp. 44–50.

60. CCRA, 1914, p. 79.

61. Au mois d'août 1914, le premier ministre Borden demanda à Arthur Meighen, le ministre de l'Intérieur, de faire les recherches nécessaires afin de déterminer s'il était possible de faire l'élevage du renne au Canada. ANC, Fonds R. L. Borden, A. Meighen à R. L. Borden, 1914-08-25. Concernant les essais sur l'élevage du raton laveur, voir Archives de l'Île-du-Prince-Édouard, Fonds J. Walter Jones, James White à J. W. Jones, 1913-12-10; au sujet de l'élevage de la mouffette, voir James White à J. W. Jones, 1913-12-12.

62. Voir Archives de l'Île-du-Prince-Édouard, Fonds J. W. Jones, RG25–33; CCRA, 1914, pp. 79–97.

63. CCRA, 1915, pp. 8–9.

64. Voir Archives de l'Île-du-Prince-Édouard, Fonds J. W. Jones, RG25–33, J. B. Jardine à J. W. Jones, 1914-02-19.

65. Stanislas Valiquette, « L'élevage des animaux à fourrure au Québec », CCRA, 1916, pp. 80–82.

66. E. L. Macdonald, CCRA 1917, pp. 300–301.

67. L'année suivante, la Commission rompit ses liens avec Jones parce que cette nouvelle occupation entrait en conflit avec son travail de recherche pour le comité. Archives de l'Université du Nouveau-Brunswick, Fonds C. C. Jones, dossier « Commission of Conservation », John Walter Jones à Cecil C. Jones, 1920-01-26; Archives de l'Île-du-Prince-Édouard, Fonds J. W. Jones, RG25–33, James White à J. W. Jones, 1915-01-08.

68. Archives de l'Île-du-Prince-Édouard, Fonds Aubin Arsenault, RG25–24, dossier « Commission of Conservation », correspondance entre A. Arsenault, James White, F. Torrance (Bureau vétérinaire du département de l'Agriculture, Ottawa) et F. C. Kaye (*The Black Fox Magazine*), septembre 1918 au 7 novembre 1918.

69. Archives de l'Université de l'Alberta, Fonds H. M. Tory, dossier « Commission of Conservation », James White à H. M. Tory, 1920-02-05.

70. Ce sujet est discuté en détail dans le prochain chapitre. Une copie de l'ordre du jour de la conférence a été acheminée par James White à Henry M. Tory. Voir Archives de l'Université de l'Alberta, Fonds Henry M. Tory, dossier « Commission of Conservation », « Tentative Programme of the Fur-Farming and Wild Life Conference », Montreal, February 19 and 20, 1920 ».

71. Archives de l'Université de l'Alberta, Fonds Henry M. Tory, dossier « Commission of Conservation », James White à H. M. Tory, 1920-10-15 ; « International Live Silver Fox Exhibition », p. 3.

72. CCRA, 1913, pp. 180–182 ; William Wood, *Animal Sanctuaries in Labrador and Supplement*, Ottawa, 1913. Wood a publié deux ouvrages sur la conservation de la faune. Voir Janet Foster, *Working for Wildlife*, 1977, pp. 180–182, 185, 190, 197.

73. CCRA, 1913, pp. 180–182. En 1916, Charles W. Townsend (1859–1934), un ornithologue américain bien connu à l'époque, suggéra un programme de conservation des oiseaux sur les terres du Labrador. Voir CCRA, 1916, pp. 263–268.

74. J. Walter Jones, « Élevage des animaux à fourrure au Canada », CCRA, 1913, p. 46.

75. William S. Haskell, « Protection des oiseaux migrateurs », CCRA, 1914, pp. 71–79. Cette évolution s'inscrit dans le mouvement mondial de protection des oiseaux amorcé au début du XXᵉ siècle. Pour un aperçu de l'évolution de la législation, voir Robin S. Doughty, *Feather Fashion and Birds Preservation...*, 1974 ; voir aussi CCRA, 1914, M. de Miklos, Secrétaire d'État de l'agriculture de Hongrie, « La protection des oiseaux, Assemblée générale de l'Institut international d'agriculture, tenu à Rome en mai 1911 », CCRA, 1914, pp. 230–247.

76. ANC, Fonds R. L. Borden, W. R. Motherwell, Président de la Game Protective Association of Saskatchewan à R. L. Borden, 1914-04-28 ; James White à R. L. Borden, 1914-05-14.

77. John M. Clarke, « Protection des oiseaux aquatiques du golfe du Saint-Laurent », CCRA, 1915, pp. 122.

78. P. A. Taverner, « Recommandations pour la création de trois parcs nationaux au Canada », CCRA, 1915, pp. 315–322.

79. ANC, Fonds R. L. Borden, G. Hewitt à R. L. Borden, 1914-01-23 ; R. L. Borden à G. Hewitt, 1914-01-24. Il était très rare pour le premier ministre de répondre à une requête par écrit dès le jour suivant.

80. Janet Foster, *Working for Wildlife*, 1977, pp. 120–148.

81. Durant ces années, la Commission a fait publier sept documents signés par Hewitt.

82. CCRA, 1916, p. 35.

83. Gordon Hewitt, « La protection des oiseaux », CCRA, 1915, p. 124.

84. CCRA, 1916, p. 217.

85. Gordon Hewitt, « Conservation des oiseaux et des mammifères », *Conservation du poisson, des oiseaux et du gibier*, 1916, pp. 145–147.

86. CCRA, 1916, p. 216.

87. W. E. Saunders, « Protection des oiseaux au Canada », *Conservation du poisson, des oiseaux et du gibier*, 1916, p. 156.

88. *Ibid.*, p. 159. La proposition de Saunders fut ainsi commentée par le docteur Murray qui présidait la rencontre : « Dans certains cas, la Commission de la conservation devrait se constituer en comité d'extermination ; en vue d'assurer la protection des oiseaux, nous

devrons assurer l'extermination des chats domestiques [...].» *Ibid.*, p. 165. Mais le comité ne fit aucune recommandation formelle à ce sujet.

89.   Dr T. Gilbert Pearson, «Réserves d'oiseaux», CCRA, 1916, pp. 57–62. Son allocution ne traite cependant pas de la destruction des chats...

90.   CCRA, 1916, p. 63. Bryce était un membre de la Société Audubon de Winnipeg, consacrée à l'observation et à la protection des oiseaux.

91.   CCRA, 1917, p. 32.

92.   Janet Foster, *Working for Wildlife*, 1977, pp. 160–164.

93.   CCRA, 1919, p. 53.

94.   CCRA, 1918, p. 126.

95.   Gordon Hewitt, «La conservation des animaux sauvages au Canada en 1917: revue», CCRA, 1918, pp. 133–141.

96.   Louise Edith Marsh, «A Farm Sanctuary», CCRA, 1919, «National Conference», pp. 92–94.

97.   Jack Miner, «Attracting Wildfowl», CCRA, 1919, «National Conference», pp. 82–91. En 1943, Miner recevra l'Ordre de l'Empire britannique pour sa contribution à la protection de la faune.

98.   Dès novembre 1917, Sifton signalait que Hewitt «a beaucoup donné d'attention et de temps à ce rapport sur les animaux sauvages du Canada, qui sera prochainement publié», CCRA, 1918, p. 20.

99.   Gordon Hewitt, *The Conservation of Wildlife of Canada*, publié à New York par Charles Scribner's Sons en 1921.

100.   Gordon Hewitt, «La conservation de nos mammifères du nord», CCRA, 1916, pp. 35–41.

101.   ANC, Fonds R. L. Borden. Un résumé des propositions de Stefanson est analysé par l'inspecteur Jennings de la Police montée. Voir G. L. Jennings à R. L. Borden, 1914-04-11.

102.   ANC, Fonds C. Sifton, Clyde Leavitt à C. Sifton, 1915-04-26; Benjamin Lawton (Chief Game Guardian, Edmonton, Department of Agriculture), à C. Sifton, 1915-03-13.

103.   *Ibid.*, pp. 98–99.

104.   *Ibid.*, p. 100.

105.   Frederick K. Vreeland, «Prohibition de la vente du gibier», *Conservation du poisson, des oiseaux et du gibier*, 1916, p. 93.

106.   W. N. Millar, «Le gros gibier des montagnes Rocheuses canadiennes», *Conservation du poisson, des oiseaux et du gibier*, 1916, pp. 112–113.

107.   *Ibid.*, p. 115.

108.   *Ibid.*, p. 116.

109.   *Ibid.*, p. 125, 127.

110.   Gordon Hewitt, «La conservation de nos mammifères du nord», CCRA, 1916, pp. 35–41.

111.   *Ibid.*

112.   ANC, Fonds R. L. Borden, Gordon Hewitt à James White, 1914-11-14.

113.   CCRA, 1917, p. 264; ANC, Fonds R. L. Borden, C. Sifton à R. L. Borden, 1916-12-11; G. Hewitt à C. Sifton, 1917-01-14.

114. CCRA, 1918, pp. 126, 224–229. Cette proposition ne faisait toutefois pas l'unanimité. W. N. Millar par exemple, de la faculté de foresterie de l'Université de Toronto, affirmait que la chasse aux prédateurs ne devait pas viser leur extermination. Voir W. N. Millar, « Le gros gibier des montagnes Rocheuses canadiennes : une méthode rationnelle de le conserver », *Conservation du poisson, des oiseaux et du gibier*, 1916, pp. 101–102.

115. Archives de l'Université du Nouveau-Brunswick, Fonds C. C. Jones, dossier « Commission of Conservation », James White à C. C. Jones, 1919-02-21.

116. CCRA, 1919, « National Conference », p. 16.

117. CCRA, 1919, « National Conference », pp. 5–6.

118. Duncan Campbell Scott, « Relation of Indians to Wild Life Conservation », CCRA, 1919, « National Conference », p. 21.

119. *Ibid.*, pp. 26–28.

120. *Ibid.*, p. 29.

121. *Ibid.*, p. 30.

122. *Ibid.*, p. 31.

123. *Ibid.*, p. 32.

124. M. Williamson et J. B. Harkin, « Wild Life Sanctuaries », CCRA, 1919, « National Conference », pp. 46–56.

125. *Ibid.*, p. 37.

126. *Ibid.*, p. 39; « A New Commissioner », *Conservation*, février 1918, p. 8.

127. *Ibid.*, p. 146.

128. « Gun Licenses », CCRA, 1919, « National Conference », pp. 40–42; « The Use of Pump and Automatic Shotguns », pp. 130–133.

129. « Fish and Game Protective Associations », CCRA, 1919, « National Conference », pp. 43–44.

130. « Game Preserves in Eastern Provinces », CCRA, 1919, « National Conference », pp. 57–59. Quelques mois plus tard, le Nouveau-Brunswick annonça la création d'une réserve de gibier de 250 000 acres située à l'ouest du comté de Northumberland.

131. « National Organization for the Conservation and Protection of Wildlife », CCRA, 1919, « National Conference », pp. 150–155.

132. Comme on l'a vu précédemment, la Commission anima une conférence sur l'élevage des animaux à fourrure en février 1920 et Hewitt y présenta une allocution sur l'avenir de la traite des fourrures. Lors de cette conférence il fut une des victimes d'une épidémie de grippe et mourut des suites d'une pneumonie la semaine suivante à Ottawa. Gordon Hewitt, *The Conservation of Wildlife of Canada*, 1921, introduction de son épouse Elizabeth Borden, p. ix.

6
L'abolition de la Commission de la conservation

Il ne peut y avoir de véritable développement — c'est-à-dire le développement propre, le développement économique — sans la conservation.

Sénateur Fowler

Dans un sens, les deux termes sont aux antipodes l'un de l'autre [...] si vous conservez quelques-unes de vos ressources naturelles, vous ne pouvez pas les développer.

Sénateur Lougheed[1]

Au mois de mai de 1921, le gouvernement conservateur dirigé par Arthur Meighen abolit la Commission de la conservation. Les raisons qui ont motivé le premier ministre à poser ce geste demeurent obscures. L'historien James Allum y a même consacré une thèse, sans parvenir à présenter une explication vraiment satisfaisante[2]. Cependant, on sait que beaucoup de facteurs ont influencé le premier ministre à prendre cette décision controversée.

Un statut particulier

Comme on l'a vu dans le chapitre 3, la Loi créant la Commission de la conservation était ambiguë à bien des égards. Le statut particulier de la Commission par rapport aux autres organisations gouvernementales déplaisait carrément aux ministres des gouvernements Borden et Meighen. Elle était perçue comme une anomalie dans le paysage politique canadien de l'époque et ce, pour plusieurs raisons.

Premièrement, la Commission de la conservation fonctionnait de façon permanente, contrairement aux commissions royales d'enquête instituées par le gouvernement. Comme l'avait indiqué Arthur Meighen lors des débats entourant l'abolition de l'organisme, la vie des commissions devait être limitée dans le temps et ce principe devait s'appliquer à la Commission de la conservation. La Commission américaine de conservation par exemple, instituée par Theodore Roosevelt, n'avait fonctionné que quelques mois, soit le temps de faire une compilation des inventaires des ressources naturelles et d'organiser la conférence de février 1909. Par la suite, elle fut abolie et ses membres formèrent une association sans but lucratif[3]. Vue sous cet angle, l'existence de la Commission canadienne de la conservation pouvait être remise en question. Mais Meighen omit de mentionner qu'une quarantaine d'États américains avaient créé leurs propres commissions permanentes de la conservation durant les années 1910. Or, les provinces du Dominion ne s'étaient pas engagées dans cette voie, léguant aux autorités fédérales la responsabilité de coordonner la recherche dans ce domaine.

Deuxièmement, la Commission était indépendante de l'autorité du Cabinet, contrairement aux ministères du gouvernement. Certains ministres libéraux ont eu de la difficulté à réconcilier ce statut particulier avec les traditions parlementaires. Dès décembre 1909, W. S. Fielding, le ministre des Finances, écrivit à Laurier à ce sujet : « L'acte portant sur la Commission de la conservation n'assigne son administration à aucun ministère en particulier. Il est évidemment essentiel pour la bonne gestion de nos affaires que tout soit fait par le biais d'un ministre [...] qui sera responsable de présenter les recommandations au Conseil des ministres. Je suggère que vous demandiez qu'un mémo, soumis au Conseil, confie la responsabilité de l'administration de la Commission à un ministère [...] celui de M. Fisher est sans doute le plus approprié[4]. » En janvier 1910, un arrêté ministériel fut émis à ce sujet et plaça la Commission sous l'égide de Sydney Fisher, le ministre de l'Agriculture[5].

Sifton passa outre à cette directive en faisant modifier la Loi sur la conservation. Dans la Loi du 8 avril 1910, l'article 13 fut ainsi amendé : « En sus du rapport annuel, la Commission doit faire rapport en tout temps au Sénat ou à la Chambre des communes, par l'entremise de leurs présidents respectifs, lorsqu'elle reçoit instruction de le faire par résolution du Sénat ou de la Chambre des communes, selon le cas. » Désormais, la Commission devait donc rendre des comptes non pas au ministre de l'Agriculture, mais aux présidents de la Chambre des communes et du Sénat. Ainsi, les parlementaires, qui votaient les budgets de la Commission, devenaient théoriquement responsables de la bonne marche de l'organisme[6].

Ce système fonctionna relativement bien durant les années Laurier, mais les Conservateurs n'appréciaient guère qu'un organisme de l'envergure de la Commission ne soit pas soumis à l'autorité d'un ministre. Dès mars 1913, Martin Burrell, le ministre de l'Agriculture, affirma en Chambre que selon un avis juridique du ministère de la Justice, la Commission n'était plus du ressort de son ministère et qu'il n'avait aucun moyen de contrôler ses activités[7]. À l'époque, Borden était satisfait du travail de Sifton. Il choisit d'ignorer les demandes de Burrell de modifier à nouveau la loi pour que la Commission se rapporte directement au ministre de l'Agriculture[8].

Le statut particulier de la Commission n'a pas échappé aux consultants chargés de faire des recommandations pour améliorer l'efficacité de l'appareil gouvernemental. En 1913 par exemple, Sir George Murray suggéra dans son rapport d'accroître les budgets de la Commission afin qu'elle devienne un organisme consacré à la recherche, à la planification, au conseil et à la formation de hauts fonctionnaires spécialisés dans le domaine de la conservation de l'environnement. Murray proposa en outre que la Commission soit rattachée non pas à un ministère ou à la Chambre des communes, mais directement au Bureau du premier ministre. Le gouvernement n'a pas tenu compte de ces recommandations[9]. D'autres enquêtes de ce genre, instituées durant les années 1910, ont présenté des recommandations similaires à celles du rapport Murray. Elles ont toutes été ignorées par le gouvernement. Cette situation ne déplaisait pas vraiment à James White, car il était soucieux de préserver sa liberté d'action : « Tous les inutiles et les incompétents au sein de la fonction publique leur disent que nous doublons le travail des autres départements et que nous "annexons"(voler est, je crois, le terme qu'ils utilisent) le travail effectué par d'autres départements. Évidemment, nous ne pouvons faire taire ces diffamateurs », expliqua White dans une lettre à Sifton[10].

Troisièmement, la Commission devait périodiquement se prononcer sur des sujets de juridiction provinciale, ce qui ennuyait certains ministres fédéraux. On ne peut toutefois pas blâmer James White ou Clifford Sifton de s'être immiscés dans ce domaine. Car à l'origine, Wilfrid Laurier avait clairement fait savoir aux provinces qu'elles devraient suivre l'exemple des États américains et créer leurs propres commissions de la conservation, ce qu'elles n'ont pas fait. Par ailleurs, les membres d'office représentant les provinces ne participaient que rarement aux délibérations de la Commission. Certes, ils avaient de la difficulté à se libérer de leurs tâches pour participer aux réunions de la Commission à Ottawa, mais ils n'ont jamais jugé bon de déléguer des remplaçants !

John Hendry, un Commissaire représentant la Colombie-Britannique, était toutefois conscient de l'importance de la participation des provinces. Durant la réunion annuelle de 1911, il proposa par écrit que chaque province établisse sa propre commission permanente de la conservation, présidée par un ministre provincial. « Cette commission serait chargée de l'étude des sujets discutés (lors des réunions de la Commission fédérale) et agirait, de concert avec le ministre, en qualité de membre-conseil ou aviseur. » Il aurait été ainsi possible pour les ministres de déléguer les travaux essentiels à des fonctionnaires provinciaux[11].

Hendry suggérait en quelque sorte qu'Ottawa et les provinces mettent sur pied des conférences fédérales-provinciales sur la conservation de l'environnement coordonnées par la Commission de la conservation. Nul doute que sa présence lors de la réunion annuelle de 1911 aurait conduit à des discussions fort intéressantes à ce sujet. Mais, ironie du sort, il a été incapable de quitter son domicile de Vancouver à cause d'une violente grippe qui le garda alité. Sa proposition, lue par James White, n'a jamais été débattue par les membres de la Commission. Aucun ministre présent n'a commenté cette proposition.

Des budgets croissants

Aux problèmes accompagnant le statut particulier de la Commission se sont ajoutées les difficultés financières du gouvernement fédéral. Lorsque Arthur Meighen remplaça Borden à titre de premier ministre en juillet 1920, le Canada était plongé dans une grave récession économique. La marge de manœuvre dont disposait le gouvernement se trouvait alors limitée par une dette de près d'un milliard de dollars accumulée après la guerre, soit trois fois ses revenus annuels. Jamais le gouvernement n'avait été si endetté[12]. Meighen s'attaqua à la réduction des dépenses gouvernementales avec acharnement. Comme on le verra un peu plus loin, il s'opposait au principe de la conservation de l'environnement tel que préconisé par la Commission. En ces temps difficiles de récession et de chômage, il a voulu « enlever les barrières », réelles ou symboliques, qui pourraient gêner ou retarder la croissance économique. Dans cette optique, l'abolition de la Commission peut être interprétée comme un signal aux gens d'affaires, que le gouvernement fédéral voulait encourager le développement et l'investissement.

Il faut dire que les budgets alloués à la Commission avaient progressé rapidement depuis sa formation. Lors des débats en Chambre en 1909, Sydney Fisher et Wilfrid Laurier avaient déclaré qu'ils ne devaient pas dépasser 25 000 $ par année. Quelques mois plus tard, lors de la préparation du budget pour l'année fiscale 1910–1911, cette promesse fut brisée, comme l'indique le tableau 14.

Tableau 14

**Dépenses allouées par le Parlement
à la Commission de la conservation,
1909-1921**

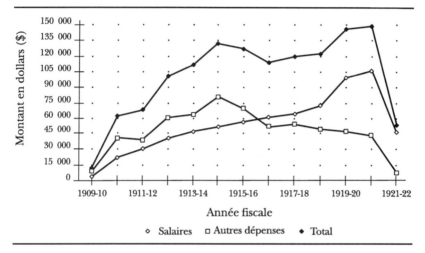

Année fiscale

◇ Salaires   □ Autres dépenses   ◆ Total

Source: Gouvernement du Canada, Journaux de la session, Rapports du Vérificateur général du Canada, Section A, ministère de l'Agriculture, 1909–1923.

Sous le régime libéral, les sommes allouées à la Commission ont été multipliées par cinq, passant de 12 674 $ durant l'année fiscale 1909–1910 à 67 942 $ durant l'année fiscale 1911–1912. De façon générale, les budgets alloués pour le personnel de la Commission ont augmenté de façon graduelle de 1909 jusqu'à la fin de la Première Guerre mondiale en 1918. Par la suite, ces dépenses ont connu deux années de croissance assez remarquables en 1919 et 1920, durant les derniers mois où Borden a été premier ministre.

Au total, le gouvernement fédéral a dépensé plus de 1,3 million de dollars pour la Commission de la conservation, une somme appréciable pour l'époque[13]. Entre 1910 et 1921, la Commission a vu ses budgets multipliés par douze tandis qu'Ottawa multipliait ses dépenses par 4,6 en temps de paix (de 113,9 millions de dollars pour l'année fiscale 1909–1910 à 528,9 millions de dollars pour l'année fiscale 1920–1921). C'est donc dire que toutes proportions gardées, la Commission a fait des acquis importants, même durant les années difficiles 1914–1918[14]. Comparés à l'augmentation du coût de la vie, les budgets de la Commission n'ont pas trop souffert. Selon le *Historical Statistics of Canada*, l'index des prix des biens au Canada, basé sur une valeur de

100 en 1900, s'est accru par un facteur de 2,5 en 1920 (114,9 en 1909 à 287,5 en 1920, année record dans le prix des denrées au Canada). Les budgets de la Commission étaient donc plus que suffisants pour compenser les effets de l'inflation[15].

Les dépenses d'opération, couvrant les frais d'administration, de recherche et d'impression de documents, ont atteint un sommet durant l'année fiscale 1914–1915; ces budgets ont été votés durant l'hiver de 1914. Les diminutions subséquentes reflètent les restrictions occasionnées par la guerre.

Les statistiques sur le nombre d'employés de la Commission révèlent évidemment que la main-d'œuvre était rare durant les années de guerre. À partir de 1919, la Commission a embauché plus de personnel surnuméraire. Les contraintes budgétaires provoquées par la guerre vont forcer James White à offrir des contrats de travail à un nombre croissant de collaborateurs et cette pratique va continuer après la guerre.

Tableau 15

**Nombre d'employés au service de la Commission,
1909–1921**

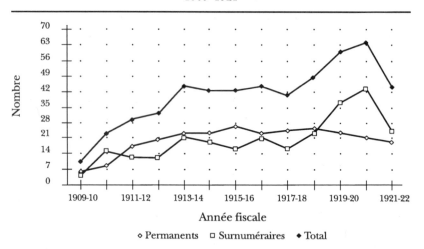

Année fiscale

◇ Permanents   □ Surnuméraires   ◆ Total

Source : Gouvernement du Canada, Journaux de la session, Rapports du Vérificateur général du Canada, Section A, ministère de l'Agriculture, 1909–1923.

Le nombre total d'employés permanents et surnuméraires travaillant à Ottawa va passer de 40 en 1917–1918, à 62 durant l'année fiscale 1920–1921, une augmentation de 35 % en quatre ans (21 employés permanents et 41 employés surnuméraires). À partir de l'automne de 1920, les rumeurs concernant l'abolition de la Commission vont motiver beaucoup d'employés à se trouver du travail ailleurs. Ainsi, durant les mois qui précèdent son abolition, la Commission ne compte plus que 43 employés sous son égide (19 employés permanents et 24 employés surnuméraires)[16].

Des dépenses jugées extravagantes

Ces augmentations constantes de budgets ont permis à James White de se bâtir un empire qui faisait l'envie de plusieurs fonctionnaires à Ottawa. Certes, de 1910 à 1913, la Commission avait pignon sur rue dans le vieil édifice Molson Bank, situé au 14, rue Metcalfe. White, Sifton et plusieurs commissaires se plaignaient souvent du mauvais état des lieux (l'édifice fut détruit quelques années plus tard)[17]. Mais le 1er mai 1913, la Commission emménagea au 111–115, rue Metcalfe, dans deux étages du nouvel édifice «Masonic Temple». Les bureaux de la Commission étaient situés à quelques pas de la colline parlementaire et de la résidence de Sifton au 215, Metcalfe[18].

À partir de 1918, certains parlementaires se sont scandalisés des dépenses croissantes de la Commission. Plusieurs ont été outrés d'apprendre qu'elle avait acheté une automobile à l'usage des employés. En 1918, F. C. Nunnick, l'aviseur agricole de la Commission, avait en effet acheté une Ford modèle T au coût de 572 $ afin de faire la tournée des fermes dans le comté de démonstration de Dundas. Deux ans plus tard, il l'échangea pour une Chevrolet Touring 490 B à un coût supplémentaire de 640 $[19].

Les parlementaires ont également été irrités par les dépenses de Arthur V. White, un cousin de James White. Ce dernier collabora à la Commission à titre d'ingénieur-conseil pour les questions hydroélectriques. Arthur V. White, qui habitait Toronto, fit ouvrir un bureau de la Commission dans la ville-reine dès 1913, mais ce fait est passé inaperçu jusqu'en 1917, car les dépenses pour ce bureau n'étaient pas clairement expliquées dans les journaux de la Chambre des communes et dans les rapports du Vérificateur général. Loué dans le luxueux édifice de la Confederation Life Association au centre-ville de Toronto, le bureau employait trois personnes en 1920. Cette année-là, le salaire d'Arthur V. White, soit 6 000 $ par année, était égal à celui de James White et comparable à la rémunération des sous-ministres les mieux payés à Ottawa. En comparaison, les salaires des autres spécialistes de la

Commission étaient bien moins élevés : Clyde Leavitt retirait 3 500 $ par année, Léo Denis et F. C. Nunnick, 3 000 $. W. J. Dick, l'ingénieur minier de la Commission, ne gagnait que 2 800 $ au moment de son départ en 1918[20]. En outre, les dépenses d'Arthur V. White étaient les plus élevées de tous les membres de la Commission : durant l'année fiscale 1913–1914 par exemple, ses dépenses de voyage s'élevaient à 5 248 $ soit 8 % de tout le budget d'opération de la Commission !

Le Conservateur James Lougheed, qui pilota le projet de loi abolissant la Commission au Sénat, exprimait la frustration de nombreux parlementaires aux prises avec des choix difficiles dans l'exercice de compressions budgétaires, lorsqu'il écrivit : « Il semble extraordinaire de permettre cet état de choses lorsque le travail de cet officier pourrait être accompli à Ottawa plus efficacement et économiquement[21]. » Après l'abolition de la Commission, Arthur V. White réussira à se tirer d'affaires au sein de la Commission hydroélectrique de l'Ontario jusqu'en 1938, alors qu'il fut impliqué dans un scandale sur la gestion des finances de l'organisme[22].

Un Cabinet hostile à la Commission

Lorsque la Commission fut créée, les parlementaires croyaient que sa première mission serait de conseiller les gouvernements et d'instruire les parlementaires sur les meilleurs moyens à prendre pour conserver les ressources naturelles du Dominion. Son rôle de propagande auprès du grand public était perçu comme nettement secondaire. Durant les années Laurier, les recommandations de la Commission de la conservation étaient acheminées au Cabinet par l'entremise de Sydney Fisher, le ministre de l'Agriculture. À cette époque, la Commission s'efforçait de féliciter publiquement les ministres libéraux pour leurs décisions qui contribuaient à la conservation du milieu naturel[23]. Mais l'influence politique de la Commission auprès du Cabinet déclina immédiatement après l'assermentation du gouvernement unioniste. Un examen des arrêtés ministériels du Cabinet entre 1909 et 1923 en révèle une soixantaine qui sont reliés à la Commission : treize consistent en memoranda recommandant des modifications de politiques ou de législation, tandis que 47 sont reliés à l'administration de la Commission. Or, sur les 13 recommandations, 12 ont été formulées durant le règne libéral.

Lorsque Borden devint premier ministre, James White et Clifford Sifton cessèrent de présenter leurs recommandations au Cabinet. La Commission s'est alors mise à s'adresser directement au Bureau du premier ministre, lui acheminant des rapports, des listes de recommandations issues des réunions annuelles de la Commission, des prises de position sur des problèmes précis d'intérêt national, etc.[24]. Cette stratégie n'a toutefois pas donné les résultats escomptés. Certes, Borden était sensible aux questions environnementales et aux doléances de la Commission. De temps à autre, il faisait même des dons de livres à la bibliothèque de l'organisme[25]. Mais bien peu de ministres dans le Cabinet unioniste partageaient ses vues. En fait, le meilleur allié de la Commission, le ministre des Travaux publics Frederick D. Monk, a été traité de façon bien cavalière par Sifton en 1911, comme on l'a vu dans le chapitre 3. Lorsqu'il démissionna du Cabinet en 1912, personne, à part le premier ministre, n'était prêt à défendre le travail de la Commission[26].

Confrontée à un Cabinet peu sensible à ses doléances, la Commission accentua ses efforts de propagande auprès du grand public. Les commissaires espéraient ainsi sensibiliser un plus grand nombre de Canadiens à la conservation, rehausser l'image publique de la Commission et forcer les parlementaires et les ministres du Cabinet à prendre ses recommandations au sérieux. Le comité des publications de la Commission fut chargé de cette mission difficile. Il était dirigé par John F. Mackay, le rédacteur financier du *Globe* de Toronto, un Libéral de longue date et bon ami de Laurier[27]. Parmi les membres les plus actifs du comité, on note le révérend George Bryce. Il participa à toutes les réunions du comité sauf celle de 1913 et encouragea la Commission à informer le public des avantages de la conservation du milieu naturel[28]. Le docteur Henry M. Tory de l'Université de l'Alberta était également membre du comité[29].

Parmi les membres d'office, on note l'honorable Louis-Jules Allard (1859–1945). Allard représenta le gouvernement du Québec durant tout le mandat de la Commission. Bras droit du premier ministre Lomer Gouin, il s'intéressait à la conservation de l'environnement plus que quiconque dans son cabinet. C'est en effet Allard qui établit le Service forestier du Québec. Bien que souvent absent des réunions annuelles, il encouragea sans doute Mackay et James White à faire traduire toutes les publications pouvant intéresser les Canadiens français. En plus des rapports annuels, la Commission a fait publier une quarantaine de rapports en français, ce qui occupait au moins deux traducteurs à temps plein[30]. Plusieurs autres employés ont œuvré pour ce comité : M. J. Patton, le secrétaire adjoint de la Commission de 1910 à 1913, Allan Donnell, éditeur adjoint de la Commission de 1911 à 1916,

P. M. Baldwin, éditeur adjoint de 1916 à 1917, et John Dixon, éditeur de la Commission de 1914 à 1921[31].

En 1910, le comité se borna à publier le rapport annuel de la Commission dans les deux langues, de même que quelques brochures sur la santé publique. Certaines publications, comme *Agriculture in Canada, 1910,* n'ont été tirées qu'à 300 copies. Les rapports annuels et les rapports spécialisés, par contre, étaient publiés en quantités variant de 12 000 à 15 000 exemplaires. Quelques brochures ont connu des tirages plus imposants : *Refuse Collection and Disposal* du docteur Hodgetts, par exemple, a été tiré à plus de 170 000 copies. À partir de 1911, le comité a considérablement élargi l'éventail de ses activités. Une liste d'envoi des communiqués de presse et des rapports publiés par la Commission fut mise sur pied. À la fin de 1911, elle rassemblait 8 000 noms. L'année suivante, elle était passée à près de 11 000 et incluait les grands journaux et revues du pays, des chambres de commerce, des bibliothèques, des clubs canadiens (où des conférenciers étaient régulièrement invités à se prononcer sur les grandes questions de l'heure), des sociétés agricoles, des élus municipaux et des membres de groupes de pression[32].

En mars 1912 la Commission étendit encore plus sa diffusion et lança la revue *Conservation,* à raison d'environ 12 000 copies par mois. Constituée d'articles dont la typographie rappelle celle des journaux, la revue n'était imprimée que sur le recto des pages afin d'en faciliter le découpage et la reproduction dans les quotidiens. Des centaines, sinon des milliers d'articles de la revue ont été ainsi reproduits dans les grands journaux du pays. Au début de 1914, la liste de presse de la Commission totalisait 13 300 noms et *Conservation* était désormais acheminée à certaines personnes d'influence. En 1917 par exemple, 2 600 enseignants à travers le Canada recevaient des copies du mensuel afin d'informer les jeunes des multiples facettes de la protection de l'environnement. En 1918, même l'Université Kaki, fondée par Henry Tory en Angleterre et qui visait à l'éducation des soldats stationnés outre-mer, recevait des copies de la revue[33].

Les dépenses reliées à la publication des rapports et de la revue *Conservation* ont accaparé une part grandissante des budgets de la Commission. En 1912 par exemple, près de 18 000 $ ont servi à la publication d'une dizaine d'ouvrages ainsi qu'à celle de la revue, ce qui représente environ 20 % des dépenses de l'organisme[34]. L'année suivante, le comité dépensait environ 31 000 $, soit près du tiers du budget. Mais avec la guerre, les activités du comité ont été réduites; le comité déboursa 24 114 $ pour les publications en 1915[35]. La Commission ne tirait aucun revenu de ces publications, car elles étaient gratuites et postées sans frais à ceux qui en faisaient la demande. Cela explique en partie pourquoi les publications de la Commission étaient si populaires. En 1919, le comité avait fait publier jusque-là environ 200 rapports annuels, rapports de recherche et brochures. Grâce à ces efforts, la Commission a été en mesure de faire connaître son existence à tous les publics intéressés du Canada.

Avec la parution de la revue *Conservation*, un nombre croissant d'intervenants s'est intéressé aux travaux de la Commission. Les dossiers de Clifford Sifton pour les années 1912 et 1913 contiennent des centaines de lettres sur différents sujets reliés à la conservation des ressources naturelles et à la préservation de la Nature[36]. La popularité grandissante de la Commission de la conservation auprès du grand public n'a pas manqué de faire des envieux. Plusieurs hauts fonctionnaires fédéraux se plaignaient que la Commission pouvait faire imprimer sa documentation librement, alors que les départements devaient soumettre toute demande de publication au ministère des Approvisionnements et à l'Imprimeur de la Reine, plus restrictifs et moins concurrentiels que les maisons d'édition de Montréal et de Toronto qui transigeaient avec la Commission. D'autre part, plusieurs ministres et hauts fonctionnaires étaient furieux de voir cet organisme public critiquer ouvertement certaines politiques du gouvernement fédéral par le biais de ses publications et de retrouver ces critiques dans les journaux à travers le pays !

En juin 1918, le gouvernement adopta un arrêté ministériel interdisant à la Commission de faire des affaires avec les maisons d'édition privées. Il devint alors très difficile de publier d'autres documents, car le ministère des Approvisionnements considérait que son travail n'était qu'un dédoublement des publications gouvernementales déjà existantes. Cette conception erronée du travail de la Commission amena un quasi-tarissement de ses publications. Seule la revue *Conservation*, les rapports annuels et quelques publications déjà en cours d'impression ont échappé au couperet[37]. En octobre 1920, le comité sur les publications gouvernementales, dirigé par Fred Cook, soumit un rapport au premier ministre Meighen à ce sujet. Les membres du comité auraient noté plusieurs cas où « des publications de la Commission répétaient de l'information publiée par d'autres ministères et commissions gouvernementales ». Cook, un haut fonctionnaire au service de l'Imprimeur de la Reine, suggéra que les sous-ministres des différents départements concernés se réunissent afin de déterminer comment résoudre ce problème. Après le dépôt de cette étude, le gouvernement interdit à la Commission de publier son rapport annuel de 1920[38].

La guerre, la recherche et la création du CNRC

Il ne fait pas de doute que les années d'avant-guerre ont été les plus fructueuses pour la Commission de la conservation. L'apogée se situe en 1914, alors que les commissaires ont fait le plus d'interventions, de recherches et de recommandations. À ce moment, l'organisation était bien rodée, les commissaires avaient acquis une certaine expérience et les budgets à leur disposition dépassaient 100 000 $ par année. «Je sens que je puis vous adresser quelques paroles de félicitations, déclara Sifton aux membres de la Commission. Le public a porté une attention toute spéciale à tous les sujets qui sont du ressort de la Commission, et souvent il en a résulté un travail efficace. [...] Notre travail est encouragé et aidé, pour ainsi dire, universellement[39].»

Le déclenchement des hostilités, par contre, amène les membres à participer activement à l'effort de guerre, ce qui a sérieusement affecté la bonne marche de l'organisme. C'est lors de la réunion annuelle de 1916 par exemple, en plein cœur du conflit, que le nombre d'absents a été le plus élevé. Sifton, pour sa part, passait de plus en plus de temps en Grande-Bretagne. En 1916, on le retrouve à Londres au chevet d'un de ses fils blessé. Il est toujours en Grande-Bretagne l'année suivante lors de la réunion annuelle. À l'automne de 1917, Sifton décida de faire avancer aux 27 et 28 novembre la réunion annuelle prévue pour janvier 1918. Il expliqua sa décision ainsi: «Exposé encore [une fois] à m'éloigner de vous, j'ai cru bon d'avancer la date ordinaire de l'assemblée [...][40].» Par ailleurs, beaucoup d'employés de la Commission se sont portés volontaires pour aller au front. En fait, à l'automne de 1917, tous les employés non mariés de la Commission s'étaient enrôlés. Plusieurs, comme Allan Donnel et F. N. Mckay, ont été blessés au front et rapatriés. Ils reviendront plus tard, amputés et incapables de remplir leurs fonctions comme auparavant. D'autres, comme le messager James Carroll, ont perdu la vie au combat[41].

Pour leur part, les commissaires ont été appelés à encourager la production plutôt que la conservation; le développement accéléré du potentiel industriel canadien plutôt que le développement durable. Or, comme on l'a vu dans les chapitres précédents, beaucoup de commissaires ont eu de la difficulté à mettre de côté leurs principes et leurs idéaux d'avant-guerre. Ce manque d'enthousiasme a énormément profité à ceux qui préconisaient l'expansion rapide du potentiel industriel canadien grâce à la recherche scientifique et industrielle, notamment les membres du Conseil national de recherches du Canada (CNRC).

À partir de 1916, les deux organisations ont amorcé une lutte à finir pour le contrôle des subventions fédérales dans le domaine de la recherche industrielle au Canada. Dès 1910, la Commission s'était donné comme objectif de coordonner la recherche pure et appliquée afin de trouver des solutions techniques aux problèmes de conservation de l'environnement. Tout au cours de son mandat, elle a fait des efforts louables afin d'offrir aux industriels, aux entreprises minières, aux marchands de bois, aux agriculteurs et aux pêcheurs, de nouveaux outils et de nouvelles techniques leur permettant d'aménager intelligemment leurs ressources[42]. Sifton s'attendait donc à ce que les membres fassent preuve de beaucoup d'initiative dans ce domaine. À la réunion inaugurale de janvier 1910, il avait clairement souligné l'importance de la participation des membres universitaires de la Commission dans ce domaine :

> D'autres dispositions, exigeant la nomination de professeurs d'universités, assurent à cette commission la présence d'un grand nombre d'hommes, qui ont acquis un haut degré de science dans les chaires de nos écoles supérieures. Il est donc évident que le Parlement a rendu une loi qui a pour objet de doter la Commission d'hommes de haute culture intellectuelle, de science, d'expérience des affaires afin de s'assurer que l'œuvre entreprise sera couronnée de succès[43].

Mais de 1910 à 1913, seul Bernard Eduard Fernow collabora activement au travail de recherche de la Commission. Il faut dire qu'elle lui accordait les fonds nécessaires pour procéder aux inventaires des forêts. Le doyen de la Faculté de foresterie de l'Université de Toronto pouvait ainsi offrir à ses étudiants en foresterie de bons salaires et une expérience pratique utile durant l'été. En échange, la Commission accumulait de l'information détaillée à bon compte sur de vastes superficies forestières du Dominion[44]. Elle ne pouvait toutefois subventionner tous les projets de recherche proposés par ses membres; Sifton s'attendait à ce que les membres universitaires utilisent les sources de financement disponibles dans leurs institutions et effectuent leurs recherches sans aide directe de la Commission. Or, la plupart des autres membres universitaires de la Commission ont été incapables de trouver ces fonds supplémentaires. Ils ont été forcés de limiter leur rôle à celui de conseillers. En 1913, James W. Robertson et plusieurs autres se sont plaints de ne pouvoir accomplir leur mission de façon satisfaisante :

> La Commission effectue des investigations et recueille des renseigne-ments, mais la valeur fondamentale à obtenir de ces faits c'est l'interpré-tation qu'il faut leur donner. Conséquemment, le personnel scientifique de la Commission n'est pas suffisamment nombreux pour interpréter ses rapports d'une manière adéquate [...]. Nous devrions avoir pour chaque comité non seulement un homme expert dans le genre de travail confié à ce comité, mais il faudrait fournir deux, trois et quatre assistants, afin que les investigations qui ont été commencées puissent avoir une continuité raisonnable jusqu'à la fin. [...] La Commission ne devrait pas passer cette question sous silence, quand elle préparera son budget pour le présenter au Parlement. Nous fermerions les yeux sur les intérêts du Canada, si nous ne cherchions pas à nous donner un personnel bien outillé[45].

Le docteur Robertson connaissait les avantages de la recherche. Il avait débuté son mandat à la présidence du comité des terres à titre de directeur du Collège Macdonald, affilié à l'Université McGill. Mais quel-ques mois après sa nomination, il démissionna de son poste à l'univer-sité pour assumer la présidence de la Commission royale sur l'éducation technique et industrielle, mettant un terme à toute possibilité de colla-boration entre le Collège et la Commission de la conservation en matière de recherche[46]. Or, cette dernière aurait pu grandement profiter de l'expertise du Collège Macdonald, si l'on se fie aux commen-taires de Robertson lors de la réunion inaugurale :

> [L'homme] a acquis le pouvoir d'appliquer à son propre service les ressources inépuisables de la force hydraulique. Et peut-être que dans l'avenir, il saura utiliser directement le soleil. [...] Nous avons fait des progrès au Collège Macdonald dans l'étude de la manière d'utiliser la force du vent pour chauffer les habitations dans les prairies. Ne pourrait-il pas être utilisé mécaniquement ou produire du courant électrique pour donner des éléments de chaleur servant à chauffer nos maisons ? [...] Ne pouvons-nous pas récolter quelque substance particulière qui nous serve de combustible[47] ?

Les autres membres universitaires de la Commission avaient eux aussi des idées pour favoriser la conservation du milieu naturel. Ils auraient aimé amorcer des projets de recherche innovateurs. Mais en 1913, ils n'étaient pas bien mieux nantis que Robertson. Mgr Choquette, bien que possédant de solides connaissances dans le domaine de l'hydroélectricité, n'enseignait que des cours d'introduction aux sciences au Séminaire de Saint-Hyacinthe et ne possédait pas d'équipement lui permettant de faire de la recherche dans ce domaine. Le révérend Bryce de l'Université du Manitoba et le docteur Rutherford de l'Université de la Saskatchewan faisaient face à des difficultés semblables dans leurs institutions nouvellement créées. Henry M. Tory par contre, membre du comité des terres durant toute l'existence de la Commission, dirigeait l'Université de l'Alberta. Pourtant, cette institution n'a jamais collaboré avec la Commission à la recherche sur des sujets d'intérêt mutuel[48].

Il ne fait aucun doute que Sifton a développé un préjugé défavorable envers les universitaires durant ces années. Il considérait la plupart d'entre eux comme des intellectuels perdus dans les nuages et dépourvus de sens pratique[49]. En fait, à part Fernow, il n'appréciait que les services de Frank D. Adams, le président du comité des mines, qu'il avait fait nommer à la Commission en janvier 1913. Le zèle d'Adams pour la conservation dans les domaines de la pollution urbaine, de l'utilisation rationnelle des minerais, des sous-produits industriels et des engrais chimiques a été mentionné dans les chapitres précédents. À maintes reprises Sifton a demandé aux autres membres universitaires de la Commission de suivre l'exemple d'Adams et de Fernow, mais sans résultat apparent.

À partir de 1915, des industriels et des hommes de science ont demandé à Sir George Foster, le ministre fédéral du Commerce, d'établir une commission sur la recherche industrielle afin de trouver des moyens d'accélérer le développement industriel du Canada et d'accroître sa participation à l'effort de guerre[50]. Sifton s'est également prononcé à ce sujet. Au printemps de 1916, il conseilla au premier ministre Borden d'établir des laboratoires de recherche industrielle à Ottawa. Ces laboratoires, subventionnés par le gouvernement fédéral, devraient être dirigés par la Commission de la conservation, conformément à son mandat. C'est dans cet esprit que Borden créa le Conseil consultatif sur la recherche scientifique et industrielle (précurseur du Conseil national de recherches du Canada). Le Conseil devait étudier la proposition de Sifton et faire ses recommandations au Cabinet. Dans une lettre adressée à ses principaux ministres, Borden expliqua comment Sifton l'avait convaincu de l'importance de la recherche industrielle au Canada :

> J'ai signé l'Arrêté en conseil au sujet du travail de recherche scientifique et industrielle. Sir Clifford Sifton m'a parlé à ce sujet il y a quelques temps et s'est dit préoccupé de voir que l'on confie le gros du travail aux universités. Il considère que la recherche importante ne peut être

accomplie par des hommes qui consacrent le plus clair de leur temps à l'enseignement ou l'encadrement d'étudiants, etc. Il est d'avis que le travail de recherche doit être effectué à l'échelle nationale par des institutions établies et soutenues par le gouvernement. Il admet que les coûts seraient élevés car les meilleurs experts au monde devraient être embauchés; mais d'un autre côté, il considère que cela ne sert à rien d'accomplir ce travail sur une petite échelle ou de façon inefficace[51].

Évidemment, Sifton espérait que les recommandations du Conseil consultatif soient favorables à la Commission de la conservation. Après tout, Frank D. Adams avait été nommé membre du nouveau conseil. Sifton espérait que ce dernier défendrait les intérêts de la Commission de la conservation. Durant les années subséquentes, le Cabinet décida plutôt d'entériner la formation d'une nouvelle organisation, le Conseil national de recherches du Canada, ou CNRC. Il est intéressant de noter que durant les premiers mois de son mandat, le CNRC a adopté les grandes lignes du programme de recherche que la Commission de la conservation préconisait depuis 1912[52]. En 1916 et 1917 par exemple, les projets de recherche suivants proposés par le CNRC avaient déjà été recommandés par la Commission : utilisation de la tourbe comme combustible; recyclage des rebuts de poisson pour fertiliser les terres; usage des minéraux complexes; captage des sous-produits; utilisation des rebuts des tanneries et des rebuts des moulins à scie; consommation de matériaux canadiens pour la fabrication de la brique à feu, etc.[53].

Frank D. Adams a été un des principaux architectes du programme initial de recherche du CNRC. Adams, on se le rappelle, était membre des comités des mines, des forêts, des terres et du comité des eaux et hydroélectricité de la Commission de la conservation. La création du CNRC et l'intérêt croissant que portait Adams à cette nouvelle organisation ont probablement fort déplu à Sifton. Mais en 1916 et 1917, ce dernier ne semble pas en avoir fait de cas. En fait, Sifton a tenté de garder de bonnes relations avec son protégé. En 1916 par exemple, il lui demanda d'écrire un chapitre sur le rôle de la Commission de la conservation dans la gestion des ressources naturelles du Canada, qui fut publié dans le best-seller de J. O. Millar, *The New Era in Canada*. Ce n'est pas le fait du hasard si ce chapitre, intitulé « Notre héritage national », est présenté immédiatement après celui de Sifton sur l'avenir politique et constitutionnel du Dominion[54].

En janvier 1917, Sifton demanda clairement aux commissaires et à James White de passer à l'offensive et de contrer les efforts du CNRC. Ils devaient abandonner leurs efforts de propagande sur les vertus de la conservation, car «les Canadiens et le gouvernement réalisaient désormais l'importance de trouver de nouveaux moyens pour sauvegarder les ressources naturelles». Les commissaires et les employés devaient comprendre que d'autres organisations et commissions fédérales se battaient pour le contrôle de la recherche industrielle au Canada et menaçaient la survie même de la Commission.

> Le gouvernement a nommé diverses commissions, dont la plupart sont chargées d'un travail qui, d'une manière ou d'une autre, se rapporte à celui que le Parlement nous a spécialement confié. Les divisions des départements du service public, qui y étaient jadis indifférentes, s'empressent maintenant d'y prêter leur concours. Nous pouvons donc conclure qu'il ne nous est plus nécessaire de consacrer du temps et du travail pour attirer l'attention sur la conservation. À l'avenir, nous pourrons nous occuper plus exclusivement de faire des recherches et d'aviser sur les moyens à prendre pour atteindre les fins qui sont universellement reconnues comme essentielles au plus haut degré de la prospérité nationale. [...] Promouvoir l'utilisation économique des ressources est notre unique objet. Tous les autres sujets, quel que soit leur intérêt, devraient être rigoureusement exclus comme étrangers à notre véritable champ d'action[55].

Pour que la Commission sorte victorieuse de cette bataille, elle devait opérer un changement de cap radical. «Le travail amateur ne vaut plus grand-chose, conclut Sifton. Il nous faut un corps de jeunes gens versés dans la science, possédant la connaissance scientifique sur laquelle reposent toutes les grandes industries fondamentales du monde[56].»

Malgré ce pressant appel à la mobilisation, les membres de la Commission n'ont pas été convaincus qu'elle était en danger. En fait, la plupart croyaient qu'il était possible de collaborer avec le CNRC. C'est du moins ce qui ressort d'un article sur la recherche industrielle publié dans la revue *Conservation* en novembre 1916 par W. J. Dick, l'ingénieur minier de la Commission[57]. Quelques semaines plus tard, les forestiers Clyde Leavitt et Roland B. Craig décidèrent de collaborer avec Frank D. Adams en sa qualité de membre du CNRC, afin d'encourager Ottawa à créer un laboratoire de recherche sur les produits forestiers en Colombie-Britannique. Ils ont toutefois pris soin d'expliquer que leur opinion était personnelle et ne reflétait pas nécessairement les politiques de la Commission[58]. Comme on l'a vu dans le chapitre 3, le comité des mines dirigé par Frank D. Adams et le CNRC ont collaboré à quelques reprises dans le domaine de la recherche sur l'utilisation de la lignite comme combustible.

Ces efforts de collaboration entre les deux organismes n'ont pas empêché les membres du CNRC de convaincre Sir George Foster de présenter le projet de loi n° 83. Cette loi conférait une existence légale au Conseil et en faisait un concurrent à la Commission pour les fonds de recherche du fédéral. En mars 1918, A. T. Drummond, membre du CNRC, fit publier un article dans le *Monetary Times*, dans lequel il proposa un programme de recherche semblable en tout point à celui de la Commission, mais présenté comme un plan visant à accélérer le développement des industries primaires et secondaires du Canada[59]. La première brochure, publiée par le CNRC et signée Frank D. Adams, explique en détail le programme de recherche du Conseil : utilisation de la science à des fins de recherche industrielle, corrélation de l'information gouvernementale sur les ressources naturelles du Dominion, programmes d'encouragement à la recherche dans les domaines des fonderies d'acier, du transport et de la vente du charbon, des alcools industriels tirés des sous-produits du bois, etc.[60]. Le contenu de cette brochure, publiée en 1918, s'apparente à bien des égards au dernier discours prononcé par Adams devant les membres de la Commission, lors de la réunion annuelle de 1917[61].

Le déclin de l'après-guerre

À la fin de 1918, Sifton devait se rendre à l'évidence que la Commission de la conservation avait perdu à la fois l'appui de Frank D. Adams et la bataille pour le contrôle de la recherche industrielle au Canada. Le 22 novembre 1918, quelques semaines après la fin de la guerre, il donna sa démission à titre de président de la Commission[62]. Sa lettre a été acheminée à Robert Borden, alors en Angleterre, par le remplaçant du premier ministre à Ottawa, Sir Thomas White, qui ajouta une note manuscrite :

> Sifton, qui vient de partir [en bateau vers la Grande-Bretagne], a présenté sa démission à titre de président de la Commission de la conservation, sans offrir de raison. Je l'ai vu avant son départ et il semblait très insatisfait suite au refus [du Parlement] d'accorder certaines augmentations de salaire [aux employés de la Commission]. Il croit que la formation du comité sur la recherche industrielle [le CNRC] empiétait sur les responsabilités de sa commission. Le Conseil est disposé à accepter sa démission et à rattacher la Commission à un des ministères. Je vous suggère de rencontrer Sifton après son arrivée et d'envoyer vos commentaires et recommandations par câble[63].

L'échec de la Commission à s'approprier le leadership de la recherche industrielle a découragé Sifton. Mais comme on l'a vu dans le chapitre 3, Borden et Sifton étaient à couteaux tirés depuis l'apparition de la Commission de la conservation devant la Commission conjointe internationale au sujet du projet hydroélectrique du Long-Sault. Au début de novembre 1918, Borden avait effectivement muselé la Commission de la conservation en ces termes : « Les recommandations [de la Commission] doivent être adressées au gouvernement, et c'est au gouvernement de déterminer quelle position sera adoptée. [...] La population et le gouvernement des États-Unis croient que les officiers de la Commission représentent le gouvernement : on ne peut les blâmer de ne pas comprendre la relation spéciale qui existe entre la Commission et le gouvernement[64]. » Lorsqu'on ajoute à ces difficultés l'arrêté du Conseil privé de juin 1918 interdisant à la Commission de publier ses documents, la démission de Sifton est compréhensible.

Les membres de la Commission ont été stupéfaits en apprenant la nouvelle. Lors de la réunion annuelle de février 1919, ils adoptèrent une résolution demandant au gouvernement de refuser la démission de Sifton et enjoignant à ce dernier de reconsidérer sa décision. Et comme on l'a vu dans le chapitre 3, Frank D. Adams a également cessé de collaborer avec la Commission en 1918. Sans ces deux membres influents, le prestige de la Commission a été sérieusement affecté[65]. Lors de la réunion annuelle de 1919 par exemple, seulement douze membres de la Commission vont se présenter, dont ses deux plus grands critiques, Martin Burrell et Arthur Meighen[66]. Certes, James White a fait de son mieux pour diriger l'organisation après le départ de Sifton. Avec l'aide du sénateur Edwards, il aurait convaincu le sénateur Joseph Flavelle d'accepter la présidence. Selon James White, ce Conservateur millionnaire s'intéressait à la protection de l'environnement. Il s'était surtout fait remarquer à Ottawa en dirigeant le Bureau impérial des munitions. Mais selon le sénateur Edwards, « pour des raisons ignorées de tous, le gouvernement n'a pas consenti à faire cette nomination » et Sifton ne fut jamais remplacé[67]. Bien qu'âgé et souffrant de problèmes cardiaques, Edwards remplaça Sifton officieusement à partir de 1919. Il a été incapable de contrer les attaques du ministre de l'Agriculture Martin Burrell et d'Arthur Meighen, ministre de l'Intérieur puis premier ministre, qui avouaient vouloir abolir la Commission dès janvier 1917[68]. Ces deux hommes participaient aux réunions annuelles de la Commission et aux activités de ses principaux comités depuis 1914. Ils ont été bien peu impressionnés par ce qu'ils ont vu et entendu[69].

Edwards, tout comme bon nombre de conservationnistes après la guerre, était découragé et dépassé par les événements. Lors de la réunion annuelle de 1919, il présenta des vues passablement pessimistes sur l'avenir du pays, que ne partageaient pas tous les observateurs. « Les réserves de bois d'œuvre à l'est des montagnes Rocheuses sont pratiquement épuisées », déclara Edwards. « Les réserves de bois de pâte et en minéraux sont grandement surestimées et les coûts élevés de transport de ces ressources représentent un obstacle à leur bonne gestion. » L'avenir donnera raison à Edwards en ce qui concerne le bois d'œuvre et le bois à pâte[70].

Burrell, Meighen et les membres du CNRC n'étaient pas de son avis. Et ils n'étaient pas les seuls à décrier la vision pessimiste de l'avenir dépeint par la Commission. Lorsque la guerre tirait à sa fin, les ennemis de la Commission se sont multipliés. Dans la revue *The Canadian Engineer* de juin 1917, par exemple, l'existence de la Commission fut remise en question. Selon l'article, les travaux et publications de l'organisme pourraient être produits à bien meilleur compte par les départements du gouvernement fédéral. Et le CNRC, nouvellement créé, « va également consacrer la plupart de son attention à la tabulation, à l'examen et à la recherche de ressources naturelles dans le Dominion [...] dans le but de les développer et les utiliser dans les procédés industriels[71] ».

En février 1918, l'Institut minier du Canada achemina un long memorandum au premier ministre Borden, lui demandant d'abolir la Commission parce qu'elle répétait le travail et les recherches d'autres ministères, et parce qu'elle s'opposait à l'exploration et à l'exploitation du versant est des montagnes Rocheuses afin de conserver le bassin de drainage des rivières des plaines semi-désertiques de l'Ouest[72]. Ce memorandum fut publié dans le *Canadian Mining Journal* quelques semaines plus tard, au désarroi de James White, qui fit part de ses objections au premier ministre : « La Commission de la conservation n'a répété le travail d'aucune autre organisation, qu'elle soit privée, gouvernementale ou autre », écrivit-il[73]. Plusieurs hauts fonctionnaires fédéraux comme J. B. Challies, le directeur de la division de l'eau et des pouvoirs d'eau du ministère de l'Intérieur, considéraient que la Commission s'accaparait leur travail. Challies, qui collabora avec Meighen et Lougheed pour abolir la Commission, était également secrétaire du CNRC durant ses premières années de fonctionnement[74]. Pour sa part, le forestier Ernest Finlayson du ministère de l'Intérieur, exigea l'abolition de la Commission pour des raisons similaires, lors d'un discours prononcé dans le cadre de la Conférence de l'Empire britannique sur la foresterie en juillet 1920[75].

Durant cette période difficile, la plupart des défenseurs de la Commission et du concept même de la conservation sont décédés ou se sont retirés de la vie publique. Theodore Roosevelt, à qui on doit la Commission américaine de conservation et la Conférence de Washington, s'est éteint le 6 janvier 1919. Wilfrid Laurier est décédé quelques semaines plus tard, soit le 17 février, alors que les membres de la Commission de la conservation se réunissaient[76]. Le zoologiste Gordon Hewitt meurt en février 1920. En juillet de la même année, Robert Laird Borden, le dernier sympathisant influent de la Commission, devra abandonner son poste de premier ministre, épuisé par plus de quatre ans de service public en temps de guerre.

Dernières tentatives de sauvetage

Confrontés à une opposition de plus en plus virulente et à la disparition ou la mise au rancart de leurs principaux alliés, les employés et les membres de la Commission ont fait un effort ultime pour sauver l'organisation. En septembre 1919, P. M. Baldwin, l'éditeur de la revue *Conservation*, annonça une « nouvelle » mission pour la Commission : la conservation des ressources du Dominion afin d'aider à l'effort de reconstruction. Le programme proposé par Baldwin se divisait en huit points : *1)* accroître la fertilité des terres du Canada et coloniser les terres riches encore inexploitées; *2)* protéger les forêts des incendies et reboiser les régions dénudées; *3)* protéger les espèces menacées d'extinction; *4)* exploiter les mines de façon rationnelle, en extrayant le maximum de minerai dans chaque dépôt; *5)* développer les ressources hydroélectriques potentielles; *6)* organiser les manufacturiers afin d'améliorer l'efficacité des usines et capter les sous-produits; *7)* éliminer l'extravagance dans la consommation; et *8)* trouver des usages économiques pour les rebuts. Baldwin tenta de convaincre le grand public et les journalistes que seule la Commission de la conservation était en mesure d'encourager le développement durable sans ouvrir toute grande la porte au gaspillage des ressources naturelles par des entreprises peu scrupuleuses[77]. L'essentiel de ce plan d'action fut repris par le CNRC dans sa propagande le mois suivant, ce qui ne manqua pas d'offusquer le sénateur Edwards[78].

Évidemment, les éléments de ce programme n'étaient pas nouveaux : tous peuvent être retrouvés dans les recommandations des commissaires avant le déclenchement de la guerre. En fait, les grandes lignes de ce programme avaient été présentées par Sifton au premier ministre Borden en septembre 1917, mais n'avaient pas été acceptées[79].

Au printemps de 1920, les commissaires les plus actifs ont décidé d'aider James White à diriger l'organisme. Lors de la réunion annuelle de 1920, le président du comité des terres, James W. Robertson, réclama que le comité exécutif soit remis sur pied[80]. Ce comité avait été établi en janvier 1910 et ne s'était réuni qu'à quelques reprises. Durant la rencontre du 1er avril 1920, le comité décida d'organiser au moins deux réunions générales par année afin d'attirer l'attention des médias et du grand public sur le travail de la Commission. Mais ces efforts ont été vains, car la presse écrite se désintéressait de l'organisme. Il semble bien que les efforts considérables pour mobiliser le public par le biais de la presse et de ses publications n'aient pas donné de résultats. L'hostilité des politiciens, les jalousies de fonctionnaires et de ministres et surtout les exigences de la guerre ont eu raison de la Commission. En juillet 1920 paraît, dans la revue *Conservation*, un article intitulé « La conservation, c'est le développement », dans lequel James White tente une dernière fois de répondre aux critiques qui se multiplient. « La seule raison d'être de la Commission est d'encourager la protection de nos ressources naturelles contre la destruction et le gaspillage — pas contre le développement », écrivit-il[81].

Le triomphe du CNRC

Cet ultime effort de James White et des commissaires n'a aucunement influencé les vues d'Arthur Meighen et de son gouvernement. Un membre de la Commission avait fait remarquer au secrétaire particulier de Meighen que la Commission serait encore là bien après que Meighen aurait quitté la scène politique. Cela aurait rendu furieux Meighen qui aurait décidé d'abolir l'organisme[82]. Peu après sa nomination comme premier ministre, il promit aux membres du CNRC de faire adopter une loi qui leur serait favorable. Comme les finances publiques étaient en mauvais état et que la cause de la conservation n'était guère populaire en ces temps de récession, il décida d'abolir la Commission et de transférer les fonds ainsi libérés au CNRC, afin d'établir un Institut de recherche industrielle. Cette mesure fut annoncée dans le Discours du trône du 4 février 1921 :

> Un projet de loi pour abroger la Loi de la Commission de la conserva-
> tion vous sera soumis. Des dispositifs existent pour répartir les travaux
> essentiels de la Commission de la conservation entre les départements
> du gouvernement que cela concerne. Cette mesure évitera en consé-
> quence un double emploi dans certains services et aura pour résultat

une réduction des dépenses sans nuire aux avantages du public. [...] Des projets de loi relatifs aux recherches scientifiques et autres sujets vous seront soumis[83].

Deux semaines plus tard, un arrêté ministériel força White à annuler la réunion annuelle[84]. White proposa à Meighen que le statut de la Commission soit modifié selon les recommandations du rapport Murray de 1913. Il suggéra que son organisme soit rattaché au secrétaire d'État aux Affaires extérieures pour conseiller le ministre sur les questions reliées à la conservation. Il proposa en outre que le personnel de ce bureau aviseur soit réduit à 10 employés[85]. Cette suggestion avait fait l'objet d'articles de journaux[86]. Lorsque Meighen refusa, White se chercha du travail. Il offrit sa candidature pour le poste de directeur de l'Institut de recherche du CNRC. Mais le 7 mai 1921, White expliqua à Sifton que cette possibilité avait été rejetée du revers de la main par Meighen:

> J'ai vu le sénateur Lougheed mardi dernier. Il a été très courtois et confirma que quelqu'un lui avait proposé ma candidature comme directeur de l'Institut de recherche. Je sais que cette suggestion a été faite par C. A. Magrath [le commissaire à la conservation du combustible du Dominion]. Hier, j'ai rencontré M. Meighen. Il a dit que le passage de la loi abolissant la Commission aura comme résultat la mise à pied de tout le personnel. J'ai suggéré de transférer le personnel à l'Institut de recherche. Sa réponse a été un « non » catégorique[87].

La réponse de Meighen n'était guère surprenante lorsqu'on tient compte de son opposition au concept même de la conservation tel que proposé par les membres de la Commission et d'autres groupes militants de l'époque. En 1919 par exemple, Meighen, en sa qualité de ministre de l'Intérieur, avait refusé d'octroyer à l'Association forestière canadienne (AFC) une subvention annuelle de 4 000 $. Cette subvention lui était accordée depuis 1906 par Wilfrid Laurier. Apparemment, Meighen avait été outré par un article paru dans le *Canadian Forestry Journal* qui critiquait l'administration des forêts fédérales par le service forestier de son ministère. Ce n'est qu'après la défaite électorale de Meighen en décembre 1921 que l'AFC a pu convaincre le gouvernement de lui accorder d'autres subventions[88].

Il faut dire qu'après la guerre, la plupart des Conservateurs partageaient désormais les vues de Meighen sur la Commission et les conservationnistes en général. L'historien Stewart Renfrew a sans doute touché le cœur du problème lorsqu'il écrit: « La Commission, impatiente d'accomplir sa mission, a souvent dépassé les limites de sa juridiction[89]. » R. H. Coats, le statisticien du Dominion, écrivit à John W. Dafoe (éditeur du *Winnipeg Free Press* et confident de Sifton) des commentaires révélateurs à ce sujet. Dans l'esprit des Conservateurs de l'époque, « la Commission était devenue un véritable empire dans l'empire, un *imperium in imperio* ». Ils croyaient que la Commission de la conservation et les organisations rassemblant des Protecteurs de la Nature avaient comme objectif ultime de contrôler le développement. « Pour la Commission, écrivit Coats, le concept de la conservation englobait tout. [...] Son champ d'action s'est élargi jusqu'à englober toutes les activités du gouvernement. [...] Mais en bout de piste, elle fut confrontée à cette question : qui est responsable de gouverner ce pays[90] ? »

Comme l'indiquait le discours du trône, les parlementaires et les sénateurs ont été appelés à se prononcer sur cette question en mai 1921 en examinant deux projets de loi : un premier visant à établir l'Institut de recherche du CNRC et un deuxième visant à abolir la Commission de la conservation. Le 10 mai 1921, lors de la première lecture du projet de loi 116 sur l'Institut de recherche, Edwards mobilisa ses troupes. Le 18 mai, il fit un vibrant plaidoyer en faveur de la Commission de la conservation et s'opposa à l'érection d'un édifice consacré à la recherche industrielle à Ottawa[91]. Le lendemain, le projet de loi B4 visant à abolir la Commission de la conservation fut adopté par un Sénat soucieux de sabrer dans les dépenses du gouvernement. « En ces jours de surtaxes, expliqua le sénateur Nicholls, nous examinons tous les projets que l'on forme afin d'économiser, et nous ne les approuvons que s'ils ont pour but une véritable économie[92]. »

Conscient d'avoir perdu cette bataille, Edwards s'attaqua alors au projet de loi du CNRC :

> Je suis engagé personnellement dans les trois principales industries ayant trait aux ressources naturelles du Canada. Je n'ai pas encore pu découvrir comment le Conseil de recherches pourra faire quelque chose pour aider l'industrie du bois. La même chose s'applique à l'industrie de la pulpe et du papier [...]. Cela s'applique aussi aux entreprises hydroélectriques. Il est très regrettable que le Canada perde l'une de ses meilleures institutions pour la remplacer par une autre qui ne fera peut être jamais de bien[93].

Le sénateur Nicholls était d'accord avec Edwards sur ce point : « Cela me paraît être [...] une législation très inconséquente que de présenter un bill pour abolir une commission de recherche, pendant qu'on en présente un autre pour établir à grands frais un institut de recherches[94]. » Il faut dire que le gouvernement estimait qu'il en coûterait environ un million de dollars pour construire l'édifice et y installer les appareils de recherche. La semaine suivante, Edwards réussit facilement à convaincre la majorité des sénateurs de voter contre le projet de loi du CNRC pour des raisons d'économie[95]. Le 27 mai, alors que la Chambre des communes venait d'abolir la Commission de la conservation, le Sénat rejetait le projet de loi 116[96].

Durant ces débats, Clifford Sifton n'est pas intervenu. Pourtant, il était dégoûté des actions du gouvernement. Dans une lettre datée du 31 mai 1921 adressée à John Dafoe, il écrivit: «J'ai décidé qu'il serait mieux de ne rien dire directement au sujet de la Commission de la conservation. L'action du gouvernement a été tout à fait indigne et Meighen en est le principal responsable. La conduite du gouvernement à ce sujet est déshonorante[97].» Le lendemain, il écrivit à Meighen et demanda de le rencontrer afin de discuter de certains sujets importants, dont sans doute l'abolition de la Commission. Le premier ministre accepta mais reporta la rencontre à chaque mois. En septembre, Sifton, exaspéré, écrivit: «Je n'appuierai votre gouvernement dans aucune circonstance.» Il quitta les rangs des Conservateurs et rallia les rangs des Libéraux en vue de l'élection de décembre 1921[98]. Ce mouvement était probablement inévitable, car selon des témoignages d'employés de la Commission, Sifton et Meighen se détestaient depuis plusieurs années déjà[99].

L'ancien premier ministre Borden n'est pas non plus intervenu directement dans cette affaire. Mais en novembre 1921, il écrivit aux premiers ministres provinciaux et tenta de les convaincre d'établir enfin leurs propres commissions de conservation. Dans sa lettre à L.-A. Taschereau, le premier ministre du Québec, il souligna l'excellent travail du Département de la conservation de l'État américain de la Louisiane et lui suggéra de contacter le gouverneur Parker à ce sujet[100]. Les provinces ont préféré ignorer cet appel.

En concoctant son plan en vue de l'abolition de la Commission de la conservation, Meighen avait espéré que ses employés seraient congédiés afin de réduire les dépenses gouvernementales. Mais quelques semaines après l'abolition de la Commission, la majorité des employés étaient déjà réaffectés dans d'autres ministères! Ils avaient sans doute bonne réputation au sein de la fonction publique. Le 31 juillet 1921, 18 employés furent officiellement transférés au ministère de l'Intérieur, dont la majorité à la toute nouvelle division de l'information sur les ressources naturelles[101]. La plupart ont vu leur salaire s'accroître de façon substantielle. Léo Denis par exemple, l'ingénieur en hydroélectricité à Ottawa, fut transféré à la Division des eaux et pouvoirs électriques, au salaire de 3 420 \$, une augmentation de 420 \$ (12,3 %) par rapport à son salaire au sein de la Commission[102] ! Oliver Master, le secrétaire adjoint de James White avant la guerre, n'a pas été réembauché par le gouvernement fédéral, mais il joua un rôle important dans le transfert des pouvoirs sur les ressources naturelles aux provinces de l'Ouest durant les années 1920. Il fut nommé secrétaire des commissions des ressources naturelles du Manitoba, de la Saskatchewan et de l'Alberta. Nul doute que son expérience acquise au sein de la Commission de la conservation lui a permis d'obtenir ce poste[103].

Deux employés permanents furent transférés au ministère de l'Agriculture : F. C. Nunnick, le responsable du comité de l'agriculture et V. G. Ambridge, commis senior. Clyde Leavitt, l'ingénieur forestier en charge du comité des forêts, fut embauché à temps plein par la Commission des chemins de fer. Deux employés permanents de la Commission décidèrent de démissionner et quatre, dont la traductrice Alice Beaulieu, furent mis à pied à la fin du mois de décembre de 1921, six mois après l'abolition de la Commission[104]. Les employés surnuméraires ont eu moins de chance. Certes, douze furent engagés comme surnuméraires par le ministère de l'Intérieur et un par le ministère des Douanes, mais onze furent remerciés. Après ces coûteuses réaffectations, certains ministres conservateurs auraient déclaré à Meighen qu'il aurait été préférable de laisser la Commission tranquille[105].

James White, le symbole de la Commission, a subi de plus grands tourments que ses employés. Selon ses lettres à Sifton, le Cabinet Meighen aurait décidé de le mettre à la retraite au mois de mai 1921 alors qu'il n'était âgé que de 58 ans. Plusieurs ont vu dans cette action une preuve supplémentaire que Meighen détestait White. Mais ce dernier n'a pas été le seul a subir les foudres du premier ministre durant cette période. L'arrêté ministériel 3621, soumis le 22 septembre et adopté le 3 octobre 1921, confirme la mise à la retraite anticipée de White et 157 autres personnes « dans l'intérêt public[106] ».

Heureusement pour White, le gouvernement Meighen perdit les élections contre les Libéraux dirigés par Mackenzie King quelques semaines plus tard et il réussit à convaincre les nouveaux élus d'annuler l'arrêté ministériel 3621[107]. White fut réembauché par la fonction publique fédérale dès le premier jour de l'année financière 1922-1923, soit le 1er avril 1922, comme aviseur technique au ministère de la Justice, dans la cause de la démarcation de la frontière entre le Québec et le Labrador[108]. Le rapport du Vérificateur général confirme qu'il reçut son plein salaire durant l'année fiscale 1921–1922 en plus de son fonds de retraite. Certains fonctionnaires se sont cependant acharnés à lui causer des problèmes. En janvier 1923 par exemple, il reçut un deuxième avis selon lequel il serait forcé de prendre une retraite anticipée sans possibilité de retirer sa pension[109]. Il tenta alors de se faire embaucher par le Canadian National Railways qui venait d'établir une division des ressources naturelles (afin d'accumuler de l'information sur les marchés potentiels dans les régions éloignées), mais sans succès[110]. C'est finalement Sifton qui réussit à convaincre Lomer Gouin, alors ministre fédéral de la Justice, de garder White[111]. Selon les *Débats* en Chambre des communes et les rapports du Vérificateur général de 1923, White conserva le même salaire, au grand déplaisir du nouveau chef de l'opposition, Arthur Meighen. «Aucune économie ne sera faite si tous les membres de la Commission sont réembauchés à nouveau dans les départements à des postes de sinécures», lança-t-il à Lomer Gouin[112].

White, qui travailla près de six ans au ministère de la Justice, a toujours espéré rétablir un jour sa Commission. Il continua de correspondre avec ses membres durant plusieurs années, utilisant le papier avec l'en-tête de l'organisme comme si la Commission n'avait jamais été abolie. Il espérait que Sifton pourrait l'aider dans ce sens. Ce dernier était grandement apprécié par le nouveau premier ministre Mackenzie King (il fut de ses principaux conseillers durant les années 1921 et 1922). Or, aucune mention de la possibilité de réinstaurer la Commission de la conservation n'a été localisée dans la correspondance entre les deux hommes. Le CNRC, par contre, a obtenu de King l'Institut de recherche tant convoité à la fin des années 1920.

L'Association forestière canadienne reprend le collier de la conservation

Durant ses treize années d'existence, la Commission occupa une place de premier plan dans l'espace public et médiatique canadien. Mais elle n'était pas le seul organisme à prôner la conservation. Lorsqu'elle fut abolie, une pléiade d'associations sans but lucratif ont repris le flambeau[113]. Dans le domaine de la conservation des forêts par exemple, l'Association forestière canadienne n'a pas cessé son travail amorcé durant les années 1900. En fait, beaucoup de membres de la Commission comme le sénateur Edwards, Sydney Fisher et Clyde Leavitt par exemple, collaboraient à son œuvre de propagande durant les années 1910. Cependant, les deux organisations ont évolué en parallèle, sans unir leurs efforts pour sensibiliser les publics à l'importance de la conservation. Par exemple, l'abolition de la Commission n'a pas été mentionnée dans les pages du *Illustrated Forest and Outdoors*[114].

En juin 1921, l'AFC modifia le contenu et l'apparence de sa revue et entreprit la plus grande campagne de promotion sur la conservation des forêts jamais entreprise. La revue fut renommée *Illustrated Forest and Outdoors*. Imprimée en grand format, elle était parsemée de photographies et d'articles sur le camping et les joies des sports de plein air afin d'attirer un plus grand public. Un nombre appréciable de lecteurs de la revue *Conservation* se sont intéressés à cette nouvelle publication. Comme en témoigne le tableau 16, la cause de la conservation des forêts telle que prônée par l'AFC a joui d'un appui croissant durant les années 1920.

Il faut dire que l'AFC multipliait ses efforts en vue de répandre l'idée de la protection des forêts canadiennes. Par exemple, elle fonda la *Young Canadians Forest League*, rassemblant plus de 100 000 cadets écoliers à l'occasion d'excursions dans les forêts et de corvées de reboisement. Les enseignants ont également été visés par les campagnes de l'Association. En 1923, environ 6 500 professeurs d'école discutaient de conservation une fois par mois dans leurs classes grâce aux bulletins fournis par l'Association. Chaque année, l'AFC commanditait un concours national de rédaction sur les forêts du Canada.

En 1922, l'AFC engagea quatre rédacteurs à la pige pour rédiger des articles sur la conservation des forêts à l'intention des journaux canadiens, remplaçant effectivement ceux publiés dans *Conservation*. Lors de la réunion annuelle de 1923, Black affirmait : « Pendant plusieurs mois durant la saison des feux de forêt, on nous a octroyé en moyenne de 100 à 150 colonnes d'espace dans les journaux à chaque semaine. » En 1923, l'Association forma même un *speakers bureau*, qui transmettait de l'information sur la conservation de la forêt à plus de 400 bénévoles à travers le pays[115].

Durant ces années, plusieurs anciens membres et collaborateurs de la Commission ont joué un rôle de premier plan dans les campagnes de l'AFC. La contribution la plus importante vient sans doute de Clifton D. Howe. Ce collaborateur avait produit plusieurs inventaires des forêts pour la Commission. Durant les années 1920, il remplaça Bernard Fernow à la tête de la Faculté de foresterie de l'Université de Toronto et publia plus de 100 articles sur la conservation des forêts du Canada dans la revue de l'AFC. L'ingénieur forestier Clyde Leavitt, quant à lui, publia une cinquantaine d'articles sur la recherche en matière de foresterie.

Comme l'illustre le tableau 16, la dépression des années 1930 a sapé les efforts de cette nouvelle génération de conservationnistes. Lors de la réunion annuelle de l'AFC de 1932, Clifton D. Howe déclara : « Nous sommes dans le marasme. Nous ne savons pas de quel côté le vent viendra nous frapper. Nos ressources financières sont épuisées, notre personnel est réduit, nos salaires raccourcis, nos amis qui nous supportent financièrement nous quittent (la plupart toutefois par nécessité et non par choix) et la population dans son ensemble n'est plus aussi intéressée à la foresterie qu'il y a quelques années[116]. » Quelques irréductibles vont continuer le combat jusqu'à la fin. En 1937, dans l'une de ses dernières lettres avant sa mort, Borden écrivit au ministre responsable des forêts à Ottawa au sujet de la conservation des forêts et de l'utilisation croissante des coupes rases. « Selon l'information que je possède, nous avons adopté une politique de dénudation systématique des forêts sans aucun effort comparable pour réparer les pertes subies. Si cela est vrai, je crois que le Canada a choisi une voie qui nous conduira au déclin et éventuellement au désastre[117]. » À bien des égards, l'avenir lui a donné raison.

Tableau 16

Nombre de membres de l'Association forestière canadienne

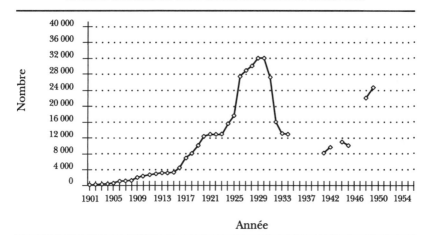

Année

Source : ANC, MG 28-I-88, Canadian Forestry Association. Boîtes 1 et 2, Minutes Books 1900 à 1958. Tiré de Michel F. Girard, *La Forêt dénaturée : les discours sur la conservation de la forêt québécoise au tournant du XXᵉ siècle,* p. 84.

Notes

1. Propos tenus lors de la discussion du projet de loi 116. Voir Sénat, Débats, 1921-05-21, p. 604.

2. James Allum, « Science, Government and Politics in the Abolition of the Commission of Conservation », 1988, chapitre 3.

3.   Chambre des communes, Débats, 1921-05-26, pp. 3958–59; 3969–71; ANC, Fonds A. Meighen, « Extracts from Report of Sub-committee of Council on the Commission of Conservation », avril ou mai 1921, pp. 01951–59.

4.   ANC, Fonds W. Laurier, W. S. Fielding à W. Laurier, 1909-12-18 [n.t.].

5.   Conseil privé, Arrêté en conseil, n° 33, 1910-01-13.

6.   CCRA, 1911, p. i.

7.   Chambre des communes, Débats, 1913-03-26, pp. 6466–67; ANC, Fonds A. Meighen, « Extracts from Report of Sub-committee of Council on the Commission of Conservation », avril ou mai 1921, p. 010951.

8.   Chambre des communes, Débats, 1913-03-26, pp. 6455–6462; ANC, Fonds R. L. Borden, James White à R. L. Borden, 1913-04-12.

9.   Sir George Murray, « Report on the Public Service of Canada », *Sessional Papers*, 1913, n° 57 A, pp. 24–25.

10.   ANC, Fonds C. Sifton, J. White à C. Sifton [n.t.].

11.   CCRA, 1911, p. 92.

12.   Robert Bothwell *et al.*, *Canada, 1900–1945*, 1987, pp. 169–185.

13.   Le total exact est 1 315 070,95 $ calculé selon les chiffres publiés par le Vérificateur général du Canada.

14.   Voir M. C. Urquhart et K. A. H. Buckley, *Historical Statistics of Canada*, 1965, pp. 201–203.

15.   *Ibid.*, pp. 291–305.

16.   Rapports du Vérificateur général, 1909–1922.

17.   ANC, Fonds C. Sifton, J. White à C. Sifton, 1913-02-14.

18.   Voir *Ottawa Directory*, 1912 à 1922.

19.   Rapports du Vérificateur général, 1918 à 1922.

20.   En 1920, seul Thomas Adams gagnait un meilleur salaire que Arthur V. White, soit 7 300 $ par an. Rapports du Vérificateur général, 1918–1922.

21.   Tiré de Janet Foster, *Working for Wildlife*, 1977, p. 210.

22.   Voir Nelles, *The Politics of Development*, 1974, p. 478.

23.   Concernant un article sur le travail de la Commission dans le *Monetary Times*, Sifton conseilla à White : « Make it clear that credit is given to the different ministers who are concerned in the work. » ANC, Fonds C. Sifton, C. Sifton à James White, 1911-11-17.

24.   Voir par exemple ANC, Fonds R. L. Borden, James White à R. L. Borden, « Memorandum Respecting the Work of the Commission of Conservation During 1913 and Work Proposed During 1914 », 1913-12, pp. 84014–20; J. White à C. Sifton, « Resolutions From the Annual Meeting, January 20–21 », 1914-02-14; J. White à R. L. Borden, 1915-03-23.

25.   ANC, Fonds R. L. Borden, Recu de la bibliothèque de la Commission de la conservation, 1914-11-24.

26.   Voir dans le chapitre 3 la section intitulée « La forêt ». Monk démissionna du Cabinet en 1912 suite à un désaccord sur les politiques de son gouvernement au sujet de la question navale. Voir Robert Bothwell *et al.*, *Canada, 1900–1945*, 1987, pp. 47–48.

27.   Sandra Gwyn, *The Private Capital*, 1984, p. 484.

28. En 1910, il avait siégé comme membre de la Commission royale d'enquête sur l'éducation industrielle et semble avoir été convaincu de l'importance de l'éducation du public aux nouveaux défis posés par le développement.

29. Ont également été membres du comité John Pease Babcock, le commissaire adjoint aux pêcheries de la Colombie-Britannique (1916–1918), et Howard Murray (1909–1919).

30. Voir la liste des rapports publiés par la Commission en bibliographie.

31. Patton quitta la Commission en 1913 et revint en 1920. En 1916, Donnell s'enrôla dans l'armée et ne réintégra son poste qu'en 1920. En 1917, Baldwin s'est également enrôlé. Il revint en 1920.

32. CCAR, 1912, p. 49.

33. CCRA, 1919, p. 55.

34. CCRA, 1913, p. 74.

35. CCRA, 1914, p. 215; CCRA, 1915, p. 165.

36. ANC, Fonds C. Sifton, voir dossiers 1912–1913, «A» à «Z».

37. CCRA, 1919, p. 56.

38. ANC, Fonds A. Meighen, Fred Cook à A. Meighen, 1920-09-24; 1920-10-22.

39. CCRA, 1914, pp. 18–19.

40. CCRA, 1916, p. 1; CCRA, 1917, p. 15; CCRA, 1918, p. 2.

41. CCRA, 1918, p. 3; CCRA, 1919, pp. 15–16.

42. Sifton encourageait également l'éducation technique afin de créer une nouvelle génération de chercheurs et de techniciens hautement qualifiés. En 1914, il déclara: «le plus grand besoin du Canada d'aujourd'hui, en se plaçant au point de vue de son développement matériel, est une plus haute culture agricole et technique.» CCRA, 1914, p. 19.

43. CCRA, 1910, p. 3.

44. Voir B. E. Fernow, *Conditions of the Clay Belt of New Ontario*, Ottawa, 1913; Clifton D. Howe, *Trent Watershed Survey*, Ottawa, 1913; H. N. Whitford et R. D. Craig, *Forests of British Columbia*, Ottawa, 1919.

45. CCRA, 1913, pp. 154–155.

46. Pour un aperçu du mandat de la Commission royale, voir ANC, Fonds W. Laurier, James W. Robertson à W. Laurier, 1910-09-01.

47. CCRA, 1910, pp 59, 61–62.

48. Archives du Séminaire de Saint-Hyacinthe, Fonds C.-P. Choquette, Journal, FG1, dossier 311; Jean-Noël Dion *et al.*, *Saint-Hyacinthe: des vies, des siècles, une histoire, 1757 à aujourd'hui* [s.d.], pp. 204–208. Durant les années 1910, Tory a participé à environ la moitié des réunions annuelles alors qu'il était à la Commission. Sa contribution à Edmonton s'est limitée à des conseils sur certaines questions agricoles de même que sur un forum pour présenter des membres de la Commission en visite dans l'Ouest. En 1922, il est devenu le premier président du CNRC à Ottawa et abandonna alors son poste à l'Université de l'Alberta. Voir Archives de l'Université de l'Alberta, Fonds Tory, dossier «Commission of Conservation».

49. Voir par exemple les commentaires de Sifton lors de la Conférence du Dominion sur la santé publique, 10 octobre 1910; CCRA, 1911, pp. 120–125; Hall, *Clifford Sifton, A Lonely Eminence*, 1984, pp. 254, 258.

50.   Archives de l'Université McGill, RC2 C25, dossier « Industrial Research », « Report of the Sub-committee of Conference of Representatives of Canadian Universities With Sir George Foster », 1915-06-10.

51.   ANC, Fonds R. L. Borden, Borden à P.-E. Blondin, 1916-06-05 [n.t.].

52.   « They were to organize, mobilize and encourage existing research agencies in Canada, so as utilize waste products, discover new processes and exploit unused national resources [...] They were to take stock of Canada's »common unused resources wastes and by-products« with an eye to their early utilization, etc. » Voir Wilfrid Eggleston, *National Research in Canada : The National Research Council, 1916–1966*, 1978, p. 4.

53.   *Ibid.*, pp. 5–6.

54.   J. O. Millar, *The New Era in Canada : Essays Dealing With the Upbuilding of the Canadian Commonwealth*, 1917, pp. 37–99.

55.   CCRA, 1917, pp. 19–20. Sifton, alors en Angleterre, fit lire son allocution par James White lors de la réunion annuelle.

56.   CCRA, 1917, p. 23.

57.   W. J. Dick, « Scientific Research : Application of Science to Industry-Cooperation Necessary for Best Results », *Conservation*, V, 11 (nov. 1916), p. 1.

58.   Archives de l'Université de Toronto, Fonds B. E. Fernow, R. B. Craig et C. Leavitt à M. A. Grainger, Acting Chief Forester, Colombie-Britannique, A72–0025, boîte n° 189, 1917-01-09; « Forest Research : Memorandum of Advisory Board to Dominion Forestry Branch », 1917-01-13.

59.   A. T. Drummond, « Opportunities in Canada for Research : Valuable Fertilizers Are Wasted — New Methods of Briqueting Peat — Substitutes for Gazoline — Conservation of Heat — Chemical Research — Many Kinds of Fish, Valuable for Food, Neglected », *Monetary Times*, 1918-03-15.

60.   Frank D. Adams, *The Need for Industrial Research in Canada*, 1918, Honorary Advisory Council for Science and Industrial Research, document n° 1.

61.   Frank D. Adams, « Problèmes concernant l'industrie minière du Canada », CCRA, 1917, pp. 267–286.

62.   ANC, Fonds R. L. Borden, C. Sifton à Sir Thomas White, 1918-11-22.

63.   *Ibid.*, Sir Thomas White à R. L. Borden, 1918-11-26.

64.   ANC, Fonds R. L. Borden, R. L. Borden à C. Sifton, 1918-11-05.

65.   CCRA, 1919, pp. 8–9. Archives de l'Université McGill, Archives de Frank D. Adams, MSS, correspondance, Université Kaki, *The Beaver*, 1919-03-15, p. 1. En mars 1921, White a écrit à Sifton : « M[agrath] said to Arthur White : from the very day Sir Clifford 's resignation was announced in the papers, the wolves have been after you in full cry. » ANC, Archives C. Sifton, J. White à C. Sifton, 1921-03-16.

66.   CCRA, 1919, p. 1.

67.   Flavelle était également président de la William Davis Meat Packing Plant de Toronto, du conseil d'administration de la Banque de commerce et du Trust National à Toronto. Voir Michael Bliss, *A Canadian Millionaire : The Life and Business Times of Joseph Flavelle, Bart, 1858–1939*, 1978. Cette suggestion a fait l'objet de discussions entre Edwards et Edmund Walker. ANC, Fonds C. Sifton, James White à C. Sifton, 1919-12-31; J. White à C. Sifton, 1920-01-12; Sénat, Débats, 1921-05-19, p. 543.

68.   Voir par exemple ANC, Fonds R. L. Borden, Martin Burrell à R. L. Borden, 1917-01-02.

69. Le rapport du sous-comité du Cabinet est parsemé d'anecdotes et de faits concernant les réunions annuelles de la Commission; de la confusion dans ses rangs suite à la démission de Sifton en passant par la faible participation des membres aux travaux de certains comités. ANC, Fonds A. Meighen, « Report of the Sub-committee of the Cabinet on the Commission of Conservation », 1920, C3221, 10964-A à 10968-JJ.

70. CCRA, 1919, pp. 4–7; Il faut dire que depuis le début du siècle, la compagnie forestière du sénateur s'était livrée à des inventaires forestiers détaillés à l'est des Grands Lacs. Sénat, Débats, 1921-05-19, p. 544.

71. ANC, Fonds C. Sifton, « Canada's Commission of Conservation », *The Canadian Engineer*, 1917-06-07.

72. ANC, Fonds R. L. Borden, Canadian Mining Institute à R. L. Borden, 1918-02-08; R. L. Borden à M. Burrell, 1918-03-09.

73. ANC, Fonds R. L. Borden, James White à R. L. Borden, 1918-03-16.

74. Archives de l'Université Mc Gill, RC2-C25, dossier « Industrial Research », A. B. MacCallum à Sir William Peterson, 1917-12-19. En décembre 1919, White a écrit à Sifton concernant Challies : « [He] has been very active and I would not be surprised if he had been discussing it [the abolition of the Commission] with Meighen. » ANC, Fonds C. Sifton, White à Sifton, 1919-12-26. Voir également Peter Gillis, *Lost Initiatives*, 1984, chapitre 8.

75. Peter Gillis, *Ibid.*

76. CCRA, 1919, pp. 1–14.

77. P. M. Baldwin, « Conservation of Our Resources Must Assist in Reconstruction. Citizens Must Recognize Collective and Individual Responsibility to Aid in Making Good of War Losses — Summary of Programme », *Conservation*, septembre 1919, p. 38.

78. ANC, Fonds C. Sifton, W. C. Edwards à R. L. Borden, 1919-12-22.

79. « The Commission has been making a study of economic and development problems in Canada during the past year, with special regard to the conditions created by the war and likely to arise after it. Especially development and settlement of lands in urban and rural districts. One objective being to ascertain how to make efficiently develop our natural resources, increase production, and promote healthy living conditions. » ANC, Fonds R. L. Borden, C. Sifton à R. L. Borden, 1917-09-27.

80. Archives de l'Université du Nouveau-Brunswick, Fonds C. C. Jones, dossier « Commission of Conservation », James White à C. C. Jones, 1920-03-23.

81. « Conservation Means Development », *Conservation*, juillet-août 1920, p. 26.

82. Rapporté par Allan Donnell, alors éditeur de la revue *Conservation*, par Kathleen Moodie, employée du gouvernement à l'époque, lors d'entrevues vers janvier 1970 et Mme Sydney Stevens, fille cadette de James White, lors d'une entrevue avec N. Ignatieff, mars 1968. Voir Janet Foster, *Working for Wildlife*, 1977, pp. 258–259, note 28, p. 215.

83. Chambre des communes, Discours du trône, Débats, 1921, volume I, p. 2.

84. ANC, Fonds C. Sifton, Rodolphe Boudreau à J. White, 1921-02-19.

85. *Ibid.*, James White et M. J. Patton à C. Sifton, 1921-02, pp. 163032-34.

86. *Ibid.*, J. White à C. Sifton, 1921-02-11.

87. *Ibid.*, J. White à C. Sifton, 1921-05-07.

88. ANC, Archives R. L. Borden, A. Meighen à R. L. Borden, 1920-01-09; Robson Black à R. L. Borden, 1920-01-09.

89.   Stewart Renfrew, « Commission of Conservation », *Douglas Library Notes*, printemps 1971, p. 24.

90.   ANC, Fonds A. Meighen, R. H. Coats à J. W. Dafoe, 1932-03-07.

91.   Sénat, Débats, 1921-05-10, p. 442; 1921-05-18, pp. 525–539.

92.   *Ibid.*, 1921-05-19, p. 546.

93.   *Ibid.*, p. 545.

94.   *Ibid.*, p. 546.

95.   *Ibid.*, 1921-05-24, pp. 601–625.

96.   Chambre des communes, Débats, 1921-05-26, pp. 3959–3971; Sénat, Débats, 1921-05-25, pp. 630–637; 1921-05-27, pp. 665–677.

97.   Ramsay Cook, *The Dafoe-Sifton Correspondence*, volume II, 1919–1927, 1966, p. 74.

98.   ANC, Fonds C. Sifton, C. Sifton à A. Meighen, 1921-06-01; 1921-09-26.

99.   Rapporté par Allan Donnell, alors éditeur de la revue *Conservation*, et par Kathleen Moodie, employée du gouvernement à l'époque, lors d'entrevues vers janvier 1970. Voir Janet Foster, *Working for Wildlife*, 1977, pp. 258–259, note 28.

100.   ANC, Fonds R. L. Borden, R. L. Borden à A. Taschereau, 1921-11-18.

101.   I. A. Campbell, le bibliothécaire, Allan Donnell, l'agent publicitaire de la revue *Conservation*, T. Grindley, le cartographe en chef de la Commission, quatre sténographes ainsi que deux commis y trouvèrent du travail. La bibliothèque de la Commission fut également transférée au ministère de l'Intérieur. ANC, Registre des arrêtés en conseil, n° 2244, 1921-06-22; n° 2169, 1921-06-27; ANC, Fonds A. Meighen, « Memorandum re Commission of Conservation, Distribution of Staff », 1921-05-09.

102.   Rapport du Receveur général, 1923, volume I, section K.

103.   Chester Martin, *Dominion Lands Policy*, 1972, réédition de 1938, Préface.

104.   Rapport du Vérificateur général, 1922, volume II, section K.

105.   ANC, Fonds C. Sifton, J. White à C. Sifton, 1921-08-03.

106.   ANC, Registre des arrêtés en conseil, 1921, n° 3621; ANC, Fonds C. Sifton, J. White à C. Sifton, 1921-10-26.

107.   ANC, Fonds C. Sifton, J. White à C. Sifton, 1921-12-31.

108.   *Ibid.*, J. White à C. Sifton, 1922-04-03.

109.   *Ibid.*, J. White à C. Sifton, 1923-02-06.

110.   *Ibid.*, J. White à C. Sifton, 1921-02-14; 1923-04-02; C. Sifton à J. White, 1923-04-09; J. White à C. Sifton, 1923-04-14; C. Sifton à W. D. Robb, Vice-President, Canadian National Railways, 1923-04-09.

111.   *Ibid.*, C. Sifton à J. White, 1923-02-09.

112.   Rapport du Vérificateur général, 1923; Chambre des communes, Débats, 1922-06-24, pp. 3495–3496.

113.   Voir Michel F. Girard, *La Forêt dénaturée*, 1988, chapitres 1 et 2.

114.   *Illustrated Forest and Outdoors*, 1909–1922.

115.   Michel F. Girard, *La Forêt dénaturée*, 1988, p. 91.

116.   *Ibid.*, p. 116.

117.   ANC, Fonds R. L. Borden, R. L. Borden à Crerar, 1937-04-17; Camsell à R. L. Borden, 1937-04-27; R. L. Borden à Camsell, p. 147570. Borden était alors âgé de 83 ans.

CONCLUSION

L'étude des travaux et recommandations de la Commission de la conservation confirme la présence d'une conscience écologiste au Canada au tournant du XXe siècle. Au cours de leur mandat, les membres et employés de la Commission où se côtoyaient Gestionnaires et Protecteurs de la Nature, ont formulé les grandes lignes d'un modèle de développement économique durable, adapté aux conditions démographiques et environnementales ainsi qu'aux moyens de production de leur époque.

À plusieurs points de vue, leurs objectifs s'apparentent à ceux du mouvement écologiste moderne. À l'instar des commissaires, les écologistes rêvent en effet d'un système de production axé sur des cycles en boucle fermée. Ils favorisent l'élimination de la pollution à la source, l'utilisation rationnelle des ressources non renouvelables et le recyclage des produits, sous-produits et émissions polluantes. Opposés aux mégaprojets, ils défendent les droits de tous les utilisateurs des cours d'eau et encouragent l'utilisation parcimonieuse de l'énergie. Les écologistes modernes partagent également l'avis des commissaires en ce qui a trait à l'utilisation des ressources renouvelables. Ils exigent que le principe du rendement soutenu soit appliqué sur les terres, dans les bois, les lacs, les rivières et les océans. Enfin, ils aspirent à protéger les espèces menacées et appuient la création de parcs nationaux.

Les trois stratégies formulées par les commissaires pour atteindre ces buts ont également été adoptées par les écologistes modernes. Conscients de l'importance d'une réglementation environnementale sévère, ils consacrent une part importante de leur temps à la recherche politique et au lobbying. Comme les commissaires durant les années 1910, les écologistes agissent quotidiennement afin d'informer et de former la population. Ils sont passés maîtres dans l'art de cultiver de bonnes relations avec les médias et ils multiplient les publications afin d'inciter les citoyens et les entreprises à modifier leurs comportements et leurs pratiques.

Dans le domaine de la recherche scientifique et appliquée, les écologistes d'aujourd'hui font face aux mêmes difficultés que les membres de la Commission et c'est ce qui a affaibli le mouvement. La recherche sur les énergies douces, le recyclage, l'agriculture biologique, la technologie anti-pollution et les effets des produits chimiques toxiques sur la santé demeure dispersée et ne fait l'objet d'aucune coordination nationale. Cette carence explique en grande partie pourquoi les écologistes ne sont pas toujours d'accord entre eux quant aux moyens à prendre pour atteindre le développement durable. Dans le domaine de l'exploitation des forêts par exemple, certains commissaires proposaient des améliorations au système de diamètre limite, tandis que d'autres préféraient les coupes rases sur de petites superficies, suivies de reboisement. Les mérites des engrais chimiques par rapport aux fertilisants naturels sur les terres agricoles ont également divisé les membres de la Commission. Ces questions provoquent toujours des débats parmi les écologistes et les écologues aujourd'hui.

L'histoire de la Commission confirme également l'influence des conditions économiques sur la vitalité de l'écologisme. On se rappellera que le mouvement de la conservation a atteint son apogée en 1914, à la fin d'une longue période de croissance économique. Après la guerre, le Canada fut frappé par une grave récession qui porta un dur coup à l'ensemble du mouvement réformiste canadien. C'est alors que la Commission de la conservation fut abolie. Certes, le principe de la conservation du milieu naturel est demeuré populaire parmi les écologistes après 1921, notamment les membres de l'Association forestière canadienne qui ont ainsi gardé allumé le flambeau de l'écologisme. Ces derniers n'étaient cependant pas suffisamment nombreux ou influents pour convaincre les gouvernements d'adopter le programme de la Commission. La situation semble se répéter de nos jours. Selon les sondages d'opinion, les questions environnementales, qui occupaient le premier rang des préoccupations des Canadiens en 1988 et 1989, sont reléguées au quatrième et cinquième rang depuis le début de la présente récession. Parallèlement, on assiste à l'essoufflement du mouvement et à un plafonnement des dépenses publiques dans le domaine de la protection de l'environnement.

L'expérience des commissaires et des écologistes modernes présente donc bien des similarités. Il convient toutefois de souligner quelques différences importantes. La Commission de la conservation n'a jamais engagé ou même toléré d'Adversaires du progrès dans ses rangs. Ses interventions se limitaient à promouvoir la gestion ou la protection de la Nature dans le cadre du système de production en place. Il faut dire qu'au début du XXe siècle, les Adversaires du progrès étaient peu nombreux et bien mal vus au Canada. Les autochtones de l'ouest du pays par exemple, dont le mode de vie se rapprochait de l'autosubsistance, étaient perçus par beaucoup comme une entrave au progrès. Comme on l'a vu dans le dernier chapitre, les pratiques ancestrales de chasse et de pêche des Premières Nations ont été sévèrement critiquées par les fonctionnaires provinciaux responsables de l'application des lois de conservation de la faune. Plusieurs commissaires se sont portés à la défense des chasseurs autochtones, mais ils se sont heurtés à un mur d'incompréhension. À cette époque, l'État et les élites toléraient difficilement la dissidence, qu'elle soit ethnique, culturelle, syndicaliste, écologiste, autochtone ou autre. Il ne fait aucun doute que les actes de désobéissance civile qui ont fait la renommée de Greenpeace durant les années 1970 et 1980, auraient été brutalement réprimés s'ils avaient été commis par des membres ou sympathisants de la Commission de la conservation.

Depuis les années 1960 par contre, les manifestations publiques d'opposition aux pouvoirs établis sont tolérées au nom de la liberté d'expression. Dans les pays démocratiques, les Adversaires du progrès ont refait surface, à l'instar d'une panoplie de dissidents. L'idéologie de l'écologisme profond, par exemple, fait un nombre croissant d'adeptes. En Europe, elle s'inspire du modèle pastoral de Jean-Jacques Rousseau et repose sur l'utopie des communautés de base. En Amérique, elle est calquée sur les valeurs traditionnelles des autochtones présentées aux médias par les élites des Premières Nations. Qu'il soit européen ou américain, l'écologisme profond rejette le système de production capitaliste industriel et le partage inégal des ressources entre les citoyens. Ces écologistes radicaux remettent en question le pouvoir de la science et des autorités politiques et appellent à une redéfinition de la place de l'homme dans la biosphère, sans toutefois préciser les modalités de leur projet de société.

L'émergence d'Adversaires du progrès explique en grande partie pourquoi l'écologisme moderne diffère de celui du début du XXe siècle. Certes, la découverte de l'atome et le développement spectaculaire de la société pétrochimique ont provoqué une nouvelle série de problèmes environnementaux et ont répandu l'inquiétude parmi les populations. Mais ce sont les Gestionnaires de la Nature et les Protecteurs de la Nature qui depuis les années 1950 se penchent sur ces questions, réclament des correctifs et proposent des solutions concrètes. À notre avis, l'essor de l'écologisme profond, qui remet en question les fondements mêmes de la civilisation occidentale, n'est pas nécessairement lié à l'aggravation de la crise environnementale. Ce phénomène résulte plutôt de la possibilité, récemment acquise par l'ensemble des dissidents, de s'exprimer librement. La liberté d'opinion au sein des sociétés démocratiques est la condition préalable essentielle pour l'émergence d'Adversaires du progrès. On ne pourra que constater leur absence au sein des sociétés, modernes ou anciennes, qui ne tolèrent pas le pluralisme.

Dans un autre ordre d'idées, si les commissaires du début du siècle pouvaient assister aux réunions actuelles des groupes écologistes ou des ministères de l'environnement à travers le pays, ils seraient surpris de constater le grand nombre de femmes occupant les postes de commande. La Commission de la conservation n'a utilisé les services des femmes qu'à titre de secrétaires ou de traductrices. Lors des réunions annuelles, alors que plus de 200 hommes ont présenté les résultats de leurs recherches, seulement deux femmes ont été invitées à se prononcer sur l'importance de la conservation de la Nature. Il faut dire qu'à cette époque, le rôle des femmes dans le monde du travail était limité; les travaux de la Commission reflètent clairement cette situation. Le mouvement écologiste moderne, par contre, a été amorcé par une femme. Rachel Carson, auteure de *Silent Spring* (publié en 1962), a été la première à provoquer un débat public sur les dangers de l'utilisation systématique des pesticides en Amérique du Nord. Quelques mois après la publication de ce livre, le gouvernement américain passa les premières lois nationales sur la pollution par des produits chimiques toxiques.

L'histoire de la Commission de la conservation nous éclaire aussi sur la dimension politique des questions environnementales au Canada. Au début du XXe siècle, Ottawa semblait nettement en avance sur les provinces dans ce domaine. Les autorités provinciales ont hésité à suivre le chemin tracé par les élus et les bureaucrates fédéraux. Aucune commission de la conservation provinciale n'a été créée. Par ailleurs, les membres d'office provinciaux n'ont pas participé activement aux délibérations de la Commission à Ottawa. Cela traduit bien la faiblesse des appareils gouvernementaux provinciaux à cette époque.

Cette retenue des provinces doit-elle être considérée comme une abdication de leurs responsabilités, ou est-elle attribuable à une vision différente de leur rôle concernant la protection de l'environnement ? Des recherches sur l'évolution de la législation et des pratiques dans différentes régions du Canada permettraient de répondre à ces questions. En ce qui a trait au reboisement au début du XXe siècle par exemple, notre thèse de maîtrise suggère que l'industrie a réagi plus rapidement que les gouvernements provinciaux aux recommandations des écologistes. À la fin des années 1920, les entreprises au Québec avaient en effet planté plus de 23 millions d'arbres sur les terres privées, alors que l'État n'en avait planté que 2,2 millions sur les terres publiques défrichées puis abandonnées par les colons. Ce n'est qu'à partir des années 1930 que le service forestier du ministère des Terres et Forêts du Québec plantera plus d'arbres que les entreprises. Il faudra attendre la fin des années 1980 avant que l'État et les entreprises commencent à reboiser systématiquement les terres exploitées, comme l'avaient proposé les commissaires et les membres de l'Association forestière du Canada soixante-dix ans plus tôt.

L'essor et le déclin de la Commission de la conservation nous rappellent enfin que la guerre et l'écologisme ne font pas bon ménage. Durant les années 1900 et 1910, le principe de la conservation du milieu naturel pour le bénéfice des générations futures a beaucoup gagné en popularité en Occident, alors confronté à sa deuxième révolution industrielle et à un accroissement spectaculaire de la production et de la consommation. Au Canada, la Commission de la conservation devait proposer des moyens pour contrôler les excès de cette fièvre du développement.

C'est durant les mois précédant la Première Guerre mondiale que la Commission connut l'apogée de sa popularité et de son influence. Mais dès le déclenchement des hostilités, les autorités ont demandé aux Canadiens de contribuer à l'effort de guerre. Il fallait trouver les moyens d'augmenter la production des secteurs agricole et forestier, de l'industrie et des pêcheries. La plupart des commissaires ont eu de la difficulté à mettre de côté leurs idéaux et à collaborer activement à l'effort de guerre, même s'ils étaient conscients que la conservation du milieu naturel avait été temporairement rayée de la liste des priorités nationales. Durant la guerre, la Commission a perdu du prestige et de l'influence au profit de ceux qui préconisaient la recherche scientifique pour accélérer le développement de l'infrastructure industrielle du pays, notamment les membres du Conseil national de recherches scientifiques du Canada.

Après la signature de l'Armistice, les commissaires demeurés fidèles à leurs idéaux ont tenté de convaincre les gouvernements que la conservation et le développement durable avaient toujours leur raison d'être. Mais la guerre a eu un impact considérable sur les idéaux et les buts des Canadiens. Conserver l'environnement pour les générations à venir semblait un objectif bien secondaire, alors que les besoins de la reconstruction se faisaient si pressants. Ce n'est pas sans raison que les années 1920 ont été surnommées les années folles : la recherche du plaisir immédiat et la valorisation du moment présent ont motivé cette génération de gens marqués par la guerre. La paix mondiale pourrait donc se révéler une condition essentielle à l'essor du développement durable et à la sauvegarde de la biosphère.

BIBLIOGRAPHIE

Sources d'archives

Archives nationales du Canada, Ottawa :

Fonds Sir Wilfrid Laurier, MG 26 G1.
Rouleaux de microfilms : C741, C745, C751, C757, C762, C764, C776, C780, C782, C785, C786, C787, C790, C794, C795, C796, C806, C807, C808, C813, C820, C821, C822, C823, C824, C825, C826, C828, C829, C830, C831, C832, C836, C839, C842, C845, C846, C851, C854, C857, C859, C860, C861, C862, C864, C867, C868, C869, C870, C871, C872, C874, C875, C876, C877, C878, C879, C880, C881, C882, C883, C884, C886, C887, C888, C889, C890, C891, C892, C894, C896, C897, C898, C899, C900, C903, C905, C906, C909, C910, C914, C918, C1161, C1162, C1164, C1165, C372.

Fonds Sir Robert L. Borden, MG 26 H.
Rouleaux : C4203, C4207, C4209, C4210, C4212, C4307, C4308, C4311, C4318, C4321, C4325, C4327, C4328, C4336, C4337, C4338, C4354, C4358, C4362, C4366, C4376, C4377, C4378, C4380, C4380, C4381, C4382, C4383, C4384, C4385, C4386, C4395, C4398, C4398, C4406, C4408, C4409, C4410, C4411, C4413, C4415, C4416, C4417, C4427, C4430, C4432, C4434, C4436.

Fonds Arthur Meighen, MG 26 I.
Rouleaux : C321, C3225, C3226, C3441, C3462, C3555.

Fonds Sir Clifford Sifton, MG 27 D 15.
Rouleaux : C536, C558, C588, C592, C593, C594, C586, C588, C589, C590, C591, C592, C593, C594, C595, C596, C597, C598, C2174, C2175.

Archives de l'Église Unie du Canada, Université de Winnipeg, Manitoba :

Fonds Dr George Bryce.

Archives provinciales de la Colombie-Britannique, Victoria :

Fonds T. D. Pattulo, MSS3, vol. 2, 6, 7 et biographie.

Archives provinciales de l'Île-du-Prince-Édouard, Charlottetown :

Fonds Aubin Arsenault, RG 25. 24, vol. 1. Commission of Conservation.
Fonds J. Walter Jones, RG 25. 33. Commission of Conservation.

Archives provinciales de la Nouvelle-Écosse, Halifax :

Biographies de Orlando T. Daniels et Frank Davison.

Archives provinciales du Nouveau-Brunswick, Fredericton :

Biographies de William Snowball et Ernest Albert Smith.

Archives du Séminaire de Saint-Hyacinthe, Québec :

Fonds Mgr Charles-P. Choquette, correspondance, journal, FG1, n° 311.

Archives de l'Université de l'Alberta, Edmonton :

Fonds Henry Marshall Tory, dossier Commission of Conservation.

Archives de l'Université McGill, Montréal :

> *Fonds Frank D. Adams*, MG 1014, Rare Book Department, 1899–1922.
> *Records of the Vice Principal, James W. Robertson, 1907–1910*, RG 43, Macdonald College.

Archives de l'Université du Nouveau-Brunswick, Fredericton :

> *Fonds Dr Cecil C. Jones*, Commission of Conservation.

Archives de l'Université de la Saskatchewan, Regina :

> *Fonds William J. Rutherford*, biographie.

Archives de l'Université de Toronto :

> *Fonds Bernhard E. Fernow*, A75–0025, Boîtes nos 41, 135, 136, 149, 173, 174, 175, 186–195, 209.

Sources imprimées

a) Rapports et documents produits par la Commission de la conservation

Adams, Frank D., *The National Domain in Canada and Its Proper Conservation*, 1915.
___ , *Our Mineral Resources and the Problems of Their Proper Conservation*, 1915.

Adams, F. D. et W. J. Dick, *Discovery of Phosphate of Lime in the Rocky Mountains*, 1915.

Adams, Thomas, *Housing and Town Planning in Canada*, 1915.
___ , *Municipal and Real Estate Finance in Canada*, 1921.
___ , *Plan et développement ruraux, une étude sur les conditions et les problèmes ruraux au Canada*, 1917.
___ , *Regional Planning*, 1919.
___ , *Rural Planning and Development*, 1917.

Babcock, J. P., *Salmon Fishery of the Fraser Valley District*, 1918.

Beck, Adam, *Conservation of the Water Powers of Ontario*, 1911.

Beer, G. F., *A Plea for City Planning Organization*, 1914.

Bellisle, J. A., *Cooperation in the Regulation of the Fur Trade*, 1919.

Benner, R. C. et J. J. O'Connor, *The Smoke Nuisance*, 1913.

Bradt, E. P. et F. C. Nunnick, *Handbook for Farmers*, 1918.

Bruce, J. W., *Necessity for Uniform Laws for Sanitary Plumbing*, 1914.

Bryce, P. H., *Conservation of Man Power in Canada*, 1919.
___ , *Improvement and Maintenance of Public Health*, 1910
___ , *Production and Preservation of Food Supply*, 1917.
___ , *Tuberculosis : A Disease of Insanitary Living*, 1911.

Burnham, John B., *The War and Game*, 1919.

Camac, C. N. B., *Epidemics of Typhoid Fever in the City of Ottawa*, 1912.

Caverhill, P. Z., *Classification of the Crown Lands of New Brunswick*, 1917.

Choquette, Mgr C.-P., *La Conservation des traditions nationales*, 1916.
___ , *Le Pactole canadien*, 1918.

Clarke, C. K., *Les maladies vénériennes sont très répandues au Canada*, 1917.

___, *Prevalence of Venereal Diseases in Canada*, 1917.

Clarke, J. M., *Protection of Sea-Fowl in the St. Lawrence*, 1915.

Coats, R. H., *Fur Statistics*, 1919.

Commission de la conservation, *Alimentation des porcs avec déchets de cuisine*, 1918.

___, *Carbonizing and Briquetting of Lignites*, 1917.

___, *Civic Improvement — Report of Conference of the Civic Improvement League of Canada*, 1916.

___, *Civic Improvement League for Canada — Report of Preliminary Conference*, 1915.

___, *Conférence nationale sur la conservation du gibier, des animaux à fourrure et autres animaux sauvages*, 1919.

___, *Conservation du poisson, des oiseaux et du gibier: délibérations du comité de l'assemblée, 1-2 novembre 1915*, 1916.

___, *Conservation of Fish, Birds and Game*, 1916.

___, *Control of Bovine Tuberculosis, Report of International Commission*, 1910.

___, *First Draft of Town Planning Act*, 1914.

___, *Forest Fires and the Brush Disposal Problem*, 1914.

___, *The Game Resources in Canada*, 1919.

___, *Garbage as Feed for Hogs*, 1911.

___, *Lands, Fisheries, Game and Minerals*, 1911.

___, *Ligue du progrès civique du Canada—Rapport de la conférence inaugurale*, 1916.

___, *Ligue du progrès civique—Conférence sur le développement rural au Canada, Winnipeg, 28-30 mai 1917*, 1917.

___, *Papers re Application of Sanitary District of Chicago to Divert Water From Lake Michigan*, 1912.

___, *Pêcheries maritimes de l'est du Canada: sujet du procès-verbal...*, 1912.

___, *Protest Against Further Diversion of Water from Lake Michigan for the Chicago Drainage Canal*, 1912.

___, *Rapport annuel, 1910*.

___, *Rapport annuel, 1911*.

___, *Annual Report, 1912* (copie en français non disponible).

___, *Rapport annuel, 1913*.

___, *Rapport annuel, 1914*.

___, *Rapport annuel, 1915*.

___, *Rapport annuel, 1916*.

___, *Rapport annuel, 1917*.

___, *Rapport annuel, 1918*.

___, *Annual Report, 1919* (copie en français non disponible).

___, *Report of National Conference on Wild Life*, 1919.

___, *Report on the Epidemic of Typhoid Fever in the City of Ottawa*, 1911.

___, *Sea Fisheries of Eastern Canada*, 1912.

___, *Town Planning Act, Revised Edition*, 1915.

___, *Urban and Rural Development*, 1917.

___, *Whitefish in the Great Lakes*, 1915.

___, *Wild Life: Its Conservation and Protection*, 1919.

Cochrane, Hon. Frank, *Conservation of the Natural Resources of Ontario*, 1910.

Congdon, F. T., *Fur-Bearing Animals in Canada*, 1911.

Cornell, N. S., *Cooperation in the Fishing Industry*, 1916.

Coutlee, C. R., *Water Wealth of Canada*, 1910.

Denis, Léo G., *Cartes géographiques devant accompagner le rapport sur les forces hydrauliques du Canada*, 1911.

___, *Protection et distribution d'électricité au Canada*, 1918.

___, *Systèmes de distribution d'eau au Canada*, 1912.

___, *Water Works and Sewerage Systems of Canada*, 1916.

___, *Water Works of Canada*, 1912.

Denis, Léo G. et J. B. Challies, *Water Powers of Manitoba, Saskatchewan and Alberta*, 1916.

Denis, Léo G. et Arthur V. White, *Les Forces hydrauliques du Canada*, 1911.

___, *Water Powers of Canada*, 1911.

Dick, W. J., *Conservation de la houille au Canada*, 1914.

___, *Conservation of Coal in Canada*, 1914.

___, *Importance of Bore-Hole Records and Capping of Gas Wells*, 1915.

___, *Mine Rescue Work in Canada*, 1912.

___, *Problems Relating to the Mineral Industry of Canada*, 1917.

___, *Pulverized Fuel, Its Use and Possibilities*, 1919.

___, *Travail de sauvetage minier au Canada*, 1912.

Dodd, S. D., *Electrification of Railways*, 1918.

Evans, Kelly, *Fish and Game in Ontario*, 1910.

Fairbairn, R. D., *Work of the Ontario Association for the Promotion of Technical Education*, 1915.

Feilding, J. B., *Conservation of Canada's Inland Fisheries*, 1917.

___, *Utilization of Fish Waste in Canada*, 1916.

Fernow, B. E., *Conditions of the Clay Belt of New Ontario*, 1913.

___, *Cooperation in Forestry*, 1915.

___, *Forest Conditions of Nova Scotia*, 1912.

___, *Scientific Forestry in Europe*, 1910.

Grey, Earl, *Address Before the First Annual Meeting*, 1910.

Gussow, H. T., *Diseases of Forest Trees*, 1910.

Haanel, Eugene, *Peat as a Source of Fuel*, 1918.

___, *Possible Economies in Production of Minerals of Canada*, 1918.

___, *The Utilization of Some of Our Non-Metallic Mineral Resources*, 1915.

Harkin, J. B., *Fire Protection in Dominion Parks*, 1916.

___, *Wild Life Sanctuaries*, 1919.

Haskell, W. S., *Protection of Migratory Birds*, 1914.

Hewitt, Gordon, *The Conservation of Birds and Mammals*, 1916.

___, *The Conservation of Our Northern Mammals*, 1916.

___, *Conservation of the Fur Resources of Northern Canada*, 1917.

___, *Conservation of Wild Life in Canada*, 1921.

___, *Insect Food of Freshwater Fishes*, 1913.

___, *Insects Destructive to Canadian Forest*, 1914.

Hodgetts, C. A., *The Influenza Epidemics*, 1918.

___, *Pure Water and the Pollution of Waterways*, 1910.

___ , *Refuse Collection and Disposal*, 1913.

___ , *Unsanitary Housing, Agriculture in Ontario*, 1911.

Hornaday, W. T., *The Rational Use of Game Animals*, 1919.

Howe, C. D., *Forest Regeneration on Certain Cut-over Pulpwood Lands in Quebec*, 1918.

___ , *Reproduction of Commercial Species in Peterborough County, Ont.*, 1913.

___ , *The Reproduction of Commercial Species in the Southern Coastal Forests of British Columbia*, 1915.

Howe, C. D. et J. H. White, *Examen du bassin du Trent*, 1913.

___ , *Trent Watershed Survey*, 1913.

James, Charles C., *Administration of the Agricultural Instruction Act*, 1915.

___ , *Agricultural Work in Ontario*, 1911.

___ , *L'Œuvre de l'agriculture dans l'Ontario*, 1911.

Jones, J. Walter, *Fur Farming in Canada*, 1913 et 1915.

___ , *L'Élevage des animaux à fourrure au Canada*, 1913.

Leavitt, Clyde, *Forest Protection in Canada*, 1912.

___ , *Forest Protection in Canada in 1913-1914*, 1914.

___ , *Forestry Progress in Canada in 1917*, 1918.

___ , *Wood Fuel to Relieve the Coal Shortage in Eastern Canada*, 1915.

McMillan, H. R., *Essential Features of a Successful Fire Protection Organization*, 1915.

McMurrich, J. P., *Salmon Fisheries in British Columbia*, 1913.

MacTier, A. D., *Forest Protection from the Standpoint of the Railway*, 1915.

Marsh, Edith L., *A Farm Sanctuary*, 1919.

Miner, Jack, *Attracting Wildfowl*, 1919.

Murray, T. A., *La Prévention de la pollution des eaux de surface au Canada*, 1912.

___ , *Prevention of the Pollution of Canadian Surface Waters*, 1912.

Nelson, E. W., *The Migratory Bird Treaty*, 1917.

Nunnick, F. C., *Farmer's Account Book*, 1919.

___ , *Report on the Committee on Lands*, 1915.

___ , *Report on the Committee on Lands*, 1918.

Nunnick, F. C. et J. W. Robertson, *Agricultural Conditions in Canada in 1911*, 1912.

___ , *Agricultural Survey*, 1912.

___ , *Agricultural Survey*, 1913.

___ , *Agriculture in Canada, 1910*, 1911.

___ , *Report on the Committee on Lands*, 1917.

Patton, J. M., *Oyster Fisheries of Prince Edward Island*, 1913.

___ , *The Canadian Oyster Industry*, 1911.

Pearson, T. G., *Bird Reservations*, 1916.

Piché, Clodimir, *Forestry Situation in Quebec*, 1915.

Plumptre, H. P., *National Council of Women and Conservation*, 1914.

Prince, E. E., *The Biological Board of Canada*, 1913.

Robertson, J. W., *Report on the Committee on Lands*, 1916.

Sheperd, Francis J., *Goitre, Origins, Evolution, Cause, etc.*, 1919.
___ , *Le Goitre : origine, cours, cause, prophylaxie et traitement*, 1919.

Shutt, F. T., *Fertilizers and Their Use in Canada*, 1917.

Sifton, Clifford, *Chairman's Address*, 1910.
___ , *Chairman's Address*, 1914.
___ , *Chairman's Address*, 1915.
___ , *Chairman's Address*, 1917.
___ , *Chairman's Address*, 1918.

Smith, H. I., *Museums as Aids to Forestry*, 1916.

Smith, J. Grove, *Fire Waste in Canada*, 1918.
___ , *Pertes par le feu au Canada*, 1918.

Stafford, Joseph, *The Canadian Oyster Industry*, 1911.
___ , *Oyster Culture*, 1912.
___ , *The Canadian Oyster*, 1913.

Thompson, William, *The Problem of the Halibut*, 1916.

Townsend, C. W., *Bird Conservation in Labrador*, 1916.

Wentworth, F. D., *Fire Prevention and Fire Protection*, 1916.

Wheeler, H. J., *The Use of Commercial Fertilizers*, 1917.

White, Arthur V., *Instructions re Gathering Preliminary Information Respecting Water Powers*, 1912.
___ , *Long Sault Rapids, St. Lawrence River*, 1913.
___ , *Niagara Power Shortage*, 1918.
___ , *Power Possibilities on the St. Lawrence River*, 1918.

White, James, *Altitudes in the Dominion of Canada*, 1915.
___ , *Conservation in 1918*, 1919.
___ , *Dictionary of Altitudes in Canada*, 1916.
___ , *Fuels of Western Canada*, 1918.
___ , *North Atlantic Fisheries Dispute*, 1911.
___ , *Power in Alberta : Water, Coal and Natural Gas*, 1919.

Whitford, H. N. et R. D. Craig, *Forests of British Columbia*, 1918.

Wilson, Ellwood, *Fire Protection From the Private Timber Owner's Viewpoint*, 1916.

Wood, William, *Animal Sanctuaries in Labrador, and Supplement*, 1911 et 1912.

b) Autres sources imprimées

Adams, Frank D., *The Need for Industrial Research in Canada*, Ottawa, 1918 : Honorary Advisory Council for Science and Industrial Research, document n° 1.

Canada Year Book, 1909–1923.

The Ottawa Citizen, « Preservation of the Forests », 15 déc. 1908, p. 9.
___ , « Resources of North America », 28 déc. 1908, p. 3.
___ , « Mr. Gifford Pinchot », 30 et 31 déc. 1908, p. 3.

Commission de la Conservation, *Conservation Monthly*, vol. I à X, 1912–1921.

——, *Conservation of Life*, Quarterly, vol. I à V, 1914–1919.

Conseil privé du Canada, *Arrêtés en conseil*, 1908–1922.

Dafoe, John, « Not Interested in Oil Lands », *Manitoba Free Press*, 18 juin 1917.

The Daily Colonist, « Saving Dominion Riches for Posterity », 18 juin 1917.

The Gazette, « Fuel Problems of Western Canada Near Solution », 16 déc. 1919.

Haanel, Eugene, *Recent Advances in the Construction of Electric Furnaces for the Production of Pig Iron, Steel and Zinc*, Ottawa, 1910.

——, *Report of the Commission appointed to investigate the different electro-thermic processes for the smelting of iron ores and the making of steel in operation in Europe*, Ottawa, 1904.

Parlement du Canada, *Débats de la Chambre des communes*, 1903–1922.

——, *Journaux de la session*, 1908–1922.

Patton, J. M., « Organized Conservation in Canada », *Queen's Quarterly*, 28, 1 (été 1910), pp. 26–33.

Saturday Night, « The Driving Power of Conservation: A Sketch of the Work Performed by the Commission of Conservation in Canada », 1er janvier 1921, pp. 8–14.

Sénat des États-Unis, *Report of the National Conservation Commission, 60th Congress, 2nd session*, Washington: Government Printing Bureau, 1909.

Sénat du Canada, *Débats du Sénat*, 1906–1922.

Sifton, Clifford, « Canada's Natural Wealth, How to Preserve It », *Toronto Globe*, 22 janvier 1910, pp. 17–18.

——, « The Commission of Conservation », *Saturday Night*, 22 janv. 1910, p. 3.

——, « Conservation of Canada's Natural Resources », *Empire Club Speeches*, J. C. Hopkins (ed.), Saturday Night Press, 1911.

——, « Conservation of Natural Resources », *Montreal Daily Star*, 9 janv. 1911, pp. 60–61.

——, « Conservation of Natural Resources », *The Toronto News*, 2 mars 1910.

——, « Speech to the CFA in Fredericton », *The Gazette*, 24 fév. 1910.

——, « Speech to the Halifax Canadian Club », *Morning Chronicle* (Halifax), 22 fév. 1910.

The Toronto Globe, « The Commission of Conservation's Work », 31 déc. 1919, p. 6.

——, « The Problems of Conservation », 24 mai 1921, p. 4.

Études

a) Livres

Acot, Pascal, *Histoire de l'écologie*, Paris: Presses Universitaires de France, 1988.

Aesh, Alexander Gode von, *Natural Science in German Romanticism*, New York: AMS Press Inc., 1966.

Albion, Robert G., *Forests and Sea Power: The Timber Problem of the Royal Navy, 1652–1862*, London, 1927.

Andrews, Stuart, *Eighteenth Century Europe, the 1680's to 1815*, London: Longmans, Green and Co., 1965.

Angus, James T., *A Respectable Ditch: The History of the Trent-Severn Waterway, 1833–1920*, Montreal: McGill-Queen's University Press, 1989.

Appendix to Report of Fruit Growers' Association, Forestry Report of Delegation Appointed to Attend the American Forestry Congress Held at Cincinnati [...] and Montreal [...] August 21, to 23, 1882, Toronto, 1882.

Attenborough, David, *The First Eden, The Mediterranean World and Man*, London: Collins, 1988.

Bailes, Kendall, E., *Environmental History: Critical Issues in Comparative Perspective*, Denver (Colorado): University Press of America, 1985.

Ball, Norman R. *et al.*, *Bâtir un pays: histoire des travaux publics au Canada*, Montréal: Boréal, 1988.

Barrett, William, *Death of the Soul: From Descartes to the Computer*, New York: Anchor Books, 1987.

Bean, Michael, *The Evolution of National Wildlife Law*, New York: Praeger, 1983.

Bérenger, J. *et al.*, *Regards sur l'histoire, l'Europe à la fin du XVIIIe siècle (vers 1780–1802)*, Paris: Sedes, 1985.

Berger, Carl, *God, Science and Nature in Victorian Canada*, Toronto: University of Toronto Press, 1982.

Berman, Morris, *Coming to Our Senses: Body and Spirit in the Hidden History of the West*, New York: Simon and Schuster, 1989.

___, *The Re-enchantment of the World*, London: Cornell University Press, 1981.

Berton, Pierre, *The Promised Land: Settling the West, 1896–1914*, Toronto: McClelland and Stewart, 1984.

Bilsky, Lester J. (ed.), *Historical Ecology: Essays on Environmental and Social Change*, Port Washington: Kennikat Press, 1980.

Bliss, Michael, *A Canadian Millionaire: The Life and Business Times of Joseph Flavelle, Bart, 1858–1939*, Toronto: Macmillan, 1978.

Borden, Robert Laird, *Memoirs*, Toronto: Macmillan, 1938.

Boserup, Ester, *The Conditions of Agricultural Growth: The Economics of Agrarian Change Under Population Pressure*, London: George Allen and Unwin, 1965.

___, *Population and Technological Change*, Chicago: University of Chicago Press, 1981.

Bothwell, Robert, Iam Drummond et John English, *Canada: 1900–1945*, Toronto: University of Toronto Press, 1987.

Bramwell, Anna, *Ecology in the 20th Century: A History*, New Haven: Yale University Press, 1989.

Brown, Robert C., *Canada 1896–1921: A Nation Transformed*, Toronto: McClelland and Stewart, 1974.

Bruce, Robert V., *The Launching of Modern American Science, 1846–1876*, Ithaca (N. Y.): Cornell Paperbacks, 1987.

Bruntland, Gro, *Our Common Future*, London: Oxford, 1987.

Charland, Jean-Pierre, *Technologies, travail et travailleurs: les pâtes et papiers au Québec, 1880–1982*, Québec: IQRC, 1990.

Charlier, Gustave, *Le Sentiment de la nature chez les romantiques français (1760–1830)*, Paris: Fontémoing et cie, 1912.

Charlton, D. G., *New Images of the Natural in France*, Cambridge: Cambridge University Press, 1984.

Cipolla, Carlo M., *Economic History of World Population*, Sussex: Harvester Press, 1978.

The Civilian, *The Civil Service of Canada*, Ottawa, 1914.

CNRS, *Aspects de la recherche sur l'histoire des forêts françaises, Table ronde, Paris, 2 février 1980*, Paris: Éditions du CNRS, 1980.

Cohen, Mark Nathan, *The Food Crisis in Prehistory: Overpopulation and the Origins of Agriculture*, New Haven: Yale University Press, 1977.

Conwentz, Hugo, *The Care of Natural Monuments: With Special Reference to Great Britain and Germany*, London: Cambridge University Press, 1909.

Cook, Ramsay, *The Dafoe-Sifton Correspondence: 1919–1927*, vol. II, Altona (Manitoba): D. W. Friesen & Son, 1966.

Corbett, E. A., *Henry Marshall Tory: Beloved Canadian*, Toronto: Ryerson Press, 1954.

Corvol, Andrée, *L'Homme aux bois: histoire des relations de l'homme et la forêt*, Paris: Fayard, 1987.

Couprie, Alain, *La Nature: Rousseau et les romantiques*, Paris: Hatier, 1985.

Cronon, Richard, *Changes in the Land: Indians, Colonists and the Ecology of New England*, New York: Hill and Wang, 1983.

Crosby, Alfred, *Ecological Imperialism: The Biological Expansion of Europe*, Cambridge: Cambridge University Press, 1986.

Cutright, Paul Russel, *Theorore Roosevelt: The Making of a Conservationist*, Chicago: University of Illinois Press, 1985.

Dafoe, John W., *Clifford Sifton in Relation to His Times*, Toronto: McClelland, 1931.

Daneau, Marcel, *Les Pêches maritimes au Québec: enjeux économiques et intervention de l'État*, Québec: Presses de l'Université Laval, 1991.

Delort, Robert, *Le Commerce des fourrures en Occident à la fin du Moyen Âge*, Rome: École française de Rome, 1975.

De Vries, Jan, *Economy of Europe in an Age of Crisis*, Cambridge: Cambridge University Press, 1976.

Dickinson, Alice, *Carl Linnaeus: Pioneer of Modern Botany*, New York: Franklin Watts, 1967.

Dion, Jean-Noël et al., *Saint-Hyacinthe: des vies, des siècles, une histoire, 1757 à aujourd'hui*, Saint-Hyacinthe, s.é.s.d.

Dippie, Brian W., *The Vanishing American: White Attitudes and United States Indian Policy*, Middletown (Conn.): Wesleyan University Press, 1982.

294 *L'ÉCOLOGISME RETROUVÉ*

Dobyns, Henry F., *Native American Historical Demography: A Critical Bibliography,* Bloomington, 1976.

Doughty, Robin W., *Feather Fashions and Bird Preservation: A Study in Nature Protection,* Berkeley: University of California Press, 1975.

Dubos, René, *A God Within,* New York: Charles Scribner's Sons, 1972.

Dumoulin, Jacqueline, *La Protection du sol forestier en Provence et en Dauphiné dans le Code de 1827,* Grenoble: CNRS-UA, 1986.

Eggleston, Wilfrid, *Le Choix de la Reine: étude sur la capitale du Canada,* Ottawa: Imprimeur de la Reine, 1961.

___, *National Research in Canada: the NRC, 1916–1966,* Toronto: Clarke, Irwin & Company, 1978.

Faculté de foresterie et de géodésie de l'Université Laval, *Gérer sa forêt,* Québec: Presses de l'Université Laval, 1988.

Febvre, Lucien, *La Terre et l'Évolution humaine,* Paris: Éditions Albin Michel, 1970, réimpression de l'édition de 1922.

Fisher, Charles, *Dearest Emilie: The Love Letters of Sir Wilfrid Laurier to Madame Emilie Lavergne,* Toronto: N.C. Press, 1989.

Flader, Susan L. (ed.), *The Great Lakes Forest: An Environmental and Social History,* Minneapolis: University of Minnesota, Santa Cruz, California. 1983.

Ford, Arthur V., *As the World Wags On,* Toronto: Ryerson Press, 1950.

Foster, Janet, *Working for Wildlife: The Beginnings of Preservation in Canada,* Toronto: University of Toronto Press, 1978.

Fox, Stephen, *John Muir and His Legacy,* Toronto: Little Brown and Co., 1981.

Francis, Douglas *et al.,* *Destinies: Canadian History Since Confederation,* Toronto: Holt, Rinehart & Winston, 1988.

Gertler, L. O. (ed.), *Planning the Canadian Environment,* Montreal: Harvest House, 1968.

Gillis, Peter, *Lost Initiatives: Canada's Forest Industries, Forest Policy and Forest Conservation,* Toronto: Greenwood Press, 1986.

Glacken, Clarence, *Traces on the Rhodian Shores,* Berkeley, 1967.

Gossage, Peter, *Water in Canadian History: An Overview,* Ottawa: Inquiry on Federal Water Policy, mars 1985.

Gwynn, Sandra, *The Private Capital: Ambition and Love in the Age of Macdonald and Laurier,* Toronto: MacClelland and Stewart, 1984.

Hall, D. J., *Clifford Sifton, The Young Napoleon,* vol. I, Vancouver: UBC Press, 1977.

___, *Clifford Sifton, A Lonely Eminence,* vol. II, Vancouver: UBC Press, 1985.

Hardy, René et Normand Séguin, *Forêt et société en Mauricie: la formation de la région de Trois-Rivières, 1830–1930,* Montréal: Boréal Express, 1984.

Hardy, W. G., *Alberta: A Natural History,* Edmonton: M. G. Hurtig, 5ᵉ édition, 1977.

Harris, Marvin, *Cannibals and Kings: The Origins of Cultures,* New York: Random House, 1977.

Hays, Samuel P., *Beauty, Health and Permanence: Environmental Politics in the United States, 1955–1985,* New York: Cambridge University Press, 1987.

____, *Conservation and the Gospel of Efficiency,* Cambridge: Harvard University Press, 1968.

Heers, Jacques, *Précis d'histoire du Moyen Âge,* Paris: Presses Universitaires de France, 1968.

Hodgetts *et al.,* *The Biography of an Institution: The Civil Service Commission of Canada, 1908–1967,* Montreal: McGill-Queen's University Press, 1972.

Hohenberg, Paul M. et Lees Hollen Lynn, *The Making of Urban Europe: 1000–1950,* Cambridge: Harvard University Press, 1985.

Hopkins, J. Castell (ed.), *Empire Club Speeches, 1910–1911,* Toronto: Saturday Night Press, 1911.

Hughes, Donald, G., *Ecology in Ancient Civilizations,* Albuquerque: University of New Mexico Press, 1975.

Huth, Hans, *Nature and the American: Three Centuries of Changing Attitudes,* Lincoln: University of Nebraska Press, 1957.

Huth, Robert, *Horses to Helicopters: Stories of he Alberta Forest Service,* Edmonton: The Service, 1980.

Innis, Harold, *The Cod Fisheries: The History of an International Economy,* New Haven: Yale University Press, 1940.

____, *The Fur Trade in Canada,* New Haven: Yale University Press, 1930.

Johnson, Ralph S., *Forests of Nova Scotia: A History,* Halifax: Four East Publications, 1986.

Jones, David, *Empire of Dust,* Edmonton: University of Alberta Press, 1987.

Jurdant, Michel, *Le Défi écologiste,* Montréal: Boréal Express, 1984.

Kalaora, Bernard et Savoye, Antoine, *La Forêt pacifiée, Les forestiers de l'École de Le Play, experts des sociétés pastorales,* Paris, Harmattan, 1986.

Kalm, Peter, *Voyage de Peter Kalm au Canada, 1749,* Montréal: CFL, 1977.

Kehoe, Alice B., *North American Indians: A Comprehensive Account,* Englewood Cliffs (N. J.: Prentice-Hall), 1981.

Kolko, Gabriel, *The Triumph of Conservatism,* New York: Free Press of Glencoe, 1967.

Lane, Paul, *The Industrial Revolution: The Birth of the Modern Age,* London: Weidenfeld and Nicolson, 1978.

Le Goff, Jacques, *La Civilisation de l'Occident médiéval,* Paris: Arthaud, 1984.

Leiss, William, *The Domination of Nature,* New York: Braziler, 1972.

Lieberman, Sima (ed.), *Europe and the Industrial Revolution,* London, Shenkman Publishing, 1972.

Lower, Arthur, *The North American Assault on the Canadian Forest: A History of the Lumber Trade Between Canada and the United States,* New York: Greenwood Press, 1938.

McClelland, Charles, *State, Society and University in Germany, 1700–1914,* London: Cambridge University Press, 1984.

McCullough, A.B., *La Pêche commerciale dans le secteur canadien des Grands Lacs*, Ottawa: Approvisionnements et Services Canada, 1984.

McIntosh, R. P., *The Background of Ecology*, New York: Cambridge University Press, 1985.

Mackay, Donald, *Un patrimoine en péril: la crise des forêts canadiennes*, Québec: Publications du gouvernement du Québec, 1985.

Macoun, John, *The Forests of Canada and Their Distribution*, Ottawa, 1895.

Malone, Joseph, *This Well-wooded Land: Americans and Their Forests from Colonial Times to the Present*, Lincoln: University of Nebraska Press, 1985.

Marchak, Patricia, *Green Gold: The Forest Industry in British Columbia*, Vancouver: UBC Press, 1983.

Martin, Calvin, *Keepers of the Game: Indian-Animal Relationships and the Fur Trade*, Berkeley: University of California Press, 1978.

Martin, Paul-Louis, *Histoire de la chasse au Québec*, édition augmentée, Montréal: Boréal, 1990.

Martin, Paul S., *Pleistocene Extinctions: The Search for a Cause*, New Haven: Yale University Press, 1967.

Mathiessen, Peter, *Wildlife in America*, New York: Viking, 1987.

Meiggs, Russel, *Trees and Timber in the Ancient Mediterranean World*, Oxford: Clarendon Press, 1982.

Merchant, Carolyn, *The Death of Nature: Women, Ecology and the Scientific Revolution*, New York: Harper and Row, 1980.

___ , *Ecological Revolutions: Nature, Gender, and Science in New England*, Chapel Hill: University of North Carolina Press, 1989.

Mezger, Laure, *One Foot in Eden: Modes of Pastoral in Romantic Poetry*, Chapell Hill: University of North Carolina Press, 1986.

Millar, J. O., *The New Era in Canada: Essays Dealing With the Upbuilding of the Canadian Commonwealth*, Toronto: J. M. Dent and Sons, 1917.

Morissonneau, Christian, *La Société de géographie de Québec*, Québec, 1971.

Morton, Chester, *Dominion Land Policies*, Ottawa: Carleton University Press, 1967.

Mousnier, R. et E. Labrousse, *Le XVIIIᵉ siècle: l'époque des « Lumières » 1715–1815*, 6ᵉ édition, Paris: Presses Universitaires de France, 1985.

Muir, John, *Our National Parks*, Boston: Houghton, Mifflin and Co., 1901.

Mukerji, Chandra, *From Graven Images: Patterns of Modern Materialism*, New York: Columbia University Press, 1983.

Nash, Roderick, *Wilderness and the American Mind*, 3ᵉ édition, New Haven: Yale University Press, 1982.

Needham, Joseph, *Science and Civilization in China*, vol. 1, Cambridge: Cambridge University Press, 1954.

Nelles, H. V., *The Politics of Development*, Toronto: Macmillan, 1974.

Nelson, D.G. (ed.), *Canadian Parks in Perspective*, Montreal: Harvest House, 1969.

Nicolet, Claude, *L'Inventaire du monde*, Paris: Fayard, 1988.

Noël, Michel et Émile Bocquet, *Les Hommes et le Bois, histoire et technologie du bois de la Préhistoire à nos jours,* Paris, Hachette, 1987.

Potter, David M., *People of Plenty: Economic Abundance and the American Character,* Chicago: University of Chicago Press, 1954.

Pursell, Carroll (ed.), *From Conservation to Ecology: The Development of Environmental Concern,* New York: Crowell, 1973.

Raphael, Ray, *Tree Talk: The People and the Politics of Timber,* Colevo (Cal.): Island Press, 1981.

Reed, Charles A., *Origins of Agriculture,* The Hague: Mouton, 1977.

Reiss, Ronald, *New and Naked Land,* Saskatoon: Western Producer Prairie Books, 1988.

Riddle, John M., *Dioscorides on Pharmacy and Medicine,* Austin: University of Texas Press, 1985.

Rosen, G., *A History of Public Health,* New York: M.D. Publications, 1958.

Ross, George W., *Getting Into Parliament and After,* Toronto: William Briggs, 1913.

Rousseau, Jean-Jacques, *Discours sur l'inégalité.*

_____, *La Nouvelle Héloïse.*

_____, *Confessions.*

_____, *Rêveries d'un promeneur solitaire.*

_____, *Le botaniste sans maître,* annoté par A. G. Haudrincourt, Paris, 1983.

Russel, W. M. S., *Man, Nature and History,* London: Aldus Press, 1968.

Saint-Jean de Crèvecœur, Hector, *Letters From an American Farmer, 1782,* London: J. M. Dent, 1912.

Schull, Joseph, *Laurier: The First Canadian,* Toronto: Macmillan, 1965.

Semple, Ellen Churchill, *American History and Its Geographic Conditions,* Boston: Houghton, Mifflin Co., 1903.

_____, *The Geography of the Mediterranean Region,* New York: A.M.S. Press, 1971, réimpression de l'édition de 1931.

_____, *Influences of Geographic Environments,* New York: Holt and Co., 1911.

Sheail, George, *Nature in Trust: The History of Nature Conservation in Britain,* Glasgow: Blackie Press, 1976.

Shi, David E., *The Simple Life: Plain Living and High Thinking in American Culture,* New York: Oxford University Press, 1985.

Signer, Charles, *A History of Biology,* London: Abelard-Schuman, 1962.

Simonnet, Dominique, *L'Écologisme,* Paris: Presses Universitaires de France, 1979.

Skelton, O. D., *The Day of Sir Wilfrid Laurier: A Chronicle of Our Own Times,* Toronto: Glasgow, Brook and Company, 1916.

Soderqvist, Thomas, *The Ecologists: From Merry Naturalists to Saviors of the Nation: A Sociologically Informed Narrative Survey of the Ecologization of Sweden, 1895–1975,* Stockholm: Almquist and Wiksell International, 1986.

Spry, Irene, *The Palliser Expedition: An Account of John Palliser's British North American Expedition, 1857–1860,* Toronto: Macmillan, 1963.

___, *The Papers of the Palliser Expedition, 1857–1860*, Toronto: Champlain Society, 1968.

Stilgoe, John R., *Common Landscape of America, 1580–1845*, New Haven: Yale University Press, 1982

Swagerty, R. W. (ed.), *American Indian Environment: Issues in Native American History*, Syracuse (N.Y.): Syracuse University Press, 1980.
___, *Scholars and the Indian Experience: Critical Reviews of Recent Writings in the Social Sciences*, Bloomington: Indiana University Press, 1984.

Te Brake, William, *Medieval Frontier: Culture and Ecology in Medieval Rijnland*, Texas A and M University Press, 1985.

Thirgood, J. V., *Man and the Mediterranean Forest: A History of Resource Depletion*, Toronto: Academic Press, 1981.

Thistle, Mel W., *The Inner Ring: The Early History of the National Research Council of Canada*, Toronto: University of Toronto Press, 1966.

Thomas, Keith, *Man and the Natural World*, Cambridge: Cambridge University Press, 1984.

Thoreau, Henry David, *Walden and Civil Disobedience (1854)*, New York: Penguin, 1987.

Thorpe, F. J., *Resources for Tomorrow Conference, Background Papers*, Ottawa: Queen's Printer, 1961.

Toffler, Alvin, *La Troisième Vague*, Paris: Denoël/Gonthier, 1980.

Trigger, Bruce G., *Natives and Newcomers: Canada's Heroic Age Reconsidered*, Montreal: McGill-Queen's University Press, 1987.

Tuan, Yi-Fu, *China*, Chicago: Aldine Publications Co., 1969.

Udall, Stewart, *The Quiet Crisis*, New York: Holt, Rinehart and Winston, 1963.

Urquhart, M. C. et K. A. H. Buckley, *Historical Statistics of Canada*, Toronto: Macmillan, 1965.

Waiser, W. A., *The Field Naturalist: John Macoun, The Geological Survey and Natural Sciences*, Toronto: University of Toronto Press, 1989.

Weiner, Douglas, *Models of Nature: Ecology, Conservation and Cultural Revolution in Soviet Russia*, Bloomington: Indiana University Press, 1988.

Weinstein, James, *The Corporate Ideal in the Liberal State*, Boston: Beacon Press, 1968.

Wendell, Berry, *The Unsettling of America*, San Francisco: Sierra Club Books, 1977.

White, Richard, *The Roots of Dependency: Subsistence, Environment and Social Change Among the Choctaws, Pawnees and Navahos*, Lincoln: University of Nebraska Press, 1983.

Wiebe, Robert, *The Search for Order, 1877–1920*, London: Macmillan, 1967.

Wilkinson, Richard D., *Poverty and Progress: An Ecological Perspective on Economic Development*, New York, 1973.

Wright, J. W., *Six Chapters of Canadian Prehistory*, Ottawa, National Museums of Canada, 1976.

Worster, Donald (ed.), *American Environmentalism: The Formative Period: 1860–1915*, New York: John Wiley and Sons, 1974.

___, *The Ends of the Earth*, Cambridge: Cambridge University Press, 1988.

___, *Nature's Economy*, Cambridge: Cambridge University Press, 1977.

Wynn, Graeme, *Timber Colony: A Historical Geography of Early Nineteenth Century New Brunswick*, Toronto: University of Toronto Press, 1981.

Xénophon, *Œuvres complètes*, Paris: Garnier-Flammarion, 1967.

Zaslow, Morris, *The Opening of the Canadian North, 1870–1914*, Toronto: McClelland and Stewart, 1971.

___, *Reading the Rocks: The Story of the Geological Survey of Canada, 1842–1972*, Ottawa: Macmillan, 1975.

Zeller, Suzanne, *Inventing Canada: Early Victorian Science and the Idea of a Transcontinental Nation*, Toronto: University of Toronto Press, 1987.

b) Articles et chapitres d'ouvrages

Ainley Gosztonyi, Marianna, «Rowan vs Tory: Conflicting Views of Scientific Research in Canada, 1920–1935», *Scientia Canadensis*, XII, 1988, pp. 3–21.

Armstrong, Alan H., «Thomas Adams and the Commission of Conservation», dans L. O. Gertler, *Planning the Canadian Environment*, Montreal: Harvest House, 1968.

Artibise, Alan F. et G. A. Stetler, «Conservation, Planning and Urban Planning: The Canadian Commission of Conservation in Historical Perspective», *Planning for Conservation*, New York: St. Martin's Press, 1981, pp. 17–36.

Bairoch, P., «Population urbaine et taille des villes en Europe de 1600 à 1970: présentation des séries statistiques», *Démographie urbaine, XVe-XXe siècles*, Lyon: Centre d'histoire économique et sociale de la région lyonnaise, 1977.

Baldwin, Douglas Owen, «Cobalt: Canada's Mining and Milling Laboratory, 1903–1918», *Scientia Canadensis*, VIII, 2 (déc. 1984), pp. 95–111.

Bilsky, Lester J., «Ecological Crisis and Response in Ancient China», *Historical Ecology: Essays on Environmental and Social Change*, 1980.

Boserup, Ester, «Environment, Population, and Technology in Primitive Societies», Donald Worster (ed.), *The Ends of the Earth*, 1988, pp. 23–38.

Boughey, A. S., «Environmental Crises — Past and Present», Lester Bilsky (ed.), *Historical Ecology*, 1980, pp. 9–35.

Bowlus, Charles R., «Ecological Crises in Fourteenth Century Europe», Lester Bilsky (ed.), *Historical Ecology*, pp. 86–99.

Bronson, Bennet, «The Earliest Farming: Demography as Cause and Consequence», Charles A. Reed (ed.), *Origins of Agriculture*, 1977.

Carroll, John E., «The International Joint Commission», *Environmental Diplomacy: An Examination and a Prospective of Canadian-US Transboundary Environmental Relations*, Ann Arbor: University of Michigan Press, 1983, pp. 39–58.

Chambers, J. D., «Enclosure and the Labor Supply in the Industrial Revolution», Sima Lieberman (ed.), *Europe and the Industrial Revolution*, 1972, pp. 347–376.

Claxton, Robert H. « Climate and History: The State of the Field », Kenneth Bailes (ed.), *Environmental History,* 1985, pp. 104–134.

Cornell, George L., « The Influence of Native Americans on Modern Conservationists », *Environmental Review,* 9, 2 (1985), pp. 104–118.

Covello, Vincent T. et Jeryl Mumpower, « Risk Analysis and Risk Management: An Historical Perspective », *Risk Analysis,* 5, 2, 1985, pp. 103–120.

Crouzet, F., « England and France in the Eighteenth Century: A Comparative Analysis of Two Economic Growths », R. M. Hartwell (ed.), *The Causes of the Industrial Revolution in England,* 1967.

De Vries, Jan, « Patterns of Industrialization in Pre-industrial Europe, 1500–1800 », H. Schmal (ed.), *Patterns of European Urbanization Since 1500,* London: Croom Helm, 1981.

Duchesne, Raymond et Paul Carle, « L'ordre des choses: cabinets et musées d'histoire naturelle au Québec (1824–1900) », *Revue d'histoire de l'Amérique française,* 44, 1 (1990), pp. 34–30.

Duchesne, Raymond, « Science et société coloniale: les naturalistes du Canada français et leurs correspondants scientifiques (1860–1900) », *HSTC Bulletin,* V, 2 (mai 1981), pp. 114–122.

Dunlap, Thomas, « Sport Hunting and Conservation: 1880–1920 », *Environmental Review,* 12, 1 (1988), pp. 51–60.

Fritzell, Peter A., « The Wilderness in the Garden: Metaphors for the American Landscape », *Forest History,* 12, 1 (1968), pp. 16–23.

Gaudreau, Guy, « Les concessionnaires forestiers québécois de la seconde moitié du XIXe siècle: essai de typologie », *Histoire sociale — Social History,* XXI, 41 (mai 1988), pp. 97–112.

Gillis, Peter, « Rivers of Sawdust: The Battle Over Industrial Pollution in Canada, 1865–1903 », *Revue d'études canadiennes,* XXI, 1 (printemps 1986), pp. 84–103.

Girard, Michel F., « Conservation and the Gospel of Efficiency: un modèle de gestion de l'environnement venu d'Europe ? », *Histoire sociale — Social History,* XXIII, 45 (mai 1990) pp. 63–79.

Gordis, Robert, « Judaism and the Spoliation of Nature », *Congress Bi-Weekly,* Avril 2, 1971, pp. 9–12.

Gray, H. F., « Sewage in Ancient and Medieval Times », *Sewage Works Journal,* 12, 1940, pp. 939–946.

Harper, Ronald M., « Changes in the Forest Area of New England in Three Centuries », *Journal of Forest History,* 16, 4.

Herlihy, David J., « Attitudes Toward the Environment in Medieval Society », Lester Bilsky (ed.), *Historical Ecology,* pp. 100–115.

Hodgins, Bruce *et al.*, « The Ontario and Quebec Experience in Forest Reserves, 1883–1930 », *Journal of Forest History,* 26 janvier 1982, pp. 20–30.

Hubbard, Jennifer, « The Commission of Conservation and the Canadian Atlantic Fisheries », *Scientia Canadensis,* 34, printemps-été 1988, pp. 22–52.

Hughes, Donald, « Gaia: Environmental Problems in Chthonic Perspective », *Environmental History: Critical Issues in Comparative Perspective,* 1985, pp. 64–82.

___, « Mencius' Prescription for Ancient Chinese Environmental Problems », *Environmental Review,* 12, 4.

___, « Theophrastus as Ecologist », *Environmental Review,* 9, 4, pp. 296–306.

___, « Early Greek and Roman Environmentalists », *Historical Ecology,* pp. 45–59.

Hulchanski, John David, « Thomas Adams, A Biographical and Bibliographical Guide », *Papers on Planning and Design,* 15, University of Toronto, Department of Urban Planning, 1978.

Kawashima, Yasuhide, « Environmental Policy in Early America: A Survey of Early Colonial Statutes », *Journal of Forest History,* 27 (1983), pp. 168–179.

Keefer, T. C., « Canadian Water Power and Its Electrical Product in Relation to the Undeveloped Resources of the Dominion », 23 mai 1899, Société royale du Canada, *Proceedings and Transactions,* vol. V, 1899.

Kelley, Donald B., « Friends and Nature in America: Towards an Eighteenth-Century Quaker Ecology », *Pennsylvania History,* 53 (1986), pp. 257–272.

Kidd, D., « The History and Definition of Water Pollution », *Bulletin of Science, Technology, and Society,* 3, 1983, pp. 121–126.

Koppes, Clayton R., « Efficiency, Equity, Esthetics: Towards A Reinterpretation of American Conservation », *Environmental Review,* 11, 2 (1987), pp. 127–146.

Lewis, Archibald R., « Ecology and the Sea in Medieval Times (300–1500) », Lester Bilsky (ed.), *Historical Ecology,* pp. 74–76.

Lower, Arthur, « The Forests of New France: A Sketch of Lumbering in Canada Before the English Conquest », *Canadian Historical Association Annual Report,* 1928, pp. 78–90.

McGregor, Robert Kuhn, « Deriving a Biocentric History: Evidence From the Journal of Henry David Thoreau », *Environmental Review,* 12, 2 (1988), pp. 117–126.

Mackay, Daniel, « James White: Canada's Chief Geographer, 1899–1908 », *Cartographica,* 19, 1 (1982), pp. 51–61.

Marr, William L. et Donald G. Paterson, « Natural Resource Development to 1929: The New Generation of Staples », William L. Marr et Donald G. Paterson (ed.), *Canada: An Economic History,* Toronto: Macmillan, 1980.

Mighetto, Lisa, « Wildlife Protection and the New Humanitarianism », *Environmental Review,* 12, 1, pp. 37–50.

Mols, R., « Population in Europe, 1500–1700 », C. Cipolla (ed.), *Fontana Economic History of Europe,* vol. 2, London: Collins, 1974.

Pisani, Donald J., « Forests and Conservation, 1865–1890 », *Journal of American History,* 72, 2, 1985, pp. 340–359.

Powell, Bernard W., « Were These America's First Ecologists ? », *Journal of the West,* 26 (1987), pp. 17–25.

Renfrew, Stewart, « Commission of Conservation », *Douglas Library Notes,* Queen's University, printemps 1971, pp. 17–26.

Rubner, Henrich, « Greek Thought and Forest Science », *Environmental Review,* 9–4, pp. 277–295.

Simpson, Michael, «Thomas Adams in Canada, 1914–1930», *Urban History Review*, 11, 2, oct. 1982, pp. 1–16.

Smith, C. Ray et David R. Witty, «Conservation, Resources and the Environment: An Exposition and Critical Evaluation of the Commission of Conservation of Canada», *Plan Canada*, 11: 1 (70) et 11: 3 (72), pp. 55–71 et pp. 199–216.

Spence, Hugh C., «James White, 1863–1928: A Biographical Sketch», *Ontario Historical Society Papers and Records*, 27 (1931), p. 543.

Steinberg, Theodore L., «An Ecological Perspective on the Origins of Industrialization», *Environmental Review*, 10, 4, hiver 1986, pp. 261–276.

Tate, Chad, «The Ecology of Early America», *American Quarterly*, vol. 36, pp. 587–592.

Te Brake, William, «Air Pollution and Fuel Crises in Preindustrial London, 1250–1650», *Technology and Culture*, 16 (1975), pp. 337–359.

Udal, Stewart D., «The Indians: First Americans, First Ecologists», *Readings in American History*, Gulford (Conn.): Dushkin Publishing, 1973.

Utterström, Gustaf, «Climatic Fluctuations and Population Problems in Early Modern History», Donald Worster (ed.), *The Ends of the Earth*, pp. 39–56.

Walter, François, «Attitudes Towards the Environment in Switzerland, 1880–1914», *Journal of Historical Geography*, 15, 3, pp. 287–299.

White, Lynn, Jr., «The Historical Roots of the Ecological Crisis», *Science*, 155 (1967), pp. 1203–1207.

Williams, Michael, «Products of the Forest: Mapping the Census of 1840», *Journal of Forest History*, 24, 1.

Wrigley, E. A., «The Supply of Raw Materials in the Industrial Revolution», *Economic History Review*, 15, août 1962, pp. 1–16.

Wynn, Graeme, «New Views of the Great Forest», *Canadian Geographer*, 34, 2, 1990, pp. 175–185.

c) Thèses et rapports inédits

Allum, James, «Science, Government and Politics in the Abolition of the Commission of Conservation, 1909–1921», Thèse de maîtrise, Trent University, 1988.

Calnan, David M., «Businessmen, Forestry and the Gospel of Efficiency: The Canadian Commission of Conservation, 1909–1921», Thèse de maîtrise, University of Western Ontario, 1975.

DeVecchi, V. M. G., «Science and Government in Nineteenth Century Canada», Thèse de doctorat, University of Toronto, 1978.

Dickin McGinnis, Janice P., «From Health to Welfare: Federal Government Policies Regarding Standards of Public Health for Canadians, 1919–1945», Thèse de doctorat, University of Alberta, 1980.

Girard, Michel F., «La forêt dénaturée: les discours sur la conservation des forêts au Québec au tournant du XXᵉ siècle», Thèse de maîtrise, Université d'Ottawa, 1988.

Vaillancourt, Jean-Guy, « Quelques éléments pour une sociologie historique du mouvement écologiste québécois», Colloque « L'histoire nouvelle de l'environnement», 8 mars 1990, Université d'Ottawa, manuscrit.

Van Kirk, Sylvia, «The Development of National Park Policy in Canada's Mountain National Parks, 1885–1930», Thèse de maîtrise, University of Alberta, 1969.

INDEX DES NOMS

Le papier utilisé pour cette publication satisfait aux exigences minimales contenues dans la norme American National Standard for Information Sciences – Permanence of Paper for Printed Library Materials, ANSI Z39.48-1992.

Achevé d'imprimer
en octobre 1994 sur les presses
des Ateliers graphiques Marc Veilleux inc.
Cap-Saint-Ignace (Québec),

sur papier « Guardian opaque »
et couverture « Envirocote »
composés à 50 % de fibres recyclées
dont 10 % postconsommation